# 안철수의 힘

# 안철수의 힘

2012
시대정신은
증 오 의
종 언 이 다

강준만 지음

# 머리말:
# 증오 시대를 넘어서

"정치는 너무도 중요해서 정치인들에게만 맡겨둘 수 없다."

프랑스 정치가 샤를 드골Charles de Gaulle이 한 말이다. 이 말은 다양하게 해석될 수 있지만, 어느 특정 영역이나 집단이 구제 불능일 정도로 타락하거나 불신을 받으면 다른 영역이나 집단의 개입이 필요하다는 뜻으로 자주 쓰이는 말이다. 개입을 당하는 집단은 전문성을 내세워 외부의 개입을 막으려고 들겠지만, 유권자의 표로 먹고사는 정치와 같은 공적 영역에선 그런 방어가 쉽지 않다. 이럴 때는 그 전문성의 정체를 놓고 열띤 논쟁이 벌어지기 마련이다. 지금 한국에선 '대통령의 자격' 이라는 전문성 문제를 놓고 뜨거운 논쟁과 논란이 벌어지고 있다. 안철수 때문이다.

우리는 '안철수' 와 '안철수 현상' 을 구분할 필요가 있다. 나는 안철수는 좋게 보지만, 안철수 현상은 좋게 보지 않는다. 속된 말로 하자면 한국 정치판이 '개판' 이 돼버린 상황에서 나타난 특수 현상이라고 보기 때문이다. 그러나 죽은 자식 불알 만지듯 개판이 된 현실을 성토하거나 그렇게 개판을 만든 사람들에게 책임을 묻는 건 옳을지는 몰라도 현명한 일은 아니라고 생각한다. 더욱이 개판을 만든 데엔 정치인들 못지않게 유권자들에게도 책임이 있다고 보는 입장에서, 차라리 개판에서라도 '출구 전략' 을 찾는 게 바람직하다고 본다. 연꽃은 진흙탕에서 피어나는 법인데, 개판에서 새롭고 선진적인 질서가 태동할지 누가 알겠는가?

남들에게 요구하진 않지만, 나 자신은 정치적 글을 쓸 때 내 정체를 밝히는 걸 좋아한다. 진실한 소통을 위해서다. 정치적인 글을 읽으면서 글쓴이의 속셈을 읽어내느라 애쓴 경험이 누구나 있을 게다. 이 책에 대해선 전혀 그럴 필요 없다. 내가 스스로 밝힐 테니까 말이다.

나는 이번 대선에서 안철수를 지지하기로 했다. 내가 원하는 '대한민국의 선진국화'를 위해 가장 중요하다 생각하는 '증오의 종언'을 실현하는 데 가장 적합한 후보라고 판단했기 때문이다. 나는 야권의 대선 후보가 지난번 서울시장 선거 때처럼 '박원순 방식(투 샷 경선)'으로 탄생할 가능성이 높다고 본다. 나는 민주통합당 후보로는 손학규를 지지한다. 똑같은 이유에서다. 그래서 안철수와 손학규가 멋지게 경쟁하고 누가 후보 자리를 차지하든 성숙한 협력 관계를 이어가기를 바란다.

그러나 나는 팬덤형 지지자는 아니다. 한 번 지지했으면 무조건 끝까지 지지하는 의리파는 아니란 말이다. 외람된 표현이지만, 나는 대통령이나 대통령 후보를 내가 원하는 세상을 만드는 데 써먹을 도구로 본다. 그래서 안철수가 대선 후보로 나서지 않을 수도 있지만, 나에겐 그게 그렇게 중요한 건 아니다. 내 이기심은 내 메시지를 더 중요하게 생각하라고 말한다. 내가 팬덤형 지지자들에게 엄청나게 욕먹는 이유이기도 하다. 그들에게 미안하게 생각하지만, 나 같은 사람도 있어야 한다는 너그러움을 발휘해주시길 바랄 뿐이다.

이제 곧 다가올 대선을 앞두고 야권이 승리를 쟁취하려면 이명박 · 박근혜 · 새누리당을 비판하는 데 주력해야 한다고 생각하는 사람들이 많다. 내 생각은 다르다. 그들의 선의가 무엇이건 실제로는 이명박 · 박근혜 · 새누리당을 돕는 사람들이라고 생각한다. 왜 그런가? 지금은 선명한 이분법 구도로 싸워야 할 1980년대가 아니기 때문이다.

대선은 이른바 '30-30-40 게임' 이다. 여당을 지지하는 고정표가 30퍼센트, 야당을 지지하는 고정표가 30퍼센트, 무당파가 40퍼센트인데, 이 무당파 40퍼센트가 선거를 결정한다. 증오가 정치의 동력이 되는 정치 양극화 구도에선 야권이 불리하다. 양극화 구도는 유권자들의 정치 혐오, 더 나아가 정치 저주 심리를 부추기기 때문이다. 과거에 약점이 있는 사람들은 미래를 강조하는 법이다. 정치를 혐오하거나 저주하는 경향이 있는 무당파 유권자 40퍼센트들은 미래 담론에 귀를 기울이기 마련이다.

더욱 중요한 건 대한민국의 미래다. 누가 이기건 지건 지금과 같은 양극화 구도로 한국은 선진국이 될 수 없다. 양극화 구도를 바꾸려는 시도를 하지 않는 대선 후보들에게 한국의 선진국화는 부차적인 문제다. 물론 그들도 "선진국" 이라는 말을 입에 달고 다니긴 하지만, 그들에게 그것은 자신의 승리를 위한 도구적 담론일 뿐이다.

이른바 시대정신이라는 게 있다면 나는 이번 대선을 지배할, 아니 지배해야 할 시대정신은 '증오의 종언' 이라고 생각한다. '증오 시대의 종언' 을 줄인 말이다. 증오는 정치의 본질인바, 그걸 사라지게 만드는 건 영원히 가능하지 않다. 지금 내가 끝장내자고 외치는 건 증오 그 자체가 아니라 증오가 정치의 주요 동력과 콘텐츠가 되는 '증오 시대' 다. 여야 고정표가 각각 30퍼센트라곤 하지만, 그건 투표 행위를 기준으로 삼은 것일 뿐이다. 양 진영에서 '증오 마케팅' 에 몰두하는 이들은 전체의 10퍼센트도 되지 않는다. 왜 10퍼센트에도 미치지 못하는 사람들에게 나머지 90퍼센트 이상이 휘둘려야 하는가?

증오 시대를 끝장내지 않는 한 아무리 비전과 정책이 화려해도 무의미하다. 그 비전과 정책을 실현할 수 있는 국력이 증오의 싸움질에 탕진될 것이기 때문이다. 안철수 현상이 나타난 지금이 안철수의 대통령 출마 · 당선과는 무관하게 증오 시대를 끝장낼 수 있는 가장 좋은 기회라는 게 내 판단이다. 내가 생각하는 증오의 종언은 그 자체로서도 엄청난 개혁이지만, 더 나아가 다른 모든 개혁을 위한 인프라가 될 것이다. 내가 안철수를 지지하는 이유는 다음 세 가지로 정리할 수 있겠다.

첫째, 안철수는 증오 시대를 끝낼 수 있는 적임자다. 그는 "우리 정치권은 승자 독식이 반복되기 때문에 결국 증오의 악순환에 빠진다" 며 "여나 야 누가 이기든 국민의 절반이 절망한다" 라고 말한다. 또 그는 "상대방을 지지하는 국민 절반을 적으로 돌리고, 국민을 반으로 갈라놓는 낡은 프레임과 낡은 체제로는 아무런 사회문제를 해결하지 못한다" 라고 말한다. 그의 정치 관련 발언은 거의 모두 이런 문제의식으로 가득 차 있다.

둘째, 안철수는 공정 국가를 실현할 수 있는 적임자다. 공정 국가는 시장을 적대시하지 않으면서 공정한 시장을 지향하는 국가다. 시장 논리를 배격하는 기존 진보적 틀은 평등을 추구한다는 점에서 아름답긴 하지만, 5000만 한국인을 먹여 살릴 수 없다. 안철수는 시장주의자이면서도 오래전부터 지겨울 정도로 경제 민주화의 가치라 할 정의 · 공정 · 공생을 강조해왔다. 말로는 누군 그런 말 못하느냐고 일축하기엔 그의 지나온 삶이 그 정신의 실천에 지독할 정도로 충실했다.

셋째, 안철수는 패러다임 전환을 추진할 수 있는 적임자다. 스마트폰혁명과 소셜네트워크서비스SNS혁명이 잘 말해주듯이 인류는 디지털 시대로의 전환이라는 혁명적 변화를 맞고 있다. 이 변화를 어떻게 이끄느냐에 따라 한국의 선진국 진입 여부가 결정된다고 해도 지나친 말이 아니다. 안철수는 디지털 선구자일 뿐만 아니라 어떤 일을 시작할 때 "이 일을 하면 우리가 좀 더 잘되겠지"라는 판단 기준 대신 "이 일을 하지 않으면 머지않은 장래에 생존을 위협받을 것이다"라는 기준을 적용하고 실천해온 사람이다. 나는 안철수가 전 분야에 걸친 패러다임 전환을 잘 주도할 것이라 믿는다.

'안철수 대통령' 에 반대하는 사람들이 제시하는 불안 요소들은 근거들이 나름대로 타당하기는 하지만, 그건 기존 패러다임을 전제로 했을 때에만 그럴 뿐이다. 우리는 박정희 시대를 벗어났다고 생각하면서도 여전히 리더십에 대해선 박정희 패러다임을 고수하고 있는 것이다. 안철수 대통령 반대론은 사실상 안철수에 관한 것이라기보다는 "디지털 시대의 리더십은 무엇인가?" 에 관한 논쟁이라 할 수 있다. 이는 본문에서 자세히 다루겠다.

앞서 비록 개판이라는 거친 말을 쓰긴 했지만, 그렇다고 해서 내가 한국 정치와 민주주의를 폄하하는 건 아니다. 오히려 정반대다. 나는 한국 정치와 민주주의를 폄하하지 않기 때문에 기성 정치를 뒤엎는 걸 개혁으로 보는 시각에 반대해왔다. 나는 기성 정치를 뒤엎겠다는 포퓰리즘populism이 한국 사회에 만연해 있으며, 그런 포퓰리즘이 유권자들의 지지를 받아왔기 때문에 한국 정치가 개판이 됐다고 보는 입장이다.[1]

나는 한국 민주주의가 과도하게 폄하되고 있다는 주장을 끈질기게 해온 서강대 교수 강정인의 주장을 전폭적으로 지지한다. 그는 몇몇 지식인들이 한국 민주주의의 짧은 역사는 생각하지 않고 서구 중심주의적 시각으로 한국의 민주화를 폄하하는 걸 비판하면서 "한국의 현실은 비록 급진주의자들의 눈에는 불만스러울지언정 참을성 많은 역사가의 눈에는 상당히 고무적인 것이다"라고 주장한다.[2]

내가 한국 정치를 비평하는 관점 또한 이런 긍정적 관점 위에 서 있는 것임을 분명히 해두고 싶다. 그 연장선상에서 안철수 현상을 보게 되면 세계 10위권 규모의 민주국가에선 상상조차 할 수 없는 어이없는 일이라고 개탄

---

1. 이에 대해선 다음 논문을 참고할 것. 강준만, 〈한국 '포퓰리즘 소통'의 구조: '정치 엘리트 혐오'의 문화정치학〉, 《스피치와 커뮤니케이션》, 제17호(2012), 7~38쪽

2. 강정인은 "이상화된 서구 민주주의 체제에 대한 열망이 한국인들로 하여금 민주주의의 실현을 위해 강력하게 투쟁할 수 있는 동기를 부여해왔다"고 인정하면서도 "부정적으로는 서구 민주주의를 너무 이상화한 결과 한국의 민주주의를 '예외'나 '일탈'적인 것으로 규정하면서 자기비하의 심리를 내면화해 오게 됐다"라고 분석한다. 서구 국가들은 현재의 자유민주주의로 성숙하는 데 적어도 200년 이상 걸렸다는 것을 감안컨대, 지난 50년 동안 이룩한 한국의 민주화를 자기 비하적으로 '일탈', '파행', '왜곡'으로 보는 시각은 시정해야 한다는 것이다. 강정인, 〈서구 중심주의에 비쳐진 한국의 민주화, 민주주의의 한국화〉, 강정인 외, 《민주주의의 한국적 수용: 한국의 민주화, 민주주의의 한국화》(책세상, 2002), 17~67쪽; 이한수, 〈"서구 민주주의 성숙에 200년 걸려 한국 민주화 50년 일탈 · 파행 아니다"〉, 《조선일보》, 2005년 9월 8일.

하는 대신, 세계에서 가장 빠른 압축 성장을 구현해온 한국 사회가 또 한 번 도약하기 위해 모색하는 패러다임 전환 현상으로 이해할 수도 있다. 안철수의 힘은 안철수 개인의 힘이 아니라, 한국의 힘인 셈이다.[3]

2005년 《경향신문》에 연재된 '우리도 몰랐던 한국의 힘' 시리즈가 큰 반향을 불러일으킨 바 있다. 《경향신문》은 이 시리즈를 묶어 낸 책의 서문에서 "스스로 '어글리 코리안'이라고 부를 수 있는 가차 없는 자기 성찰과 비판은 미래를 위해 더할 나위 없이 중요하다. 언제나 있어야 한다. 하지만 거기에 머문다면 후퇴밖에 없다는 데 의견이 도달했다"며 다음과 같이 말한다.

"매사는 보기에 따라 달라진다. 긍정적으로 보면 힘이 더해지고, 부정적으로 보면 힘이 빠진다. 명품족이 득세하면서 엔간한 품질에는 만족하지 못하는 우리 소비자의 눈과 입에 맞추다보니 어느새 국산품은 세계 최일류가 됐다. 요즘 다국적기업들에게 한국 땅은 신제품 시험장이다. 새 기술과 제품이 나올 때마다 쓰고 뜯어보지 않으면 직성이 풀리지 않는 우리 소비자들을 간파한 까닭이다. 한국의 초일류 제품은 기업과 근로자뿐만 아니라 온 국민이 함께 만들고 있다고 할 수 있다. 한국과 한국인 자체가 경쟁력인 셈이다."

이처럼 발상을 전환한다면, 안철수를 좋게 보건 나쁘게 보건, 우리는 안철수 현상으로 한국 사회를 더 많이 생각하고 이해하고 성찰할 수 있다. 한국

---

3. 《경향신문》 특별취재팀, 《우리도 몰랐던 한국의 힘》(한스미디어, 2006), 10~11쪽.

사회를 공부할 수 있는 아주 맞춤한 기회인 셈이다. 그러나 유감스럽게도 우리는 공부를 제대로 하고 있지 않다. 안철수 현상이 던진 가장 중요한 메시지들을 놓친 채 온통 안철수의 대선 출마 선언 여부에만 관심을 집중하는 이상한 게임을 하고 있다. 누가 유리하고 누가 불리하고 누가 이기고 누가 지는가 하는 정치 공학적 게임에 중독된 언론의 책임이 크다.

이 책은 그런 풍토에 대한 도전이다. 지난 10년 동안 내가 매달려온 화두인 '증오 시대의 종언' 을 안철수라는 관점을 통해 역설하고자 하는 시도다. 이 책은 그동안 나온 안철수 관련 담론들이 증오 시대라는 패러다임에 갇혀 있는 걸 비판하면서 새로운 패러다임으로 나아가자고 선전 · 선동할 것이다. 대한민국을 너무도 아끼고 사랑하기에 기존 증오 시대를 개탄하고 역겨워하는 시민들의 많은 동참을 바란다.

2012년 7월

강준만

## 차례

머리말: 증오 시대를 넘어서 005

제1장 안철수는 빨갱이 · 빠꾸기인가: 보수 진영의 안철수 비판

'간이 배 밖에 나온' 안철수 019 | 안철수 현상은 홧김에 하는 서방질인가 024 | "안철수는 빨갱이" 026 | 안철수는 빠꾸기인가 031 | 윤창중은 혹세무민에 동의할 수 있는가 033 | MB, 이재오에게 안철수를 밀도록 지시했나 036

제2장 안철수 대통령은 없다?: 《한겨레》 성한용의 안철수 비판

특별한 나라 대한민국 041 | 안철수 대통령은 없다? 044 | 왕권신수설과 대통령권민수설 049 | 안철수의 정치적 근육 053 | 열심히 공부해서 출세하면 감옥 가는 나라 056 | 비상한 사태와 우연한 사태 058 | 권력 욕심과 권력의지 061

제3장 중립은 곧 악의 편인가: 유시민의 안철수 비판

진영 논리가 나라를 망친다 067 | '이념 무용론' 논쟁 069 | 100퍼센트 천사와 100퍼센트 악마는 없다 073 | 중립은 곧 악의 편인가 076 | 안철수는 '구름당 당수'인가 080 | 친정권 공무원과 반정권 공무원 085 | 북한 인권에 대한 진보파의 위선과 무책임 087

**제4장 안철수는 '착한 이명박' · '남자 박근혜' 인가: 진보 근본주의적 비판**

안철수는 '착한 이명박' 인가 095 | 안철수의 공정 국가모델 098 | 안철수 현상의 뿌리는 경제 민주화 100 | 안철수는 '남자 박근혜' 인가 104 | 박근혜 지지자와 안철수 지지자의 중복률 107 | 있는 그대로의 세상과 우리가 원하는 세상 109 | 정말 변화를 원하는가 112

**제5장 안철수의 킹메이커는 누구인가: 이원복의 안철수 비판**

킹메이커들이 좌지우지하는 세상? 117 | "안철수가 무섭다" 122 | 윤여준 사건 124 | 옷깃만 스쳐도 상한가 128 | 대통령 선거판의 파리 떼 경보 132 | 연줄 부패라는 고질병 135

**제6장 대통령 선거는 스토리 전쟁인가: 스토리 애호가들의 안철수 비판**

"안철수가 대통령 된다면 새치기" 143 | 영화감독 장진의 안철수 비판 146 | 김대중 · 노무현 신화화가 계파 갈등 만든다 149 | 2012대선은 투표율 전쟁이다 151

**제7장 안철수는 '밀당' 의 귀재인가: 안철수 피로 증후군 논객들의 비판**

"이런 불공정 게임이 어디 있나" 161 | "안철수 쌤, 곰탕 다 타요" 165 | 안철수 피로 증후군의 정체 167 | 안철수는 '밀당' 의 귀재인가 170

**제8장 박정희 패러다임과 안철수 패러다임: 패러다임 전환엔 고통이 따른다**

스티브 잡스와 안철수 179 | 박정희 패러다임과 안철수 패러다임 181 | 안철수 세대의 특별한 타이밍 183 | 위험 감수에서 위험 관리 패러다임으로 186 | 안철수노믹스와 발표 저널리즘 189 | 페이스북에서 한국 신산업을 본다 193 | 분노하는 강남 좌파의 장점 195 | 소통 패러다임의 전환 198

제9장 민주통합당은 왜 4 · 11총선에서 참패했는가: 증오 모델의 실패

4 · 11총선은 이변인가 205 | 이명박의 FTA와 노무현의 FTA 207 | "이게 다 노무현 때문"과 "이게 다 이명박 때문" 209 | 2MB는 사기꾼, 생쥐, 바퀴벌레인가 211 | 축소 지향의 정치 215 | 나꼼수와 4 · 11총선 219 | 시대정신 만능론 222 | 2012 시대정신은 타협이다 226

제10장 나꼼수 모델로 정권 교체 가능한가: 팬덤 정치의 가능성과 한계

"내가 김어준을 비판하는 이유" 233 | '닥치고 연애'와 '닥치고 소통' 236 | "나꼼수 편 가르기, 빨간불 들어왔다" 242 | 팬덤 정치는 '소똥 더미에서 피어난 꽃'인가 245 | '트위터 대통령' 이외수의 수난 249 | 멘토의 머리 꼭대기에 올라탄 멘티들 252

제11장 민주통합당에 희망은 있는가: SNS모델의 가능성과 한계

"이번 대선도 실패한다면 당신들 민주당은 죽어야 한다" 259 | '미권스'가 결정한 민주통합당 대표 경선 261 | 모바일 투표의 당심 · 민심 왜곡 264 | '버럭 이해찬'의 YTN 생방송 사건 268 | 생방송 사건 덕분에 이해찬이 승리했다? 271 | 모바일 투표는 나쁜 혁명인가 274 | 모바일 투표 찬반 논쟁 276 | 소통을 어렵게 만드는 SNS 280 | SNS 축복의 부메랑 282

제12장 아직도 영남 후보론인가: 지역주의를 악화시키는 노무현 신화

지역주의를 악화시키는 노무현 신화 287 | 지역주의 해소 10대 방안 290 | 우리는 정말 지역주의 청산을 원하는가 292 | "부산 당원 한 명은 호남 당원 스무 명 값어치" 296 | 아직도 영남 후보론인가 298 | 친노는 조중동 프레임인가 300 | 조중동 프레임의 오용과 남용 304 | 프레임을 제대로 알자 307 | 금융계 7대 고위직 PK 싹쓸이 309 | 전라도를 모독하는 온라인 극우파 312

## 제13장 노무현 모델로 정권 교체 가능한가: 문재인의 딜레마

문재인, 노무현 모델로 이길 수 있을까 319 | 조경태의 문재인 비판 324 | 주류 친노와 비주류 친노 328 | 이명박 정부는 역사상 최악의 정부인가 331 | 특전사와 병역면제 335 | 문재인의 딜레마 339

## 제14장 증오의 종언으로 가야 한다: 손학규 · 김두관을 위해

민생과 통합은 둘이 아니라 하나 345 | 손학규의 '저녁이 있는 삶' 347 | 정치는 소통이다 352 | "나는 한국의 룰라가 되고 싶다" 355

## 제15장 박근혜 비판, 겨우 '독재자의 딸' 인가: 상흔에 갇힌 민주통합당

진보하는 보수, 보수하는 진보 363 | 정치부 기자들의 편견 366 | '아스트랄' 한 박근혜 370 | 이석기 의원직 제명 논란 374 | 이념과 명분을 압도하는 떡과 떡고물 379

## 맺는말: 홍수 민주주의의 축복인가

한국 사회를 지배하는 공포와 증오 383 | "증오의 분노는 세상을 바꿀 수 없다" 386 | 홍수 민주주의와 티핑 포인트 390 | 안철수는 구세주도 신기루도 아니다 394

## 제1장

# 안철수는 빨갱이 · 빼꾸기인가

•

## 보수 진영의 안철수 비판

## '간이 배 밖에 나온' 안철수

그동안 안철수에게 쏟아진 비판을 살펴보면 한 가지 흥미로운 현상을 발견할 수 있다. 보수 진영의 비판보다는 진보 진영의 비판이 훨씬 더 매섭다는 점이다. 보수 진영의 비판은 비교적 감정적인 반면, 진보 진영의 비판은 비교적 논리적이다. 그렇지만 둘 다 공통점이 있다. 그것은 증오 시대라는 기존 패러다임에 갇혀 있다는 점이다. 우선 보수 진영의 안철수 비판 가운데 몇 개를 비판이 제기된 순서대로 소개하고 하나씩 따져 보기로 하자.

"안철수 교수가 물망에 오르면서 (중략) '한나라당, 민주당 모두 패닉 상태에 빠졌다' 이런 말이 나오는데, 아주 건강하지 못한 상황이라고 생각합니다. (안 교수처럼) 유능한 과학자는 그 분야에서 세계 1등이 되도록 해야지 정치권에 들어오면 나라가 어떻게 되겠습니까? 이것을 곁에서 정치권이 자꾸 건드리고 부추겨서 망가뜨리는 것은 제가 보기에도 안타깝습니다. 그런데 보니까 벌써 그렇게 하면서 본인도 간이 배 밖에 나오고 있어요. 저는 그것을 본인을 위해서 애석하다고 생각합니다."[1]

2011년 9월 5일 자유선진당 전前 대표 이회창이 한국방송KBS 라디오 〈안

녕하십니까 홍지명입니다〉에 출연해서 한 말이다. "간이 배 밖에 나오고"라는 말에 감탄했다. 거친 표현이긴 하지만, 딱 들어맞는 말이 아닌가? 이회창의 소탈하면서도 예리한 언어 감각에 박수를 보내도 좋을 것 같다.

"정치는 정치인이 해야 한다"라는 주장은 이념의 좌우나 여야를 떠나서 정당정치의 기본을 강조하는 것으로 이해할 수 있다. 따라서 그 선의가 존중돼야 함은 두말할 나위가 없다. 그렇다면 이에 대해 안철수는 어떻게 생각할까? 그는 같은 날인 9월 5일 오마이뉴스 인터뷰에서 사실상 반론을 편 바 있다. 그는 "이전에 한나라당에서도 서울시장 후보로 추천 받은 걸로 알고, 지난 6·2지방선거에서도 서울시장 선거에 한 번 나서볼까 생각을 가진 것으로 알고 있다. 그동안 고민이 축적됐나?"라는 질문에 다음과 같이 답했다.

"난 무에서 유를 만들었고 여러 난관을 극복했다. 조직이 잘되기만 했으면 경영 능력 검증이 안 되는데, 한 번 꺾였을 때 그걸 극복하면서 능력이 검증된다. 나는 그걸 했다. 대학교에만 있던 분이나 정치만 하는 분보다는 (내) 능력이 뛰어나다. (중략) 기업 시이오(CEO, 최고경영자)가 장관·행정직을 맡으면 실패하는 게, CEO는 돈 버는 것에만 관심이 있기 때문이다. 그러나 나는 공적 개념을 가진 CEO여서 사회 공헌을 생각하며 수익성 있게 경영을 해왔다. 정치만 한 분, 변호사 하다가 시정하는 분에 비하면 실력 차이가 하늘과 땅 차이다."[2]

---

1. 권오성, 〈이회창 "안철수 간이 배 밖으로 나와" 막말〉, 《한겨레》, 2011년 9월 6일. 이 책에 인용한 신문 기사들은 대부분 인터넷 판이므로, 실제 발행된 신문에 실린 기사와 제목이나 날짜가 다를 수 있다.
2. 오연호 외, 〈[안철수 단독 인터뷰④] "정치하려면 최소 10년은 해야 하는데…"〉, 오마이뉴스, 2011년 9월 5일.

■ 2011년 9월 4일 안철수는 오마이뉴스와 인터뷰하는 자리에서 자신의 능력에 대해 자신감을 드러냈다. 현재 안랩 이사회 의장인 그는 자신을 공적 개념이 있는 CEO로 소개했다.

이 발언에 비춰 본다면 사실 안철수는 겸손하진 않다. 그 역시 서울시장 박원순처럼 미시 행태적으론 더할 나위 없이 겸손하지만, 자기 존대 의식에 관한 한 박원순과 쌍벽을 이룰 정도로 오만하다. 그래서 이 발언 때문에 〈안철수 원장 좀 더 겸손해졌으면〉이라는 신문 사설(《국민일보》, 2011년 9월 7일)까지 등장했다. 우익 논객 조갑제는 분노한 나머지 〈겸손부터 배워라: '간이 배 밖에 나온' 안철수의 막말〉이라는 칼럼에서 다음과 같이 주장했다.

"일본 총리가 된 노다 요시히코野田佳彦 씨는 민주당 총재 경선 연설에서 '미꾸라지가 금붕어를 흉내 내선 일이 안 된다'는 말을 했다. 정치인은 진흙에서 뒹구는 미꾸라지가 돼야지 맑은 물에서 유유자적하는 금붕어가 되려 해선 안 된다는 것이다. 안철수 씨에게 한 충고처럼 들린다. 금붕어처럼 살던

## 안철수 원장 좀 더 겸손해졌으면

안철수 서울대 융합과학기술대학원장이 결국 서울시장 선거에 출마하지 않기로 했다. 압도적인 지지율에도 박원순 희망제작소 상임이사에게 서울시장 후보를 양보한 것이다. 이로써 야권의 서울시장 후보는 박 이사로 단일화될 가능성이 커졌다. 안 원장의 향후 행보도 주목의 대상이다. 하지만 서울시장 선거 과정에서 안 원장의 영향력이 지속될지 여부는 좀 더 지켜봐야 할 것 같다. 나아가 그가 차기 대권주자로 부상할 가능성까지 거론되고 있으나 너무 성급한 전망이다.

최근 며칠 새 그의 언행은 오락가락했다. 그래서 지도자로 자리매김하려면 더 성숙해야 하며, 철저한 검증도 거쳐야 한다는 지적들이 나오고 있다.

그는 당초 출마 가능성을 시사하면서 서울시장이 되면 정치와 거리를 두고 행정을 하겠다고 했다. 정치에 대한 부정적 인식이 담겨 있다. 그랬던 그가 4일 오마이뉴스와의 인터뷰에서 서울시장 선거를 통해 한나라당을 응징해야 한다고 말했다. 지극히 정치적 발언이다. 표현 방식도 품위가 없다. 한때나마 서울시장 선거에 나서려 했던 것도 한나라당에게 본때를 보여주려는 정치적 이유가 강했다는 해석이 가능하다. 역사관도 동원됐다. 현 집권세력이 역사의 물결을 거스르고 있으며, 따라서 현 집권세력이 확장되는 것에 반대한다고 했다. 자신의 말이 좀 지나쳤다 싶은지 어제는 한나라당이 건전한 보수정당으로 거듭나면 지지하겠으며, 자신은 이념적으로 편향된 사람이 아니라고 발을 뺐다. 어떤 발언이 안 원장의 솔직한 마음인지 알쏭달쏭하다.

안 원장은 성공한 CEO이므로 내세울 만한 점도 적지 않을 것이다. 하지만 "난 무(無)에서 유(有)를 만들었다. 정치만 한 분, 변호사만 하다가 시정(市政)하는 분, 대학교에만 있던 분보다는 내 능력이 뛰어나다. 나는 공적개념을 가진 CEO"라는 등의 자화자찬은 좀 심했다.

안 원장은 불출마를 선언하면서 "저에 대한 기대를 잊지 않고, 사회를 먼저 생각하고 살아가는 정직하고 성실한 삶으로 보답하겠다"고 했다. 아울러 좀 더 겸손해졌으면 좋겠다.

■ 안철수의 자화자찬이 좀 심했다면서 좀 더 겸손해지기를 당부한 2011년 9월 7일자 《국민일보》 사설.

이가 미꾸라지가 돼 泥田鬪狗(이전투구)를 하려면 겸손부터 배워야 한다. 겸손은 고귀함보다 더 고귀하다. 겸손해야 고귀해질 수 있다. 안철수 씨는 이회창 전 대표 말대로 '간이 배 밖에 나온' 듯하다. 김대중처럼 '행동하는 양심'이라고 자칭, 자신의 도덕성을 선전하는 정치인치고 사기성이 없는 이가 드물다. 위선은 정치의 속성이라고 하지만 최소한의 염치가 있어야 한다. 안 씨에게서 한글 전용으로 일반화된 인문적 교양의 결여를 본다. (중략) 안철수 씨는 정치를 시작하기도 전에 '정치한 분에 비하면 (내 실력은) 하늘과 땅 차이다' 고 氣高萬丈(기고만장)이다. 그는 정치엔 아마추어이다. 아마추어리즘과 포퓰리즘과 위선이 합작하면 사람을 상하게 한다."[3]

그러나 사명감이라든가 소명 의식은 어차피 겸손과는 거리가 멀 수밖에 없다. 자기 자신이 세상을 구원해야 한다고 믿는 공적 신념이 강한 사람이 어떻게 겸손할 수 있겠는가? 우리가 존경하는 영웅이나 위인은 다 '간이 배 밖에 나온' 사람들이 아니던가? 조갑제도 미시적 행태로만 따진다면 박원순과 안철수를 뺨칠 정도로 겸손한 사람이지만, 대한민국의 적화赤化를 염려하는 애국 충정으로만 본다면 그 두 사람을 능가할 정도로 사명감이 강한 사람이 아닌가 말이다.

사실 따지고 보면 안철수가 간이 배 밖에 나온 건 역사가 오래됐다. 1980년대부터다. 7년 동안 의사 생활을 할 때에 밤잠 안 자가면서 컴퓨터 백신을 무료로 제작·배포한 것부터가 말이 안 되는 짓이다. 어디 그뿐인가? 모두 '벤처 붐'과 '코스닥 광풍'에 미쳐 돌아가던 1990년대 말에 "이런 풍토가 계속된다면 머지않아 벤처기업의 95퍼센트가 무너지고 돈을 날린 투자가들이 속출할 것"이라고 경고한 이가 누구였던가?[4] 바로 안철수다. 당시엔 간이 배 밖에 나온 말이었지만, 그의 경고는 딱 맞아떨어지지 않았던가?

사정이 그러하니 안철수에게 겸손으로 문제를 제기하는 건 그리 적절한 것 같지는 않다. 이 발언은 안철수가 스스로 자신의 최대 약점이라고 여기는, "정치는 정치인이 해야 한다"라는 주장에 스트레스가 쌓인 나머지 그걸

---

3. 조갑제, 〈겸손부터 배워라: '간이 배 밖에 나온' 안철수의 막말〉, 뉴데일리, 2011년 9월 6일.
4. 황순현, 〈"벤처기업 95%가 망할 것… 투자가들 돈 날릴 게 뻔해": 컴퓨터바이러스연 안철수 소장의 '쓴소리'〉, 《조선일보》, 1999년 11월 11일.

해소하기 위해 다소 '오버' 한 걸로 이해하는 게 좋을 듯하다.

우리가 정작 문제 삼아야 할 것은 간이 배 밖에 나온 사람들의 과거 행적과 그에 따른 책임이다. 예컨대, 이명박 정권의 실패에 박근혜가 져야 할 책임은 무엇이며, 노무현 정권의 실패에 문재인이 져야 할 책임은 무엇인지를 따지는 일이다. "안철수가 안랩(옛 안철수연구소) CEO 시절에 했던 언행에 대해 따져 봐야 할 책임은 없는가?" 이런 질문이 중요하다. 그럼에도 우리는 안철수에게 "정치는 정치인이 해야 한다"라는 자격 시비만을 일삼을 뿐, 그런 책임 규명엔 소홀하다.

## 안철수 현상은 홧김에 하는 서방질인가

2012년 4월 19일 소설가 이문열은 종합편성 채널 JTBC와 인터뷰한 자리에서 이런 말을 했다. "나는 도대체가 의문이 많다. '안철수 현상' 이런 것에 대해. 특히 '언론이 (힘을) 합쳐서 아바타 키우기를 하고 있나' 하는 생각이 들 정도로, 왜들 저러는지 모르겠다."[5] 그는 "(현 상황을) 우리말로 바꾸면 홧김에 서

---

5. 아바타(Avatar)는 분신(分身) · 화신(化身)을 뜻하는 말로, 사이버공간에서 사용자의 역할을 대신하는 애니메이션 캐릭터다. 원래 아바타는 산스크리트어 '아바따라(avataara)' 에서 유래한 말이다. 아바따라는 '내려오다' 라는 뜻을 지닌 동사 '아바뜨르(ava-tr)' 의 명사형으로, 신이 지상에 강림함 또는 지상에 강림한 신의 화신을 뜻한다. 산스크리트어 '아바따라' 는 힌디어에서 '아바따르' 로 발음되는데, '아바타' 는 힌디어 '아바따르' 에서 '르' 발음이 탈락된 형태다. 고대 인도에선 땅으로 내려온 신의 화신을 지칭하는 말이었으나, 인터넷 시대가 열리면서 3차원이나 가상현실 게임 또는 웹 채팅 등에서 자기 자신을 나타내는 그래픽 아이콘을 가리키게 됐다. 〈아바타〉, 네이버 백과사전.

방질한다는 건데, 이 사람(기존 정치인)이 나쁘다고 해서 저게(새 인물이) 깡패인지 모르는 이상한 인물이 와도 박수 치고 따라가야 하나?" 라고 주장했다.[6]

이 발언만으론 이문열이 어떤 의미로 아바타를 썼는지 정확히 알기는 어렵지만, "홧김에 서방질한다" 라는 말이 주장의 핵심인 듯하다. 답답한 현실에 처한 사람들이 자신의 아바타를 키우는 것은 이상과 꿈에 대한 미련을 버릴 수 없기 때문일 것이다. 그걸 '홧김에 서방질하기' 로 보긴 어렵다. 그들과 답답한 현실이란 관계는 애초부터 부부 관계가 아니었기 때문이다. 남남인 데다 증오하던 적대 관계라고 보는 것이 옳을 것이다. 그런 관계에서 탈출하려는 시도는 서방질이라기보다 '잃어버린 아바타 찾기' 로 보는 게 옳지 않을까?

이 발언을 보도한 《중앙일보》 기사엔 이런 댓글들이 달렸다. "이문열 작가가 안철수 교수보다 못한 게 뭐 있나?", "안철수 백 개 가져와도 이문열 님의 똥 한 개와 안 바꾼다. 이문열 님, 문학의 거장. 천재 문학가." 표현만 순화한다면 동의할 수도 있는 주장인데, 이문열과 안철수 사이엔 이런 차이가 있는 듯하다.

이문열의 애국 충정은 안철수 못지않거나 그 이상인데, 그 방식에서 큰 차이가 있다. 이문열의 정치적 발언은 자신과 생각이 다른 사람들을 비판하는 데 집중된 반면, 안철수는 생각이 다른 사람들도 다 끌어안고 대한민국의

6. 남궁욱, 〈이문열 "안철수는 언론이 키운 아바타"〉, 《중앙일보》, 2012년 4월 21일. 이 말은 내가 《멘토의 시대》에 쓴 글 〈오래된 체제와 새로운 미래 가치의 충돌: 비전 · 선망형 멘토 안철수〉에서도 인용한 것이다. 이 책은 그 글을 상당 부분 곳곳에서 재활용했는데, 이에 대해 이미 《멘토의 시대》를 읽은 독자라면 너그럽게 이해해주길 바란다.

정의와 번영을 위해 나아가자고 선전·선동한다. 이문열의 역할도 소중하긴 하지만, 한국 정치의 이전투구에 염증을 내는 사람들이 누리고 싶은 정치는 바로 안철수 방식이다. 이전투구에 익숙한 시각으로 안철수를 보는 건 우리 모두의 손실이 아닐까?

이 정도 반론이 적절하다. 그런데 몇몇 언론과 네티즌들은 이 발언을 이문열이 안철수를 깡패에 비유했다거나 아예 깡패라고 했다는 식으로 해석했다. 그건 곤란하다. 이문열의 "깡패" 운운이 전혀 적절치 않은 단어임은 두말할 나위가 없으나, 그렇다고 해서 그렇게까지 확대해석 하는 것은 비슷한 오류를 범하는 게 아니고 무엇이겠는가? 증오가 앞서면 소통이 어려워지는 법이다.

## "안철수는 빨갱이"

> 안영모: 박원순 시장은 빨갱이 같은 인상을 준다는 세간의 평이 있다.
>
> 안철수: 대한민국에 빨갱이가 어디 있습니까. 그런 것 아닙니다.[7]

2012년 4월 30일 안철수 아버지인 부산 범천의원 원장 안영모가 《국제신문》 인터뷰에서 위와 같이 말한 내용이 다른 언론에도 널리 보도됐다. 그

7. 이현정, 〈"아들 안철수 민주당 경선 절대 안 나가"〉, 《서울신문》, 2012년 5월 1일.

걸 읽는 순간, '이분이 큰 실수 했네' 라는 생각이 들었다. 맥락이 제거된 발언은 늘 악의적으로 이용하려는 사람이나 부주의한 사람의 밥이 되기 십상인데, 바로 이 발언이 그런 경우에 속한다고 봤기 때문이다.

곧이어 범천의원이 문을 닫는다는 보도가 나왔는데, 아마도 그런 실수를 미연에 방지하겠다는 뜻이 부자 사이에 합의된 것 같다. 의원 문을 열고 있으면 자꾸 기자들이 찾아와 한 말씀 해달라고 조르는 걸 견뎌내기 어렵지 않겠는가?

아니나 다를까, 처음엔 잠잠했지만 얼마 후 통합진보당 사태가 불거지면서 보수 진영은 이 발언을 안철수의 사상을 검증하는 주요 메뉴로 활용하기 시작했다. 3월 4일 안철수는 보수층이 주도하는 탈북자 북송 반대 시위 현장을 찾아 "이념보다 인권이 더 중요하다"며 중국 정부와 북한에 비판적인 메시지를 던진 바 있었다. 당시 보수층은 안철수의 확실한 이념에 찬사를 아끼지 않았는데, 그걸로는 모자라

## "아들 안철수 민주당 경선 절대 안나가"

### 부친 안영모 옹 밝혀

"큰아이는 경선하자고 해도 경선할 아이가 아니다."

안철수(얼굴) 서울대 융합과학기술대학원장의 부친 안영모 부산 범천의원 원장이 안 원장의 민주통합당 대선후보 경선 참여 가능성을 묻는 질문에 "절대 안 할 것"이라며 이같이 말했다.

**●"출마 발표하면 난리날 것"**

안영모 원장은 30일 국제신문과의 인터뷰에서 "그래도 사람들이 말하는 걸 보니 50% 이상은 큰아들을 지지하더라. 대한민국에서 이렇게 많은 지지를 받는 사람은 처음이다. 아들은 죽으면 이름을 남기고 싶다고 말하곤 한다."며 안 원장의 대선 출마 가능성을 높게 얘기했다. 그러면서 "큰아이(안철수 원장)가 (대선 출마를) 발표 안 해서 그렇지 발표하면 난리가 날 것"이라고 말했다.

민주당 대권 주자에 대해선 "손학규는 당을 옮겨 다녔는데. 이런 사람은 국민이 좋아하지 않는다. 김두관은 인지도가 낮아 한계가 있다."며 "사실 민주당은 문재인 말고는 눈에 띄는 사람이 없다. 안철수 대 박근혜 구도가 안 되겠나."라고 관측했다. 다만 "올해 (안 원장이 대선에) 나올지는 나도 모른다. 얼마 전까지는 자기도 모른다고 했다."고 밝혔다.

**●"죽으면 이름 남기고 싶다 말해"**

지난해 서울시장 선거에서 안 원장이 출마를 선언했다가 박원순 후보를 지지하며 사퇴한 뒷이야기도 밝혔다. 안영모 원장은 박원순 시장이 당시 안철수 원장에게 이메일을 두 번이나 보내 의견을 물었다고 말했다. 그는 "결정적으로 큰아이가 박 시장의 속마음을 보려고 일부러 자기도 나간다고 했더니 박 시장은 큰아이가 출마해도 나간다고 했다. 그래서 열 살 많은 선배고 존경하는 사람이어서 곧바로 기자회견해서 자기는 안 나가고 박 시장을 밀어줬다."고 전했다.

또 자신이 안 원장에게 "박 시장은 빨갱이 같은 인상을 준다는 세간의 평이 있다."고 말하자 안 원장이 "대한민국에 빨갱이가 어디 있습니까. 그런 것 아닙니다."라고 말한 일화도 소개했다.

이현정기자 hjlee@seoul.co.kr

■ 박원순 시장이 빨갱이 같은 인상을 준다는 세간의 평에 안철수는 그렇지 않다고 대답했다.(《서울신문》 2012년 5월 1일)

다는 것이었을까?

5월 14일 명지대 기록정보과학전문대학원 교수 강규형은 〈종북從北의 계보학〉이라는 《조선일보》 칼럼에서 "안 씨는 훌륭한 벤처기업가이지만 정작 정치와 사상 논쟁에 대해선 식견이 전혀 없는 '책상물림' 임을 잘 보여주는 에피소드다. 아무리 좌파 학자들에게 속성 과외를 받아본들 무슨 소용이 있겠나? 이런 안이한 사회 인식이 얼마나 위험한 것인지를 요즘 통감할 것이다"라고 말했다.[8]

5월 25일 《문화일보》 전 논설실장 윤창중은 뉴데일리 칼럼에서 안영모 인터뷰 에피소드를 거론하면서 "기 막히는 안보관, 국가관! 보수 우파 세력은 더 이상 안철수가 보수 우파 진영에 들어와주길 바라는 일말의 기대라도 갖고 있다면 쓰레기통에 버려야 한다. 쓰레기통에!"라고 일갈했다.[9]

5월 29일 새누리당 최고위원 심재철은 당 회의에서 "안철수 교수는 종북 주사파에 대해서 어떤 생각을 가지고 있는지 밝혀야 한다"라고 말했다. 그는 "이것은 대한민국의 안보에 직결되는 문제"라며 "종북 주사파라는 바이러스에 대해서 백신은 있는 것인지 분명히 밝혀야 한다"라고 덧붙였다.[10]

오냐, 밝히마! 안철수는 그런 생각을 한 것 같다. 안철수는 5월 30일 부

---

8. 강규형, 〈종북의 계보학〉, 《조선일보》, 2012년 5월 14일.
9. 이어 윤창중은 이렇게 말했다. "안철수가 친DJ 인사인 박영숙을 기부재단 이사장에 임명하고, 친노 인사를 자신의 '입'으로 기용한 두 가지 사실을 조합해보면 그의 대선 전략이 읽힌다. '친DJ 세력+친노 세력+나머지 좌파 세력'을 대권 도전의 토대로 삼기 위해 총결집시키려는 것. 지역적으로는 부산 출신인 안철수가 친DJ 인사를 기용한 것도 호남 유권자들을 향해 미소 짓는 전술이고, 친노 인사를 옆자리에 앉힌 것도 친노 세력의 본산이라는 부산·경남권을 끌어안겠다는 작전." 윤창중, 〈안철수가 뭐가 그리 대단?: 안철수 피로 증후군〉, 뉴데일리, 2012년 5월 25일.
10. 김시현, 〈"안철수, 주사파 입장 밝혀라"〉, 《조선일보》, 2012년 5월 30일.

## 안철수 "복지·정의·평화" 사실상 대선 키워드 제시

**부산대 강연서 정책비전 선뵈**
**"출마 결정되면 분명히 밝힐것**
**색깔론…시민들 어리석지 않다"**

안철수(**사진**) 서울대 융합과학기술대학원장이 30일 우리 사회의 문제를 해결하기 위해 필요한 '3대 키워드'로 복지, 정의, 평화를 제시했다. 안 원장은 통합진보당 경선부정 사태와 '종북' 논쟁 등 쟁점 현안에 대해서도 분명한 의견을 밝혔다. 사실상 대선 행보를 시작한 게 아니냐는 관측이 나온다. ▶관련기사 3면

안 원장은 이날 부산대학교 경암체육관에서 열린 부산대 총학생회 초청 강연회에서 "사회 변화에 대한 열망들이 저를 통해서 분출된 거라고 생각한다"며 "그 열망에 어긋나지 않을 수 있을까라는 질문을 하는 과정 중에 있다. 결정이 되면 분명하게 말씀드리겠다"고 밝혔다.

그는 통합진보당 사태에 대한 질문에 "지금 같은 다양성의 시대에 소수적 약자를 대변하는 진보정당은 꼭 필요하다"며 "바로 그런 지점 때문에 진보정당은 다른 정당보다 훨씬 민주주의적인 절차를 중시해야 한다"고 밝혔다. 그는 "진보정당은 인권과 평화 같은 보편적인 가치를 중시하고, 그것이 진보정당의 근간"이라며 "이런 잣대가 북한에 대해 다르게 적용되는 것은 동의하기 어렵다. 이는 사상의 자유와는 별개이며 정치인은 이런 입장을 솔직하게 밝히는 게 옳다"고 말했다. 그러나 안 원장은 "이 문제가 건강하지 못한 이념논쟁으로 확산되는 것은 바람직하지 않다"며 이번 사태가 색깔론으로 흐르는 상황을 경계했다. 그는 "다수의 시민들이 뽑았던 박원순 서울시장 후보를 일부에서 빨갱이라고 해서 어처구니없다고 생각한 적이 있다. 시민들은 결코 어리석지 않다. 우리 사회는 건강한 상식을 가지고 있다고 믿는다"고 말했다.

안 원장은 이날 강연에서 "모두가 행복하고 미래에 대한 희망을 가진 사회를 만들기 위해 구체적으로 어떤 것들을 해야 하는가"라고 자문한 뒤, "여러 가지 있지만 3가지 키워드가 있는 것 같다. 지금 우리 세대에 주어진 중요한 과제는 복지·정의·평화라고 생각한다"고 말했다.

그는 복지와 관련해 "단순하게 분배만 하고 소비만 하는 좁은 의미의 복지가 아니라, 일자리와 복지가 긴밀하게 연결되는, 선순환되는 넓은 의미 복지"라고 설명했다. 정의를 두고서는 "모두가 같은 출발선상에 서게 하는 것, 경쟁할 때 반칙이나 특권이 없는 것, 패자에게도 다시 기회를 주는 것이 정의로운 사회의 세가지 요소"라고 강조했다.

최근 문재인 민주통합당 상임고문이 제안한 공동정부론에 대해서는 "문 고문의 말씀은 굳이 저를 거론해서 한 것이라기보다 앞으로 분열이 아닌 화합의 정치가 아닌가 하는, 그분의 철학을 보여준 게 아닌가 생각한다"며 즉답을 피했다.

이날 강연에는 부산대 학생들과 주민 등 3000여명이 참석했다.

부산/송채경화 기자 khsong@hani.co.kr

■ 안철수는 통합진보당 사건과 관련한 논쟁이 건강하지 못한 이념 논쟁으로 번지는 것은 바람직하지 않다고 말했다.(《한겨레》 2012년 5월 31일)

산대 강연에서 "국가 경영에 참여하는 정당이나 정치인은 북한 문제에 대한 입장을 솔직히 밝히는 게 옳다" 면서 종북 의혹을 받고 있는 통합진보당 구당권파 의원들의 태도를 정면 비판했다. 그는 "북한은 좋든 싫든 대화해야 할 상대지만 보편적 인권이나 평화 문제에서 심각한 문제를 갖고 있다는 것은 우리 모두 알고 있는 사실" 이라며 "유독 이 문제가 안 보이는 사람이 있다면 국민에게 받아들여지기 어렵다" 고 말했다. 또 그는 "이것(북한에 대한 정치인의 입장 표명)은 사상의 자유와는 별개" 라며 "인권과 평화라는 보편적 잣대를 북한에 대해 다르게 적용하는 것은 동의하기 어렵다" 라고 강조했다.[11]

그러나 안철수는 "이 문제가 건강하지 못한 이념 논쟁으로 확산되는 것은 바람직하지 않다" 며 이번 사태가 색깔론으로 흐르는 상황을 경계했다. 그는 "다수 시민들이 뽑았던 박원순 서울시장을 일부에서 빨갱이라고 해서 어처구니없다고 생각한 적이 있다. 시민들은 결코 어리석지 않다. 우리 사회는

11. 송용창, 〈안철수 "박원순이 빨갱이?" 작심 발언〉, 《한국일보》, 2012년 5월 31일.

건강한 상식을 가지고 있다고 믿는다"라고 말했다.[12]

또 안철수는 "한쪽은 10년째 (박근혜를) 어떤 분의 자녀라고 공격하고, 한쪽은 지난 5~10년 내내 좌파 세력이라고 싸잡아서 공격하는 '구태'가 이어지고 있다"고 개탄하면서 "이런 것들이 낡은 프레임이고 낡은 체제로 아무런 사회문제도 해결하지 못한다"라고 주장했다.[13]

그럼에도 보수 인사들은 마이동풍馬耳東風이다. 조갑제는 다시 안철수 때리기에 가세한다. 그는 6월 22일 교통방송TBS 〈열린아침 송정애입니다〉에 출연해 "안 원장은 지도자가 되면 절대 안 된다. 전쟁 중인 나라에서 국권 통치자가 되는 대통령 자리에 앉을 자격이 없는 사람"이라고 발언했다. 왜? 조갑제의 단골 장기라 할 '종북 타령'이다. 조갑제는 "안 원장은 한국의 종북 문제는 존재하지 않는다는 생각을 갖고 있는 것 같다"면서 "대한민국이 종북병에 걸린 것이 가장 큰 문제인데 이것을 문제라 여기지 않는 사람이 대통령이 되면 자유민주주의 체제는 지켜내기 어렵다"고 했다.[14]

사실 안철수의 이념에 대한 문제 제기는 4월 4일 그의 경북대 강연에서 일어난 해프닝을 연상시킨다. 그날 강연이 시작되기에 앞서 2층 방청석에서 신원을 알 수 없는 남성이 "안철수는 빨갱이"라고 소리친 사건이 있었다. 한동안 긴장감이 나돌았지만 곧 진정됐고 학생들은 한 목소리로 그 남자에게

---

12. 송채경화, 〈안철수 "복지 · 정의 · 평화" 사실상 대선 키워드 제시〉, 《한겨레》, 2012년 5월 31일.
13. 박종식, 〈"어떤 분 자녀라 공격… 싸잡아 좌파라 공격 이런 것들이 구태"〉, 《한겨레》, 2012년 5월 31일; 김경화, 〈대선 202일 전… 국민 물음에 계속 둘러대는 안철수〉, 《조선일보》, 2012년 5월 31일.
14. 김지현, 〈조갑제 "박정희는 세종대왕보다 위대" "박정희는 사상 전향을 한 가장 위대한 인물" "안철수, 대통령 되면 절대 안 될 사람" "박지원은 한국 정계 거짓말의 천재다" 비판〉, 《서울경제》, 2012년 6월 22일.

"우" 하고 야유를 보낸 걸로 마무리됐다.[15] 여권의 안철수에 대한 이념 공세는 자신들이 "안철수는 빨갱이"라고 소리친 사나이와 수준이 다를 바 없다는 사실을 적나라하게 보여줄 뿐이다.

## 안철수는 빼꾸기인가

"당 밖에서 끝까지 야권 후보 중 지지도 1위를 유지하다가 한방에 민주당을 쓰러뜨려 일거에 흡수 통합하다시피 하고 통합진보당이든 뭐든 싹쓸이해 무소불위의 야권 단일 후보로 등장! 안철수는 이렇게 머리카락만 숨기면 머리 나쁜 사람들은 잘 모를 것 같은 '전략적 모호성'을 유지하고 있다. 그러나 그럴수록 안철수에 대해 피로감을 갖는 국민도 크게 늘어나고 있다. 이른바 안철수 피로 증후군! 지겹다. 뭐, 그리 대단한 인물이라고."[16]

2012년 5월 25일 《문화일보》 전 논설실장 윤창중이 뉴데일리에 쓴 〈안철수가 뭐가 그리 대단?: 안철수 피로 증후군!〉이란 칼럼에서 한 말이다. 이 칼럼에 대해 어떤 독자가 "안철수는 동물에 비유하자면 '뻐꾸기'다!"라는 댓글을 달았던 모양이다. 이에 감동을 먹은 윤창중은 "지적知的 관찰의 극치"라고 극찬하면서 이걸 주제로 새로운 칼럼을 하나 쓰기로 결심했다. 그게 바로 6월 14일 뉴데일리에 실린 칼럼 〈남의 당에 알 낳기? 노름판! 사기극!: '뻐

15. 〈"빨갱이!" 한 남성, 안철수에 소리치자…〉, 《동아일보》, 2012년 4월 5일.
16. 윤창중, 〈안철수가 뭐가 그리 대단?: 안철수 피로 증후군!〉, 뉴데일리, 2012년 5월 25일.

꾸기' 안철수! 대통령 먹고 민주당 먹고〉다.

윤창중은 "뻐꾸기는 자신의 노력으로 둥지를 만들지 않고 종달새와 같은 다른 새가 둥지를 애써 만들어 알을 낳아 부화하려 할 때, 슬쩍 그 둥지로 들어가 다른 새알 사이에 알을 낳아 대신 부화하도록 한다. 뻐꾸기는 새끼가 부화돼 어느 정도 크면 종달새 어미와 새끼들을 밀어내고 마지막으로 둥지까지 허물어버린다. 그야말로 얌체! 부도덕! 12·19대선이 6개월 닷새 남은 지금까지 그가 침묵하는 걸 보면 그의 대선 시나리오의 골격은 '뻐꾸기 전술' 이다" 며 다음과 같이 말한다.

"이해찬과 안철수의 계산이 정확하게 일치! 민주당이라는 둥지 안에서 일단 민주당 '알' 부화해보다가 건강한 새끼 나오면 안철수와 한판 붙여보고 그것이 안 되면 안철수한테 둥지 빌려주고 정권 잡게 되면 공동 정권 만들어 제 몫 챙기겠다는 발상. 완전히 노름판이다. 이게 사기극이 아니고 기만극이 아니면 도대체 뭐가 사기? 뭐가 기만? 이게 무슨 대한민국 제1야당? 정당정치의 존재 이유고 뭐고 자존심이고 배알이고 뭐고 따지지 않고 자기네들 대선 후보 하나 제대로 내지 못해 당 밖에서 서성거리는 안철수한테 질질질질 끌려다니고 있고. 대한민국 최고의 지성이라는 서울대학교 교수는 교수 팔아 정치권과 국민을 갖고 놀고 있고. 기가 막히는 대선이다." [17]

《조선일보》의 유권자 심층면접 조사에서도 안철수에 대해 "다 차린 밥상에 숟가락만 얹겠다는 비겁한 기회주의자로 보인다" 는 '뻐꾸기론' 이 제기

---

17. 윤창중, 〈박근혜, 대한민국을 확확 바꿔야 한다: 박근혜 캠프, 해병 전우회처럼 '친박 동우회' 로 가나?〉, 뉴데일리, 2012년 6월 20일.

됐지만,[18] 이런 뻐꾸기론은 무엇보다도 비유가 맞질 않는다. 안철수와 이해찬(민주통합당)의 계산이 정확하게 일치한다면 그건 윈윈 게임이다. 반면 뻐꾸기와 종달새는 그런 관계가 아니지 않은가? 게다가 뻐꾸기와 종달새의 관계는 2자 관계인 반면, 안철수와 민주통합당은 2자 관계라기보다는 유권자에 의해 운명이 결정되는 3자 관계가 아닌가? 민주통합당이 박근혜에게 정권이 넘어가는 것보다는 안철수 정권을 더 원한다면 이게 윈윈 게임이 아니고 무엇이란 말인가?

그런 문제가 있지만 그래도 뻐꾸기라는 비유가 재미있다는 건 부인하기 어렵다. 그런데 정작 문제는 일관성이다. 재미있는 표현을 썼으면 칼럼을 재미있게 끝내는 게 좋지 않을까? 독설, 아니 욕설이라고 해야 할 정도로 윤창중의 말이 너무 거칠다. "교수 팔아 정치권과 국민을 갖고 놀고 있고" 운운은 지나치지 않은가? 처지를 바꿔서 생각해보는 게 어떨까?

## 윤창중은 혹세무민에 동의할 수 있는가

보수 진영에서 윤창중은 친박 논객으로 알려져 있다. 나름의 애국 충정에서 비롯된 노선일 것이라 믿는다. 그런데 다른 보수 논객이 박근혜에 대한 생각이 다르다는 이유만으로 자신을 "권력과 아부 근성에 눈이 멀어 혹세무민을

18. 배성규, 〈주부들 "대안 없어 박 지지" 2030 "안 좋아하지만 출마 반대"〉, 《조선일보》, 2012년 7월 3일.

일삼는다"라고 비난하면 생각의 차이를 떠나 이게 올바른 어법이라고 볼 수 있겠는가?

6월 8일 윤창중은 채널에이 〈박종진의 쾌도난마〉에 출연해 박근혜를 옹호하면서 다른 새누리당 대선 주자들을 비판했다. 이에 다른 보수 논객 박한명이 반론을 썼다. 그는 "아무래도 이건 '이상일 효과'로밖에 해석이 안 된다. 논객이 논객답지 못하고 교언영색巧言令色으로 권력에 아부해 한자리를 차지하는 성공담이 출세의 모범으로 자리 잡은 탓이다. 윤창중 《문화일보》 전 논설실장 얘기다"며 다음과 같이 말한다.

"언론인으로서 최소한의 품격과 평정도 잃은 듯 보이는 그의 발언들을 보면서 《중앙일보》 논설위원이었던 이상일 새누리당 의원이 자연스럽게 떠오른다. 비례대표 후보 8번을 하사받기 불과 며칠 전까지 새누리당과 당시 박근혜 비상대책위원장을 위해 사회의 공기公器인 《중앙일보》 지면을 충분히 그리고 대담하게 활용했던 그의 영민한 전략이 윤 전 실장의 최근 말과 글에서 자주 감지되고 있기 때문이다."

이어 박한명은 "윤창중 전 논설실장의 진짜 속내를 알 수 있는 압권은 방송 출연 마지막 부분이다. 그는 박근혜 전 위원장이 인재로 승부를 봐야 한다며 캠프 구성을 언급하면서 '박근혜 정권 탄생하면 어떤 국가 인재가 나라 이끌 것인가 획기적 인선이 나타나야 된다'고 했다. 그리고 대선 출마 선언 첫 장면이 매우 감동적으로 나올 때 대선 드라마가 순항할 것이라고 주장했다. 아무래도 대선 출마 선언에 매우 큰 의미를 부여한 듯 보인다. 그가 박근혜 캠프에 참여하고 싶은 소망을 강력하게 비춘 것이 아닌가 하는 짐작을 하게 하는 대목이다"며 다음과 같이 말한다.

"그러나 이미 충성 경쟁은 끝났다. 논객으로서 가장 파워를 발휘할 때 스카웃된 이상일 의원을 마지막으로 박근혜 진용은 사실상 마무리됐다고 봐야 한다. 냉정하게 말해 윤 전 논설실장이 현재 보여주는 허술한 논리와 맹목적 비박 때리기 정도로는 어렵다고 본다. 결론적으로 말하고 싶은 건 윤창중 전 논설실장이 욕심을 버리고 과거의 참다운 논객의 자세로 되돌아갔으면 하는 바람이다. 논객이 논객다움을 잃으면 말과 글에서 빛이 사라진다. 논객이 정치인의 선거 캠프에 합류하는 것이, 출세를 원하는 것이 잘못됐다고 지적하는 게 아니다. 권력욕과 아부 근성으로 빛을 잃은 글과 논리는 혹세무민할 뿐이고 그 자신도 타락시킬 뿐이라는 게 내 주장의 핵심이다. 자신이 지지하는 정치인을 위해 글을 쓰고 논리를 펴되 논객으로서 갖춰야 할 비판 정신을 잃어선 안 된다는 얘기다."[19]

이 논쟁 이후 윤창중은 박근혜를 향해 몇 가지 주문을 하면서 이렇게 말한다. "왜 박근혜에게? 이건 특정 후보에게 유리하라고 쓰는 곡필이 아니라 현실적으로 박근혜가 우파 진영에서 압도적으로 선두를 달리기 때문. 압도적 선두를 이재오가 달린다면? 난 이재오한테 충언할 것이다. 오해 없기 바란다."[20] 나는 오해하지 않는다. 나는 윤창중의 말을 믿는다. 다만 이런 질문은 드리고 싶다. 자신에 대한 비판 방식이 부당하다고 생각한다면 그런 비판 방식을 남에게도 쓰지 않는 게 옳지 않을까?

19. 박한명, 〈논객 윤창중이 걸어야 할 대도무문(大道無門): 박근혜 충성 목적의 비박 주자 희생양 논리, 설득력도 논객다움도 없다〉, 빅뉴스, 2012년 6월 11일.
20. 윤창중, 〈박근혜, 대한민국을 확확 바꿔야 한다: 박근혜 캠프, 해병 전우회처럼 '친박 동우회'로 가나?〉, 뉴데일리, 2012년 6월 20일.

## MB, 이재오에게 안철수 밀도록 지시했나

2012년 6월 27일 박근혜의 지지 모임인 '박사모(박근혜를 사랑하는 모임)' 회장 정광용은 박사모 홈페이지에 올린 〈공개서한, 이명박 대통령께 묻습니다〉라는 글에서 "신뢰할 만한 분으로부터 첩보를 들었다"면서 "최근 대통령은 이재오 의원과 통화 등을 통해 '안철수 교수를 밀자'고 지시 또는 협의를 했느냐?"고 물었다.

이어서 정광용은 "김태호 (전 경남지사) 등 다른 주자들에게 지시해 안 교수를 밀도록 하고 박지만 씨 등 박근혜 전 위원장에게 불리한 자료는 (통합민주당) 박지원 (원내대표)에게 전달하고 조만간 MB의 비선 라인이 박 원내대표를 만날 것 등이 대통령이 이 의원에게 전달했다는 내용"이라고 주장했다. 또 그는 "안 교수가 대권을 거머쥘 수 있도록 모든 작업은 위에서 다할 테니 올 9월 또는 10월에 시기가 무르익으면 (새누리당을 떠나) 안 교수에게 갈 수 있도록 준비하라고 한 것은 사실이냐"라고 물었다.

이재오 의원 쪽은 "워낙 소설 같은 이야기라서 한마디로 어이가 없다"라고 말했다. 이재오의 팬클럽인 '재오사랑'은 성명을 내고 "이재오 예비 후보를 흠집 내려는 전형적 네거티브"라며 박 전 위원장에 대해서도 "(공개서한에 대해) 정 회장이 사전에 박 전 위원장에게 통보하고 상의했다고 믿기는 만큼 사실 여부에 대해 확인해주길 바란다"라고 적었다.[21]

21. 〈박사모 회장, MB에 "안철수 밀라 했나" 공개서한〉, 《동아일보》, 2012년 6월 29일; 〈박사모 "MB, 이재오에 안철수 밀도록 지시했나"〉, 《경향신문》, 2012년 6월 29일.

안철수 지지자들도 댓글 등을 통해 '저열한 안철수 죽이기' 수법이라고 비난을 퍼부었는데, 그렇게 펄쩍 뛸 만하다. 그렇잖아도 진보 진영 일각에선 안철수를 '착한 이명박' 이나 '남자 박근혜' 로 보는 시각이 있는 터에, 이런 '유언비어' 가 널리 퍼져나가면 안철수에게 적잖은 타격이 될 수 있기 때문이다.

이 사건을 과연 어떻게 봐야 할까? 답은 의외로 간단하다. 정광용이 '신뢰할 만한 분' 이라고 한 사람이 누군지 정체를 밝히면 된다. 그 사람을 보호하기 위해 그게 어렵다면 좀 더 자세한 정황 증거라도 제시해야 한다. 만약 그렇게 하지 않고 이대로 끝낸다면 이는 지능적인 '질문을 빙자한 마타도어' 수법이라는 비난을 면키 어려울 것이다.[22]

질문 형식으로 의혹을 제기한 건 명예훼손 등의 법적 심판을 넘어서고자 하는 뜻이었겠지만, 그렇다고 해서 면책될 수 있는 건 아니다. 물론 대선판인지라 그냥 넘어간다 하더라도 이는 박사모 자체가 마타도어 집단으로 인식되는 소탐대실小貪大失의 결과를 초래할 수 있다. 다른 대선 후보의 팬클럽이 박근혜에게 질문 형식으로 이렇다 할 근거가 없는 중상모략적 질문을 던지는 것에 박사모가 동의할 수 있겠는가? 내가 원치 않는 일을 남에게 하면 안 되는 법이다.

22. 마타도어는 근거 없는 사실을 조작해 상대편을 중상모략하거나 그 내부를 교란하기 위해 하는 흑색선전(黑色宣傳)이란 의미로 정치권에서 널리 쓰인다. 마지막에 소의 정수리를 찔러 죽이는 투우사를 뜻하는 스페인어 'Matador(마타도르)' 에서 유래했다. 마타도르(Matador)는 스페인어 동사 '마타르' (matar, 죽이다)에서 온 말로 마타도어는 투우 경기에서 주연을 맡은 투우사다. 투우에서 투우사가 세 명 등장하는데, 보조 투우사는 반데리레로이고, 기마 투우사는 피카도어라고 한다. 마타도어는 투우를 유인해 칼로 찌른다. 이처럼 남을 중상모략하는 정치가를 말하며 그런 중상모략을 말하기도 한다. 〈마타도어〉, 네이버 지식사전.

이상 살펴본 바와 같이 보수 진영의 안철수 비판은 "간이 배 밖에 나왔다" 에서부터 '빼꾸기' 에 이르기까지 다양하다. 그러나 모든 비판을 관통하는 한 가지 정서가 있는데, 그건 바로 "다 된 밥에 재 뿌리기" 다. 무력한 야당 후보들을 상대로 '박근혜 대통령' 이 탄생할 게 거의 기정사실화됐는데, 이 다 된 밥에 재를 뿌리면서 나타난 자가 바로 안철수라는 시각에서 비롯된 정서다. 얼마나 얄밉고 괘씸하겠는가? 이해한다. 그러나 한 번 차분하게 생각해볼 일이다. 안철수는 야권에 속하긴 하지만, 기존 야당들에 대해서도 비판적인 '제3의 후보' 다. 보수 유권자들도 공감할 수 있는 언행을 많이 한다. 비판을 하건 비난을 하건 이모저모 좀 따져본 뒤에 해도 좋지 않을까?

# 제2장

# 안철수 대통령은 없다?

●

## 《한겨레》 성한용의 안철수 비판

## 특별한 나라 대한민국

"만약 안철수 교수가 차기나 차차기 대통령 또는 다른 선출직 공직을 추구한다면 지금 교수를 그만두고 준비해도 너무 늦다. 한국 정도의 세계 10위권 규모의 민주국가 어디에서도 1년 전까지 대학교수였던 사람이, 공적 선출 및 집행 경험이 전혀 없이 곧바로 공동체 최고 공직에 선출돼 국가 업무를 성공적으로 처리하고 국가를 발전시킨 사례는 찾기 어렵다."

2011년 9월 15일 연세대 교수 박명림이 《중앙일보》에 쓴 〈'안철수 현상' 읽는 법〉이라는 칼럼에서 한 말이다. 사실상 '안철수 대통령 불가론'의 최대 논거라 할 수 있겠다. 10개월 전에 교수를 그만두고 준비해도 너무 늦다고 했는데, 지금이야 더 말해 무엇하랴.

박명림의 발언은 그의 스승인 고려대 명예교수 최장집의 평소 소신인 '정당정치론'의 연장선상에 놓여 있는 것으로 볼 수 있다. 최장집은 2012년 6월 19일 국회민생포럼 창립 기념 특강에서 "우리는 대통령 후보들에 대해서 너무 모른다"며 "안철수 씨는 나올지 안 나올지조차 모르는데, 이는 무책임하면서도 비정상적인 것"이라며 안철수를 비판했다.[1]

나는 박명림과 최장집의 비판에 일면 동의한다. 노무현 정권 시절 최장집이 친노 네티즌들에게 온갖 악플을 받으면서 노 정권에 쓴소리를 했을 때, 나는 그의 주장에 거의 동의했을 뿐만 아니라 내심 '나도 훗날 나이를 더 먹더라도 저렇게 할 말은 해야겠다' 라는 생각을 한 바 있다. 최장집에 대한 존경심을 갖고 있다는 뜻이다.

최장집의 노 정권 비판은 정당정치의 제도화를 일관되게 주문한 것이었다. 따라서 그가 안철수 현상에 비판적인 건 너무도 당연한 일이다. 그러나 내가 박명림과 최장집의 비판에 일면 동의하지 않는 것은 앞서 머리말에서 밝힌 바와 같이 출구 전략 때문이다. 나는 이런 '안철수 대통령 불가론' 이 이론적으론 일리가 있다고 생각하지만, 언제 한국 정치가 이론적으로 타당하게 움직인 적이 있던가 하는 의문 앞에선 무력하다고 생각한다.

누구나 다 인정하겠지만, 한국의 정당은 포장마차다. 심심하면 때려 부수고 다시 짓고 간판을 바꿔 단다. 해방 이후 백수십여 개 정당이 명멸한 가운데 정당의 평균 수명이 3년이 되질 않는다. 그거야 옛날 이야기 아니냐고? 그렇지 않다. 오히려 최근 들어 수명이 더 짧아졌다.

특히 민주당 계열 정치 세력의 이합집산離合集散 속도는 무슨 컴퓨터게임을 방불케 한다. 대통령 당인 열린우리당이 민주당에서 뛰쳐나가 딴살림을 차렸지만, 대통령 임기 말에 공중분해가 됐고, 이후 중도개혁통합신당, 민주당, 중도통합민주당, 대통합민주신당, 다시 민주당 등등 명멸한 정당 이름

---

1. 백만호, 〈최장집, 무능한 민주당에 '쓴소리'〉, 《내일신문》, 2012년 6월 20일.

을 기억하기조차 어려울 정도다.[2] 이걸 "세계 10위권 규모의 민주국가" 운운하는 기준이나 잣대로 이해하거나 설명할 수 있겠는가?

■ 좋은 의미에서건 나쁜 의미에서건 대한민국이 매우 특별한 나라임을 보여 준 《특별한 나라 대한민국》 표지

안철수가 대선 후보가 되면 민주통합당은 '불임 정당'으로 전락할 뿐만 아니라 분당 사태마저 빚어질 수 있다는 우려가 있다. 타당한 우려다. 그런데 민심은 민주통합당에 애정이 전혀 없으며, 환골탈태換骨奪胎를 요구하는 걸 어이하랴. 부메랑의 원리를 전혀 모르는 걸까? 이미 정당정치의 원리를 유린한 민주당 분당 때부터 잘못 꿴 첫 단추가 오늘과 같은 사태를 만들었다는 사실을 인정하고 뒤늦게나마 책임지는 자세를 보여야 한다.

내가 2011년에 출간한 책 《특별한 나라 대한민국》에서 밝힌 바 있듯이,[3] 좋은 의미에서건 나쁜 의미에서건 대한민국은 매우 특별한 나라다. 안철수 현상도 대한민국의 그런 특수성을 이해하지 못하면 영영 풀리지 않을 수수께끼가 되고 말 것이다. 이런 특수성을 반기는 사람들도 있다. 예컨대, 정치평론가 고성국은 "전 세계에서 가장 역동적인 정치 변동이 전개되고 있는 우

2. 박창식, 〈분열의 정치 언어, 친노-비노〉, 《한겨레》, 2012년 6월 1일.
3. 강준만, 《특별한 나라 대한민국: 대한민국 9가지 소통 코드 읽기》(인물과사상사, 2011).

리나라는 정치학자들에게는 젖과 꿀이 흐르는 약속의 땅이자 엘도라도다. 이 땅에서 정치학을 하고 있다는 사실에 감사한다"라고 말한다.[4] 글쎄, 그게 그렇게까지 감사해도 좋을 일인지는 모르겠지만, 대한민국 정치가 전 세계에서 가장 역동적이라는 건 분명한 사실인 것 같다.

박명림의 주장은 "공적 선출 및 집행 경험이 전혀 없는 안철수 대통령은 위험하다"라는 주장을 내포하고 있다. 과연 안철수 대통령은 위험한가? 이건 이 책 전반에 걸쳐 다루겠지만, 이 또한 한국인의 특수성으로 설명할 수 있을 것 같다. 한국인은 세계에서 가장 모험심이 강한 사람들이다. 10년 전 노무현을 대통령으로 뽑아준 것도 엄청난 모험이었다는 걸 상기할 필요가 있다. 노무현을 마땅치 않게 보는 사람들은 "그래서 모험을 해선 안 된다"라고 말하고 싶을 것이다. 그러나 이런 생각이 다수의 견해라고 보기는 어렵다.

## 안철수 대통령은 없다?

2012년 5월 29일 박명림의 주장에서 한 걸음 더 나아간 주장이 나왔다. 《한겨레》 정치부 신임기자 성한용이 쓴 〈안철수 대통령은 없다〉라는 칼럼이다. 이 칼럼은 뜨거운 논쟁과 논란을 불러일으켰다. 이 논쟁과 논란은 지금까지도, 아니 앞으로도 계속될 것이다. 재미있는 논쟁이다. 무엇보다도 성한용의 두

---

4. 고성국, 《시사평론가 고성국의 정치타파》(형설라이프, 2012), 7쪽.

## 안철수 대통령은 없다

성한용 칼럼

정치는 정치인이 해야 한다
다른 후보들에게 기회 주고
존경받으며 사는 게 어떨지

"야권에선 지금 그분이 지지율이 높고 제가 그 뒤를 따라가고 있는데, 서로 인정하고 신뢰하고 존중하고 있다. 집권을 위해 연합정치가 필요하다."(문재인 상임고문)

"사회의 백신 역할을 할 수 있도록 우리가 적극 지원해야 한다."(손학규 전 대표)

"정치 참여 여부를 떠나 좋은 쪽으로 이끄는 지도자 중 한 명이다. 연대는 원칙적으로 공감하지만 민주당이 좀더 잘 중심을 잡아야 한다." (김두관 경남지사)

민주통합당 정치인들에게 안철수 서울대 융합과학기술대학원장은 '악몽'이다. 최근 발언을 들여다보면 매우 심하게 가위눌려 있음을 알 수 있다. 대통령 선거는 7개월도 남지 않았는데 박근혜·안철수 양강 구도는 흔들리지 않고 있다. 민주당의 수많은 대선주자들이 자칫 예비후보로 나서 보지도 못하고 스러져갈 판이다.

안철수 현상이 출현해서 지속되고 있는 배경은 무엇일까?

첫째, 언론사의 여론조사다. 안철수 원장이 유력 대선후보로 부각된 것은 지난해 9월 박원순 서울시장 후보를 지원하면서부터다. '대통령 안철수, 서울시장 박원순'이라는 가상 시나리오가 만들어졌고, 각 언론사 대선후보 양자대결 조사에서 안철수 원장이 박근혜 의원을 앞서기 시작했다.

둘째, 야권 대선주자들의 부진이다. 문재인 상임고문은 노무현 전 대통령 비서실장 이미지에 갇혀 있다. 김두관 경남지사는 '스토리'가 있지만 '텔링'이 되지 않는다. 손학규 전 대표는 능력에 비해 매력이 부족하다.

셋째, 새로운 정치에 대한 유권자들의 열망이다. 1992년 대선의 정주영, 97년의 이인제, 2002년의 정몽준, 2007년의 문국현이 그런 열망을 반영한 '제3후보'였다. 야권 주자들의 부진 덕분에 안철수라는 제3후보가 제2후보의 자리에 올라 있는 것이다.

넷째, 안철수 원장은 한국 사회에서 존경받을 만한 일을 많이 했다. 컴퓨터 바이러스 백신을 개발해 무료로 나눠 주었다. 청춘 콘서트를 기획해 좌절한 젊은이들과 눈높이를 맞추었다. 재산의 절반을 사회에 내놓았다. 하나하나가 다른 사람은 흉내내기도 어려운 업적이다.

그렇다면 그냥 안철수 원장이 대통령을 하면 안 될까?

안 된다. 대한민국 대통령은 정당을 기반으로 딛고 있는 정치인만이 할 수 있는 자리다. 안철수 원장은 단 하루도 직업으로서의 정치를 해본 일이 없다. 공적 분야의 업무를 처리한 경험이 거의 없다. 이 시대의 과제인 양극화 해소와 일자리 대책을 가지고 있지 못하다. 접촉하는 인물들을 보면 사람을 보는 안목이 부족한 것 같다.

의식에도 좀 문제가 있다. 2004년 안철수 원장이 쓴 책의 서문에 이런 내용이 들어 있다.

"글을 쓸 때 개인적인 이해타산이 포함되면 안 된다. 10년 전, 20년 전의 글을 읽으면서 지금도 한 점 부끄러움이 없음을 다행으로 생각하고 있다. 거창한 표현이기는 하지만, 글은 역사의식을 가지고 써야 한다고 믿는다."

사고가 역사학자나 철학자를 닮았다. 그래서 위험하다. 안철수 원장은 지난 3월27일 서울대 특강에서 "내가 만약 사회 긍정적 발전 도구로 쓰일 수 있으면 그게 설령 정치라도 감당할 수 있다"고 했다. 국내정치를 전공하는 학자에게 이 발언을 어떻게 생각하느냐고 물었다. 왕권신수설을 연상케 한다는 대답이 돌아왔다.

2007년 대선에서 야권의 패배는 어느 정도 예상된 일이었다. 그런데 정치를 잘 모르는 문국현 후보가 갑자기 출현해 선거 지형을 왜곡시켰다. 야권은 참패했다. 선거 결과는 이명박 대통령의 독선과 오만으로 이어졌다. 지금 안철수 원장의 위치와 2007년 문국현 후보의 위치가 얼마나 다를까?

정치는 정치인이 하는 것이다. 안철수 원장이 '역사의 물결을 거스르는' 세력의 재집권을 원하지 않는다면 대선후보 자리를 비켜줬으면 좋겠다. 그래야 다른 주자들에게 공간이 열린다. 그리고 안 원장도 계속 존경받으며 살 수 있을 것 같다. 요행을 바라면 안 된다.

정치부 선임기자 shy99@hani.co.kr

《한겨레》 정치부 선임기자 성한용이 쓴 칼럼 〈안철수 대통령은 없다〉는
뜨거운 논쟁과 논란을 불러일으켰다.

둑한 배포에 놀랐다는 말부터 해야겠다. 안철수를 영 마땅치 않게 생각하는 보수 신문의 기자라면 모를까, 안철수에 대해 비교적 호의적인 진보 신문 기자로서 그렇게 "안철수 대통령은 없다"라고 단언하는 칼럼을 쓰긴 쉽지 않기 때문이다.

성한용은 안철수의 장점을 소개한 뒤 "그렇다면 그냥 안철수 원장이 대통령을 하면 안 될까?"라고 물으면서 이런 답을 내놓았다. "안 된다. 대한민국 대통령은 정당을 기반으로 딛고 있는 정치인만이 할 수 있는 자리다. 안철

수 원장은 단 하루도 직업으로서의 정치를 해본 일이 없다. 공적 분야의 업무를 처리한 경험이 거의 없다."

이 주장은 지난 세월 한국 사회는 "대통령은 정치인이 해야 한다"라는 원칙을 충실히 수행해온 셈인데, 과연 그 결과가 무엇이냐고 되묻는 항변에 무력하다. 사실 안철수 지지자들이 안철수에 대한 이런 우려에 코웃음 치는 논리도 바로 그것이다. 어느 네티즌은 이런 논리를 폈다.

"기자는 입으로 먹고사니까 무슨 말을 못하오리까마는 역대 대통령들을 한 번 기억해보자. 과연 검증된 자들이 검증된 역할을 얼마나 했나? 한 예로 정치 9단급인 김영삼을 보자. 역대 대통령 중 검증이 제일 잘된 자였으면서도 그 어마어마한 IMF라는 국가 부도 사태를 맞게 해 국민들의 삶을 고통 속으로 몰아넣어 힘들게 했지 않았던가? 지금도 그 여파로 고통을 겪고 있는 국민이 많지 않은가?"[5]

정당을 비롯한 정치 세력이 없다는 것도 아무런 문제가 안 된다는 게 안철수 지지자들의 주장이다. 이런 논리다. "비정당 후보의 치명적 약점으로서 집권 이후 겪게 될 인재 부족을 우려하는 시각도 있지만 좌우에 치우치지 않고 균형적 사고를 갖춘 합리적 비정당 소속 대통령에게 좌우의 뛰어나고 편협하지 않은 인재들은 좌우 진영의 눈치를 보지 않고 기꺼이 알아서 줄을 서줄 것이다."[6]

물론 그렇게 아름답게만 볼 수는 없다. 국정 운영 경험이 충분한 사람들

5. http://www.mediatoday.co.kr/news/articleView.html?idxno=102782.
6. 오정택, 〈[왜냐면] 대통령 후보의 진정한 성공 조건〉, 《한겨레》, 2012년 6월 5일.

이 무수히 안철수에게 줄을 설 것이기 때문에 세력 부재를 걱정할 필요는 없지만, 그렇게 줄을 서는 사람들이 '좌우의 뛰어나고 편협하지 않은 인재들'일 것이라고는 보기 어렵다. 그건 정치의 속성이 아니다. 많은 사람들에게 정치는 사적 이익을 쟁취하기 위한 도박과 같다. 명분 없이 줄 서는 사람들은 없는 법이다. 안철수에 대해 정작 우려해야 할 것은 세력 부재가 아니라 그의 사람 보는 눈과 더불어 용인술일 것이다.

정치인들이 꾸리는 기존 정치를 인정하기엔 "국민의 절망은 바다 밑까지 닿고, 한숨은 하늘을 찌르고 있다"라는 반론도 제기됐다.[7] 같은 맥락에서 공적 분야의 업무를 처리한 경험이 거의 없다는 주장도 공직자들의 사회적 신뢰도가 최하위 수준이라는 사실에 비춰 설득력을 갖추기 어렵다. 공적 분야의 업무를 처리하면서도 사리사욕私利私慾을 채우는 데 급급한 사람들이 있는가 하면 정반대로 사적 분야의 업무를 처리하면서 국가와 민족을 생각하는 사람들도 있다. 그처럼 편협하게 공사 영역을 구분하기보다는 안철수가 그동안 무슨 일을 해왔는지 냉정하게 분석하고 해부해보는 게 더 좋을 것 같

---

7. 정진욱, 〈[왜냐면] 안철수 대통령은 있다〉, 《한겨레》, 2012년 5월 31일. ㈜황금씨앗 대표이사 정진욱은 이 글에서 "행여라도 '안철수 대통령은 없다'는 말의 이면에 안철수 현상에 대한 안이한 인식이 있다면 큰일이다. 안철수 현상은 우리 정치권의 문제와 쌍둥이다"라며 다음과 같이 말한다. "첫째, 국민은 우리 정치에 새롭고도 격렬한 변화를 요구한다는 것이다. 정치가 직업으로 자리 잡으면서 정치인이 어느덧 기득권 계층이 된 것을 국민들은 쉽사리 받아들이지 않을 것이다. 변화의 요구가 좌절된다면 국민은 기존의 정당정치를 거부할 것이다. 이러면 정권 교체는 난망해진다. 둘째, 정치 초보를 대통령으로 만들고 싶을 만큼 우리 국민들이 처한 현실이 절박하다는 것이다. 당면한 문제를 해결할 능력이 있는 대통령감이라면 국민은 어떤 제한도 두지 않고 있다. 안 원장에 대한 지지는 단순한 인기투표가 아니다. '정치는 역시 정치인이 하는 것'이라거나, 있을지도 모를 안 원장의 낙마에 희희낙락하며 정치적 기득권자들의 게임으로 대선을 치르려 한다면 민주·진보 진영은 또 한 번 혹독한 겨울을 맞을 각오를 해야 할 것이다. 국민의 절망은 바다 밑까지 닿고, 한숨은 하늘을 찌르고 있다는 것을 한순간도 잊지 않는 지도자를 국민은 갈망하고 있다."

다. 예컨대, 안철수연구소 초창기에 평생 편하게 살 수 있을 거액을 제시한 미국 회사의 인수 제안을 단호하게 뿌리친 일화는 안철수에게 애국심 코드의 후광 효과마저 가져다주지 않았던가?[8]

성한용 칼럼의 메시지를 한 단어로 압축한다면 그건 바로 '경험'이다. 안철수에겐 경험이 없지 않느냐는 것이다. 그러나 "지금은 오래된 체제와 새로운 미래 가치가 충돌하는 시점"이라는 안철수의 주장이 맞다면, 오래된 체제하의 경험은 무용지물이거나 오히려 해악일 수도 있다. 새로운 사회운동을 펼칠 때 경험은 오히려 장애일 수 있는 것처럼 말이다.[9]

안철수에게 쏟아지는 우려와 비판은 대부분 오래된 체제의 관성에서 비롯된 것이다. 사실 이 점에선 다시 노무현이 안철수에 대한 우려를 씻어줄 수 있는 좋은 선례일지 모른다. 노무현은 오랫동안 정치권에 몸담았다곤 하지만, 완전한 솔로였다. 솔로가 대통령직에 앉아 무슨 일을 해낼 수 있겠느냐는 우려는 "노무현을 보라"는 말이 답이 될 것이다. 물론 노무현을 실패로 보고 노 정권을 악몽으로 여기는 사람들에겐 "제2의 노무현이 나와선 안 된다"라고 말하고 싶겠지만, 이 또한 국민 다수의 생각이 아니라는 건 분명하다.

---

8. 잘 알려져 있지 않은 그 뒷이야기도 있다. 2001년 야후코리아 사장 염진섭은 다음과 같이 말했다. "그 직후 공교롭게도 대만의 트렌드마이크로라는 백신 회사에서 안철수바이러스연구소(현 안철수연구소)를 인수하고 싶다면서 본인에게 그 중개를 해달라고 제의했다. 안철수바이러스연구소에 대한 인수 작업은 최고경영자인 스티브 챙이 직접 챙겼다. 그는 안 사장이 맥아피의 제의를 거절했다는 것을 알고 있었기 때문에 그 금액의 두세 배가 넘는 천문학적 숫자를 제시했다. 하지만 안 사장은 제의를 듣자마자 '회사를 팔 생각은 전혀 없다'고 대답했다. V3백신을 무료로 배포하고 있던 안철수바이러스연구소가 매출이 있을 리 없고 회사가 경제적으로 매우 어려운 상황이었는데, 그의 강한 의지를 새삼스럽게 느꼈다." 염진섭, 〈'백신 만들기'에 사명감 강한 의지·결단력 경의: 염진섭이 본 안철수〉, 《한겨레》, 2001년 1월 1일.
9. Eric Hoffer, *The True Believer*(New York: Harper & Row, 1951), pp.20~27.

## 왕권신수설과 대통령권민수설

"2007년 대선에서 야권의 패배는 어느 정도 예상된 일이었다. 그런데 정치를 잘 모르는 문국현 후보가 갑자기 출현해 선거 지형을 왜곡했다. 야권은 참패했다. 선거 결과는 이명박 대통령의 독선과 오만으로 이어졌다. 지금 안철수 원장의 위치와 2007년 문국현 후보의 위치가 얼마나 다를까? 정치는 정치인이 하는 것이다. 안철수 원장이 '역사의 물결을 거스르는' 세력의 재집권을 원하지 않는다면 대선 후보 자리를 비켜줬으면 좋겠다. 그래야 다른 주자들에게 공간이 열린다. 그리고 안 원장도 계속 존경받으며 살 수 있을 것 같다. 요행을 바라면 안 된다."

다시 성한용의 주장이다. 2007년 당시 여권의 패배는 어느 정도 예상된 일이었지만, 문국현이 선거 지형을 왜곡해 참패했고 그래서 이명박의 독선과 오만을 초래했다는 건 본말의 전도가 아닌가 싶다. 노무현 정권이 이미 2006년부터 국민적 반감을 넘어서 저주의 대상이 됐던 게 결정적 이유라고 봐야 하지 않을까? 열린우리당은 2006년 가을부터 지지율 '8.3퍼센트 정당'으로 몰락하더니 결국 2007년 8월 창당 3년 9개월 만에 사라지지 않았던가?

"요행을 바라면 안 된다"는 말에 대해선 인제대 신문방송학과 교수 김창룡의 반론이 좋은 답이 될 수 있을 것 같다. 그는 "안 교수는 아직 정식 대선 출마 선언도 하지 않았다. 그런데 그런 사람을 여론조사 대상에 포함하고 중계방송하듯 지지율을 발표하고 있는 곳은 바로 한국의 언론이다"며 다음과 같이 말한다.

"정치를 정치인들에게 맡긴 결과가 어떤가? 박정희, 전두환, 노태우.

(중략) 이들 전직 대통령은 정치 전문 집단 출신인가? 김영삼, 김대중, 노무현, 이명박 등 정치인들에게 맡긴 결과는 또한 어떠했는가? 오늘날 안철수 교수 같은 사람에게 많은 사람들이 지지를 보내는 것은 그의 공익적인 자세, 국민적 신뢰를 배신하지 않을 것 같은 믿음, 이미 사회봉사, 헌신으로 입증된 그의 삶의 철학 등을 확인했기 때문이다. 그를 비판하든 옹호하든 그것은 개인적 판단의 문제지만, 글로 먹고사는 기자들은 자신의 글에 좀 더 치열한 고민과 책임감을 당부하고 싶다."[10]

더욱 놀라운 건 성한용의 다음 발언이다.

"안철수 원장은 지난 3월 27일 서울대 특강에서 '내가 만약 사회 긍정적 발전 도구로 쓰일 수 있으면 그게 설령 정치라도 감당할 수 있다' 고 했다. 국내 정치를 전공하는 학자에게 이 발언을 어떻게 생각하느냐고 물었다. 왕권신수설을 연상케 한다는 대답이 돌아왔다."[11]

안철수의 이 발언이 왕권신수설을 연상케 한다는 주장이 타당하다면 안철수는 왕권신수설에 푹 빠진 사람이라고 할 수 있겠다. 그와 유사한 발언을 여러 차례 했기 때문이다. 두 개만 더 살펴보자.

4월 4일 경북대 강연에서 안철수는 대선 출마 여부를 묻는 학생의 질문

10. 김창룡, 〈정치 선임기자, 성한용의 자질이 의심스럽다: [미디어창] 한겨레 칼럼 '안철수 대통령은 없다?' 비약을 넘어 오만한 글쓰기〉, 《미디어오늘》, 2012년 5월 30일. 김창룡의 반론에 동의하지만, "정치 선임기자의 타이틀을 의심하게 하는 대목이다"와 같은 표현은 지나치다고 생각한다. 가급적 선의로 해석하면서 반론에 임하는 게 소통에 도움이 되지 않겠는가?

11. 왕권신수설(王權神授說, divine right of kings)은 절대주의 국가에서 왕권은 신이 준 것으로, 왕은 신에 대해서만 책임을 지며, 인민은 저항권 없이 왕에게 절대 복종해야 한다는 정치 이론이다. 〈왕권신수설〉, 네이버 백과사전.

에 "50년을 살면서 내 모든 선택은 사회 발전에 도움이 되는 쪽으로 했다. 내가 선택하는 게 아니라 나에게 주어지는 대로 하겠다" 고 답했다.[12]

5월 30일 부산대 강연에선 이렇게 말했다. "정치에 뜻을 둔 사람들은 자기 뜻을 대중에 밝히고, 찬성하는 국민의 지지를 바탕으로 행동한다. 그러나 제 경우는 (그와 다른 게) 사회 변화에 대한 열망들이 저를 통해 분출되는 거다. 그걸 온전히 저 개인에 대한 지지라고 생각하면 교만이다. 만약 제가 정치를 하게 된다면 과연 그 기대, 사회적 열망에 어긋나지 않을 수 있을까라는 질문을 저 자신에 던지는 게 도리고 지금 그 과정에 있다. 저에 대한 지지의 본뜻을 제가 파악하고 어떤 결정을 내리게 되면 제가 분명하게 말씀드릴 거다."[13]

과연 이런 발언들이 왕권신수설을 연상케 하는 것일까? 왕권, 아니 대통령권이 국민한테서 나온다는 점을 강조한 '대통령권민수설大統領權民授說' 이라고 말하는 게 옳지 않을까? '신수설' 과 '민수설' 은 매우 다르다. 성한용은 판단력이 매우 부주의한 정치학자에게 낚였다고 이해하는 게 좋을 듯하다.

《중앙일보》 대기자 박보균은 좀 다른 맥락에서 안철수의 언어에 대해 문제를 제기한다. "안철수의 말은 선명하지 않다. 복선적이다. 궁금한 대목은 수동태다. 그것은 리더십의 언어가 아니다. 그 언어적 감수성은 대중의 상상력을 압도하지 못한다. 그런 식의 반복은 타산적, 기회주의로 투영될 수 있다. 유권자를 피곤하게 한다."[14]

12. 〈"빨갱이!" 한 남성, 안철수에 소리치자…〉, 《동아일보》, 2012년 4월 5일.
13. 김경진, 〈안철수 "정치인, 북한 문제에 입장 솔직히 밝혀야 옳다"〉, 《중앙일보》, 2012년 5월 31일.

# 안철수와 스파이더 맨

**박보균 칼럼**

대기자

“

**불확실성, 안철수 정치생존법**
**소통 이미지 실제와 차이**
**리더십 연마, 노무현과 달라**
**노무현방식 진흙탕 검증**
**스파이더맨 주저 없는 희생**

”

안철수는 불확실하다. 불확실성은 그의 정치적 생존 방식이다. 그의 대선 파괴력의 원천이다. 그는 그 모호함을 오랫동안 관리해왔다. 지난해 9월 서울시장 박원순을 지원할 때부터다. 안철수는 이달 하순 대선 가도로 나선다고 한다. 하지만 그의 로드맵은 불투명하다. 불확실성의 장기화는 그에 대한 미스터리를 키운다. 그의 정치적 함량을 둘러싼 의문과 불안감들은 커졌다.

그의 장점은 소통이라고 한다. 새누리당 박근혜도 거기에 후한 점수를 줬다. “젊은이들과 소통, 공감 이런 걸 잘하시는 것 같다”-. 하지만 그런 평판과 선입견은 미스터리다.

휴대전화는 소통의 기본이다. 소통의 달인들은 페이스북·트위터에 열심이다. 하지만 안철수는 이런 도구를 사양한다. 휴대전화는 그에게 성가신 존재다. “휴대전화를 하면 생활이 엉망이 될 것 같다. 밤 12시까지 5분 간격으로 전화가 오는데 부탁하는 전화다. 일방향인 e-메일과 달라 상대방이 부탁하면 거절하기도 힘들다”-.

학자로서 그의 휴대폰 거절은 이해된다. 그는 서울대 융합과학기술대학원장이다. 하지만 ‘안철수=소통’ 이미지는 실제와 미묘한 차이가 있다. 소통의 개념은 쌍방향이기 때문이다. 휴대폰은 짜증·불만을 담는다. 시간과 감정이 낭비된다. 하지만 그 소음 속에서 소통의 리더십은 단단해진다. 반면 e-메일은 온실 속 일방 소통이다.

안철수의 e-메일은 간결하다고 한다. 법륜 스님의 이야기다. 법륜 스님은 그의 멘토로 기억된다. “안철수가 ‘만났으면 좋겠습니다’는 메일을 보내면, 내가 ‘몇 시에 봅시다’고 답신한다. 그런데 그의 회신은 ‘네’ 하는 딱 한마디다. ‘감사합니다’와 같은 그런 표현은 달지 않는다”-.

법륜 스님은 그 언어 습관을 ‘정제’로 평가한다. 요점은 감정의 난조를 막는다. 하지만 실제와 다르다. 안철수의 언어는 다중(多重)적이다. 강연장의 주된 물음은 ‘대선에 출마할 것인가’다. 그의 답변은 늘 이런 형태다. “만약 정치를 하게 되면 저를 통해 분출된 사회 변화에 대한 열망에 어긋나지 않을 수 있을까라는 질문을 저에게 던지고 있는 과정이다”-.

안철수의 말은 선명하지 않다. 복선적이다. 궁금한 대목은 수동태다. 그것은 리더십의 언어가 아니다. 그 언어적 감수성은 대중의 상상력을 압도하지 못한다. 그런 식의 반복은 타산적, 기회주의로 투영될 수 있다. 유권자를 피곤하게 한다. ‘안철수 현상’은 ‘안철수 피로현상’으로 바뀌고 있다.

안철수는 친노 진영에서 우호적이다. 그러나 안철수 방식은 노무현식 지도력 판별법에선 이단이다. 노무현의 판단 기준은 정치판에서의 검증이다. 정치판은 이념, 비전, 이해관계의 갈등과 충돌 현장이다. 리더십은 그 속에서 차별화되고 연마된다.

5년 전 대선 때다. 당시 유한 킴벌리 사장 문국현을 친노 일각에서 주시했다. 하지만 노무현의 문국현 평가는 시원치 않았다. 문국현이 정치 진흙탕에서 리더십 검증을 받은 경험이 없다는 이유에서였다. 안철수는 정치 진흙탕을 경계한다. 레드 카펫으로의 지름길을 구상하는 듯하다.

종북 논쟁은 대선 이슈다. 안철수는 “인권·평화 같은 보편적인 가치가 북한에 대해 다르게 적용되는 것은 동의하기 어렵다. 그러나 이 문제가 건강하지 못한 이념 문제로 확산되는 것도 바람직하지 않다”고 했다. 양비(兩非)·양시(兩是) 관점에선 모범 답안이다. 그런 발언은 일단 손해를 보지 않는 듯하다. 하지만 사회적 쟁점을 피한다는 인상을 준다.

지난달 노무현 3주기의 추모 어록이 기억난다. “정치지도자는 분명하고 단호하게 입장을 밝혀야 한다. 미래를 단정적으로 예측하지 않으면 아무 일도 할 수 없고, 많은 국민들에게 선택의 길을 제시할 수도 없다.” 노무현은 정치를 ‘선택의 예술’이라고 했다. 김영삼은 대담한 선택과 도전을 정치 자질로 꼽았다. 김대중은 신념 어린 선택을 말했다. 그러나 안철수는 “(대선 출마는) 내가 선택하는 게 아니라 주어지는 것”이라고 했다. 안철수의 리더십 접근과 계산법은 역대 대통령들과 다르다.

안철수는 영화 ‘스파이더 맨’의 대사를 꺼낸다. (중앙일보 이코노미스트 인터뷰, 2011년 4월) “With great power comes great responsibility.”(큰 힘에는 큰 책임이 따른다)-. 그는 스파이더 맨 적 책임감을 갖고 있는 듯하다. 스파이더 맨은 영리하다. 안철수도 영리하다. 스파이더 맨은 계산적이지 않다. 불의에 자기희생으로 맞선다. 망가져도 주저하지 않는다. 하지만 안철수는 저울질하고 망설여 왔다. 대선은 6개월 남았다. 그는 자신의 불확실성을 스스로 제거해야 한다. 검증의 진정한 무대가 그를 기다린다.

■ “안철수의 말은 선명하지 않다. 복선적이다. 궁금한 대목은 수동태다. 그것은 리더십의 언어가 아니다.”

---

14. 박보균, 〈안철수와 스파이더맨〉, 《중앙일보》, 2012년 6월 8일.

이 진단 역시 정확하진 않다. 안철수가 자신의 대통령 출마와 관련해 수동태 언어를 쓰는 이유는 그가 직업 정치인이 아니기 때문이다. 직업 정치인이 아닌 사람이 대통령 자리까지 넘보게 만든 건 "국민의 절망은 바다 밑까지 닿고, 한숨은 하늘을 찌르고 있다"라고 개탄하는 사람들이 매우 많기 때문이다. 안철수의 수동태 언어는 자신이 그런 사람들의 염원에 부응할 수 있을까 하는 고민의 표현으로 이해하는 게 옳을 것이다.

안철수가 좀 두드러진 것일 뿐 수동태를 안철수만 쓰는 것도 아니다. 정치인들 사이에선 수동태가 겸양의 뜻으로 자주 사용된다. 예컨대, 문재인이 대선 후보 출마를 공식 선언하면서 "그동안 정치와 거리를 둬왔지만 암울한 시대가 저를 정치로 불러냈다"라고 말한 것도 그런 관점에서 이해할 수 있는 것이지 이걸 왕권신수설이나 리더십 부재와 연결해볼 일은 아닌 것이다.

## 안철수의 정치적 근육

성한용은 "의식에도 좀 문제가 있다"며 이런 주장도 내놓았다. "2004년 안철수 원장이 쓴 책의 서문에 이런 내용이 들어 있다. '글을 쓸 때 개인적인 이해타산이 포함되면 안 된다. 10년 전, 20년 전의 글을 읽으면서 지금도 한 점 부끄러움이 없음을 다행으로 생각하고 있다. 거창한 표현이기는 하지만, 글은 역사의식을 가지고 써야 한다고 믿는다.' 사고가 역사학자나 철학자를 닮았다. 그래서 위험하다."[15]

이 주장은 좀 황당하다. 누구건 《CEO 안철수, 지금 우리에게 필요한 것은》이란 책의 서문을 읽어보면 알겠지만, 안철수의 말은 개인적인 이해타산을 갖고 글을 써오지 않았다는 점을 강조한 것에 지나지 않기 때문이다.[16] '역사의식' 운운하는 거창한 표현을 쓴 게 문제일까? 그건 그냥 나중에 들통 날 일 하지 않기 위해 훗날을 염두에 둔다는 말을 좀 그럴듯하게 표현한 것에 지나지 않는다. 그런데 그거 하나로 위험하다 결론을 내리다니 이게 더 위험한 게 아닐까?

사고가 역사학자나 철학자를 닮은 걸로 말하자면 서울시장 박원순을 따라갈 사람이 없을 텐데, 그는 지금 일을 잘하고 있지 않은가? 서울시장의 사고가 역사학자나 철학자를 닮는 건 괜찮아도 대통령은 안 된다는 걸까? 아마도 성한용은 지도자는 학자와는 달리 포용력과 융통성이 절대적으로 중요하다는 취지에서 그렇게 말한 것 같은데, 아무래도 사례를 너무 잘못 찾은 듯하다. 시비를 걸 수 있는 '위험한' 말들이 안철수가 쓴 책엔 많이 널려 있다. 왜 하필 엉뚱한 말을 골라 비판함으로써 스스로 자신의 논지를 훼손하는지 안타깝다.

어쩌면 성한용은 정작 하고 싶은 말을 바로 할 수 없어 돌려서 말하다가 그런 실수를 범한 것인지도 모르겠다. 이른바 '정치적 근육' 문제다. 서울대 교수 조국이 정계 진출을 권유받을 때마다 즐겨 쓰는 말이다. "저는 정치적 결벽증이 없다. 동시에 정치적 근육도 없는 것 같다. 정치 문제는 머리 문제뿐 아니라 근육의 문제다. 근육이 없이는 야전에서 백전백패다." 싫든 좋든

15. 성한용, 〈안철수 대통령은 없다〉, 《한겨레》, 2012년 5월 29일.
16. 안철수, 《CEO 안철수, 지금 우리에게 필요한 것은》(김영사, 2004), 10쪽.

매일 사람 만나고 모임이라면 초등학교 운동회까지 일일이 찾아가 얼굴 내밀고 말도 안 되는 민원도 다 들어주고 원수 같은 사람도 반갑게 대해주는 척하는 그런 기질이 자신에게는 없다는 뜻으로 한 말이다.[17]

정치인은 물론 정치적 지도자가 되려는 사람에게 정치적 근육은 절대적으로 중요하다. 미국 대법관을 지낸 올리버 웬들 홈스Oliver Wendell Holmes는 미국 제32대 대통령 프랭클린 루스벨트Franklin Delano Roosevelt를 가리켜 "지성은 2류지만, 기질은 1류"라고 말한 바 있다.[18] 기질이나 성격도 넓게 보면 정치적 근육으로 볼 수 있는데, 이는 정치 지도자의 가장 중요한 조건이라고 해도 지나친 말이 아니다.

그럼에도 이 문제를 정면으로 거론하긴 어렵다. 특히 진보적 입장을 취하는 사람들, 즉 성한용에게는 더욱 그렇다. 성격이나 기질로 말하자면 '버럭 이해찬'을 비롯해 야권의 지도자들 가운데 당장 정치를 그만둬야 할 사람들이 적지 않기 때문이다. 진보주의자들은 현실 세계에서 무엇이 가장 중요하냐는 기준보다 당위적으로 무엇이 옳은가 하는 기준으로 정치에 대해 이러쿵저러쿵하기 때문에 기질이나 성격을 거론하는 걸 꺼리는 경향이 있다.

그러나 아는 사람은 다 안다. 그게 현실 정치에서 얼마나 중요한지를. 노무현이 실패한 이유의 상당 부분도 바로 그것 때문이었지만, 이는 좀처럼 거론되지 않는 금기다. 성한용은 이 금기를 정면 돌파하지 못하고 우회하는

17. 이종탁, 〈[이종탁이 만난 사람] 대담집 《진보집권플랜》 펴낸 서울대 조국 교수: "근친성 있는 정당끼리 소통합… 나중에 연정 방식 현실적"〉, 《경향신문》, 2012년 12월 7일; 〈[이상돈 · 김호기의 대화] (9) 조국 서울대 교수를 만나다〉, 《경향신문》, 2011년 4월 18일.

18. James MacGregor Burns, *Roosevelt: The Lion and the Fox*(New York: Harcourt Brace, 1956).

어법을 택하다가 논지의 설득력을 떨어뜨린 것인지도 모른다.

## 열심히 공부해서 출세하면 감옥 가는 나라

사실 정치적 근육 문제로 들어가면 안철수의 지지자들이 환호하는 안철수의 모든 장점들은 단점으로 돌변할 수도 있다. 정직에서부터 약속 시간 엄수에 이르기까지 자기 자신에게 추상처럼 엄격한 사람들은 남에게도 그처럼 엄격한 기준을 요구하기 마련인데, 이는 국가 단위를 통치하는 리더십엔 꼭 좋은 것만은 아니다.

그런데 어이하랴. 박근혜의 가장 큰 문제 또한 바로 그것이지만, 대중은 별로 문제 삼지 않으니 말이다. 물론 안철수도 마찬가지다. 왜 그럴까? 그동안 정치적 근육이 강한 지도자들이 만든 부메랑 효과 때문이다. 그들의 활약상에 염증을 느낀 유권자들은 차라리 기질이나 성격에 문제가 있어도 좋으니 약속과 원칙에 충실해달라고 생각하게 된 것으로 볼 수 있겠다.

안철수의 정치적 근육에 대한 그럴싸한 변명을 보수 신문에서 찾아볼 수 있다는 게 흥미롭다. 성한용의 칼럼이 나온 바로 다음 날 《조선일보》 기사기획 에디터 김영수가 쓴 칼럼 〈열심히 공부해서 출세하면 감옥 가는 나라〉를 좋은 사례로 들 수 있겠다.

김영수는 "우리나라의 부패 정도는 세계 최고 수준이다. 최근 홍콩 소재 기업컨설팅연구소가 발표한 아시아 국가 부패지수를 보면 한국의 부패지수는 아시아 16개국 중 11위를 기록했다. 국가청렴도를 따지자면 태국(9위)

## 열심히 공부해서 출세하면 감옥 가는 나라

얼마 전 만난 한 기업인이 고등학교 3학년인 아들과 나눈 대화를 화제로 꺼냈다. "김형. 아들놈에게 열심히 공부해라, 그래서 좋은 대학에 가야 행복하다고 귀에 못이 박이도록 이야기했습니다. 좋은 대학을 나오면 좋은 회사에 취직해서 예쁜 부인도 얻고 근사한 집에서 떵떵거리고 잘 살 수 있다고 말했지요. 그랬더니 아들놈이 뭐라고 하는 줄 아세요? 아버지! 좋은 대학 나와서 출세해봐야 결국 감옥에 가던데요. 돈이 많든, 권력이 있든 몽땅 비리 혐의로 감옥에 가는데 그게 정말 잘되는 거예요?"

그는 아들에게 한 대 얻어맞은 느낌이었다고 말했다. 지독한 경쟁을 뚫고 성공하라고 재촉한 자신이 '속물 같다'고 창피해했다. 그가 아들에게 이야기하고 싶었던 단어는 따로 있었다. 성숙한 시민의식이나 겸손, 상식, 품위, 존경, 국가에 대한 헌신, 가족에 대한 사랑 등이었다. 하지만 정글 같은 생존 경쟁이 벌어지는데 부모가 자식에게 이런 한가한 말을 할 여유가 없다. 우리나라의 대부분 부모는 자식들에게 "공부해라, 게임하지 말라"는 말만 입에 달고 산다.

그런 아이들이 뉴스를 보면서 뭘 느낄까? 자고 나면 또 다른 '더러운 손'이 검찰 수사 대상이 되는 모습을 지켜보고 있다. 원로 격인 최시중 전 방송통신위원장이 수뢰 혐의로 구속되고, 후세의 교육을 책임진 곽노현 서울시교육감은 돈으로 상대 후보를 매수했다는 혐의로 재판 중이다. 검사가 그랜저와 벤츠를 선물 받고, 감사위원이 저축은행 브로커로부터 돈을 받은 혐의로 감옥에 가 있다. 청와대 경호처장은 경호장비업체로부터, 경찰청장은 건설현장 식당(속칭 함바집) 운영자로부터 돈을 먹는 세상이다. 저축은행장들이 줄줄이 횡령·배임 혐의로 감옥에 가고, 저축은행을 감독하는 금융감독기관 공무원도 함께 수갑을 찬다. 대통령의 최측근 인사나 고위 정치인, 재벌 회장까지 교도소를 자기 집 드나들듯 한다.

실제로 우리나라의 부패 정도는 세계 최고 수준이다. 최근 홍콩 소재 기업컨설팅 연구소가 발표한 아시아 국가 부패지수를 보면 한국의 부패지수는 아시아 16개국 중 11위를 기록했다. 국가청렴도를 따지자면 태국(9위)이나 캄보디아(10위)만도 못한 나라이다. 우리나라 부패지수는 지난 6년간 꾸준히 나빠지고 있다. 지난해 국제투명성 기구가 발표한 부패인식지수에 따르면 청렴도 순위가 2010년 39위에서 지난해 43위로 추락했다. 선진국 모임이라는 경제협력개발기구(OECD) 34개 회원국 중에는 27위로 최하위권이다.

국민소득이 높아지고 수출강국이 되었다고 선진국은 아니다. 부패를 척결해서 높은 도덕성을 갖추지 못하면 소용없다. 부패하면 경제성장도 한계에 부닻힌다. 정직하지 않은 나라에 외국인 투자가 몰려들 리 없고, 부정으로 얼룩진 나라에서 만드는 제품의 이미지가 좋을 리 없다. 자라나는 세대에 '부패한 정치인'과 북한노동당 노선을 추종하는 '종북(從北) 정치인' 중 누가 더 나쁘냐고 묻는다면 어떤 대답이 나올까. 그들에겐 권력을 악용해서 자기 주머니만 채우는 놈이 더 나쁜 악당으로 비칠지 모른다.

우리나라의 미래를 책임진 세대와 기성세대는 새로운 방식으로 소통해야 한다. 공부 열심히 해서 경쟁자를 제치고, 수단과 방법을 가리지 말고 돈 버는 게 최고라고 가르쳐서는 안 된다. 열정과 재미를 말하고, 재능을 발굴해야 한다. 겸손과 애국심, 품위와 존경, 헌신과 희생, 사랑을 주제로 대화해야 한다. 기성세대는 젊은 세대가 선(善)을 좋아하고 악(惡)을 부끄럽게 여기도록 스스로 모범을 보여야 한다. 지금처럼 부패와 비리에 둔감하고 부끄러워할 줄 모른다면 우리는 절대로 선진국이 될 수 없다.

yskim2@chosun.com

■ 보수 신문이 안철수의 정치적 근육에 대한 변명거리를 제공한다는 사실이 흥미롭다.

이나 캄보디아(10위)만도 못한 나라다. 우리나라 부패지수는 지난 6년간 꾸준히 나빠지고 있다"며 다음과 같이 말한다.

"국민소득이 높아지고 수출 강국이 됐다고 선진국은 아니다. 부패를 척결해서 높은 도덕성을 갖추지 못하면 소용없다. 부패하면 경제성장도 한계에 부딪힌다. (중략) 우리나라의 미래를 책임진 세대와 기성세대는 새로운 방식으로 소통해야 한다. 공부 열심히 해서 경쟁자를 제치고, 수단과 방법을 가리지 말고 돈 버는 게 최고라고 가르쳐서는 안 된다. 열정과 재미를 말하고, 재능을 발굴해야 한다. 겸손과 애국심, 품위와 존경, 헌신과 희생, 사랑을 주제로 대화해야 한다. 기성세대는 젊은 세대가 선을 좋아하고 악을 부끄럽게 여기도록 스스로 모범을 보여야 한다. 지금처럼 부패와 비리에 둔감하고 부끄러워할 줄 모른다면 우리는 절대로 선진국이 될 수 없다."[19]

그런데 부패 척결은 정치를 잘 알고 이해하고 경험해 정치적 근육을 튼실하게 갖춘 사람은 하기 어려운 일이다. 적당히 부패한 풍토 속에서 근육을 키워왔기 때문이다. 앞서 나는 정치적 근육의 문제로 들어가면 안철수의 지지자들이 환호하는 안철수의 장점들은 모두 단점으로 돌변할 수 있다고 했는데, 바로 여기서 또 한 번 반전이 가능해진다. 안철수에게 많은 걸 기대하지 말고 열심히 공부해서 출세하면 감옥 가지 않는 나라만이라도 제대로 만들어달라고 주문한다면 말이다. 그런데 우리는 진실로 그런 나라를 원하기는 하는 건가?

## 비상한 사태와 우연한 사태

성한용의 칼럼 〈안철수 대통령은 없다〉가 나온 날 전 부총리 조순은 와이티엔YTN 라디오 〈김갑수의 출발 새아침〉에 출연해 "우리나라는 지금 비상한 사태에 있다. 비상한 사태에는 비상한 사람이 나와서 비상한 일을 하고 비상한 공을 세워야 한다"며 "비상한 사람이 안철수가 되든 어떤 사람이 되든, 비상한 일을 하겠다는 포부를 갖고 이야기하고 국민을 설득하는 것이 필요하다"라고 말했다. 그는 안철수의 경쟁력에 대해 "상당한 인물"이라며 "안철수라는

19. 김영수, 〈열심히 공부해서 출세하면 감옥 가는 나라〉, 《조선일보》, 2012년 5월 30일.

인물이 세상에 나와서 어떤 소속도 없는 처지에서도 그만큼 선풍을 불러일으키는 것으로 보아 시중에 있는 사람은 아니라고 생각한다"라고 밝혔다.[20]

조순의 어법이 재미있다. "비상한 사태에는 비상한 사람이 나와서 비상한 일을 하고 비상한 공을 세워야 한다"라는 말이 재미있지 않은가? 안철수와 안철수 현상이 비상한 건 분명하다. 그런데 "과연 지금이 비상한 사태인가?", "한국이 언제 비상한 사태가 아닌 적이 있는가?"라는 반문에 대해선 뭐라 답할지 궁금하다.

오히려 비상한 사태라기보다는 우연한 사태로 보는 게 더 옳지 않을까 하는 생각도 든다. 나중에 자세히 다루겠지만, 디지털 시대로의 전환, 부정의·불공정·불공생 풍토에 대한 세대적 분노, 재벌의 불공정에 대한 분노 등과 같은 역사적 우연이 안철수의 가치를 돋보이게 만든 것이 아니겠느냐는 것이다. 각 분야에서 크게 성공한 이들은 재능이 탁월하기도 했지만, 그들이 누린 기회가 특별했기에 성공할 수 있었다는 말콤 글래드웰Malcolm Gladwell의 주장이 타당하다면 말이다.[21] 우리는 우연한 사태를 우연하지 않다는 전제하에 논쟁하고 있는 건 아닐까?

이 질문은 매우 중요하다. 우리는 리더십에 그 어떤 고정된 절대적 자질이 있는 걸로 생각하기 쉽지만, 그건 전혀 그렇지 않기 때문이다. 흔히 하는 말로 사람이 시대를 만드는 게 아니라 시대가 사람을 만드는 것이다. 물론 이 말엔 한 가지 단서가 달려야 한다. 시대가 사람을 만들지만, 시대정신을 꿰뚫

---

20. 정미하, 〈조순 "안철수, 비상한 인물… 대선 나와야 의미 있어"〉, 《아이뉴스24》, 2012년 5월 29일.
21. 말콤 글래드웰(Malcolm Gladwell), 노정태 옮김, 《아웃라이어》(김영사, 2009), 325쪽.

어보는 건 사람의 몫이며 시대에 맞는 사람을 택하느냐 택하지 못하느냐 하는 것 또한 전적으로 사람에게 달린 문제다. 그런 의미로 국한한다면 사람이 시대를 만든다는 말도 말이 안 될 건 없다.

내가 《미국사 산책》(전 17권)을 쓰면서 내내 흥미롭게 생각했던 것은 모든 대통령들의 출신 배경 · 성격 · 스타일이 다 제각각인데, 묘하게도 대통령이 된 각 시대 상황에 잘 들어맞더라는 점이다. 물론 이는 결과론적 해석에 빠질 한계를 안고 있긴 하지만, 시대 상황과 대통령의 출신 배경 · 성격 · 스타일 사이에 그 어떤 유의미한 관계가 있다는 건 분명하다.

그렇다면 지금 한국엔 어떤 리더십을 갖춘 대통령이 필요한가? 나는 야권 사람들이 김대중 · 노무현 정권 10년을 거친 뒤 한국인의 정치 혐오가 더욱 심해졌다는 사실에 주목해야 한다고 생각한다. 나는 이게 매우, 아니 엄청나게 중요하다고 믿는다. 국민적 혐오의 대상이 된 정치로는 아무 일도 할 수 없기 때문이다.

그러나 그들은 이명박에 대한 분노와 박근혜에 대한 공포를 부추기는 걸로 이 질문을 피해 가려고 한다. 이게 바로 안철수가 등장하게 된 배경에 숨어 있는 가장 중요한 이유라는 게 내 생각이다. 안철수의 출신 배경 · 성격 · 스타일은 모두 기존 문법에 맞지 않는다. 모두 다 그게 문제라고 말한다. 그러나 나는 "그건 안철수의 문제가 아니라 당신들의 문제"라고 말하고 싶다. "당신들이 사용해온 문법은 폐기 처분되고 새로운 문법으로 대체돼야 하며 그렇게 만든 장본인은 바로 당신들이다"라고 말하련다. 아니, 어쩌면 그건 그들의 잘못이 아닐지도 모른다. 디지털 시대의 속도 전쟁이라는 원리에 따라 수년 만에 달라진 시대 탓일 수도 있다. 안철수의 권력의지는 바로 그런

'전환시대의 논리' 인데, 어찌 그걸 예전 문법으로 평가할 수 있으랴.

## 권력 욕심과 권력의지

2012년 6월 12일 문재인은 민주통합당 정치개혁모임이 주최한 간담회에서 "기존의 민주당 후보만으로 박근혜 후보를 이기고 정권 교체를 할 수 있다면 대선 후보로 안 나섰을 것" 이라며 "제가 나서야만 정권 교체를 할 수 있다" 고 말했다.

정치개혁모임 회장 이석현이 "안철수 서울대 융합과학기술대학원장과의 비교 우위는 뭔가?" 라고 묻자 그는 "가장 큰 비교 우위가 민주통합당이란 전통 있는, 국민들로부터 지지받는 정당의 지지 기반을 갖고 있다는 점" 이라며 "민주통합당의 힘이 하나로 모여 선출된 후보와 막연한 상태의 지지는 비교할 수 없다" 고 답했다. "저는 (안 원장에게) 질 수 없다고 생각한다" 라는 자신감도 보였다. "몇백만 모바일 선거인단의 참여 속에서 민주당 대선 후보가 선출된다면 그 시너지 효과로 당 바깥에 있는 후보(안 원장)도, 반대당 후보(새누리당 박근혜 의원)도 압도하리라 생각한다" 라는 말을 덧붙였다. 이를 보도한 《중앙일보》 기사 내용이 재미있다.

"민주통합당 문재인 상임고문은 '수줍은 노무현' 으로도 불린다. 그를 공개 지지하고 있는 '나꼼수' 의 김어준 씨가 내린 평가다. 김 씨는 '문재인을 가장 과소평가하는 사람이 문재인 본인이고, 그것이 그의 약점' 이라고도 말한다. 한마디로 대선 주자로서 문 고문은 '권력의지' 가 약하다는 얘기다.

권력의지가 없으면 결코 '대권'을 잡지 못한다는 게 정치권의 정설 중 하나다. 그런 문 고문이 달라졌다. (중략) 문 고문은 그간 '안 원장이 지금의 지지도가 계속되면 (내년 대선에서) 우리 진영 대표 선수가 될 수 있다'(지난해 11월 기자 간담회)는 식의 발언을 해왔고, 이런 발언들은 진영 내에서조차 그에게 권력의지가 있는지 되묻게 만들었다. 그러나 이제는 권력의지를 의식적으로 부각하고 있다."[22]

언론은 대체로 문재인의 권력의지 천명을 긍정 평가했다. 그런데 안철수 역시 이런 권력의지를 검증하는 도마 위에 자주 오르곤 한다. 이와 관련해 《중앙일보》 산업부장 정선구가 2011년 11월 16일에 쓴 〈"파워엔 책임 따른다" 안철수 권력의지… 스파이더맨 꿈꾸나〉라는 기사가 흥미롭다.

정선구는 "니체는 남을 정복하고 동화해 스스로 강해지려는 의지, 이걸 권력의지라고 불렀다. '권력의지는 존재의 가장 심오한 본질이며 삶의 근본 충동'(《차라투스트라는 이렇게 말했다》)이라고 말했는데, 니체가 어떻게 말했든 대권을 추구하는 사람치고 권력의지가 없는 사람은 없다. 종종 김영삼·김대중 전 대통령이 권력의지의 화신으로 묘사되곤 했다. 권력의지는 정치인을 움직이는 힘이며 대권을 추구하는 사람의 필요조건이다"며 다음과 같이 말한다.

"권력 욕심과 권력의지는 다르다. 욕심이 없어도 의지는 있을 수 있다. 안 원장에게 '혼자서 쾌감을' 추구하는 것은 권력 욕심이고 '여러 사람과 뜻

22. 김경진, 〈"안철수에게 안 진다" 달라진 문재인〉, 《중앙일보》, 2012년 6월 13일.

을 함께' 하는 것은 권력의지처럼 보인다. (중략) 안 원장의 말을 뒤집으면 그의 권력의지 혹은 선출직 진출 의지는 '여럿의 힘으로 세상을 바꿀 수 있을 때' 표출될 수 있다는 뜻이었다. 실제로 10·26 서울시장 보궐선거 때 안 원장은 박원순 시장에게 후보를 양보하기 전 '서울시장은 국회의원과 달리 바꿀 수 있는 것이 많다' 며 의지를 비쳤다. 권력의지는 좋은 것도 나쁜 것도 아니다. 정치를 하거나 대권을 추구할 때 필요한 태도이며 요소다. 더 높은 가치를 위해 그보다 낮은 가치를 포기하면 그것이 권력의지의 태도이자 요소일 것이다."[23]

정선구의 권력의지에 대한 정의는 바람직하되 너무 교과서적이다. 보통 우리 언론이 말하는 권력의지는 그런 의미로 쓰인다기보다는 문재인이나 안철수처럼 기성 정치의 험난한 투쟁에 별로 어울리지 않을 것 같은 사람을 평가하는 용도로 쓰인다고 봐야 하지 않을까? 그래서 문재인도 "과거식의 권력의지를 긍정적으로 보진 않는다"라고 말한 게 아니었겠는가?[24]

권력의지와 권력 욕심의 경계는 모호하다. 문재인이나 안철수에겐 그 경계를 따지는 게 불필요해 보이지만, 이들은 예외적 존재다. 그간 언론은 좋은 의미의 권력의지조차 권력욕으로 매도해왔다는 걸 상기할 필요가 있다.

정치에 대한 논의를 어렵게 만드는 주요 이유 중 하나는 비평이 이상론과 현실론이 뒤섞인 가운데 이루어지고 있다는 것이다. 누구에겐 현실론을

---

23. 정선구, 〈"파워엔 책임 따른다" 안철수 권력의지… 스파이더맨 꿈꾸나〉, 《중앙일보》, 2011년 11월 16일.
24. 윤태곤, 〈'두 번째 시험대' 오른 문재인, 활로는 어디?: [대선읽기]〈13〉 노무현·한명숙·이해찬의 후광, '큰 짐' 될 수도…〉, 프레시안, 2012년 6월 29일.

잣대로, 또 누구에겐 이상론을 잣대로 들이민다. 안철수 현상이 혼란스러운 것도 바로 그런 이중 잣대와 무관치 않다.

안철수의 집권을 불안하게 생각하는 것 또한 그런 이중 잣대의 문제다. 좌우를 막론하고 평소 언론과 지식인은 대한민국을 '관료 집단이 장악한 나라' 로 묘사해왔다. 정치 경험이 많고 정치력이 강한 대통령마저 관료 집단에 휘둘릴 정도라며 개탄해왔다. 그런데 왜 정치 경험이 없고 정치력이 검증되지 않았다는 이유로 안철수의 집권을 불안하게 생각한단 말인가? 관료 집단이 어련히 알아서 국정 운영을 잘해나갈 텐데 말이다. 오히려 그게 더 문제라고 말하는 게 옳지 않을까?

앞서 말한 것처럼 새로운 사회운동을 펼치고자 할 때는 경험이 오히려 장애가 될 수 있다는 점을 생각해야 한다. 국정 운영도 마찬가지다. 기존 관행에 익숙한 경험자는 새로운 문제의식을 품기 어렵다. 큰 변화를 원하지 않는다면 안철수에 반대하는 게 옳겠지만, 큰 변화를 원한다면 안철수가 오히려 적임자일 수 있다. 단 한 가지 조건이 있다. 그것은 유권자가 선거 때 표 던진 것만으로 할 일 다했다고 손 터는 게 아니라, 집권 후 어떤 일이 벌어지는가를 보면서 계속 참여해야 한다는 조건이다. 노무현 시대처럼 몇몇 열성 지지자들만 참여하면 오히려 독약이 될 수 있다. 광범위한 참여가 절대적으로 필요하다.

## 제3장

# 중립은 곧 악의 편인가

•

### 유시민의 안철수 비판

## 진영 논리가 나라 망친다

안철수 바람은 대중의 기존 정치 혐오 심리에서 출발했는데, 안철수가 중도 노선을 택하면서 다른 양상을 보이기 시작했다. 사실 정확히 말하자면 그의 이념은 중도주의라기보다 진보와 보수를 자유롭게 넘나드는 '바이컨셉츄얼리즘biconceptualism'이다. 미국에서 "보수주의의 대부"로 불린 배리 골드워터Barry Goldwater가 인디언 권리 보호, 종교의 자유, 게이의 군 입대, 공개되고 정직한 정부 운영을 주장하는 등 진보적인 면을 많이 보인 것이 좋은 사례다.[1]

그런데 '바이컨셉츄얼리스트biconceptualist'가 따로 있는 건 아니다. 진보적인 사람일지라도 보수적 메시지가 강력한 영화 〈람보〉를 좋아할 수 있다. 그건 전혀 이상한 일이 아니다.[2] 그런데 우리가 정치 영역에서 특정 이념이나 노선을 택하면서 되도록 일관된 성향을 보이고자 하는 건 학습이 낳은 결과

---

1. George Lakoff, *The Political Mind: Why You Can't Understand 21st-Century Politics with an 18th-Century Brain*(New York: Viking, 2008), pp.70~72.
2. George Lakoff & the Rockridge Institute, *Thinking Points: Communicating Our American Values and Vision*(New York: Farrar, Straus and Giroux, 2006), pp.14~15.

다. 이론으로건 실천으로건 정치를 너무 많이 알기 때문에 이념의 포로가 되기 쉽다. 반면 안철수는 정치 이론과 실천에서 무식한 편이다. 다른 일들에 너무 몰두해왔기 때문이다. 그래서 그가 특정 이념이나 노선에서 자유로울 수 있다는 역설이 일어난 것이다.

안철수는 "제가 안보는 보수, 경제는 진보"라면서 자신은 "보수도 진보다 아니다"라고 말한다. 보수 · 진보를 따지는 것에 대해 다소 신경질적인 반응까지 보인다. "대북 문제에 대해서 보수적인 입장을 갖고 있고, 교육 문제에 대해서 진보적인 시각을 갖고 있으면 진보인가 보수인가? 그것은 나눌 수가 없다. 그것을 나누고 분열시킴으로써 이득을 보는 사람들이 이런 짓을 한다." 이에 대해 고려대 교수 임혁백은 "안철수는 유연하게 이데올로기적 경계를 넘나드는 이념적 유목민"이라는 평가를 내린다.[3]

안철수는 이념적 유목민에 담긴 정치적 가치를 파악했을 뿐만 아니라 그 점을 활용하겠다는 의지를 강하게 드러내왔다. 2012년 3월 27일 안철수는 서울대 강연에서 이른바 '진영 논리'의 타파를 선언했다. 그는 "우리나라 정치는 보수 · 진보가 너무 심하게 싸운다. 사회문제를 풀라고 국민이 권한을 줬는데 그게 자기들 것인 양 싸우면 말이 안 되는 것"이라고 했다.

소속 정당을 밝히진 않았지만 최근 정치권 관계자와 만난 적이 있다는 사실도 공개했다. 무슨 말이 오갔을까? "얼마 전 어떤 분을 만났는데 그쪽(정치) 분인 줄 몰랐다. 이렇게 저렇게 하면 정권을 잡을 수 있다는 그분의 설명

---

3. 임혁백, 《대선 2012 어떤 리더십이 선택될 것인가?》(인뗄리겐찌야, 2012), 290~291쪽.

을 듣고 난 뒤 암담했다. (중략) 그래서 보수든 진보든 문제를 풀 사람이 정권을 잡아야 한다고, 승리에 집착하는 건 바람직하지 않다고 대답해줬다." 그는 지난해 여자 대통령을 주인공으로 한 드라마 〈대물〉도 거론하며 "왜 현실에선 국민을 위하는 대통령이 나오지 않는지에 대한 갈망이 시대정신에 반영돼 인기를 끈 것"이라고 주장했다.

서울대 강연에서 "대선에 출마할 의향이 있느냐"는 질문이 나왔다. 안철수는 "내가 만약 긍정적인 발전의 도구로만 쓰일 수 있으면 설령 정치라도 감당할 수 있다"며 "지금 있는 분들이 잘해주시면 나설 이유가 없다. (그러나 기존 정치인이 잘못해서) 내가 만약 참여하게 된다면 이거 하나는 확실하다. 어떤 특정한 진영 논리에 기대지 않겠다"라고 했다. 또 "공동체 가치를 최우선적으로 삼는 쪽으로 하지 진영 논리에 휩싸여 공동체 정치의 가치관을 저버리는 판단은 지금까지의 생각, 행보와 맞지 않는다"라고 강조했다.[4]

## '이념 무용론' 논쟁

한 가지 원칙은 확인해두고 넘어가자. 진영 논리가 무조건 잘못된 것이라고 말할 수는 없다. 그건 어떤 면에선 민주주의라는 제도 자체에 내장돼 있는 개념이라고 봐도 무방하다. 경쟁하는 정당들 사이에서 결국 정권을 잡는 것은

4. 양원보 · 이지상, 〈안철수 "정치하게 되면 특정 진영 논리에 기대지 않겠다"〉, 《중앙일보》, 2012년 3월 28일.

한 정당이거나 연립한 정당들이기 때문이다. 당연히 당파성도 사회적 변화와 더불어 큰일을 해내기 위해선 꼭 필요한 것이다. 이와 관련해 마이클 샌델 Michael J. Sandel이 적절하게 설명했다.

"정치적 논쟁이 서로에 대한 적대감보다는 상호 존중 정신으로 행해진다면 더욱 바람직하다. 그러나 최근 정계에서 말하는 예의란 대개 불법 선거운동이나 부정행위들에 관한 덜 비판적인 조사를 고상하게 일컫는 말에 불과할 때가 많다. 마찬가지로 당파주의를 초월하자는 목소리 역시 정책 차이를 흐릿하게 만들고 원칙과 확신이 결여된 정치를 정당화한다. 뉴딜에서 인권 운동에 이르기까지, 주의에 의거한 정치는 언제나 당파적 정치였다. 최소한 같은 의견을 지닌 시민들을 모아 그들에게 반대하는 이들에 맞서 함께 싸운다는 점에서 더욱 그렇다."[5]

옳은 말이다. 우리가 경계해야 할 것은 본말의 전도다. "진영 논리가 나라 망친다"라는 주장에서 말하는 진영 논리는 본말이 전도된 진영 논리를 가리킨다. 달리 말하자면 문제는 진영 논리 그 자체라기보다는 시종일관 진영 논리의 포로가 되는 데 있다는 것이다. 진영 논리로 싸워선 안 될 일까지 진영 논리로 싸우고, 그래서 자신들이 여당일 때 추진했던 일이라도 야당이 되면 반대하는 행태 따위가 문제라는 것이다. 안철수가 진영 논리를 타파하자고 주장하는 것도 바로 이런 맥락에서 나온 것임은 분명하다.

그런데 이에 대해 자꾸 적잖게 오해가 생긴다. 2012년 6월 27일 세계로

5. 마이클 샌델(Michael J. Sandel), 안진환 · 이수경 옮김, 《왜 도덕인가?》(한국경제신문, 2010), 134쪽.

신문 대표 김제완이 프레시안에 쓴 〈'이과 모범생' 안철수에겐 '벌레'로 보이겠지만: 안철수 '이념 무용론'의 함정〉이라는 글이 바로 그렇다. 이 글은 김제완이 '김제완의 '좌우간에''라는 타이틀로 연재하는 칼럼으로, 안철수가 지난해 8월 청춘콘서트에서 한 다음과 같은 발언에 대한 비판이다.

"평범한 사람들을 놓고 봤을 때 보수와 진보를 도대체 구분할 수 있는가? 제 주위에 있는 많은 사람들이 가족 문제는 보수적인 생각을 가지고 있고, 교육 문제는 진보적인 생각을 가지고 있고, 북한 문제는 보수적인 생각을 가지고 있다. 이 사람은 진보인가 보수인가? 대부분의 사람들이 이러할 텐데, 구분이 어렵다. (중략) (세상을) 진보, 보수 문제로 보는 것은 머리 나쁜 사람들의 분류 방식이다. (중략) 보수와 진보로 자꾸 나누는 이유가 뭘까? 비유를 들어보겠다. 평온한 평지에 어느 날 벽을 만들어서 그늘과 습지를 조성하면 거기에는 벌레들이 많이 살게 된다. 벽을 없애자고 할 때 그것을 가장 싫어하는 존재는 누구일까? 바로 벌레들이다. 멀쩡한 사람들을 억지로 나누는 사람들은 담 밑에서 자기 나름의 이익을 얻기 위한 사람들이다."

안철수가 "(세상을) 진보, 보수 문제로 보는 것은 머리 나쁜 사람들의 분류 방식이다"라고 말한 건 지나쳤다. 비판받아 마땅하다. 그 점에서 나는 김제완의 비판에 원론 수준에선 동의한다. 그렇지만 그가 벌레라는 단어를 독해한 방식엔 동의하기 어렵다. 아니, 동의하기 어려울 뿐만 아니라 아주 좋지 않은 논쟁 방식이라고 생각한다. 김제완은 여러 차례에 걸쳐 다음과 같이 말하고 있다.

"안철수는 사람들이 엇갈린 선택을 하므로 '진보, 보수 구분이 어렵다'고 단언하고 그런 구분을 하려는 사람은 '바로 벌레들이다'라고 극언한다.

(중략) 그의 의견이 옳은 것이라면 '좌우간에' 라는 타이틀을 걸고 좌파, 우파를 구분해서 연구하는 일이 쓸데없는 짓이며 심지어 필자가 벌레가 될 수도 있기 때문이다. (중략) 이념에 따른 구분을 하려는 사람들을 그는 '벌레' 라거나 '머리 나쁜 사람들' 이라고 원색적으로 비하했다."

벌레라는 말이 오해를 불러올 만큼 적절치 못한 비유라는 데엔 동의할 수 있지만, 그걸 곧장 '이념 유용론자' 에 대한 비판으로 동일시하는 것엔 문제가 있다. '이과 모범생' 이라고 해서 과장법을 쓰지 말란 법은 없지 않을까? 그의 주장을 강한 메시지를 던지기 위한 과장법으로 이해하면 별 무리는 없을 것이다.

많은 사람들이 안철수의 이념 무용론에 공감하는 것은 그간 한국 사회의 이념 과잉, 이념 투쟁, 이념의 사적 이용에 염증을 느껴왔기 때문일 것이다. 이론으로 따지고 들자면 안철수의 이념 무용론은 난타를 당해 마땅하지만, 그것이 이념 과잉, 이념 투쟁, 이념의 사적 이용에 퍼부어야 할 난타의 수준을 넘진 못한다. 즉, 안철수의 발언은 현실을 근거로 상대적으로 이해하면 그렇게 펄쩍 뛸 일은 아니며, 좋은 쪽으로 해석하자고 들면 우리 시대가 당면한 문제의 핵심을 짚은 탁견으로 볼 수도 있다는 것이다. 말이야 바른 말이지만, 자기 나름의 이익을 얻기 위해 멀쩡한 사람들을 억지로 이념의 잣대로 나누고 이용하는 사람들이 좀 많은가?

## 100퍼센트 천사와 100퍼센트 악마는 없다

진영 논리에 중독된 사람들은 솔 알린스키Saul Alinsky가 한 말을 경청할 필요가 있다. 알린스키는 마피아가 설치던 1930년대부터 시카고에서 도시 빈민 운동에 투신한 급진 좌파다. 지역사회 조직화에 주력한 그는 《급진주의자를 위한 기상나팔Reveille for Radicals》, 《급진주의자를 위한 규칙Rules for Radicals: A Pragmatic Primer for Realistic Radicals》 등을 통해 미국을 넘어 전 세계 빈민 운동에 큰 영향을 끼쳤다. 알린스키는 2008년 미국 대통령 선거 때 민주당 예비선거에서 맞붙은 힐러리 클린턴Hilary Clinton과 버락 오바마Barack Obama에게 많은 영향을 끼쳤다는 사실이 알려지면서 유명세를 탄 인물이기도 하다.

알린스키는 1971년에 출간한 《급진주의자를 위한 규칙》에서 "문제가 극단적으로 나뉘어야만 사람들은 행동할

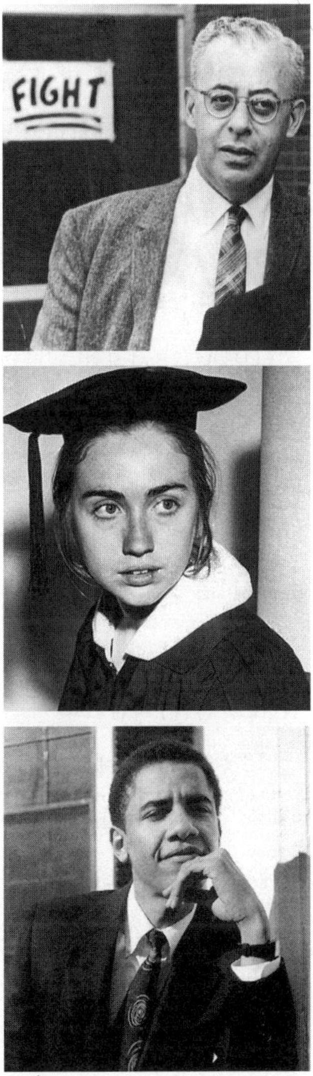


■ 힐러리 클린턴은 웰즐리대학교 졸업 논문으로 알린스키를 다뤘고 버락 오바마는 알린스키가 빈민 운동을 벌인 시카고에서 정치 경력을 쌓았다. 위에서부터 솔 알린스키, 힐러리 클린턴 현 미국 국무부 장관, 버락 오바마 현 미국 대통령.

수 있다. 사람들은 자신들의 주장이 100퍼센트 천사의 편에 있으며 그 반대는 100퍼센트 악마의 편에 있다고 확신할 때 행동할 것이다. 조직가는 문제들이 이 정도로 양극화되기 전까지는 어떤 행동도 가능하지 않을 것이라고 알고 있다"며 다음과 같이 말한다.

"내가 말하고 있는 것은 조직가라면 자신을 두 부분으로 나눌 수 있어야 한다는 것이다. 그의 한 부분은 행동의 장에 있으며, 그는 문제를 100대 0으로 양분해서 자신의 힘을 투쟁에 쏟아붓도록 힘을 보탠다. 한편 그의 다른 부분은 협상의 시간이 되면 이는 사실상 단지 10퍼센트의 차이일 뿐이라고 하는 점을 알고 있다. 그런데 양분된 두 부분은 서로 어려움 없이 공존해야만 한다. 잘 체계화된 사람만이 스스로 분열하면서도 동시에 하나로 뭉쳐서 살 수 있다. 바로 이것이 조직가가 해야만 하는 일이다."[6]

이와 관련해 한국에 알린스키를 가장 먼저 소개한 아시아교육연구원 원장 오재식이 다음과 같이 말한 것이 가슴에 와 닿는다.

"종교적 차원에서 보면 사람은 다 엇비슷하다. 나빠봐야 51퍼센트 정도일 것이다. 반대로 좋아봐야 역시 51퍼센트 정도가 아닐까? 그런데 전략적 차원에서 상대와 싸움이 벌어졌을 때는 상대가 100퍼센트 나쁘고 내가 100퍼센트 좋아야 이기는 것이다. 이것을 종교화하고 신념화해야만 전투를 할 수 있다. 그러나 전략적 상황이 끝나고 여러 가치와 기준들이 제자리를 잡아야 하는 때에도 자신의 전투 행위를 설명할 때는 여전히 전략에 사로잡힌 종교

---

6. 사울 D. 알린스키, 박순성 · 박지우 옮김, 《급진주의자를 위한 규칙: 현실적 급진주의자를 위한 실천적 입문서》(아르케, 1971/2008), 132~133쪽.

를 내세워야 하는 것이 관행이다. 여기에 알린스키가 말하는 혁명적인 사고와 자세 변화가 요구되는 대목이 있다. 100퍼센트 나빴던 사람을 51퍼센트로 복원시키기 위해서는 자신을 지배했던 이념 체계에서 탈출할 수 있는 용기가 있어야 한다."[7]

그런데 그 용기는 사회적 분위기에 압도당하고 만다. 시장 논리가 '100대 0' 이란 적대감이나 증오를 선호하기 때문이다. 그건 그럴듯하고 아름다운 명분으로 포장되기 때문에 '100대 0' 셈법을 지지하지 않는 사람이 이상하거나 나쁜 사람이 되는 진풍경이 벌어지는 것이다. 알린스키의 말마따나 사람들은 자신이 100퍼센트 천사의 편에 있으며 그 반대는 100퍼센트 악마의 편에 있다고 확신할 때 행동할 것이므로, 정치건 언론이건 장사를 위해선 시종일관 '100대 0' 으로 밀어붙여야만 하는 것이다.

알린스키는 분열과 융화를 동시에 할 수 있어야 한다고 역설하지만, 그게 그렇게 말처럼 쉬운 일이 아니다. 특히 우리는 무엇이건 한 번 하면 '올인' 을 하고 끝장을 봐야만 직성이 풀리는 체질이 아니던가? 알린스키식 어법을 쓰자면 이기고 싶다면서도 사실상 패배하기 위해 애쓰는 사람들, 바꾸고 싶다면서도 바꾸지 못하게 하려고 발버둥 치는 사람들이 야권과 진보 쪽의 주류로 행세하는 게 우리의 현실이 아니던가?

패배당한 뒤에도 그 이유를 외면한 채, 그마저 또 다른 '증오 상업주의' 의 불쏘시개로 이용하려는 사람들이 여전히 큰 힘을 쓰는 게 오늘의 풍토다.

---

7. 오재식, 〈추천사/힘없는 사람들에게 희망을 심어준 알린스키〉, 사울 D. 알린스키, 박순성 · 박지우 옮김, 《급진주의자를 위한 규칙: 현실적 급진주의자를 위한 실천적 입문서》(아르케, 1971/2008), 13~14쪽.

전체 유권자의 절반 정도가 100퍼센트 악마의 편을 지지하는 현실을 애써 외면한 채, 자신은 100퍼센트 천사의 편임을 주장함으로써 절반 유권자들을 늘 소외시키는 자해를 상습적으로 일삼으면서 그게 왜 문제인지 모르겠다는 게 그들의 정신 상태가 아니던가?

## 중립은 곧 악의 편인가

안철수가 어느 강연에서든 진영 논리 타파를 외치는 건 바로 그런 문제의식에서 비롯된 것으로 보인다. 4·11총선을 일주일쯤 앞둔 4월 3일 전남대 강연에선 "(총선에서) 정당·정파보다는 사람을 보고 뽑아야 한다"라고 말했다. 이 말은 한 학생이 "정치 세대교체의 필요성과 대립 구도로 자리 잡은 구태 정당정치에 대해 어떻게 생각하느냐?"라는 물음에 답하는 과정에서 나왔는데, 안철수의 답을 그대로 소개하면 다음과 같다.

"(공동체) 규모가 커질수록 조직화된 소수집단의 의사가 반영되기 더 쉬워진다. 다수의 뜻을 반영하려면 선거에 적극적으로 참여하는 것 말곤 방법이 없다. 몇 가지 가이드라인을 말하겠다. 첫째, 진영 논리에 빠져서 정파적 이익에 급급한 분들이 아니라 국익을 생각하신 분들이 있다면 그분을 뽑는 게 맞는 것 같다. 둘째, 자꾸 과거에 대해 이야기하기보다 미래에 대해 얘기하는 사람이 적임자다. 셋째, 증오·대립·분노 이런 얘기만 하시는 분보다 온건하고 따뜻하고 그런 분들이 있다. 말이라는 게 인격이다. 말을 들어보면 인격을 알 수 있다. 인격이 훨씬 성숙하신 분을 뽑으면 좋겠다. 넷째, 정당이나 정파보다는 오히려 개인을 보는 게 맞다고 본다. 미래 가치에 부합하는 사람인가 아닌가가 가장 중요하다. 선거에 대한 변화도 거기서 생기는 것이다. 영남, 호남, 충청, 강남 이런 데는 어느 당이 될지 다 정해져 있는데, 시민의 선택으로 얼마든지 (권력이) 교체될 수 있다는 것을 보여주는 게 미래 가치를 현실화하는 방법이다."[8]

이 발언을 영 마땅치 않게 본 진보파들이 꽤 있었나보다. 4월 5일 유시민은 "도덕이 위기에 봉착한 시기엔 양비론이 설 자리가 없다"라고 반박했다. 그는 이전에도 "지옥의 가장 뜨거운 자리는 도덕적 위기의 시대에 중립을 지킨 사람을 위해 예약돼 있다"거나 "중립은 곧 악의 편"이라며 안철수의 선택을 압박해왔다.[9]

유시민의 진의와 선의는 "잘못된 과거를 단절 안 하고, 심판 안 하고 새로운 미래로 어떻게 나가나"라는 말속에 담겨 있는 것 같다.[10] 백번, 천 번 옳은 말이긴 한데, 그렇게 하는 데엔 이런 문제가 있다. 한국의 역사 진행 방식은 한 번도 그런 적이 없다는 것이다. 그런 역사를 저주하는 사람들도 많지만, 그들 역시 그런 역사 진행 방식의 수혜자일 수 있다는 걸 생각해봐야 한다. 예컨대, 김대중·노무현 정권이 저지른 잘못에 대한 단절과 심판은 제대로 이루어졌는지 자문자답해봐야 한다. 한국 역사는 건너뛰는 역사다. '빨리빨리'에 중독됐기 때문인지도 모르겠다.

---

8. 류정화, 〈안철수식 총선 강연 정치… "정당보다 개인을 보라"〉, 《중앙일보》, 2012년 4월 4일.
9. 양원보, 〈유시민 "중립은 없다" 안철수 선택 압박〉, 《중앙일보》, 2012년 4월 6일.
10. 곽재훈, 〈유시민 "안철수, 요 며칠 발언은 새누리당에 도움"〉, 프레시안, 2012년 4월 6일.

단절과 심판의 방법론도 문제다. 그건 사실상 유권자들이 해줄 수 있는 게 아닌가? 그런데 유권자들은 단절과 심판에 전적으로 동의하더라도 그 메시지만으론 표를 주지 않는다. 즉, 단절과 심판을 위해서라도 단절과 심판을 주요 이슈로 외칠 필요는 없다는 것이다.

어찌 됐건, 그 진의와 선의가 무엇이건, 아직도 많은 이들이 선악 대결 구도가 불가피했던 1980년대를 살아가는 식으로 정치를 바라보고 실천하는 게 현실이라는 건 부인할 수 없는 사실이다. 그러나 이에 대한 안철수의 메시지는 단호하다. "청년 일자리 창출하는 데 진보가 답을 내놨나, 보수가 답을 내놨나? 일자리 창출은 이념을 초월하는 가치인데 이쪽에서 어떤 의견 내면 다른 쪽은 반대 의견을 자동으로 내고. (중략) 그런 이념은 차라리 필요 없다."[11]

"중립은 곧 악의 편"이라는 주장에 지지를 보내는 사람들도 많겠지만, 기존 정치적 양극화와 그에 따른 증오 · 대립 · 분노의 정치에 염증과 환멸을 느끼는 사람들이 더 많다고 봐야 하지 않을까? 그런데 여기엔 또 이런 문제가 있다. 무당파 40퍼센트는 늘 대변되지 않는 '침묵하는 다수'라는 점이다. 정치에 열정이 있을 리 없으니 인터넷 댓글 한 줄 다는 것도 잘하지 않는다. 인터넷에서 핏대 올리며 자기 의견을 강하게 개진하는 사람들은 주로 좌우, 여야를 막론하고 "중립은 곧 악의 편"이라고 믿는 이들이다. 속된 말로 중립은 장사가 안되는 정치 노선인 셈이다.

11. 박국희, 〈안, 어제는 광주 오늘은 대구: 안철수, 탈이념 · 무당파 강조〉, 《조선일보》, 2012년 4월 4일.

# "좌파냐 우파냐 굳이 묻는다면, 난 '내 멋대로 살고파'다"

허문명 기자의 사람이야기 '트위터 팔로어 130만명' 작가 이외수

트위터 공간, 野性 강해… 나도 마찬가지
與후보 지지글 올리자 비난으로 홍피 다운
편가르기가 이 정도였나, 마음 아팠다

■ 작가 이외수는?

■ 트위터 팔로어가 130만 명이 넘는 '트위터 대통령'은 좌파일까, 우파일까? 이외수는 스스로 "내 멋대로 살고파"라고 받아넘겼다.(《동아일보》 2012년 4월 30일)

안철수는 정치권 밖에서 전혀 다른 방식으로 치고 들어왔기에 중도를 표방하고서도 폭발적인 인기를 누릴 수 있었다. 정당정치의 이론으로 보자면 기가 막힌 일이겠지만, 중도라는 탈출구가 전혀 보이지 않는 현실을 감안하자면 한국 사회의 큰 행운일 수 있다.

개그맨 이경규는 자신의 정치적 입장에 대해 "나는 진보수다"고 했다. '진보'와 '보수'를 합친 '진보수'라는 뜻이다. 개그맨 김제동은 "진보가 뭐고 보수가 뭔지 모른다"며 "나는 좌파도 우파도 아닌 기분파다"라고 말했

다.[12] 소설가 이외수는 "좌파냐 우파냐 굳이 묻는다면 난 '내 멋대로 살고파' 다"라고 했다.[13] 개그로 가볍게 넘길 수도 있겠지만, 좀 더 깊이 생각해보자면 이 세 사람의 편 가르기 조롱이야말로 시대를 앞서가는, 우리가 취해야 할 진정한 시대정신은 아닐까?

## 안철수는 '구름당 당수'인가

2012년 5월 30일 안철수는 부산대학교 실내 체육관에서 '지금 우리에게 필요한 것' 이란 주제로 강연을 했다. 이 자리에서 그는 "행복하고 미래에 대한 희망을 다시 꿈꿀 수 있는 사회를 만들고 싶다" 면서 "이를 위해 우리 세대에게 주어진 과제는 복지, 정의, 평화라고 생각한다"라고 말했다. 그는 "우리는 지난 50년 동안 산업화와 민주화를 동시에 이뤄냈지만 자살률은 경제협력개발기구OECD 국가 중 1위고, 출산율은 최하위 수준" 이라며 이같이 말했다.[14]

안철수는 복지와 정의라는 키워드를 통해 자신의 경제관을, 평화란 단어를 통해 안보관을 부각하려 했다. 그는 "(자신이 생각하는) 복지는 단순히 분배하고 소비만 하는 분배가 아니라 일자리와 복지가 긴밀하게 연결되고

12. 이성희, 〈김제동 "나는 정치색 없다… 웃기는 데 좌우가 있나"〉, 《경향신문》, 2009년 10월 13일.
13. 허문명, 〈[허문명 기자의 사람 이야기] 이외수 "내가 종북 좌빨? 종북은 종북이지": "좌파냐 우파냐 굳이 묻는다면 난 '내 멋대로 살고파' 다"〉, 《동아일보》, 2012년 4월 30일.
14. 송용창, 〈국정 운영 청사진을… 안철수, 달라졌다: 부산대 강연서 "희망 꿈꿀 수 있는 사회 만들고 싶어"〉, 《한국일보》, 2012년 5월 31일.

선순환하는 넓은 의미의 복지"라고 밝혔다. 정의에 대해선 "모든 사람이 같은 출발선상에 서고 어떤 반칙이나 특권이 없는 환경을 제공하고 결승전에서의 패자에게 재도전 기회를 줄 수 있는 게 정의로운 사회의 필수적 세 가지 요소"라고 주장했다. 그는 "복지 · 정의 사회도 평화 없인 불가능하다"며 "통일이 안 되면 평화 체제가 유지될 수 있을지 미지수지만, 통일로 가기까진 평화를 지키고 평화 체제를 만드는 게 중요하다"라고 말했다.[15]

안철수는 자신의 '싸움 철학'도 밝혔다. 그는 "'아무리 적이라도 상대방을 믿고 하는 것이 정치'라는 말이 있어서 그걸 책에 썼더니 어떤 분이 '참 순진한 생각이네' 하시더라"고 일화를 소개했다. 그는 "그래서 오해라고 설명했다. (중략) 정치에서 싸움은 필수라고 생각하고 제가 그렇게 순진한 사람은 아니다"라고 강조했다. 그는 "정치에서 싸움은 필요 불가결하지만 세 가지 관점이 중요할 것"이라며 "무엇을 위해 싸우나, 어떤 주제로 싸우나, 싸움의 결과로 어떤 합의를 갖고 사회를 발전시키는지가 키포인트"라고 말했다.

안철수는 "만약 국민을 위해 정책, 가치관, 철학 등의 차이를 갖고 싸우고 그 결과로 합의를 이끌어낼 수 있다면 굉장히 좋은 싸움"이라며 "그게 정치에서 정말 해야 할 싸움"이라고 말했다. 그는 "반대로 권력 쟁취를 목적으로 상대방이 얼마나 나쁜 놈인지에 대해 싸우고 그 결과로 평행선만 계속 긋는다면 싸움은 아무한테도 도움이 안 되는 것"이라며 "그러면 우리가 바라는 시대 과제인 복지, 정의, 평화는 불가능하다"라고 말했다.[16]

15. 김경진, 〈안철수 "정치인, 북한 문제에 입장 솔직히 밝혀야 옳다"〉, 《중앙일보》, 2012년 5월 31일.
16. 김성휘, 〈안철수 반박 "내가 순진? 정치는 싸움"〉, 《머니투데이》, 2012년 5월 31일.

또 안철수는 "우리 정치권은 승자 독식이 반복되기 때문에 결국 증오의 악순환에 빠진다"며 "여나 야, 누가 이기든 국민의 절반이 절망한다"라고 말했다.[17] 그는 "상대방을 지지하는 국민 절반을 적으로 돌리고 국민을 반으로 갈라놓는, 낡은 프레임과 낡은 체제로는 아무런 사회문제를 해결하지 못한다"라고 지적했다.[18]

이 말을 들으니 바로 전날 서울대 사회학 교수 송호근이 안철수를 "구름당 당수"라고 부른 칼럼이 생각난다. 송호근은 어떤 맥락에서 그런 말을 했을까? 그는 〈실종된 정치를 찾습니다〉라는 《중앙일보》 칼럼에서 "2012년, 정치가 실종된 이 어수선한 공백을 메울 그 한마디는 무엇인가? 표류 한국을 돌려세울 각성의 개념, 이념 격쟁에서 통합 마당으로 우리를 이끌 정치철학은 무엇인가? 여당의 대마, 박근혜 전 대표가 말한 안민낙업安民樂業은 누구나 다 원하는 바이지만, 그것은 대체 어떤 원리, 어떤 철학에 입각해 있는가? 친기업인가, 친노동인가? 혹은 관료에 힘을 싣는 잔소리 국가를 염두에 둔 것인가?"라면서 다음과 같이 말했다.

"야당의 예비 주자인 문재인·김두관 역시 대중적 인기와 관심도에 비해 시대 중추를 꿰뚫는 정치 언어가 빈약하다. 복지는 답이 나와 있는데, 부자들과 중산층을 설득할 성장 전략은 무엇인가? 개혁 설계도는 무엇이며, 향후 10년간 한국의 경쟁력을 높일 밑그림을 갖고 있는가? '구름당' 당수 안철수에겐 아예 이런 질문이 어울리지 않는다. 사이버 구름 위에서 누가 들어도

---

17. 김경화, 〈대선 202일 전… 국민 물음에 계속 둘러대는 안철수〉, 《조선일보》, 2012년 5월 31일.
18. 김경진, 〈안철수 "정치인, 북한 문제에 입장 솔직히 밝혀야 옳다"〉, 《중앙일보》, 2012년 5월 31일.

당연한 말만 하기 때문이다. 그가 세상에 강림해서 땀에 젖은 현장 공감의 언어를 만들지 않는 한, 평범하기 그지없는 그의 말이 비범한 아우라를 더 이상 얻지 못할 시간이 곧 올 것이다. 마치 '그냥 다이렉트하게' 현장을 공습한 나꼼수의 비속어들이 시대정신의 벽을 넘지 못하고 패잔병처럼 널브러진 것처럼 말이다."[19]

송호근의 선의와 취지는 잘 알겠지만, 외려 그가 정반대로 진단한 건 아닌가 생각할 필요가 있을 듯하다. 비단 송호근뿐만 아니라 많은 전문가들이 "개혁 설계도"나 "향후 10년간 한국의 경쟁력을 높일 밑그림"은 중요시하면서도 무엇이 그런 그림들의 현실적 추진을 가로막는가 하는 점에 대해선 관심을 두지 않는 것 같다. "상대방을 지지하는 국민 절반을 적으로 돌리고 국민을 반으로 갈라놓는, 낡은 프레임과 낡은 체제"를 그대로 끌고 가면서 그런 일이 가능할까?

안철수는 구름을 탔다기보다는 오히려 가장 낮은 인프라를 살피기 위해 하수구로 들어간 건 아닐까? 굳이 딱지를 붙이자면 '하수도당 당수'라는 말이 더 어울릴 것 같지 않은가? 물론 이런 해석은 승자 독식과 그에 따른 증오 전쟁에 강한 문제의식을 갖고 있는 나의 호의적 편견일 수 있겠다. 그렇지만 적어도 지난 십수 년 동안 전쟁하듯 전개된 정쟁의 사회적 비용을 생각한다면 우리 모두의 의제로 삼을 만한 가치가 있다는 데엔 동의할 수 있지 않을까?

---

19. 송호근, 〈실종된 정치를 찾습니다〉, 《중앙일보》, 2012년 5월 29일.

# 실종된 정치를 찾습니다

**송호근 칼럼**

서울대 교수·사회학

“

영업 준비 중인 국회나
참호 속 정부도 한심하지만
그럴싸한 비전 하나 못 내는
대선주자들도 짜증스럽다
정치 실종된 어수선한 공백을
메울 그 한마디는 무엇인가?

”

◆외부 필진 칼럼은 본지 편집 방향과 다를 수도 있습니다.

대한민국 정치가 실종되었다. 이번만이 아니다. 5년마다 반복적으로 발생하는 대한민국 고유의 풍토병이다. 18대 국회는 이미 종쳤고, 19대 국회가 개원을 해도 마치 초등학교 신입생처럼 반 편성하고 규칙 익히고, 위원장 자리 놓고 격돌하느라 삼복더위를 훌쩍 지날 것이다. 낯가림하는 초선의원들은 구석에 몰려 있을 터이고, 중진의원들은 유력한 대선주자에 줄 대느라 정신없을 것이다. 혹시 주류에서 이탈하면 4년이 고달플 것이므로 개원 후 서너 달은 민생보다 정치판 분위기 파악이 먼저다.

9월부터는 이른바 대선 정국. 이거 의원들에게는 정치생명이 오락가락하는 중차대한 기회다. 잘만 잡으면 차기 정권에서 장관은 물론 중요한 요직에 올라 화려한 정치 인생을 펼칠 수 있다. 그러니 민생이 문제랴. 대한민국이 어디로 표류하든 그것이 문제랴. 알쏭달쏭할 때는 용한 점쟁이한테라도 가서 내년 운세를 짚고 천운을 점지하는 부적 하나라도 하사받아야 한다. 일단 정기국회가 열리면 전국적 관심을 유발할 민감한 사안을 묻고 늘어진 다음 예산안을 호통 속에 처리해주고, 차기 정권이 진용 정비를 마칠 내년 상반기까지 이대로 죽 달리면 된다. 대권 장악과 집권당 되기에 올인할 한국 정치는 내년 봄에나 귀환할 예정이다.

4년 전, 한밤중에 달려 나가 의기양양하게 전봇대를 뽑던 청와대는 이미 날개를 접은 지 오래다. 국내정치를 주무르던 어르신들이 수인(囚人) 신세가 되거나 구속 예감에 떨고 있는 판에 어느 철없는 국무위원이 잊힌 공약들을 실행하자고 호기 있게 외치랴. 창의 깃발을 높이 들어도 언론·방송의 카메라는 이미 다른 곳에 꽂혀 있고, 시민들도 가리늦게 웬 ‘개그콘서트’인가 할 것이다. 관료들의 생존본능이 빛날 때가 바로 이즈음이다. 될 일은 늦추고, 안 될 일은 아예 손 안 대는 그 빛나는 관료적 지혜는 내년 상반기 새 정권이 바짝 조일 때를 대비하고 있다. 강(强)·약(弱)·중강(中强)·약(弱), 그 4박자 리듬에서 지금은 약(弱)의 시간, 복지부동이라는 참호에서 달콤한 휴식을 취할 시간이다.

‘영업 준비 중인 국회’ ‘참호 속 정부’도 한심하지만, 표류하는 대한민국을 멀거니 구경만 하고 있는 대선주자들도 한심하긴 마찬가지다. 5년 단임 대통령제라는 한국적 시스템이 만든 허점인데, 7개월이나 남은 대선을 앞두고 뭐 하나 그럴싸한 비전, 헤매는 한국을 다잡을 발전 개념 하나 못 내는 정치인들을 두고 저울질을 해야 하는 형편이 짜증스럽기까지 하다. 아직 학습 중에 있는가? 아직 캠프의 선수들이 답안을 작성하지 못했는가? 1979년 영국의 대처는 ‘집단의 자유’에 짓눌린 ‘개인의 자유’를 영국병 치유를 위한 최고의 처방전으로 내걸었다. 같은 해 미국의 레이건은 ‘위대한 미국의 재건’으로 낙심한 유권자의 마음을 바로 세웠다. 클린턴은 ‘경제가 문제야’로 부시를 꺾었고, 오바마는 ‘변화!’로 등극했다. 흩어지고 찢긴 시민들의 마음을 치유할 한마디, 정치철학이 응축된 이 한마디가 나라를 살린다.

2012년, 정치가 실종된 이 어수선한 공백을 메울 그 한마디는 무엇인가? 표류 한국을 돌려세울 각성의 개념, 이념 격쟁에서 통합마당으로 우리를 이끌 정치철학은 무엇인가? 여당의 대마, 박근혜 전 대표가 말한 안민낙업(安民樂業)은 누구나 다 원하는 바이지만, 그것은 대체 어떤 원리, 어떤 철학에 입각해 있는가? 친(親)기업인가, 친노동인가? 혹은 관료에 힘을 실는 잔소리 국가를 염두에 둔 것인가? 야당의 예비주자인 문재인·김두관 역시 대중적 인기와 관심도에 비해 시대 중추를 꿰뚫는 정치 언어가 빈약하다. 복지는 답이 나와 있는데, 부자들과 중산층을 설득할 성장전략은 무엇인가? 개혁 설계도는 무엇이며, 향후 10년간 한국의 경쟁력을 높일 밑그림을 갖고 있는가? ‘구름당’ 당수 안철수에겐 아예 이런 질문이 어울리지 않는다. 사이버 구름 위에서 누가 들어도 당연한 말만 하기 때문이다. 그가 세상에 강림해서 땀에 젖은 현장공감의 언어를 만들지 않는 한, 평범하기 그지없는 그의 말이 비범한 아우라를 더 이상 얻지 못할 시간이 곧 올 것이다. 마치 ‘그냥 다이렉트하게’ 현장을 공습한 나꼼수의 비속어들이 시대정신의 벽을 넘지 못하고 패잔병처럼 널브러진 것처럼 말이다.

그리하여, ‘실종된 정치를 찾습니다’. 전국에 방을 붙여도 찾을 수 없을 거다. 시스템 하자이기 때문에. 정치적 비용은 이렇게 크고 엄중하다. 우리의 인적 자본, 우리의 실력으로 벌써 국민소득 3만 달러를 돌파하고 남았을 상황에 우리는 정권교체 비용을 ‘정치 실종’이란 뼈아픈 공백으로 치러왔고 지금 또 터널 초입에 들어섰다. 터널 끝은 저 푸른 초원일까? 또 한 차례 터널 속을 통과하는 국민들의 마음속엔 표류를 끝내줄 등댓불이 결국 켜지기나 할까?

■ ‘구름당’ 당수 안철수는 사이버 구름 위에서 누가 들어도 당연한 말만 하고 있다고 비판한 《중앙일보》 칼럼 〈실종된 정치를 찾습니다〉.

## 친정권 공무원과 반정권 공무원

그런 정쟁의 주요 사회적 비용으로 '공무원의 과잉 정치화'를 들 수 있다. 과잉 정치화는 정치적 양극화를 낳고 정치적 양극화는 과잉 정치화를 부추기는 순환 관계를 형성하고 있는데, 그래서 나타나는 심각한 문제 중 하나가 바로 공무원들의 과잉 정치화다.

2012년 5월 20일 전 대통령실장 임태희가 기자 간담회에서 이 문제를 잘 지적했다. 그는 "공무원들에게도 친親정권, 반反정권이 있더라. 이런 대결 구도 때문에 아무리 좋은 정책을 내려보내도 실현이 안 되는 것이 지금 이 나라 현실"이라고 말했다. 그는 《조선일보》의 추가 전화 인터뷰에서 자신이 겪은 대표적인 사례로 무상 보육 지원, 사회적 기업 지원, 영남권 신공항 등을 들었다.

임태희는 "무상 보육 지원 정책도 어린이집을 지원하는 게 맞는 건지, 아니면 부모들에게 현금을 지원하는 게 맞는 건지 등 여러 방안을 고민해야 하는데, 이걸 열심히 고민하는 사람은 마치 현 정부에 협조하는 사람으로 낙인을 찍히는 식이 되더라"며 "그러다 보니 (공무원들이) 국민보다는 매일 실제로 현장에서 상대해야 하는 보육원 관계자들이 원하는 쪽으로 해주자는 식으로 결론을 냈던 것"이라고 했다. 뭔가 해보려고 열심히 일을 하면 친정권 공무원으로 찍혀 다음 정권에서 한직으로 밀릴 테니 그럴 바엔 차라리 정권이 바뀌어도 계속 상대해야 하는 이익 집단 눈치를 보는 것이 낫다는 쪽으로 움직인다는 말이다.

또 그는 "(이윤 추구보다는 사회적 기여를 목적으로 하는) 사회적 기업에 대한 지원 정책은 지난 (노무현) 정권의 역점 사업이었다"며 "그런데 현 정부가 들어서면서 흐지부지됐다. 현 정부가 막아서가 아니라 (새로 중요 자리에 임명된) 공무원들이 '사회적 기업' 하면 좌파 색깔이 있는 거라고 보고 (알아서) 그렇게 한 것"이라고 했다. 그는 "내가 노동부 장관에 취임한 뒤 이 사업에 드라이브를 걸자 공무원들은 '이게 어떻게 된 거냐'며 헷갈려 했다"며 "그러면서 '나중에 정권 바뀌면 또 어떻게 될지 모른다'는 식으로 일을 하려 하지 않더라"고 말했다.

영남권 신공항 문제에 대해서도 한마디 했다. 그는 "대통령실장 시절에 보니 영남권 신공항 문제도 어떻게든지 뒤로 미루며 결정을 하지 않으려는 분위기가 팽배했다"면서 "공무원들도 그런 상황에서 낭비되는 행정력이 얼마나 큰지를 잘 알지만 '정권이 바뀔 텐데 괜히 올인 하는 식으로 일하면 다음 정권에서 (공무원 생명이) 끝난다' 이런 생각을 하고 있더라"라고 말했다.

그는 "지방자치단체에서도 이런 일은 수없이 많다"며 "한나라당 시장 시절에 열심히 일했던 사람은 민주당으로 바뀌고 나면 전부 안 좋은 보직으로 간다. 그러니 모두들 '너무 열심히 하지 말고 누구한테도 책잡히지 않을 정도로 어정쩡하게 일하는 게 좋다'는 식으로 분위기가 바뀌어 있다. (중략) 수도권의 한 시장이 바뀌면서 공무원을 전부 바꿔버리니까 새로 들어온 사람들은 (전 시장이) 추진하던 역사 신축 사업을 중단했다"고 했다.[20]

이건 아주 심각한 한국 사회의 고질병임에도 이미 정치적 양극화 구도

20. 권대열, 〈"親·反정권 갈린 공무원들, 정책 집행 어렵게 해"〉, 《조선일보》, 2012년 5월 21일.

가 고착화된 현 상황에선 아무런 반향도 불러일으킬 수 없다. 임태희가 "내가 대통령이 되면 이런 대결 구도를 타파하려 한다"고 말했듯이 선거용으로 한 말이라는 한계가 있기 때문이기도 하지만, 더욱 중요한 것은 《조선일보》가 강한 문제의식을 갖고 추가 전화 인터뷰를 하는 등 이 문제를 부각시켰기 때문이다. 야권은 《조선일보》가 키우는 기사는 무조건 그 어떤 음모가 있다고 보기 때문에 신뢰하질 않는다. 물론 여권도 《한겨레》 등 진보 언론에 대해 똑같은 식이다.

음모가 있건 없건 모든 이슈들을 당파적 이해득실로 따지는 것도 문제다. 아무리 옳고 중요한 일이라도 그것이 당장 누구에게 유리한지, 불리한지를 따져서 판단한다. 물론 이 또한 과잉 정치화와 정치적 양극화의 산물임은 두말할 필요가 없다. 이런 진영 논리의 한계를 여실히 보여주는 또 다른 이슈가 바로 북한 인권 문제인데, 이에 대해 생각해보기로 하자.

## 북한 인권에 대한 진보파의 위선과 무책임

2012년 3월 4일 안철수는 서울시 종로구 효자동 주한 중국 대사관 앞에서 중국 정부의 탈북자 강제 북송 중단을 요구하며 단식 농성을 벌이는 탈북자들을 찾았다. 그는 단식 중인, 탈북 여성 1호 박사인 이애란 북한전통음식문화연구원장을 만나 인권과 사회적 약자 보호는 이념과 체제를 뛰어넘는 가치이자 무엇과도 바꿀 수 없는 소중한 가치라며 여기에 있는 다른 분들도 같은 생각일 것이라고 밝혔다.[21]

지금껏 북한 인권 문제는 주로 보수파가 제기했으며 진보파는 침묵해왔다. 그래서 안철수의 행보를 보수적 행보로 받아들일 사람들이 있을지 모르겠지만, 진보 쪽에서도 앞서 가는 진보파는 오래전부터 북한 인권 문제를 제기하면서 북한 인권에 대한 진보파의 위선과 무책임을 지적해왔다는 사실을 상기할 필요가 있겠다. 즉, 북한 인권 문제에 대해 침묵으로 대응하거나 북한 인권 문제 제기를 비판해온 진보 진영의 태도가 낡은 것일 수도 있다는 말이다. 그동안 진보 진영 일각에서 나온 북한 인권 지지 발언 몇 개를 감상해보자.

2005년 3월 한동대 교수 김두식은 북한 인권 논의가 복잡해진 데에는 '사실'과 '선전 선동'을 구분하지 못한 일부 보수 언론에도 책임이 있지만, 진보 진영이 모든 책임에서 자유로워지는 건 아니라면서 다음과 같이 주장했다.

"엉터리 보도보다는 차라리 침묵이 낫다고 말할 사람이 있을지 모르지만, 폐쇄된 독재국의 인권 현실에 대해서는 다소 오류나 과장을 감수하더라도 열심히 보도하는 편이 적어도 침묵보다는 나은 태도이기 때문이다. 생각해보라. 지난 10여 년 동안 북한 인권에 대해 첩보 비슷한 것이라도 제공해준 매체가 《월간조선》 부류를 빼고 도대체 어디 있었는지를. 보수 언론과 일부 단체의 헛발질에 비웃음을 날리는 것으로 자족해온 진보 언론과 시민 단체들은 이런 식의 직무 유기에 대해 입이 열이라도 할 말이 없다. 사실 확인을

21. 박영웅, 〈안철수, 탈북자 강제 북송 항의 촛불집회 참석〉, 뉴스엔, 2012년 3월 4일.

위해 월급을 받는 기자들이, 국내 입국 탈북자 수가 6천 명을 넘어선 상황에서 여전히 사실 확인이 어렵다고 발을 빼는 것도 말이 안 된다. 대화 상대방을 고려한 불가피한 침묵도 통일부의 몫이지 기자들의 몫은 아니다. 인권 논의는 무엇보다 객관적 사실의 확인에서 출발해야 한다."[22]

2005년 12월 서강대 교수 손호철은 진보파의 침묵에 대해 프랑스의 대표적인 지식인인 사르트르가 한 대답이 만족스럽지는 않지만 그런대로 지침이 될 만한 답이라고 말했다.

실천적 좌파 지식인인 사르트르는 서구 자본주의에 대해 날카롭게 비판하면서 왜 소련이 안고 있는 문제에 대해서는 침묵하느냐는 질문에 자신의 원칙은 '지금, 여기now and here' 이어야 하는바, 자신의 삶의 현장이 바로 자본주의사회이기 때문에 이의 문제들을 비판하는 것이라고 했다. 또 소련에 대한 비판은 자신이 아니어도 넘쳐나는 데다가 자신까지 소련을 비판하면 그것이 "따라서 자본주의가 그래도 나은 것" 이라는 식으로 현실을 정당화하고 현실 문제를 외면하는 데 악용될 것이기 때문이라는 답을 내놓았다.

손호철은 사르트르의 대답을 소개하면서도 "그러나 경제 위기와 함께 심각해지고 있는 북한의 인권 현실과 이에 대한 국제적 관심 등을 고려할 때 북한의 인권 문제는 진보 진영도 언제까지 피해 갈 수 있는 문제는 아닌 것은 확실하다" 며 "이제 북한 인권에 대해서 사르트르를 넘어설 때가 된 것 같다" 라고 말했다.[23]

---

22. 김두식, 〈북한 인권, 확인부터 시작해야〉, 《한겨레》, 2005년 3월 30일.
23. 손호철, 〈북한 인권과 사르트르〉, 《한국일보》, 2005년 12월 13일.

2007년 11월 20일 북한 인권 상황 개선을 촉구하는 결의안이 유엔총회 제3위원회에서 찬성 97표, 반대 23표, 기권 60표로 통과됐다. 유엔에서 여섯 번째 채택된 북한 인권 결의안이었다. 2006년 처음으로 찬성표를 던졌던 한국은 기권했다. 이에 대해 《한겨레》는 "북한 인권 상황에 별 변화가 없는 상태에서 한 해 만에 태도를 다시 바꾼 것은 다분히 편의주의적이다" 며 "이제 남북 당국 사이 인권 대화 가능성을 신중하게 검토할 때가 됐다" 고 말했다.[24]

2012년 6월 6일 MBC 피디PD 이채훈은 《PD저널》에 기고한 칼럼 〈북측 인권 문제, 민주 진영이 나서야 한다〉에서 "남측의 민주 진영은 북측의 인권 문제를 공개적으로 거론할 때가 됐다" 며 다음과 같이 주장했다. " '통일의 꽃' 임수경의 발언이 논란인 지금, 민주 진영은 급한 불부터 끄고 보자는 식으로 공허한 '말잔치' 를 되풀이해서는 안 된다. 더 이상 때를 놓치면 안 된다. 민주 진영의 대오 각성을 촉구한다."

2012년 6월 13일 한국언론정보학회와 저널리즘학연구소가 공동으로 주최한 통합진보당 사태 관련 긴급 토론회에서 한겨레평화연구소 소장 김보근은 "북한 인권에 대해 관점을 바꿀 때가 왔다. 이대로는 안 되겠다는 의식이 확산됐다" 며 "우리가 어쩌면 진영 논리에 빠져서 보수 언론에서 선점해서 다루니까 우리가 외면해버리거나 무방비로 안 다루고 놔뒀던 영역 아닌가" 라고 말했다.[25]

북한 인권 문제에 대한 안철수식 문제의식은 진보 진영 내에서도 폭넓

---

24. 〈'북한 인권 결의안 기권' 이라는 편의주의(사설)〉, 《한겨레》, 2007년 11월 22일.
25. 박새미, 〈통진당 사태, 조중동은 '색깔' 부각, 한겨레 · 경향은 '타락' 에 방점〉, 《미디어오늘》, 2012년 6월 16일.

게 공유되고 있음에도 김보근이 잘 지적한 것처럼 "진영 논리에 빠져서 보수 언론에서 선점해서 다루니까 우리가 외면해버리거나 무방비로 안 다루고 놔뒀던 영역"이라고 보는 게 옳다. 안철수의 강점은 기존 진영 논리에서 자유롭다는 점이다. 이는 우리 사회가 활용해야 할 소중한 자산이 아닐 수 없다.

앞서 안철수와 관련해 "이과 모범생"이라는 말도 나왔지만, 좋은 의미로 쓴 말은 아니었다. 그런데 나는 모범생이었건 아니었건 이과 출신 대통령이 탄생하는 건 의미심장하다고 생각한다. 박근혜 지지자들이 한결같이 내세우는 박근혜의 장점 가운데 하나가 '이과 출신'이라는 것인데, 웃어넘길 이야기가 아니다. 나는 이 주장이 상당한 근거가 있다고 생각한다.

53년 전 영국의 작가이자 과학자인 C. P. 스노우C. P. Snow는 인문 · 사회과학을 전공한 사람과 자연과학을 전공한 사람이 서로 이해하지 못하고 의사소통하지 못하는 문제가 현대 서구 문명의 중대한 장애물이자 심각한 위협이라고 우려했다.[26] 그런 '두 문화'의 폐해는 고등학교 때부터 '문과-이과' 편 가르기를 하는 한국에서 양상을 달리해 나타나고 있다.

아는 분은 잘 알겠지만, 지금 한국 고등학교에서의 '문과-이과' 구분이 낳는 폐해는 매우 심각해 구분을 없애야 한다는 목소리가 높다.[27] 이 문제를 극복해보겠다고 '융합'을 외치곤 있지만, 그 수준으로 해결할 수 있는 문제가 아니다. 문과 출신과 이과 출신은 별로 다를 게 없어 보인다. 그러나 이야

---

26. C. P. 스노우, 오영환 옮김, 《두 문화: 과학과 인문학의 조화로운 만남을 위하여》(사이언스북스, 2001), 15쪽.
27. 김희원, 〈"대학마저 문 · 이과 단절… '외눈박이'만 양산"〉, 《한국일보》, 2006년 9월 19일; 홍성욱, 〈'동도서기론'의 한계〉, 《뉴스위크 한국판》, 2004년 12월 22일; 최성우, 〈제3의 문화와 과학기술: 문화로서의 과학〉, 《연세대학원신문》, 2004년 11월 8일.

기를 깊이 들어보라. 정말 소통이 잘 안된다. 정치나 이념 문제일 때는 더 말할 것도 없다. 더욱 큰 문제는 문과 · 이과 모두 일방적이고 편향적인 시각에 길들어 각각 그 내부에서도 소통하는 데 어려움을 겪고 있다는 점이다. 물론 문과 출신들이 훨씬 더 심각하다.

그동안 한국 정치는 사실상 문과 출신들이 지배해왔는데, 이게 불필요한 이념 투쟁을 격렬하게 만드는 데 크게 기여했다는 게 내 판단이다. 야권에서 누군가가 '실용주의' 좀 하자고 하면 벌떼처럼 달려들어 '변절' 이라고 공격하는 것도 그 벌떼 속에 문과 출신들이 압도적으로 많기 때문이다. 중국이 이론적으론 말도 안 되는 '경제향우 정치향좌經濟向右 政治向左' 실용주의 노선을 관철시켜 미국을 능가하는 경제 대국으로 클 수 있었던 가장 중요한 이유도 거의 모든 정치 지도자들이 이과 출신이었기 때문이란 사실을 명심할 필요가 있다.

문과적 의식으로 안철수의 이념 관련 발언을 들으면 한심하다고 혀를 끌끌 찰 문과 출신들이 많겠지만, 내가 보기엔 그사이 문과 위주로 굴러온 한국 정치가 일방적 경도를 바로잡아 실질을 숭상하는 쪽으로 가려면 반대로 구부리는 게 필요한 시점이 왔다. 박근혜의 집권을 두려운 시선으로 바라보는 사람들도 그이가 이과 출신인 점은 긍정 평가하는 게 옳다고 본다. 박근혜가 얼마나 이과 정신에 충실한지는 모르겠지만 말이다.

제4장

# 안철수는 '착한 이명박'·'남자 박근혜' 인가

●

## 진보 근본주의적 비판

## 안철수는 '착한 이명박' 인가

"정치의 핵심은 '평등을 위한 투쟁' 인데, 안철수가 구현하는 것은 '행정, 자기 관리, 정직함, 성공, 능력' 같은 정치 외적인 측면이다. 이는 신자유주의가 강조하는 자기 계발 이데올로기이기도 하다. 대중이 원하는 것은 '정치' 가 아니라 '행정' 이고, '투쟁' 이 아니라 '관리' 다. 안철수는 대중이 원하는 탈정치화된 정치의 상징인데, 이는 이명박 대통령이 뽑힌 2007년에 나타났던 현상이다. 안철수는 이명박이 결여한 정직성과 진정성의 이미지를 갖춘 '착한 이명박' 인 셈이다."[1]

2011년 9월 16일 문화 평론가 문강형준이 《한국일보》 인터뷰에서 한 말이다. 무언가 날카로운 면모가 엿보이긴 하는데, 과도한 단순화가 아닌가 싶다. "안철수는 대중이 원하는 탈정치화된 정치의 상징인데, 이는 이명박 대통령이 뽑힌 2007년에 나타났던 현상이다"라는 말은 역사적 성찰이 배제된

---

1. 이윤주, 〈"안철수 · 김진숙… 작금의 한국 사회는 파국": '파국의 지형학' 낸 문화 평론가 문강형준〉, 《한국일보》, 2011년 9월 16일.

| '파국의 지형학' 낸 문화평론가 문강형준 |

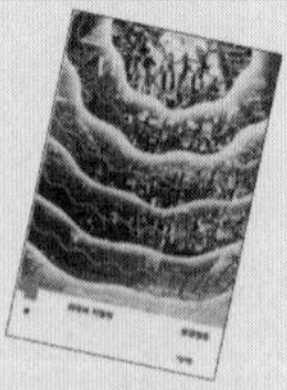

요즘 셋만 모이면 나누는 얘기가 '안철수 신드롬'과 인터넷 라디오 '나는 꼼수다' 돌풍이다. 분야는 다르지만, 이들을 향한 대중의 정서는 동일하다. 이른바 '종결자'를 꿈꾼다는 것. 우리는 이제 대중문화를 '오락 따위'로 볼 수 없는 시대에 살고 있고, 이론으로 무장한 문화평론가들의 등장은 대중이 '오락 따위'를 정치적으로 사고하게 만들었다.

## "안철수·김진숙… 작금의 한국사회는 파국"

문화평론가 문강형준(36)씨는 이 분야에서 눈에 띄는 지식인이다. 그는 '나는 가수다'를 통해 신자유주의 시대 자기계발 이데올로기를 보고, '나는 꼼수다'를 통해 '탈정치화된 정치'를 말한다. 그는 신간 <파국의 지형학>(자음과모음 발행)에서 작금의 한국 사회를 '파국'이라 규정하면서 2000년대 정치, 경제의 굵직한 이슈를 문화적 관점에서 사유하고, 이를 반영한 대중문화 콘텐츠를 소개한다. 미국 위스콘신대에서 박사 학위 논문을 쓰고 있는 그를 이메일로 만났다.

-현재 한국 사회의 파국을 보여주는 대표적 이미지는 무엇인가.

"김진숙이다. 한 노동자가 다른 노동자들의 권리를 위해 수백일 동안 홀로 고공크레인에서 투쟁하고 있다. 이 이미지가 보여주는 것은 한국의 자본과 권력이 노동자와 약자를 호명하면서도 동시에 배척했던 현대사 전체다. 김진숙의 이미지는 신자유주의가 불러일으키는 파멸의 이미지이면서, 동시에 그런 상황에서 냉소하지 않는 이가 보여주는 희망의 이미지다."

-현재 우리 사회를 가장 잘 드러내는 대중문화 콘텐츠를 꼽는다면.

"'슈퍼스타 K' '나는 가수다' 같은 서바이벌 프로그램이다. 삶 자체가 생존을 위한 전쟁이 된 상황에서 대중문화는 그 처절한 상황을 감동과 재미로 재(再)서사화함으로써 사람들에게 '세상의 질서'를 보여준다. 이 모든 프로그램에 투표 등 민주주의 제도가 접목된 것이 흥미롭다. 서바이벌의 상황이 민주주의의 '재가'를 통해 '정당한 것'으로 인정받는 것이다."

문강형준씨는 <파국의 지형학>에서 제기한 문제의식들을 심화해 '아포칼립스의 문화정치학'이라는 주제로 박사논문을 쓰고 있다.

**나꼼수·안철수 신드롬… 탈정치화된 정치의 도래**

**다양한 서바이벌 프로그램 우리사회를 가장 잘 드러내**

-안철수 신드롬은 어떻게 보나.

"'탈정치화된 정치'의 최신 버전이다. 정치의 핵심은 '평등을 위한 투쟁'인데, 안철수가 구현하는 것은 '행정, 자기관리, 정직함, 성공, 능력' 같은 정치 외적인 측면이다. 이는 신자유주의가 강조하는 자기계발 이데올로기이기도 하다. 대중이 원하는 것은 '정치'가 아니라 '행정'이고, '투쟁'이 아니라 '관리'다. 안철수는 대중이 원하는 탈정치화된 정치의 상징인데, 이는 이명박 대통령이 뽑힌 2007년에 나타났던 현상이다. 안철수는 이명박이 결여한 정직성과 진정성의 이미지를 갖춘 '착한 이명박'인 셈이다."

-'나는 꼼수다'가 대박을 낸 이유는 뭘까.

"'나꼼수'는 정치를 엔터테인먼트화하는 대표적 프로그램이다. 셰익스피어의 <리어왕>에 등장하는 광대처럼 정치 옆에는 정치를 해부하며 비꼬는 '광대'가 있게 마련이다. 하지만 이런 전통이 부재한 한국에서는 광대 역할을 코미디가 제대로 하지 못했는데, 김어준식 풍자가 이를 수행하는 듯 보인다. 마치 리어왕이 미쳐가면 갈수록 광대의 비중이 커지는 것처럼 '나꼼수'의 인기 역시 '각하'의 꼼수가 강해질수록 커질 거라고 생각한다."

이윤주기자 misslee@hk.co.kr

■ 정말 안철수는 이명박이 결여한 정직성과 진정성의 이미지를 갖춘 '착한 이명박'인 것일까?

주장이다. 노무현과 열린우리당의 지지율이 한 자릿수로까지 떨어진 이유에 대한 인식과 분석이 결여해 있다. 그 이유가 탈정치화된 정치 때문이란 말인가? 우리 편이 하는 건 정치화된 정치고 반대편이 하는 건 탈정치화된 정치란 말인가?

김대중 · 노무현 정권이 진보 세력에게 "신자유주의"라고 맹렬한 비난을 받았던 걸 감안한다면 이명박과 김대중 · 노무현의 거리가 그렇게 먼 것 같지는 않다. 즉, 안철수를 '젊은 김대중'이나 '세련된 노무현'으로 부른다고 해도 그것이 '착한 이명박'보다 못할 게 없지 않겠느냐는 것이다. 문강형준의 이념적 틀로 보자면 야권 후보들 가운데 '착한 이명박'이 아닌 후보는 없다는 게 이런 비판의 한계라고 볼 수 있겠다.

《한겨레》 기자 이재훈의 비판도 마찬가지다. 이재훈은 안철수의 '멘토링'이 불평 말고 열심히 노력하라는 식의 자기 계발주의가 중심이라며 다음과 같이 주장한다.[2] "안철수의 '멘토링'에 열광하는 다수의 청춘들은 안철수식 성공 모델이라는 판타지를 아편 삼아 잠시나마 현실을 잊고 자신에게 고통을 주고 있는 사회구조의 문제를 망각하려 하고 있는 것일지도 모른다. 그러나 아편의 망각 뒤에는 금단 현상의 고통과 같은 정글의 생존 경쟁이 여전히 엄존하고 있다. 적어도 현재의 안철수식 해법은, '성공 모델 바라보기' 판타지라는 아편에 중독된 청춘을 구원해줄 백신이 될 수 없다."[3]

이재훈의 비판은 "그렇다면 청춘을 구원해줄 다른 해법이 있는가?"라

---

2. 기원전 8세기께 그리스 시인인 호메로스(Homeros)가 쓴 〈오디세이(Odyssey)〉를 보면 오디세우스(Odysseus)는 트로이전쟁에 출정하면서 집안일과 아들 텔레마코스(Telemachus)의 교육을 자신의 친구인 멘토르(Mentor)에게 맡겼다. 오디세우스가 전쟁에서 돌아오기까지 무려 10여 년 동안 멘토르는 텔레마코스의 친구, 선생, 상담자 때로는 아버지가 돼 그를 잘 돌봐줬다. 이후로 멘토르라는 그의 이름은 지혜와 신뢰로 한 사람의 인생을 이끌어주는 지도자를 뜻하는 말로 쓰였다. 멘토의 상대자를 멘티(mentee), 멘토리(mentoree) 또는 프로테제(protege)라 하며, 멘토가 멘티에게 주는 지도와 조언의 과정 · 내용 · 체계를 멘토링(mentoring)이라고 한다. Jordan Almond, *Dictionary of Word Origins: A History of the Words, Expressions, and Cliches We Use*(Secaucus, NJ: Citadel Press, 1997), p.165; 〈Mentor〉, Wikipedia; 〈멘토르〉, 네이버 지식사전.
3. 이재훈 외, 《안철수 밀어서 잠금 해제》(메디치, 2011), 121~122쪽.

는 물음에는 무력하다. 진보 정당의 집권만이 해법일 텐데, 세상을 앞서가면서 사는 것도 좋지만 안철수에 관한 논의의 장까지 그렇게 성급하게 대할 필요가 있을까? 게다가 이런 비판은 "해법이 옳건 그르건 해법을 모색하려고 열정을 보인 개인이나 집단은 있었던가?"라는 물음에는 더 무력해진다. 안철수식 해법이 '성공 모델 바라보기' 판타지라는 아편에 중독된 청춘을 구원해줄 백신이 될 수 없다면 안철수가 대통령 권력을 갖게 되면 달라질 수도 있다는 것일까? 그렇다면 그의 비전을 살펴보지 않을 수 없겠다.

## 안철수의 공정 국가모델

두말할 필요 없이 안철수는 시장주의자다. 그의 시장 모델은 '토지+자유 연구소' 소장인 남기업이 《공정 국가: 대한민국의 새로운 국가모델》에서 역설하는 '공정 국가모델'에 가깝다. 한국 사회문제의 근본 원인이 '시장 만능의 신자유주의'에 있다고 보는 사람들과 '자본과의 대결'에서 대안을 모색하는 사람들은 공정 국가모델에 코웃음을 치겠지만, 이들 역시 코웃음의 대상이 될 수 있다는 건 마찬가지다. 남기업은 "공정 국가는, 시장은 '근본적으로' 불안정하고 착취를 수반할 수밖에 없다는 생각에 동의하지 않는다"며 다음과 같이 말한다.

"시장이 주기적인 혼란에 빠지고 대다수 노동자들을 불안에 떨게 만드는 까닭은 잘못된 소유권 원리 위에서 시장이 운영되기 때문이다. 다시 말해 필자는 한국 사회가 이렇게 피폐하게 된 까닭이 시장이 과잉 적용되거나 '자본의 공세' 때문이 아니라, 시장의 원리가 제대로 구현되지 않았기 때문이라고 본다. 국가가 올바른 소유권 원리 위에서 제대로 된 원칙을 가지고 시장을 운영하게 되면 시장은 지금보다 훨씬 효율적이고 안정적일 수 있으며, 양질의 일자리 증가와 빈부격차 완화는 자연스럽게 뒤따라올 것이라고 생각한다."[4]

남기업은 진보 쪽 시각과 보수 쪽 시각 중에서 하나를 골라야 한다는 양자택일적 사고에 반대한다. 현재 한국 사회는 진보와 보수 쪽 관점이 모두 필요하다는 것이다. 그는 "지금 한국 사회는 더 걷어야 할 세금이 있고 덜 걷어야 할 세금이 있다. 복지를 축소해야 할 부분도 있고 강화해야 할 부분도 있다. 정부의 관리 · 감독을 확대 · 강화해야 할 부분이 있고 축소 · 약화해야 할 부분이 있다. 노동 쪽에도 문제가 있고 기업 쪽에도 문제가 있다. 기존의 진보가 추구하는 분배 · 형평성 · 안전성 · 연대도 중요하지만, 보수가 지향하는 성장 · 효율성 · 역동성 · 경쟁 등도 매우 중요한 가치다"며 다음과 같이 말한다.

"그렇다면 어떻게 해야 할까? 이런 대립은 어쩔 수 없으니 결국 하나를 '선택' 해야 한다고 할까? 필자는 선택이 아니라 '통합' 해야 한다고 본다. (중략) 새로운 모델은 진보와 보수를 떠나서 상식 있는 사람이라면 누구나 동의할 수 있는 가치에서 출발하는 것이 좋다. (중략) 그래서 이 책이 주목하는 가치는 바로 '공정성fairness' 이다. (중략) 이러한 가치를 구현하는 국가를 일컬어 '공정 국가fair state' 라고 명명하고자 한다. 다시 말해서 공정 국가는 국가

---

4. 남기업, 《공정 국가: 대한민국의 새로운 국가모델》(개마고원, 2010), 7~8쪽.

의 모든 영역에서 '페어플레이'가 가능하도록 만드는 국가모델이다."[5]

이에 대해서 "'페어'하기만 하면 모든 문제가 해결될 수 있겠느냐?", "한국 사회가 당면한 문제가 얼마나 복잡다단한데, 그렇게 단순한 원리 가지고 되겠느냐?", "너무 순진하고 안이한 발상이다"라고 고개를 저을 수도 있겠다. 남기업 스스로 예상한 반론들이다. 그가 그런 반론들을 생각하지 않고 쓴 책은 아니니 자세한 이야기는 이 책을 직접 읽어보는 게 좋겠다. 안철수가 그동안 역설해온 주장들과 비슷한 게 많다는 점에 놀랄지도 모르겠다.

내가 여기서 말하고자 하는 것은 경제학을 잘 모르는 사람이 보기에도 여야가 벌이는 각종 경제·복지 관련 논쟁은 그 수준이 너무도 저급해 곱게 봐주기가 어렵다는 점이다. '통합'을 해야 할 것을 '선택'을 하기 때문에 일어나는 싸움이다. 사실상 싸움을 하는 자들의 밥그릇 싸움이다. 덩달아 어느 한편에 가세해 비분강개하는 보통 사람들은 감정 과잉 때문에 그런 싸움의 한심한 수준을 애써 보지 않으려고 한다.

## 안철수 현상의 뿌리는 경제 민주화

안철수 현상은 정치·경제·사회·문화 등 여러 관점에서 이해할 수 있지만, 경제적 관점으로 보자면 그 핵심은 '경제 민주화'라고 할 수 있다. 이를

5. 남기업, 《공정 국가: 대한민국의 새로운 국가모델》(개마고원, 2010), 19~20쪽.

가장 먼저 꿰뚫어 본 이는 2011년 9월 14일자 《한겨레》에 〈안철수 현상의 뿌리는 경제 민주화〉라는 칼럼을 쓴 논설위원 정영무다. 그동안 안철수 현상을 다룬 수많은 글이 나왔지만, 이 칼럼은 초기에 그 정체를 간파한 탁월한 분석으로 봐도 무방할 듯하다.

정영무는 "안철수는 시장에서 자유경쟁이 가장 바람직하다고 여긴다. 동시에 공정한 경쟁이 이뤄져야 한다고 믿는다. 우리나라는 기득권이 과보호되고 룰이 무시되는 게 큰 문제라고 한다. 그는 우리 기업 구조를 곧잘 삼성동물원, 엘지동물원, 에스케이동물원에 비유한다. 대기업과 거래하는 중

아침 햇발

정영무 논설위원

## 안철수 현상의 뿌리는 경제민주화

안철수 현상의 실체는 무엇인가, 내년 대선에 과연 출마할 것인가?

명절 이후 높아질 것으로 예고된 경제고통지수가 안철수를 추석 상머리의 화제에 올렸다. 대선 얘기에 본인은 손사래 쳤지만 짐작은 간다. 그는 일을 선택할 때 의미, 열정과 함께 다른 사람들에게 혜택을 줄 수 있는지를 기준 삼고, 현 집권세력이 정치적 확장성을 갖는 데 반대한다고 밝혔다.

안철수 현상에 대해선 해석이 다양하다. 삶의 이력이 말해주듯 신실하고 헌신적인 모습을 많은 이들이 평가한다. 다만 정치권에 폭탄 투하하듯 큰 충격을 준 것은 분명하지만 정치적 실체에 대한 평가는 갈리거나 유보적이다. 반짝 거품이니 정치 쇼라는 가벼운 언사는 논외로 하더라도 인물과 정당, 신념과 현실 사이엔 간극이 존재하기 때문이다. 하지만 권력정치의 프레임으로 들여다보려는 시도는 한계가 있다. 미국의 티파티처럼 강력한 소셜네트워크가 뒷받침하고 있을 뿐 아니라, 그의 말대로 리더십은 대중이 리더에게 주는 것일 수도 있기 때문이다.

성공한 경영자라고 해서, 언행일치의 좋은 덕성을 가졌다고 해서 정치적 지지로 직결되란 법은 없다. 안철수가 시대의 아이콘으로 떠오른 것은 그가 누구보다도 경제민주화의 열망을 체화하고 있기 때문으로 보인다. 의사 출신 경영자로서 그는 산업 생태계의 공생과 공멸에 대해 엄정한 진단과 처방을 내리고 있다. 이는 곧 우리 사회의 미래뿐 아니라 개개인의 삶과도 직결되는 절박한 문제다. 거기에 안철수의 융합적 실행력과 확장성에 대한 믿음이 정치적 지지로 이어진 바탕으로 보인다.

그가 정치를 할건가 하는 것보다 그를 통해 확인된 경제민주화에 대한 열망에 주목해야 한다

안철수는 시장에서 자유경쟁이 가장 바람직하다고 여긴다. 동시에 공정한 경쟁이 이뤄져야 한다고 믿는다. 우리나라는 기득권이 과보호되고 룰이 무시되는 게 큰 문제라고 한다. 그는 우리 기업구조를 곧잘 삼성동물원, 엘지동물원, 에스케이동물원에 비유한다. 대기업과 거래하는 중소기업은 불공정 계약을 감수할 수밖에 없고, 결국 몸담았던 동물원에서 죽어나가는 구조라는 것이다. 대기업의 약탈적 행위를 막아 중소기업·벤처기업이 공존하는 생태계를 가꿔야 미래가 있다는 게 그의 핵심 메시지다. 불공정 행위와 화이트칼라 범죄에 대해서는 징벌적 배상제도를 도입하자고 한다.

일자리도 사업기회도 빼곡해진 현실에서 안철수의 진단은 그 어떤 정치인이나 학자보다도 호소력이 있다. 대기업의 경쟁력도 중요하지만 정부 정책이 대기업 위주로 흐르면 중견·중소기업이 고사해 대기업 리스크가 되레 짐이 된다. 승자가 독식하고 재기의 기회가 주어지지 않는 사회는 활력을 가질 수 없다. 그러한 위기감에 공감하고 대안을 찾아야 한다고 정부 위원회 등에서 지속적으로 요구했으나 반영되지 않았다. 이것이 그를 정치 영역으로 내몬 요인이다.

기회의 균등, 분배의 균등, 참여의 균등이라는 경제민주화의 세 차원에서 안철수는 첫 번째인 기회의 균등에 방점을 찍고 있다. 분배의 균등과 참여의 균등은 기업경영에서 실천하고 있다. 누구나 구애받지 않고 시장에 참여해 자유롭게 경쟁하는 것은 시장경제의 출발점이자 효율성을 위한 전제조건이다. 그런데 기회의 균등은 분배의 균등이 뒷받침될 때 실질적으로 이뤄질 수 있다.

경제민주화는 복지와 혁신적이고 지속가능한 산업 생태계라는 두 축이 필요조건이다. 우리 경제는 양적 성장 단계는 이미 지났다. 혁신과 효율을 위해서도 경제민주화가 필요하다. '747 공약'의 경험에서 나온 상식이다. 안철수가 정치를 할 건가 하는 것보다 그를 통해 확인된 경제민주화에 대한 열망이 주목해야 할 핵심이다.

young@hani.co.kr

■《한겨레》 논설위원 정영무는 안철수 현상으로 확인된 경제 민주화에 대한 열망이 핵심이라는 사실을 꿰뚫어 봤다.

소기업은 불공정 계약을 감수할 수밖에 없고, 결국 몸담았던 동물원에서 죽어 나가는 구조라는 것이다. 대기업의 약탈적 행위를 막아 중소기업·벤처기업이 공존하는 생태계를 가꿔야 미래가 있다는 게 그의 핵심 메시지다"며 다음과 같이 말한다.

"불공정 행위와 화이트칼라 범죄에 대해서는 징벌적 배상 제도를 도입하자고 한다. 일자리도 사업 기회도 빼곡해진 현실에서 안철수의 진단은 그 어떤 정치인이나 학자보다도 호소력이 있다. 대기업의 경쟁력도 중요하지만 정부 정책이 대기업 위주로 흐르면 중견·중소기업이 고사해 대기업 리스크가 되레 짐이 된다. 승자가 독식하고 재기의 기회가 주어지지 않는 사회는 활력을 가질 수 없다. 그러한 위기감에 공감하고 대안을 찾아야 한다고 정부 위원회 등에서 꾸준히 요구했으나 반영되지 않았다. 이것이 그를 정치 영역으로 내몬 요인이다."

이어 정영무는 "기회의 균등, 분배의 균등, 참여의 균등이라는 경제 민주화의 세 차원에서 안철수는 첫째인 기회의 균등에 방점을 찍고 있다. 분배의 균등과 참여의 균등은 기업 경영에서 실천하고 있다. 누구나 구애받지 않고 시장에 참여해 자유롭게 경쟁하는 것은 시장경제의 출발점이자 효율성을 위한 전제 조건이다"며 다음과 같이 말한다.

"그런데 기회의 균등은 분배의 균등이 뒷받침될 때 실질적으로 이뤄질 수 있다. 경제 민주화는 복지와 혁신적이고 지속 가능한 산업 생태계라는 두 축이 필요조건이다. 우리 경제는 양적 성장 단계는 이미 지났다. 혁신과 효율을 위해서도 경제 민주화가 필요하다. '747 공약'의 경험에서 나온 상식이다. 안철수가 정치를 할 건가 하는 것보다 그를 통해 확인된 경제 민주화에 대한 열망이 주목해야 할 핵심이다."[6]

사실 안철수는 오래전부터 정의·공정·공생을 강조해왔다. 특히 그는 때로는 혈압을 높여가면서까지 대기업과 중소기업의 관계에서 일어나는 대기업의 횡포를 비판하는 동시에 대기업과 중소기업 사이에서 공정과 공생이 이루어져야 한다고 역설해왔다. 이는 삼성과 손을 잡았던 노무현 정권과는 확연히 다른 안철수표 경제 노선이라고 할 수 있다.

경제 민주화가 시대적 대세요, 당위라고 하는 건 박근혜도 잘 알고 있는 사실이다. 박근혜의 핵심 참모는 "박근혜 전 비상대책위원장이 지난 4년 동안 대기업 행사에 참석하거나 대기업 관계자들을 만난 적이 없는 걸로 안다"며 "박 전 위원장이 주로 관심을 보여온 대상은 중소기업, 소상공인, 서민과 같은 경제적 약자로, 이것은 '중도층 공략' 이라는 대선 전략과 연결돼 있다"라고 했다.[7]

경제 민주화에 관한 한 평소 실력으로 보아 안철수가 박근혜보다는 유리한 위치에 있다고 볼 수 있겠지만, 우리가 주목해야 할 것은 '안철수 이용법' 이다. 정영무가 잘 지적한 것처럼 "안철수가 정치를 할 건가 하는 것보다 그를 통해 확인된 경제 민주화에 대한 열망이 주목해야 할 핵심" 이란 뜻이다.

그런데 궁금한 게 하나 있다. 그동안 여러 정치인들이 사실상 경제 민주화에 대해 많은 말을 해왔는데, 왜 하필 그 열망이 안철수를 통해 표출되고 확인된 것일까? 물론 우리는 그 답을 모르진 않지만, 우리가 고민해야 할 지점

6. 정영무, 〈안철수 현상의 뿌리는 경제 민주화〉, 《한겨레》, 2011년 9월 14일.
7. 김시현, 〈박근혜, 4년 동안 대기업 한 번도 안 만났다〉, 《조선일보》, 2012년 5월 28일.

은 잠재돼 있는 대중의 열망을 어떤 식으로 조직화해 정치적 힘으로 만들 것인가 하는 문제일 것이다. 이런 문제의식으로 이 문제를 본다면 안철수 현상은 그 자체로서 매우 좋은, 살아 있는 정치학 교재일 수 있다. 그럼에도 많은 정치 전문가들이 안철수에게 "빨리 결정을 내리라"고 촉구하거나 비판하는 것만으로 안철수 현상에 대처하고 있으니, 참으로 딱한 일이 아닐 수 없다.

## 안철수는 '남자 박근혜'인가

2012년 5월 14일 서울대 사회학과 교수 장덕진은 《한겨레》에 기고한 〈안철수, 그 허락된 욕망〉이라는 칼럼에서 '안철수 대통령'이 탄생한다 해도 달라질 게 없다고 단언한다. 그는 '허락된 욕망'이라는 말로 사실상 '착한 이명박' 논지를 전개한다. 아니, '남자 박근혜'라는 표현이 더 적합할 것 같다. 문강형준의 비판과 더불어 진보 근본주의적 시각의 비판이라고 할 수 있다. 장덕진의 주장은 안철수를 넘어서 개혁을 논할 때 매우 중요한 이야기인지라 길게 소개할 필요가 있다.

야권의 여러 대선 주자 중에서 다른 '아무개 현상'은 나타나지 않는데, 왜 유독 안철수 현상만 나타나는 걸까? 이런 질문을 던진 장덕진은 "여론조사 자료를 분석하면서 내가 찾아낸 대답은 딱 하나다. 지지자들에게 안철수 교수는 '허락된 욕망'이기 때문이다"고 말한다.

장덕진은 야권 후보들을 박근혜와 가상 대결을 붙여보면 안철수를 제외한 다른 후보들은 패배하는 것으로 나타난다고 분석했다. 오직 상대가 안

**세상** 읽기

장덕진
서울대 사회학과 교수

## 안철수, 그 허락된 욕망

물질적 성공 모두 이룬 안철수
'착한' 이미지로 박근혜 위협
지지층 특성 같은데 누가 된들…

야권의 여러 대선 주자 중에서 다른 아무개 현상은 나타나지 않는데, 왜 유독 안철수 현상만 나타나는 걸까? 여론조사 자료를 분석하면서 내가 찾아낸 대답은 딱 하나이다. 지지자들에게 안철수 교수는 '허락된 욕망'이기 때문이다.

새누리당 박근혜 비상대책위원장과의 가상 대결에 여러 야권 후보들을 대입해보면 안 교수를 제외한 다른 후보들은 패배하는 것으로 나타난다. 오직 상대가 안 교수일 때에만 박 위원장 지지자들 중에서 절반 정도가 빠져나와서 야권 후보를 지지한다. 다른 말로 박근혜 지지자와 안철수 지지자는 절반 이상 같은 사람들이라는 것이다. 이 분석 결과를 주변에 얘기하면 대부분 처음에는 깜짝 놀란다. 정말이야? 박근혜 지지자랑 안철수 지지자가 같은 사람이라고? 놀랄 것 없다. 생각해보면 당연하지 않은가. 선거에서 이기려면 상대 후보 지지자들 중 상당수를 빼와서 나를 지지하도록 만들어야 한다. 그러니 겹치는 게 당연하다.

그러면 도대체 다른 후보라면 절대 지지하지 않지만 안철수라면 지지하겠다는 사람들은 어떤 사람들일까? 한 가지 압도적으로 나타나는 특징은 안 교수 지지자들의 가치관이 강한 물질주의를 보이며, 이것은 박근혜 지지자들의 가치관과 거의 일치한다는 점이다. 다른 모든 야권 후보 지지자들의 가치관은 탈물질적이다. 간단히 말하면 물질주의란 안보나 경제성장을 우선시하는 가치관이고, 탈물질주의란 인권, 민주주의, 언론자유, 환경 등을 중시하는 가치관이다.

문제는 물질주의의 핵심 내용인 안보와 성장이 그 자체로서는 대단히 중요한 것임에도 불구하고 오랜 기간 보수 정치세력의 도구로 악용되면서 인권을 억압하고 민주주의를 후퇴시키고 환경을 파괴하는 핑계로 기능해왔다는 점이다. 그에 대한 반작용으로 탈물질주의는 더 많은 민주주의를 원하는 이들에게서 나타나는 지배적인 가치관으로 자리잡아왔다. 그렇다면 박근혜 대 안철수라는 대결 구도는 어떤 의미에서는 진정한 대결이 아닌 것이 된다. 보수의 가치관인 물질주의의 틀 안에서 고르라는 주문이기 때문이다.

이렇게 본다면 안철수 현상을 이해할 수 있는 실마리가 풀린다. 물질주의는 욕망의 가치관이다. 욕망을 잠시라도 미루기 싫은 사람들은 자신들의 욕망을 계속해서 추구하게 해줄 것 같은 박근혜를 선택한다. 이명박 정부 내내 인권과 민주주의와 언론자유와 환경이 위협받고 있을 때 철저히 침묵하거나 혹은 방조했다는 점이 좀 켕기기는 하지만, 나의 욕망 추구를 방해할 것 같은 다른 후보보다는 낫다. 그런데 안철수 교수가 등장했다. 그는 의사이자 성공한 기업인이자 대학교수이고 부자이다. 이 네 가지는 물질주의적 지지자들을 안심시키는 시그널이다. 한국 사회가 가진 욕망의 정점을 모두 이룬 그가 자신들의 욕망 추구를 방해하지 않을 것이라는 안심이다. 청춘콘서트로 청년들을 위로하고 거액의 기부를 한 그는 심지어 착하기조차 하다. 이것은 물질주의적 지지자들에게 정당성을 부여한다. 박근혜를 선택했을 때의 켕김이 안철수를 선택했을 때는 없기 때문이다. 그런 의미에서 안철수는 허락된 욕망이다.

공동정부 구상이 현실이 된다면 내년에는 아마도 박근혜 대통령의 세상 아니면 안철수 대통령의 세상에 살게 될 모양이다. 두 개의 세상은 얼마나 서로 닮아 있고 얼마나 서로 다를까. 적어도 지지자들의 특성이라는 정치의 수요 측면에서 본다면, 두 개의 세상은 별로 다르지 않을 것이다. 두 개의 세상이 달라지려면 정치의 공급 측면, 즉 후보의 철학과 정책이 달라야 하지만 그는 한사코 입을 열지 않고 있다. 내년 이맘때 둘 중 어느 세상에 살고 있을까. 나는 별로 궁금하지 않다.

■ 안철수가 '착한 이명박'이라는 비판은 '남자 박근혜'라는 비판으로 이어졌다. 이 둘은 진보 근본주의적 비판이라고 할 수 있다.

철수일 때에만 박근혜 지지자들 중에서 절반 정도가 빠져나와서 야권 후보를 지지한다는 것이다.

"다른 말로 박근혜 지지자와 안철수 지지자는 절반 이상이 같은 사람들이라는 것이다. 이 분석 결과를 주변에 얘기하면 대부분 처음에는 깜짝 놀란다. 정말이야? 박근혜 지지자랑 안철수 지지자가 같은 사람이라고? 놀랄 것 없다. 생각해보면 당연하지 않은가? 선거에서 이기려면 상대 후보 지지자들 중 상당수를 빼와서 나를 지지하도록 만들어야 한다. 그러니 겹치는 게 당연하다."

또 장덕진은 "그러면 도대체 다른 후보라면 절대 지지하지 않지만 안철수라면 지지하겠다는 사람들은 어떤 사람들일까? 한 가지 압도적으로 나타나는 특징은 안 교수 지지자들의 가치관이 강한 물질주의를 보이며, 이것은 박근혜 지지자들의 가치관과 거의 일치한다는 점이다. 다른 모든 야권 후보 지지자들의 가치관은 탈물질적이다. 간단히 말하면 물질주의란 안보나 경제 성장을 우선시하는 가치관이고, 탈물질주의란 인권, 민주주의, 언론 자유, 환경 등을 중시하는 가치관이다"며 다음과 같이 말한다.

"문제는 물질주의의 핵심 내용인 안보와 성장이 그 자체로서는 대단히 중요한 것임에도 불구하고 오랜 기간 보수 정치 세력의 도구로 악용되면서 인권을 억압하고 민주주의를 후퇴시키고 환경을 파괴하는 핑계로 기능해왔다는 점이다. 그에 대한 반작용으로 탈물질주의는 더 많은 민주주의를 원하는 이들에게서 나타나는 지배적인 가치관으로 자리 잡아왔다. 그렇다면 박근혜 대 안철수라는 대결 구도는 어떤 의미에서는 진정한 대결이 아닌 것이 된다. 보수의 가치관인 물질주의의 틀 안에서 고르라는 주문이기 때문이다."

이어 장덕진은 "이렇게 본다면 안철수 현상을 이해할 수 있는 실마리가 풀린다. 물질주의는 욕망의 가치관이다. 욕망을 잠시라도 미루기 싫은 사람들은 자신들의 욕망을 계속해서 추구하게 해줄 것 같은 박근혜를 선택한다. 이명박 정부 내내 인권과 민주주의와 언론 자유와 환경이 위협받고 있을 때 철저히 침묵하거나 혹은 방조했다는 점이 좀 켕기기는 하지만, 나의 욕망 추구를 방해할 것 같은 다른 후보보다는 낫다. 그런데 안철수 교수가 등장했다. 그는 의사이자 성공한 기업인이자 대학교수고 부자다. 이 네 가지는 물질주의적 지지자들을 안심시키는 시그널이다. 한국 사회가 가진 욕망의 정점을 모두 이룬 그가 자신들의 욕망 추구를 방해하지 않을 것이라는 안심이다"며 다음과 같이 말한다.

"청춘콘서트로 청년들을 위로하고 거액을 기부한 그는 심지어 착하기조차 하다. 이것은 물질주의적 지지자들에게 정당성을 부여한다. 박근혜를 선택했을 때의 켕김이 안철수를 선택했을 때는 없기 때문이다. 그런 의미에서 안철수는 허락된 욕망이다. 공동 정부 구상이 현실이 된다면 내년에는 아마도 박근혜 대통령의 세상 아니면 안철수 대통령의 세상에 살게 될 모양이다. 두 개의 세상은 얼마나 서로 닮아 있고 얼마나 서로 다를까? 적어도 지지자들의 특성이라는 정치의 수요 측면에서 본다면 두 개의 세상은 별로 다르지 않을 것이다. 두 개의 세상이 달라지려면 정치의 공급 측면, 즉 후보의 철학과 정책이 달라야 하지만, 그는 한사코 입을 열지 않고 있다. 내년 이맘때 둘 중 어느 세상에 살고 있을까? 나는 별로 궁금하지 않다."[8]

## 박근혜 지지자와 안철수 지지자의 중복률

이런 분석 결과를 듣고 장덕진 주변의 사람들이 깜짝 놀라는 게 이해가 된다. 정말 놀랄 만한 이야기가 아닌가? 그런데 놀라기에 앞서 의아하게 생각되는 점들이 있다. 세 가지만 지적해보자.

첫째, 장덕진은 박근혜 지지자와 안철수 지지자는 절반 이상 같은 사람

8. 장덕진, 〈안철수, 그 허락된 욕망〉, 《한겨레》, 2012년 5월 14일.

들이라고 했는데, 과연 그럴까? 한 번 조사한 것만으로 단언하긴 어려운 문제가 아닐까? 여론조사마다 수치가 크게 다르다는 점을 감안해야 하지 않을까?

2012년 5월 26일과 27일에 미디어리서치가 조사한 결과를 보면 박근혜·문재인 양자 대결에서는 안철수 지지자의 67퍼센트만 문재인 지지로 옮아갔고 25.5퍼센트는 박근혜에게 이동했다. 반대로 박근혜와 안철수가 맞붙었을 때는 문재인 지지자의 대부분인 85.5퍼센트가 안철수 지지로 이동했다. 박근혜로 이동한 문재인 지지자는 9.7퍼센트였다.[9]

2012년 6월 29일과 30일에 《한겨레》와 한국사회여론연구소KSOI가 함께 조사한 결과에서는 박근혜와 안철수의 양자 대결에선 안철수를 지지하는 44.0퍼센트 가운데 82.5퍼센트는 안철수가 민주당에 입당하더라도 계속 지지하겠다는 의사를 밝혔다. 민주당에 입당하면 지지하지 않겠다는 응답자는 13.3퍼센트에 그쳤다.[10]

박근혜 지지자와 안철수 지지자는 절반 이상 같은 사람들이라고 보기 어려운 결과가 아닌가? 상식적으로 보더라도 박근혜 지지자와 안철수 지지자의 중복률은 절반 이상이라기보다는 20에서 30퍼센트 정도로 보는 게 더 옳지 않을까 싶다.

둘째, 장덕진은 지지자들의 특성이라는 정치의 수요 측면을 매우 중요하게 생각하는 것 같은데, 소득이 낮을수록 보수정당 지지도가 높게 나타나

---

9. 황대진·선정민, 〈박근혜 현 지지율 최대치는 53퍼센트… 40대가 변수… 야권, 안철수로 단일화 안 되면 시너지 효과 적어〉, 《조선일보》, 2012년 6월 2일.
10. 성한용, 〈안철수 지지자 82.5퍼센트 "민주당 입당해도 지지"〉, 《한겨레》, 2012년 7월 2일.

는 현실은 어떻게 봐야 할까?[11] 그런 현실에 주목한다면 안철수는 야권이 차지해야 하지만, 신뢰 등과 같은 비경제적인 이유 때문에 박근혜에게 간 표를 되찾아온 공신으로 볼 수 있는 게 아닐까? 따라서 박근혜와 안철수 중 누가 대통령에 당선되건 별로 궁금하지 않다는 건 너무 성급한 게 아닐까?

셋째, 장덕진이 유권자들의 가치관을 물질주의와 탈물질주의로 나눈 것에도 함정이 있는 듯하다. 소득이 낮을수록 물질에 강한 집착을 보이는 반면, 이미 물질이 충족된 사람들은 "인권, 민주주의, 언론 자유, 환경 등을 중시하는 가치관"에 관심이 있는 여유를 보일 수 있기 때문이다. 강남 좌파층이 두터워지는 이유기도 하다. 역설 같지만, 날이 갈수록 경제적 양극화가 심화돼가고 있는 가운데 실업과 비정규직으로 고통받는 사람들에겐 물질주의야말로 참된 진보적 가치가 아닐까?

## 있는 그대로의 세상과 우리가 원하는 세상

장덕진의 〈안철수, 그 허락된 욕망〉이라는 칼럼을 읽으면서 내내 떠오른 인물이 하나 있었으니, 그는 앞서 언급한 바 있는 알린스키다. 알린스키는 1969년에 쓴 《급진주의자를 위한 기상나팔》 보론에서 "있는 그대로의 세상과 우

11. 이에 대해 젊은층에 견줘 노년층의 빈곤율이 높은 '세대별 양극화 차이'가 부른 착시 현상이라는 반론도 있지만, 이는 반론이라기보다는 보완적인 주장이라고 보는 게 옳을 것 같다. 허신열, 〈'빈곤층=보수적' 주장은 착시현상〉, 《내일신문》, 2012년 6월 12일.

리가 원하는 세상 사이엔 큰 차이가 있다"며 다음과 같이 말했다.

"있는 그대로의 세상에서 사람은 주로 이기심 때문에 행동한다. 있는 그대로의 세상에서 옳은 일은 나쁜 이유 때문에 행해지며, 나쁜 일은 좋은 이유 때문에 행해진다. (중략) 있는 그대로의 세상에서 '타협'은 추한 단어가 아니라 고상한 단어다. (중략) 있는 그대로의 세상에서 이른바 도덕성은 대부분 특정 시점의 권력관계에서 자신이 점하고 있는 위치의 합리화에 지나지 않는다."[12]

"원하는 세상이 아니라 있는 그대로의 세상을 봐야 한다"는 말은 '알린스키의 법칙'이라고 해도 좋을 정도로 이후 수많은 사람들의 입에 오르내리게 된다. 알린스키는 1960년대 미국 운동권 학생들의 영웅이었다. 수많은 운동권 학생들이 그를 찾아와 그의 말을 경청했다. 그러나 그는 몇몇 학생 행동주의자들, 특히 신좌파New Left 지도자들과는 관계가 불편했다. 신좌파가 혁명 의욕에 너무 충만한 나머지 있는 그대로의 세상이 아니라 자기들이 원하는 세상 중심으로 운동을 전개한다고 보았기 때문이다.

1964년 여름 알린스키의 친구인 랠프 헬스타인Ralph Helstein은 알린스키와 신좌파 학생 지도자들의 회합을 주선했다. 신좌파의 최대 학생 조직인 민주사회를 위한 학생회SDS, Students for a Democratic Society를 이끌고 있던 톰 헤이든Tom Hayden, 토드 기틀린Todd Gitlin, 리 웨브Lee Webb 세 사람이 알린스키를 만나러 왔다. 알린스키는 세 젊은이의 생각이 너무도 순진해 그들의 운동은 실

12. Saul D. Alinsky, Afterword to the Vintage Edition, *Reveille for Radicals*(New York: Vintage Books, 1946/1989), pp.224~225.

패하게 돼 있다고 일축하는 등 쌀쌀한 반응을 보였다.

세 사람은 당시 SDS의 핵심 개념인 참여 민주주의participatory democracy 원칙에 따라 빈민가에 들어가 생활하고 있었다. 그들의 전략은 옛날의 '타운미팅 민주주의town-meeting democracy'와 유사했다. 모두가 똑같은 발언권을 갖고 의견의 합치를 중요하게 여기고 리더십과 위계엔 반대하는 방식이었다.

반면 알린스키는 '조직들의 조직organization of organizations', '강한 리더십strong leadership', '구조structure', '집권화된 의사 결정centralized decision-making'의 중요성을 역설했다. 그는 세 학생 지도자들이 가난한 사람들을 낭만화하면서 자신들을 그들과 동일시하는 것에 대해 짜증을 냈다. 지역 주민들을 존경해야 한다는 것이 곧 낭만화를 의미하는 건 아니며, 효과적인 조직화는 세상을 있는 그대로 보는 기반 위에서 출발해야 한다는 것이 그의 논지였다.

이들이 알린스키의 운동 방식이야말로 퇴폐적이고 타락하고 물질주의적인 부르주아 가치를 전복하는 것은 물론 자본주의를 타도하는 것과 거리가 멀지 않느냐고 이의를 제기하자, 알린스키는 이렇게 쏘아붙였다. "그 가난한 사람들이 원하는 게 '퇴폐적이고 타락하고 물질주의적인 부르주아 가치'의 향유에 동참하는 것이라는 걸 모르는가?"[13]

알린스키는 이후에도 학생 행동주의자들에 대해 비판적이었다. 그들의 진정성마저 의심했다. 물론 세상을 있는 그대로 보지 않는다는 이유 때문이

13. Sanford D. Horwitt, *Let Them Call Me Rebel: Saul Alinsky—His Life and Legacy*(New York: Vintage Books, 1989/1992), pp.524~526; Saul D. Alinsky, Afterword to the Vintage Edition, *Reveille for Radicals*(New York: Vintage Books, 1946/1989), p.229.

었다. "그들은 사회를 바꾸는 데 관심이 없다. 아직은 아니다. 그들은 그들 자신의 일, 자신을 발견하는 것에만 관심을 두고 있다. 그들이 원하는 것은 계시revelation일 뿐 혁명revolution이 아니다."[14]

## 정말 변화를 원하는가

왜 장덕진의 칼럼을 읽으면서 알린스키를 떠올렸을까? 한국의 진보주의자들이 사랑하고 아끼는 서민의 절대 다수가 원하는 것은 "인권, 민주주의, 언론 자유, 환경 등을 중시하는 가치관"이 아니라 "퇴폐적이고 타락하고 물질주의적인 부르주아 가치"의 향유에 동참하는 것이라고 믿기 때문이다.

물론 나는 그들이 그런 부르주아 가치의 향유에 동참할 수 있게끔 진보정치의 노선이나 프로그램을 바꿔야 한다고 주장하려는 게 아니다. 일단 있는 그대로 세상을 인정하고 이해하는 기반 위에서 무슨 프로그램을 세워도 세워야 할 게 아니겠느냐는 말을 하고 싶은 것이다. 정말 변화를 원한다면 말이다. 세상을 있는 그대로 인정한다는 것은 박근혜 지지자와 안철수 지지자의 상당 부분이 같은 사람이라는 이유만으로 박근혜가 대통령이 되건 안철수가 대통령이 되건 별로 궁금하지 않다는 '근본주의적' 자세를 고집하지 않

---

14. Sanford D. Horwitt, *Let Them Call Me Rebel: Saul Alinsky—His Life and Legacy*(New York: Vintage Books, 1989/1992), pp.524~526; Saul D. Alinsky, Afterword to the Vintage Edition, *Reveille for Radicals*(New York: Vintage Books, 1946/1989), p.528.

는 것임은 두말할 나위가 없다.

"인권, 민주주의, 언론 자유, 환경 등을 중시하는 가치관"은 물질 위에 설 수 있는 것이지, 물질과 무관하게 생겨날 수 있는 게 아니다. 내친 김에 한 걸음 더 나아가자면 물질과 더불어 경쟁에 대해서도 좀 더 현실적으로 접근해야 한다고 생각한다.

각자 나름대로 한국 진보 진영의 대표 논객 열 명을 뽑아 그들이 경쟁에 대해 뭐라고 말했는지 확인해보자. 내가 나름대로 분석해보면 경쟁에 대한 부정과 비판을 넘어서 저주 일변도다. 물론 아름답긴 하다. 그런데 영 불편하다. 그들 역시 경쟁을 통해 그 자리에 오른 게 아닌가? 국가와 민족을 타도해야 할 개념으로 생각한다면 할 수 없지만, 오늘날 한국이 이만큼이라도 발전한 것도 역시 경쟁의 덕을 본 게 아닌가? 보수적인 세상을 넘어서 진보적인 세상을 만들려는 시도 또한 경쟁을 통해서 할 수밖에 없는 일이 아닌가?

그런데 왜 경쟁을 저주하는 걸까? 물론 신자유주의적 경쟁을 저주하는 것이겠지만, 경쟁이라는 단어까지 쓰레기통에 내버리면 도대체 무엇으로 자신들의 꿈을 이루겠다는 것일까? 경쟁을 보수에 헌납한 사람들에게 유권자들이 무슨 믿음으로 표를 줄 수 있을까?

대기업의 중소기업 착취가 진정한 경쟁인가? 학벌 간판을 놓고 싸우는 입시 전쟁이 진정한 경쟁인가? 정글의 법칙을 따르는 약육강식이 진정한 경쟁이란 말인가? 진보는 경쟁을 부정할 게 아니라 오히려 진정한 경쟁을 해보자며 경쟁을 선점해야 하는 게 아닐까? 진보가 기존의 경쟁관을 바꾸지 않으면 한국 사회를 약육강식형 경쟁관으로 무장한 사람들의 손아귀에 넘겨주는 비극은 앞으로도 계속될 것이다.

안철수는 '착한 이명박' 이거나 '남자 박근혜' 인가? 우문愚問이다. 안철수는 이명박이나 박근혜와 닮은 점도 있고 닮지 않은 점도 있을 것이다. 중요한 건 자기 계발이나 물질에 대한 욕망이라는 추상적인 한두 가지 메뉴로 안철수를 무엇이라고 규정해버리는 건 성급할 뿐만 아니라 위험하다는 것이다. 국민 화합 또는 정치적 양극화의 해소를 원한다면 박근혜 지지자와 안철수 지지자의 상당 부분이 겹치는 것이야말로 반겨 마지않을 안철수의 힘이 아니고 무엇이랴.

## 제5장

# 안철수의 킹메이커는 누구인가

●

## 이원복의 안철수 비판

## 킹메이커들이 좌지우지하는 세상?

2012년 6월 24일 교양 만화 《먼나라 이웃나라》 저자로 유명한 덕성여대 석좌 교수 이원복은 JTBC 아침 시사 토크쇼 〈신예리&강찬호의 직격 토크 나는 누구냐〉에 출연해 안철수가 대통령감이냐는 질문에 "만일 안 교수가 대통령이 된다면 굉장히 걱정스럽다"며 "당선된 순간 식물로 전락할 가능성이 크다"라고 우려감을 드러냈다. 그는 "(안철수 원장이 당선된다면) 시스템 없이 누군가에 업혀서 되는 꼴"이라며 "(그렇다면) 킹메이커kingmaker들이 좌지우지하는 세상이 될 것"이라고 주장했다.[1]

《먼나라 이웃나라》는 1500만 부가 팔린 '초대박'을 기록했는데, 그런 내공 때문일까? 이원복의 대중적 감각이 놀랍다. 나 역시 사석에서 "킹메이커들이 좌지우지하는 세상이 될 것"이라는 비슷한 우려를 꽤 들었기 때문이다. 어느 보수 네티즌은 이런 주장을 펴기도 했다. "똥파리 꼬이듯 안철수 곁

1. 서환한, 〈유명 만화가 교수 '폭탄 발언' "안철수 대통령 되면…": 이원복 덕성여대 교수, 안철수에 쓴소리… 대통령 되면 식물로 전락〉, 《매일경제》, 2012년 6월 25일.

으로 모인 야당 떨거지들. 안철수 이용해서 그를 대통령 만든 다음에 자기들 마음대로 정권 쥐어 잡으려는 속셈."[2]

이들의 지극한 애국심엔 경의를 표하고 싶지만, 그러나 이런 우려는 번지수를 전혀 잘못 짚은 것이다. 왜 그런가? 안철수 대통령이 탄생한다면 킹메이커는 안철수의 주력 지지 세력인 2040세대이기 때문이다. 이원복의 주장은 대선 게임이 이미 달라진 문법 속에서 움직인다는 걸 모르는 구시대적 발상일 수 있다. 그런 시각으론 안철수 현상을 이해할 수 없다.

2012년 4월 13일 전문 여론조사 기관인 리얼미터가 2012년 4월 셋째 주 주간 정례 조사를 발표했다. 이날 발표된 대선 양자 구도 지지율 조사에서 박근혜가 안철수를 계속 앞서기는 했다. 그러나 2040세대에서는 박근혜가 여전히 안철수에 크게 열세인 것으로 나타났다. 전체 지지율에서 박근혜는 49.2퍼센트로 45.0퍼센트를 기록한 안철수를 4.2퍼센트포인트 앞서는 것으로 나타났으나, 20대에서는 30.2퍼센트에 그쳐 62.6퍼센트를 기록한 안철수의 절반에도 미치지 못했다. 30대에서도 박근혜는 34.4퍼센트로 59.9퍼센트인 안철수에 크게 밀리는 모습을 보였으며 40대 역시 44.6퍼센트 대 51.0퍼센트로 나타나 2040세대의 지지율 열세가 박근혜의 대세론을 위협하는 가장 큰 변수인 것으로 나타났다.[3]

왜 2040세대는 그렇게 열렬히 안철수를 지지하는 걸까? 유창오는 《진보세대가 지배한다: 2040세대의 한국 사회 주류 선언》에서 2040세대가 신자유

---

2. http://article.joinsmsn.com/news/article/article.asp?total_id=7951251&cloc=olink|article|default.
3. 도성해, 〈리얼미터 "안철수, 2030에서 박근혜 두 배 앞질러"〉, 노컷뉴스, 2012년 4월 13일.

주의, 양극화, 빈부 격차로 가장 큰 고통을 받고 있지만, 역설적으로 이를 극복할 수 있는 주체가 될 수 있다는 이유로 이들을 '진보 세대'로 규정한다. 그는 진보 세대가 민주 · 진보 세력의 중심 세력이 되고 있으며, 대한민국의 권력을 2040세대가 적극적으로 나서서 결정할 수 있다는 것을 '안철수 신드롬'은 보여주고 있다고 주장한다. "그는 좋은 일자리를 대거 창출하는 소프트웨어 산업의 CEO 출신이요, 그동안 강연을 통해 재벌 중심 경제에 대해 매서운 질타를 해왔다. 2040세대가 그에게 열광하는 핵심은 여기에 있다."[4]

진보 세력이 대형 인터넷 포털 사이트에 대한 아무런 문제의식이 없었을 뿐만 아니라 단지 보수 신문들을 견제할 수 있다는 이유만으로 포털과 밀월 관계를 누리고 있을 때에도 "인터넷 포털이 자라나는 후배 기업의 싹을 아예 시작부터 밟아버리는 존재가 되고 있다"라고 일갈한 것도 바로 안철수였다.

안철수는 재벌 중심 경제에 대한 매서운 질타를 젊은이들의 고민과 연결시킨다. 그는 "지금 학생들은 제 학창 시절보다 호기심이나 모험심, 실력 등 모든 면에서 뛰어나요. 그런데 사회구조가 학생들이 안전한 선택을 할 수밖에 없게끔 몰아가고 있어요. 그렇게 된 핵심은 학교 자체보다는 사회구조에서 찾을 수 있어요"라면서 다음과 같이 말한다.

"우리나라는 일자리가 2000만 개 정도 필요한데, 대기업이 뽑을 수 있는 건 200만 개에 불과해요. 그마저도 줄이고 있죠. 대기업엔 각종 특혜를 주

4. 유창오, 《진보 세대가 지배한다: 2040세대의 한국 사회 주류 선언》(폴리에티아, 2011), 258쪽.

고 우대하다보니 중소기업, 창업은 설자리가 없어지고……. 더 심각한 건 창의적 인재가 필요하다고 말로만 할 뿐, 사실 대기업엔 창의적 인재가 필요하지 않아요. 그건 우리나라 경제 발전과도 연관이 있어요. 우리나라는 지금까지 '패스트 팔로워' 였거든요. 가진 게 없으니까 새로운 것에 도전할 여유가 없어요. 실패하면 다 날아가니까 다른 사람, 선진국이 해놓은 것 중 성공한 것을 보면서 전속력으로 쫓아갔고 성공했어요. 그러다보니 추호의 실패도 용납 않고 실패해서 넘어지면 밟고 지나가고 앞사람의 머리채를 잡아 쓰러뜨리고 온갖 편법을 동원했어요. 결국 대기업들은 창의적 인재 대신 시키는 대로 한 치의 오차 없이 할 수 있는 스펙과 학벌 좋은 사람을 선호해왔어요. 모든 불행이 거기서 시작된 거죠."[5]

안철수의 정의·공정 메시지는 공생을 강조하는 것으로 완결된다. "사업을 해보니 그래요. 성공이라는 결과를 봤을 때, 내가 공헌하는 것은 일부에 불과하고 나머지는 사회가 내게 허락해준 것이더라고요. 그런 성공의 결과는 100퍼센트 내 것이 아니에요. 그것을 독식하는 것은 천민자본주의죠. 대기업이 중소기업을 약탈하고 그런 식으로 나 혼자 잘 먹고 잘살겠다는 생각이 지배하고 있잖아요. 그게 제 생각의 출발이었어요."[6]

사실 안철수를 두고 좌니 우니, 진보니 보수니 하고 따지는 건 무의미하다. 아니, 그런 구분 자체가 시대착오적이다. "영혼이라도 팔아 취직하고 싶

---

5. 박경은 정리, 《[김제동의 똑똑똑](29) 지방대 순회강연서 만난 '컴퓨터 의사' 안철수 '시골의사' 박경철》, 《경향신문》, 2011년 4월 29일.
6. 같은 기사.

김제동의 똑똑똑

63 지방대 순회강연서 만난 '컴퓨터 의사' 안철수 '시골 의사' 박경철

안 "실패하더라도 가슴 뛰는 일을 하다보니 오늘의 내가 됐어요"

박 "젊은 세대, 도전하고 싶어도 당장 토익 몇점이 불안한 거죠"

사회가 '두번째 기회' 보장해야 잡스·저커버그 나올 수 있어

학벌주의와 권력 위의 자본 새로운 리더십 방향 고민해야

■ "사회구조가 학생들이 안전한 선택을 할 수밖에 없게끔 몰아가고 있어요. 그렇게 된 핵심은 학교 자체보다는 사회구조에서 찾을 수 있어요."

다", "실업자로 사느니 교도소 가겠다", "우리에게 애국은 없다. 우리에게 고통을 전가하는 나라는 애국받을 가치조차 없다"라고 절규하는 청춘에게 무슨 얼어 죽을 좌우며 진보 · 보수 타령이란 말인가?[7]

대다수 청춘들이 일관되게 청춘의 고통을 위로하며 일자리의 중요성을 강조해온 안철수를 가장 진보적인 정치인으로 여긴다고 해도 놀랄 일은 아니리라. 이른바 '세대 간 정의intergenerational justice'라는 문제가 지니고 있는 폭발력이 안철수를 통해 그 힘을 드러내고 있는 걸까?

## "안철수가 무섭다"

이원복류의 비판은 안철수의 역량을 지나치게 과소평가한 것이다. 전적으로 동의할 순 없을망정 오히려 보수 논객 윤창중의 안철수 평가가 더 진실에 근접하는 것으로 보인다. 2012년 7월 2일 뉴데일리에 윤창중이 기고한 칼럼 〈안철수, 2008년부터 '청춘' 쫓아 전국 훑었다!: 박근혜에게 미래는 있을까? 안철수가 무섭다〉가 바로 그것이다.

지난 5월 《안철수 He, Story》라는 책이 출간됐다. 이 책을 쓴 박근우는 지난 10년 동안 안랩에서 커뮤니케이션 팀장직을 수행하며 안철수의 대내외 커뮤니케이션 창구 노릇을 해온 인물이다. 나는 이 책을 읽으면서 특별히 내

7. 강준만, 《영혼이라도 팔아 취직하고 싶다: 한국 실업의 역사》(개마고원, 2010).

책에 써먹을 만한 것을 발견하지 못했다. 그러나 윤창중의 날카로운 눈매는 이 책에서 중요한 점을 한 가지 포착했나보다.

윤창중은 그 책을 읽어가다가 "억, 이거구나 하는 해답을 찾아냈다"고 말한다. 그는 "안철수 콘서트에 대해선 대충 알고 있었지, 이처럼 치밀한 기록을 접하는 건 처음이다. 안철수가 대학생들을 상대로 강연을 갖기 시작한 게 2008년 미국 유학에서 돌아온 직후라는 것 아닌가? 무려 4년의 세월 동안 청춘들을 직접 상대해 악수하고 사인해주고 앵그리버드 던지는 '스킨십' 으로 '청춘 조직' 을 만드느라 공들여온 것!" 이라며 다음과 같이 말한다.

"안철수의 청춘콘서트에 참가한 전국 대학생 숫자가 5만여 명, 자원봉사자로 동참한 청춘들이 2,700명. 웬만한 대형 교회 규모! 이들 '안철수 교도' 들이 트위터나 페이스북과 같은 SNS의 첨단 기술을 통해 얼마나 많은 숫자의 젊은이들이나 주변 사람들에게 '안철수' 를 뿌렸는지 구닥다리 정치인들은 상상도 못할 것. 가히 천문학적 숫자! 이런 전국적 세력이 지금 안철수를 물밑에서 소리 없이 떠받치고 있기 때문에 안철수 지지도가 폭삭 주저앉지 않고 유지되고 있는 것."

윤창중은 "안철수의 지지도는 하루아침에 증발될 신기루? 이건 대선 결과를 예측할 수 있는 가장 근원적인 질문! 단언하건데, 공중누각이 결코 아니다" 며 박근혜의 미래를 우울한 시선으로 바라본다. 그는 "박근혜가 경선 캠프 꾸리는 걸 보면 한마디로 '라이벌 안철수' 에 대한 이해 부족을 그대로 보여주고 있다. 그대로! 박근혜 캠프의 면면들? 젊은 청춘들 붙잡고 '김종인이 누구인지 알아?', '홍사덕이 누구인지 알아?' 하고 물어보면 어떤 대답이 나올까! 모조리 친박들이 조직 맡고 홍보 맡고 어쩌니 저쩌니 하는데, 어떤 '청춘' 이 감동해 안철수 향한 마음 버리고 돌아서서 박근혜 찍을까?" 라면서 다음과 같이 말한다.

"기성세대들은 안철수 지지하는 젊은이들이 꼴도 보기 싫다고 할지는 모르지만, 분명한 건 대한민국의 현대사를 바꾼 세대는 언제든 젊은 세대였지, 기성세대가 아니었다는 사실! 박근혜 캠프엔 한마디로 청춘들이 안철수처럼 달려가 기대면서 뭔가 털어놓고 싶은 '미래의 실종'! 오는 11월 초쯤, 대선 불과 한 달여 앞두고 '안철수+민주당 알파(α) 후보' 간 야당 후보 단일화는 반드시 이뤄질 것. 그리고 안철수 지지도가 그때 곤두박질친다 해도 안철수는 가만히 앉아 있지 않고 틀림없이 민주당 알파 후보 손들어 줄 것. 어떤 경우든 '안철수 청춘' 들이 확 몰려가 동일본 지진과 같은 쓰나미 만들어 낼 것. 박근혜에게 '미래' 를 묻는다."

## 윤여준 사건

무서운 안철수! 이원복이 염려하는 킹메이커는 정치인 킹메이커들이겠지만, 오히려 안철수가 그들의 말을 너무 듣지 않는 게 더 문제일 수 있다는 반대의 우려를 하는 게 더 낫지 않을까? 안철수가 정치인 킹메이커들에 좌지우지되지 않을 것이라는 걸 말해주는 징후들도 많다. 가장 대표적인 게 이른바 '윤여준 사건' 이다. 윤여준은 전 환경부 장관이자 평화교육원 원장으로 한동안 안철수의 멘토 구실을 했는데, 이 사건 때문에 안철수는 이원복의 우려와는 정반대의 비판을 받았다.

예컨대, 《조선일보》 선임기자 최보식은 "그(안철수)가 처음 나를 놀라게 한 것은 '그분(윤여준 전 환경부장관)의 말대로 다 따라하지는 않는다. 내게는 김제동, 김여진 씨를 비롯해 300여 명 멘토가 있다' 고 말했을 때다. 남에게 싫은 소리를 못 한다는, 누구에게도 폐를 끼쳐서는 안 된다는 그가 자신을 도와준 사람을 한 방에 날려버렸다" 고 비판했다.[8]

복지포퓰리즘추방운동본부 대변인 하태경의 비판은 더욱 매섭다. 그는 "윤여준 씨의 발언을 부인하는 건 받아들일 수 있다. 그러나 그를 완전히 사기꾼으로 만들어버린 건 지나치다. 그래도 자신을 도와주려는 사람이 아닌가?" 라면서 다음과 같이 말했다.

"안 교수는 오마이뉴스와 인터뷰하면서 윤여준 씨는 '김제동, 김여진 수준' 의 조언자에 불과하다고 확 무시했다. 어떻게 윤여준을 김제동, 김여진에 비교할 수 있는가? 인생 역정이 다르다. 또 윤 전 장관은 정치 분야의 달인으로 정평이 나 있는 사람이다. 게다가 안 교수는 '석 달 전 그분을 처음 뵙기 전까지는 이름도 몰랐다' 고 속된 말로 윤 장관을 '개무시' 하는 발언을 날렸다. 거만해도 정도가 지나치다."[9]

그랬다. 자신을 도와준 사람을 한 방에 날려버려도 되나? 안철수를 좋지 않게 보는 사람들은 그 사건을 안철수가 '싸가지' 가 없다는 증거로 여겼지만, 안철수를 좋게 본 사람들은 그 사건을 안철수에게 지도자다운 뚝심이

8. 최보식, 〈안철수 씨에 대한 지극히 개인적인 의문〉, 《조선일보》, 2011년 9월 16일.
9. 하태경, 〈[하태경 칼럼] 무지하고 가벼운 럭비공… 늦깎기 386수준: 안철수 붐? 오래 못 가겠네〉, 뉴데일리, 2011년 9월 6일.

있다는 증거로 여겼다. 그런데 안철수는 왜 그렇게 싸가지 없는 태도를 보였을까? 윤여준이 킹메이커를 자처하면서 월권한다고 본 듯하다. 안철수가 오마이뉴스 인터뷰에서 윤여준에 대해 한 말을 그대로 옮기면 다음과 같다. 안철수에게 쏟아지는 온갖 우려들에 대한 좋은 답이 될 수 있으므로 길지만 전문을 다 소개하겠다.

"요즘 그분이 발언을 굉장히 많이 하시는데 사실 감사하긴 하다. 그런데 저한테 여러 가지 조언을 해주는 분들이 굉장히 많다. 그런 조언을 해주는 분 중 하나다. 저는 스펙트럼이 다양하다. 좌우 논리에 완전히 빠져 있는 사람이 아니다보니 진보 진영부터 건강한 보수까지 굉장히 스펙트럼이 넓다. 여러 기대를 표시하고 간접으로 돕겠다는 사람들이 많다. 윤 원장을 포함해 많은 분들이 그런 말씀을 하시는데, 저는 그냥 웃고 만다. 정확하게 말하자면 저한테 하는 조언은 듣고 고개를 끄덕이고 만다. 저는 저 나름의 판단이나 역사의식이 있다. 그분들 말씀에 솔깃하거나 따라가거나 하지 않는다. 저 나름의 판단을 한다. 지금 나와 있는 인터뷰와 상관없이…….

또 윤 원장이 여러 인터뷰를 통해 제가 출마할 확률이 90퍼센트 이상이라고 하셨는데, 제 생각이 아니다. 지금도 저는 반반이다. 49대 51. 제3당 얘기 등등 자신의 바람이지 제 생각이 아니다. 이렇게 동참해달라는 요구가 아닌가 싶기는 하다. 그래서 어제 직접 말씀드렸다. 앞으로 그렇게 하지 말아달라고. 당신 방식으로 저를 위하고 계신다고 생각한다. 또 저는 그분이 제 멘토라고 얘기한 적이 없다. 그분이 제 멘토라면 제 멘토 역할을 하시는 분은 한 300명 정도 되고 또 저보다 훨씬 나이가 어린 김제동 씨나 김여진 씨도 제게 멘토라 할 수 있다."[10]

## 안철수 "윤여준이 기획자? 그건 언론의 오보"

[안철수 단독 인터뷰③] "석 달 전에 처음 만나… 제3당 창당 등은 내 생각 아냐"

11.09.05 10:12 | 최종 업데이트 11.09.05 10:13 장윤선 (sunnijang) / 오연호 (oyn) / 권우성 (kws21) / 이주연 (ld54)

▲ 서울시장 출마설로 주목을 받고 있는 안철수 서울대학교 융합과학기술대학원 원장이 4일 오후 서울 마포구 서교동에서 오연호 <오마이뉴스> 대표 및 기자들과 가진 2시간가량 단독인터뷰를 통해 자신의 입장을 밝히고 있다.
ⓒ 권우성

안철수 서울대 융합과학기술대학원장은 4일 밤 <오마이뉴스> 오연호 대표기자의 단독인터뷰에서 "윤여준씨(평화교육원 원장)가 청춘 콘서트의 기획자라는 것은 언론의 오보"라면서 "윤씨는 청춘 콘서트 게스트 중의 한 분"이라고 말했다.

또 한나라당 출신의 전략가인 그가 언론과의 인터뷰에서 안철수 원장의 서울시장 출마 여부와 출마시의 선거전략을 기획하고 있다고 밝힌 것과 관련 "3개월 전에 처음 만났다"면서 "그 분이 최근에 말하는 것들은 제 생각이 아니다"라고 분명히 선을 그었다.

■ 안철수는 오마이뉴스 인터뷰에서 자신 또한 멘토가 300명 정도 있다고 말했다.

안철수가 겉보기완 달리 독하고 무서운 사람이라는 생각이 들지 않는가? 안철수가 《중앙일보》 산업부장 정선구와 한 인터뷰에서 주고받은 다음과 같은 말도 안철수가 킹메이커들이 좌지우지하게끔 내버려둘 것 같지는 않다는 걸 시사해준다.

"'제 얼굴 한 번 보세요. 사람을 자르지(해고) 않게 생겼지요?' 느닷없는 질문에 머뭇거리니 스스로 대답한다. '절대 아닙니다. 큰 잘못을 한 직원, 과감히 자릅니다. 특히 라인을 만드는 사람, 그래서 조직을 해치는 사람에겐

10. 오연호 외, 〈[안철수 단독 인터뷰③] "석 달 전에 처음 만나… 제3당 창당 등은 내 생각 아냐": 안철수 "윤여준이 기획자? 그건 언론의 오보"〉, 오마이뉴스, 2011년 9월 5일.

가차 없습니다. 한 간부는 해고 통보를 받자 제 앞에서 펑펑 울더군요.' 안 원장은 '사람이 얼굴만 봐서는 알 수 없더라고요. 그렇지 않을 것 같은 사람이 조직을 해치고……' 라고 말을 이었다. 생전 화 한 번 낼 것 같지 않은, 얼굴만 쳐다봐도 금방 온화함에 쏙 빨려들어갈 것 같은 사내 안철수. 하지만 조직의 이름으로 이탈자에게 단호한 면모를 그에게서 보았다."[11]

## 옷깃만 스쳐도 상한가

우리가 정작 우려해야 할 것은 안철수의 정당 기반 부재가 아니라 모든 대선 후보들이 자유로울 수 없는 한국의 독특한 연고 문화다. 연고 문화가 모든 부정부패와 비리의 온상이기 때문이다. 그런 가능성을 드라마틱하게 잘 보여주는 것이 바로 테마주다. 테마주란 한 분야에서 관련된 주식 종목들을 모아놓은 것을 말한다. 안철수 테마주, 박근혜 테마주, 문재인 테마주 등 유력 대선 후보들은 모두 자신의 이름이 붙은 정치 테마주를 거느리고 있다.

2012년 5월 25일 안철수가 선거 전략가인 유민영 전 피크15커뮤니케이션 대표를 개인 공보 담당으로 선임했다는 언론 보도가 나왔다. 유민영은 지난해 10 · 26 서울시장 보궐선거 당시 박원순 시장 캠프에서 전략 홍보를 총괄 담당했다. 이 소식에 이른바 '안철수 테마주' 가 다시 들썩였다. 5월 25일

11. 정선구, 〈"파워엔 책임 따른다" 안철수 권력의지… 스파이더맨 꿈꾸나〉, 《중앙일보》, 2011년 11월 16일.

코스닥에서 안랩은 전날보다 1만 1,500원(9.95퍼센트) 오른 12만 7,100원에 거래를 마쳤다. 안철수는 안랩의 28.7퍼센트 지분을 보유한 최대 주주다.

《중앙일보》는 "안랩은 지난해 94억 원을 순이익으로 올렸다. 현재 주가수익비율PER이 123배를 웃돈다. PER은 시장에서 주가가 싼지 비싼지를 판단하는 기준이 된다. PER은 주가를 주당순이익으로 나눈 값으로 클수록 주가가 고평가됐다는 의미다. 증권사들은 안랩에 대해 '주가가 이성적 영역에서 벗어났다' 며 지난해 10월 이후 분석을 중단했다" 며 다음과 같이 말한다.

"안랩 이외의 테마주는 더 문제다. 단순히 안 원장과 친분이 있다는 이유만으로 적자 기업의 주가가 급등한다. 이날 우성사료는 안 원장과 친분이 있는 것으로 알려진, MBC 앵커 출신인 신경민 국회의원 당선인이 최대 주주의 가족이라는 이유로, 케이씨피드는 전 회장의 사위인 황창규 지식경제부 R&D전략기획단장이 안 원장과 부산고 · 서울대 동문이라서, 엔피케이는 대표와 안 원장이 부산고 동문이고 써니전자는 대표가 과거 안랩에 기획이사로 재직했다는 사실이 알려지면서 일제히 상한가를 기록했다."[12]

금융감독원이 발표한 자료를 보면 2011년 9월부터 2012년 5월까지 정치 테마주로 분류된 131개사 가운데 64개사 202명이 주가 급등을 틈타 시세차익으로 6405억 원을 챙겼다.[13] 참으로 기가 막힌 이야기가 아닐 수 없다. 대형 펀드를 운용하는 전문가들은 대선 테마주를 잡주로 분류하고 관심도 안 두며, 금융 당국과 언론도 수시로 주의보를 발령한다. 그런데 왜 개인들은 줄

---

12. 고란, 〈안철수와 '끈' 만 있다면 적자 기업도 상한가〉, 《중앙일보》, 2012년 5월 26일.
13. 심재현, 〈테마주 · 모럴해저드… 코스닥 '털썩' : [증시 상반기 결산] "모바일게임 · 바이오제약 등 틈새 스타주 더 늘어야"〉, 《머니투데이》, 2012년 6월 30일.

기차게 대선 테마주 주변을 서성댈까? 이런 질문을 던진 《중앙일보》 경제부문 차장 서경호는 〈테마주는 대선 주자의 수치다〉라는 칼럼에서 "테마주는 우리 사회의 음습한 구태에 기대고 있다"고 말한다. 왜 그런가?

서경호는 "생각해보자. 우리의 공적 제도는 충분히 합리적이고 신뢰할 수 있는가? 규범을 토대로 사회 전반의 투명성과 신뢰성이 높은가? 사회적 갈등이 '떼법'이 아니라 합리적으로 해결되는가? 자신 있게 '예'라고 답하는 이가 많다면 우리의 사회적 자본은 탄탄한 거다. 하지만 그렇지 않으니 다들 불안해 혈연·지연·학연 등 온갖 인연을 애써 따지고 맺는 것이다. 재정부가 지난해 말 발표한 국가경쟁력 보고서에서 한국의 사회적 자본을 중·하위권으로 평가한 것도 같은 맥락이다"며 다음과 같이 말한다.

"그러니 누구의 동생·친구라고 혹은 정치인과 함께 찍은 사진 하나 때문에 주가가 뛰는 일까지 벌어졌다. '옷깃만 스쳐도 상한가', '사돈의 팔촌주'란 우스개까지 나돈다. 테마주가 대선 주자 탓은 아니다. 그렇다고 못 말리는 일부 투자자 얘기로만 치부할 수는 없다. (중략) 대선 후보 시절에, 나아가 선거에서 이겨 청와대의 주인이 돼도 테마주를 앞에 놓고 자신을 끊임없이 경계하는 회초리로 삼았으면 한다. (중략) 제대로 된 지도자라면 자기 이름이 붙은 테마주를 부끄러워해야 한다. 더 이상 테마주 따위가 설치지 않는 사회를 만들겠다는 각오를 새겨야 한다. 정치 테마주의 존재는 대선 주자의 수치羞恥다."[14]

14. 서경호, 〈테마주는 대선 주자의 수치다〉, 《중앙일보》, 2012년 6월 22일.

## 테마주는 대선 주자의 수치다

노트북을 열며

서경호
경제부문 차장

"다 소설이지요."

가치투자로 유명한 허남권 신영자산운용 본부장은 대선 테마주에 심드렁한 반응이었다. 그처럼 대형 펀드를 운용하는 전문가는 대선 테마주를 잡주(雜株)로 분류하고 관심도 안 둔다. 금융당국과 언론도 수시로 '주의보'를 발령한다. 그런데 왜 개인들은 줄기차게 대선 테마주 주변을 서성댈까.

첫째, 따가운 눈총을 견디면서 테마주는 실제로 올랐다. 금융감독원이 정치인과의 관계 등 풍문의 힘으로 주가가 급등한 테마주 131개를 전수(全數) 조사했다. 테마주 주가는 지난해 9월부터 '나 홀로' 급등해 올 5월까지 일반주보다 46.9%포인트 더 올랐다. 금감원이 "테마주 투자는 거품을 사는 것"이라고 경고할 만했다.

둘째, 요즘 시황이 안 좋다. 대체로 기업 실적이 나쁘다. 유럽 위기를 비롯해 나라 밖 사정도 혼란스럽다. 오죽하면 신제윤 기획재정부 1차관이 "여전히 자욱한 안갯속에 서 있는 기분"이라고 토로했을까. 증시 체력이 허약하니 테마주를 들먹이며 혹세무민(惑世誣民)하는 거짓 선지자들이 판친다.

셋째, 테마주는 우리 사회의 음습한 구태에 기대고 있다. 생각해 보자. 우리의 공적 제도는 충분히 합리적이고 신뢰할 수 있는가. 규범을 토대로 사회 전반의 투명성과 신뢰성이 높은가. 사회적 갈등이 떼법이 아니라 합리적으로 해결되는가. 자신 있게 '예'라고 답하는 이가 많다면 우리의 사회적 자본은 탄탄한 거다. 하지만 그렇지 않으니 다들 불안해 혈연(血緣)·지연(地緣)·학연(學緣) 등 온갖 인연을 애써 따지고 맺는 것이다. 재정부가 지난해 말 발표한 국가경쟁력 보고서에서 한국의 사회적 자본을 중하위권으로 평가한 것도 같은 맥락이다. 그러니 누구의 동생·친구라고, 혹은 정치인과 함께 찍은 사진 하나 때문에 주가가 뛰는 일까지 벌어졌다. '옷깃만 스쳐도 상한가' '사돈의 팔촌주'란 우스개까지 나돈다.

테마주가 대선주자 탓은 아니다. 그렇다고 못 말리는 일부 투자자 얘기로만 치부할 수는 없다. 테마주를 보며 한비자(韓非子)가 군주를 망하게 하는 여덟 가지로 열거했던 '팔간(八姦)'을 떠올리길 바란다. 잠자리를 같이하는 동상(同床), 곁에 둔 측근인 재방(在傍), 자식과 친인척을 이르는 부형(父兄), 위세를 빌려 권력을 휘두르는 위강(威强)…. 대선 후보 시절에, 나아가 선거에서 이겨 청와대의 주인이 돼도 테마주를 앞에 놓고 자신을 끊임없이 경계하는 회초리로 삼았으면 한다.

여성의 경제활동 참가율을 높이기 위해 무상보육만 필요한 게 아니다. 사회가 투명하고 신뢰가 넘쳐나야 사무실이 아니라 밤의 술자리에서 은근슬쩍 중요 사안이 결정되는 일이 줄어든다. 그래야 여성의 경쟁력도 제대로 살아난다. 제대로 된 지도자라면 자기 이름이 붙은 테마주를 부끄러워해야 한다. 더 이상 테마주 따위가 설치지 않는 사회를 만들겠다는 각오를 새겨야 한다. 정치 테마주의 존재는 대선주자의 수치(羞恥)다.

■ "선거에서 이겨 청와대의 주인이 돼도 테마주를 앞에 놓고 자신을 끊임없이 경계하는 회초리로 삼았으면 한다."

테마주, 이대로 좋은가? 물론 좋지 않다. 그러나 그 효용이 전혀 없는 건 아니다. 테마주는 한국에서 "정치란 무엇인가?"라는 질문에 대한 답을 시사해주고 있기 때문이다. '옷깃만 스쳐도 상한가', '사돈의 팔촌주'라는 말이 결코 우스갯소리만은 아니다. 그간 벌어진 권력형 비리는 그게 결코 우스갯소리일 수만은 없다는 사실을 여실히 보여줬기 때문이다. 모든 권력형 비리에 어김없이 끼곤 하는 파리 떼 문제도 외면할 순 없으리라.

## 대통령 선거판의 파리 떼 경보

2012년 6월 1일《조선일보》기사기획 에디터 겸 대중문화부장인 신효섭이 쓴 〈대통령 선거판의 '파리 떼 경보'〉라는 칼럼이 재미있다. 그는 1992년과 1997년, 2002년 대통령 선거전을 현장에서 취재하면서 대선 기간 각 캠프 인사들이 공사적으로 자주 주재하거나 참석하는 각종 모임과 행사에 주목했다고 한다. 대부분 그때마다 그들은 누군가를 데리고 나왔는데, 나중에 알고 보면 그 동반자가 행사 비용을 부담하는 스폰서이고 돈줄이었다는 것이다.

신효섭은 "대선 캠프에는 직업이 '정치인'인 사람이 많다. 이들은 뚜렷한 수입은 없는데도 몇 달 동안 집중적으로 적게는 수천만 원, 많게는 수억 원을 써가며 승부를 걸어야 한다. 그렇다고 대선 주자들이 '맘대로 갖다 쓰라'며 돈을 풍성하게 주지도 않는다. 활동비를 한 푼도 받지 못하는 캠프 사람도 수두룩하다. '각자도생各自圖生' 해야 하는 것이다. 이러니 평생 소득세 한 푼 내보지 않은 경우도 적지 않은 캠프 인사들로선 '사금고'를 찾을 수밖에 없고 그 냄새를 맡은 '파리 떼'가 새로운 권력의 끈을 잡기 위해 꼬여드는 것이다"며 다음과 같이 말한다.

"그러나 세상에 공짜가 어디 있나? 독지가나 자선사업가가 아닌 이상 선거 캠프 사람들을 지원하는 사람들은 분명히 뭔가를 대가로 받아내려들기 마련이다. 그게 잘 안되면 불만을 터뜨리게 돼 있고 이것이 '대선 자금 스캔들', '구린 정치자금 파문'의 씨앗이 되는 것이다. 그래서 걱정스러운 건 지금 대권을 향해 뛰고 있는 주자들, 특히 당선 가능성이 꽤 있다고 여겨지는 이른바 유력 대선 주자들 진영은 '파리 떼'로부터 안전한지, 자체 경계 · 정화 시스템은 잘 가동되고 있는지 하는 점이다. 어느 후보를 둘러싸곤 벌써부터 '측근 몇 인회' 니 '측근 몇 인방' 이니 하는 얘기들이 나오고 있고 다른 후보는 외곽 지지 모임이 우후죽순으로 생겨나고 있다. 이러니 그 측근들과 그 지지 모임 핵심들 주변에 또 얼마나 많은 '파리 떼' 가 몰려들 것인지, 혹시 이미 적잖은 '파리 떼 군집도群集度' 를 보이고 있는 건 아닌지 불안 불안한 것이다. 누구보다 대선 주자들 자신이 먼저 주변을 꼼꼼히 살펴볼 일이다."

옳은 말씀이긴 한데, 우리 모두 파리 떼에 대해 정직해질 필요가 있다. 파리 떼 없이 정치할 수 있나? 없다. 그게 현실이다. 오히려 파리 떼라는 말 자체가 그런 현실을 인식하는 데 장애가 된다. 그건 마치 구한말 망국의 책임을 이른바 을사오적에게만 물음으로써 올바른 역사 인식을 해치는 것과 비슷하다.

생각해보자. 아무리 선하고 정의로운 사람이라도 일상적 삶에서 청탁 한 번 안 하고 사는 사람은 거의 없다. 자신이 누군가의 대통령 당선에 조금이라도 기여했다면 그에 대한 보상을 받고 싶어 한다. 이런 사람들을 파리 떼라고 부를 수 있을까? 부를 수 있다면 파리 떼 아닌 사람은 매우 드물다. 부를 수 없다면 노골적인 파리 떼보다 이런 사람들이 더 많다는 데 눈을 돌리는 게 옳다.

그럼에도 우리는 여전히 파리 떼와 선의의 지지자를 구분하는 게 가능하다고 믿는 착각을 고수하고 있다. 이는 2012년 6월 29일자 《조선일보》에 실린 〈대선 주자들 사조직 경쟁, 국가 인사 문란 부른다〉라는 사설에서도 여전히 반복되고 있다.

이 사설은 "대선 주자들의 사조직이 속속 출범하고 있다. 여야의 대표적인 대선 주자 열 명을 지지하는 사조직의 회원만도 벌써 35만 명에 이른다고 한다. 이들은 'ㅇㅇㅇ포럼', 'ㅇㅇ사랑', 'ㅇ사모', 'ㅇㅇ산악회', 'ㅇㅇ연구소' 같은 간판을 내걸고 자발적인 모임인 것처럼 꾸미고 있지만, 상당수는 직간접으로 대선 후보와 연결돼 있다"며 다음과 같이 말한다.

"여야 대선 주자들이 지금처럼 사조직 확장 경쟁에 나서면 누가 집권하든 사조직 인사들의 국정 농단을 막지 못하고 국가 인사의 문란을 부르게 된다. 대선 주자들이 이를 미연에 방지하려면 사조직을 모두 해체하든지 그게 정 어렵다면 집권 시 사조직 관련자들에게 그 어떤 이권이나 자리도 주지 않겠다고 분명히 선언해 못을 박아두어야 할 것이다. 그렇게 하면 그들 사조직에서 이권과 자리를 보고 몰려들었던 무리들은 모두 사라지고 진짜 회원들만 남게 될 것이다. 그렇게 사조직을 진성화하는 것이 대선 운동에도 효율적이고 집권 후 인사 문란에 따른 정권 부담도 줄이는 길이다."

《조선일보》가 갑자기 순진해지기로 작정한 걸까? "이권과 자리를 보고 몰려들었던 무리들은 모두 사라지고 진짜 회원들만 남게 될 것이다"라는 말이 재미있다. 왜 이렇게 비현실적인 말씀을 하시는 걸까? 물론 《조선일보》만 탓할 수는 없다. 이건 한국 사회에 널리 퍼져 있는 상식이 되고 말았기 때문이다.

진짜 회원들은 이권과 자리에 관심이 없을까? 물론 그들은 없다고 말할 것이다. 그들은 단지 자신의 지지에 책임을 지기 위해 공적 봉사를 하고 싶을 뿐이라고 말할 것이다. 그런데 공적 봉사를 하기 위해선 자리가 필요하다. 그런 자리는 속된 말로 "출세"로 불리는데, 그걸 이권이라 부를 수 있는지는 명확치 않다.

파리 떼의 정체가 무엇이건 넓은 의미의 파리 떼 비리 스캔들은 순전히 운에 달린 문제다. 운 좋으면 그냥 넘어가고 운 나쁘면 걸려드는 거다. 세상에 밝혀진 사건만 보면서 뒤늦게 "그럴 줄 몰랐다"며 비분강개하는 것이 오히려 더 이상하다.

우리에게 정작 필요한 건 파리 떼 경보라기보다는 파리 떼 자체를 공개적인 의제로 삼는 일이다. 그런데 언론은 파리 떼를 멀리해야 한다는, 지켜지기 어려운 원론만 역설할 뿐, 그 이상으로는 나아가지 않는다. 파리 떼는 한국 정치의 숙명이니 걸려들지 않게끔 적당히 잘하라는 뜻 이외에 달리 설명할 길이 없다. 그 어떤 파리 떼건 어김없이 연줄을 끌어들이기 마련이니, 연줄 공화국이라 할 대한민국에서 연줄 부패 역시 피할 수 없는 숙명인 걸까?

## 연줄 부패라는 고질병

2011년 8월 국민권익위원회가 국민과 공직자를 대상으로 실시한 조사에서 국민 대다수(84.9퍼센트)는 "공직 사회의 알선 · 청탁이 심하다"라고 답변했고 국민(22.2퍼센트)과 공직자(36.5퍼센트) 모두 가장 큰 원인으로 '학연 · 지연 등 연고주의적 사회 풍토'를 꼽았다. 2012년 5월 2일자 《조선일보》에 실린 〈최시중 · 박영준에게서 보는 '연줄 부패'라는 나라의 고질병〉이라는 사설에서 이 통계를 거론하면서 연줄 부패에 대해 강한 비판을 쏟아냈다.

이 사설은 "대통령 후보들이나 대통령에 당선된 사람들은 한결같이 지연 · 학연 · 혈연의 고리를 반드시 끊겠다고 다짐해왔다. 그러나 대통령에 취임하자마자 연고주의에 무릎을 꿇고 인사 때마다 그런 연고를 찾아 자리를 만들어주었다. 자리를 탐내고 이권을 노리는 인간들은 모두 대통령 아들·형·삼촌·처남·처조카에게 선을 대려고 발버둥 쳤다. 대통령 친인척이 먼저 사업가·재산가들에게 접근해 사업 편리나 공직을 얻어주겠다며 돈을 챙겼다"며 다음과 같이 말한다.

"대통령 주변만 이런 게 아니다. 고향, 학교, 직장, 종교 집단이란 줄을 타는 풍조는 사회의 모든 분야에 뿌리를 깊게 박았다. 사회 전반의 분위기가 이렇다보니 권력자든 보통 사람이든 일만 생기면 연줄부터 찾아 나선다. 각국의 부패 문제를 연구한 세계적 학자의 논문에는 한국 사례가 빠지는 경우가 없고 한국이 연고주의를 청산하지 못하는 한 투명한 사회가 되기는 불가능하다는 절망적 진단을 내놓는다. 연이 있어야 믿을 수 있다고 여기는 권력자들의 정신 구조가 고향 친구, 학교 후배, 집안사람, 회사 선후배를 뇌물 범죄의 공범자로 부리는 족쇄 구실을 해왔다. 공범자끼리 돈을 주고받으면서 부패 무감각증에 빠지지 않을 도리가 없다. 연줄 인사가 부패 사슬로 작동해온 것이다. 다음 대통령이 되려는 사람이라면 경세치국經世治國을 논하기 전에 자기 가족·측근들이 뇌물 범죄의 공범자가 되지 않도록 할 구상부터 내놓아야 한다."[15]

약 두 달 뒤 이명박 대통령의 형인 이상득 전 새누리당 의원이 저축은행의 뒷돈을 챙긴 혐의로 검찰 조사를 받게 되자, 언론은 일제히 정권이 출범한

15. 〈최시중·박영준에게서 보는 '연줄 부패'라는 나라의 고질병(사설)〉, 《조선일보》, 2012년 5월 2일.

## 최시중·박영준에게서 보는 '연줄 부패'라는 나라의 고질병

최시중 전(前) 방송통신위원장이 서울 양재동 복합물류단지 시행사 ㈜파이시티 측으로부터 8억원을 받은 혐의로 구속됐다. 박영준 전 지식경제부차관도 같은 건으로 수억원을 받은 혐의로 검찰의 소환 통보를 받았다. 박 전 차관은 파이시티 외의 다른 회사 돈을 받은 의혹도 사고 있다.

최 전 위원장은 대통령 형 이상득 의원과 함께 이 정권과 대통령의 후견인으로 불려왔다. 이 의원 보좌관을 지낸 박 전 차관은 대통령이 서울시장일 때나 대통령에 취임해서나 실세 중의 실세로 대통령 주변을 맴돌던 사람이다. 두 사람은 이 정권 지역 연고(緣故) 인사의 중심에 자리잡아왔다. 이 정부는 출범부터 인사 할 때마다 같은 동네, 같은 학교, 같은 교회 출신들의 울타리에 갇혀 '인사의 백치(白癡)정권' 이라는 말을 듣더니 정권 말이 닥치자 그렇게 챙긴 사람들부터 줄줄이 쇠고랑을 차고 있다.

두 사람은 파이시티가 내세운 로비스트를 통해 뇌물을 받았다. 이 로비스트는 최 전 위원장과 한 고향에 중학교 후배이기도 하다. 파이시티 전(前) 대표는 2005년 말부터 2008년 5월까지 이 로비스트에게 61억5000만원을 줬다고 진술했다고 한다. 뇌물을 전한 기간은 대통령이 서울시장 재직 시절부터 대통령에 당선된 직후까지에 걸쳐 있다. 파이시티는 사업의 인·허가권을 따내기 위해 권력 핵심과 지연과 학연이 닿는 사람을 골라 로비스트로 앞세운 것이다.

이 로비스트는 박 전 차관에게 건넨 돈 가운데 일부를 또 다른 동향 사업가의 계좌를 통해 보냈다. 이상득 의원 지역구의 중앙위원을 지낸 인물이다. 이 사업가가 운영하는 회사의 매출은 2007년 27억원에서 이 정부 첫해에 포스코 협력업체로 지정되면서 2008년 100억원, 2010년 226억원으로 껑충 뛰어올랐다.

국민권익위원회가 작년 8월 국민과 공직자를 대상으로 실시한 조사에서 국민 대다수(84.9%)는 "공직사회의 알선·청탁이 심하다"고 답변했고, 국민(22.2%)과 공직자(36.5%) 모두 가장 큰 원인으로 '학연·지연 등 연고주의적 사회 풍토'를 꼽았다.

대통령 후보들이나 대통령에 당선된 사람들은 한결같이 지연·학연·혈연의 고리를 반드시 끊겠다고 다짐해왔다. 그러나 대통령에 취임하자마자 연고주의에 무릎을 꿇고 인사 때마다 그런 연고를 찾아 자리를 만들어주었다. 자리를 탐내고 이권(利權)을 노리는 인간들은 모두가 대통령 아들·형·삼촌·처남·처조카에게 선을 대려고 발버둥쳤다. 대통령 친인척이 먼저 사업가·재산가들에게 접근해 사업 편리나 공직을 얻어주겠다며 돈을 챙겼다.

대통령 주변만 이런 게 아니다. 고향, 학교, 직장, 종교 집단이란 줄을 타는 풍조는 사회의 모든 분야에 뿌리를 깊게 박았다. 사회 전반의 분위기가 이렇다 보니 권력자든 보통 사람이든 일만 생기면 연줄부터 찾아 나선다. 각국의 부패 문제를 연구한 세계적 학자의 논문에는 한국 사례가 빠지는 경우가 없고, 한국이 연고주의를 청산하지 못하는 한 투명한 사회가 되기는 불가능하다는 절망적 진단을 내놓는다.

연이 있어야 믿을 수 있다고 여기는 권력자들의 정신구조가 고향 친구, 학교 후배, 집안 사람, 회사 선후배를 뇌물 범죄의 공범자(共犯者)로 부리는 족쇄 구실을 해왔다. 공범자끼리 돈을 주고받으면서 부패 무감각증에 빠지지 않을 도리가 없다. 연줄 인사가 부패 사슬로 작동해온 것이다. 다음 대통령이 되려는 사람이라면 경세치국(經世治國)을 논하기 전에 자기 가족·측근들이 뇌물 범죄의 공범자가 되지 않도록 할 구상부터 내놓아야 한다.

■ "다음 대통령이 되려는 사람이라면 경세치국을 논하기 전에
자기 가족 · 측근들이 뇌물 범죄의 공범자가 되지 않도록 할 구상부터 내놓아야 한다."

이후 지금까지 '대통령 형님을 통하면 안 되는 일이 없다'는 '만사형통萬事兄通'이 사실로 드러났다고 비판했다. 6월 30일자 《조선일보》는 〈어쩌면 두 대통령 형님 말로가 이렇게 똑같은가〉라는 사설에서 노무현 전 대통령의 형인 노건평의 비리까지 언급하면서 "나라가 얼굴이 뜨거워지는 '3류 비극'이다"라고 개탄했다.[16]

《중앙일보》는 〈이상득 수사, '만사형통' 구조 파헤쳐라〉, 《동아일보》

16. 〈어쩌면 두 대통령 형님 말로가 이렇게 똑같은가(사설)〉, 《조선일보》, 2012년 6월 30일.

는 〈'형제 정치'의 재앙, 역사의 교훈이다〉, 《한겨레》는 〈대통령 친형 수사, '정치 검찰' 오명 씻을 기회다〉, 《경향신문》은 〈이상득 소환, '도덕적으로 완벽한 정권'의 완벽한 파탄〉이라는 사설에서 이 사건을 다뤘다.

이 만사형통 사건에 대한 보수 언론의 분노가 진보 언론의 분노 못지않거나 오히려 그 이상이다. 왜 그럴까? 실은 보수 언론이 만사형통 구조의 주요 공범이기 때문이다. 이명박 정권은 출범하자마자 어떤 일을 저질렀던가? 공공 기관장에서부터 방송 진행자에 이르기까지 사회 전 분야에 걸쳐 친정권 사람들로 물갈이를 하는 전쟁에 돌입했다. 이 전쟁으로 쫓겨난 수많은 사람들이 엄청난 고통을 당했다. 모든 자리를 당파적으로 독식하는 동시에 그 어떤 비판도 원천 봉쇄하겠다는 절멸 정책이라고 할 만한 광기가 바로 만사형통 구조의 심리적 기반이었던 것이다. 이명박 정권의 '완벽한 파탄'은 정책 실패에서 비롯된 게 아니다. 심리적 광기가 정책마저 집어삼킨 것이다.

그런데 보수 언론은 이명박 정권의 그런 광기에 단 한 번이라도 "이건 아니다"라는 목소리를 낸 적이 있던가? 거의 없었다. 그래 놓고 이제 와선 "그럴 줄 몰랐다"며 분노하는 시늉을 낸다. 그런 시늉에 효용이 전혀 없는 건 아니다. 원래 뜻은 그게 아니었겠지만, 보수 언론의 분노는 안철수를 위한 선거운동을 해주는 효과를 낳고 있다.

안랩에 안철수의 일가친척이 사돈의 팔촌까지 포함해 단 한 명도 없다는 사실은 안철수가 모든 대통령 후보들 가운데 연줄 부패에 가장 잘 대처할 수 있는 후보라는 사실을 말해주는 게 아니고 무엇이겠는가? 이건 결코 가볍게 넘길 문제가 아니다.

한국 정치란 무엇인가? 그건 '연줄의 예술'이다. '안철수 비토론'의 주요 논거 중 하나는 그에겐 그런 능력이 없다는 것인데, 이를 뒤집어 말하면 안철수는 연줄 부패에서 가장 자유로운 사람이라는 뜻도 된다. 연줄 부패, 정말 지긋지긋하지 않은가? 안철수의 청교도적 기질이 꼭 좋은 건 아니지만, 이 지긋지긋한 연줄 부패를 끊기 위해선 한시적으로나마 청교도적 기질을 지닌 지도자가 반드시 필요한 건 아닐까?

그러나 모든 국민이 연줄 부패를 끊어줄 수 있는 지도자를 원하는 건 아니다. 이미 자신의 삶이 그 연줄 부패이라는 고리에서 자유롭지 못하기 때문이다. 그들은 그걸 "부패"라고 부르지 않는다. "정情"이라고 부른다. 연줄 부패에서 비교적 자유로운 사람들도 면책될 수는 없다. 우리 편과 반대편으로 나뉘어 편 가르기를 하기 때문이다. 우리 편엔 무한대로 관대하고 반대편엔 무한대로 엄격하다. 우리 편이 엄청나게 잘못한 일이라도 반대편이 그걸 정치적으로 이용하면 금세 우리 편의 총화 단결을 부르짖으며 그 엄청난 잘못을 땅에 묻어버릴 뿐만 아니라 잘못을 저지른 사람을 순교자나 영웅으로 만들어버린다.

게다가 망각은 어찌나 심한지 권력을 쥔 자들이 국민 알기를 개똥처럼 안다. 오죽 답답했으면 《중앙일보》 논설위원 김진이 〈뇌물 망각증〉이라는 칼럼에서 이렇게 개탄했겠는가? "이 나라는 심각한 망각증을 앓고 있다. 국민 자체가 과거를 잘 잊어버린다. 정치 지도자는 그런 국민에게 사면이라는 마취제까지 쓴다. 비리 권력자는 사면으로 다시 살아난다. (중략) '백마를 탄 개혁의 왕자'는 정말 없나."[17]

안철수는 '백마를 탄 개혁의 왕자'는 아니다. 전혀 화려하지 않고 위세 당당하지도 않다는 점에서 그렇다. 다만 한 가지 분명한 사실은 이 나라 고위

권력자들의 연줄 부패를 확실하게 끊어줄 수 있는 그의 기질과 자질을 '연줄 부패의 종언'을 원하는 논객들마저 앞다투어 대통령이 되기에 부적합한 것으로 보고 있다는 점이다. 모든 게 다 좋을 수는 없으며, 두 개를 얻기 위해 하나 정도는 내놓아야 한다는 이치는 무시되고 있는 셈이다.

그런 비판은 '다름'과 '틀림'을 혼동하는 데서 비롯되는 것이기도 하다. 기존 리더십과는 전혀 다른 모델을 들고 나온 안철수의 리더십은 틀린 게 아니라 다른 것이다. 우리는 범국민적으로 자꾸 다른 것을 틀렸다고 말하는 이상한 어법을 고수하면서 살아가는데, 그 이면의 무의식 세계엔 '익숙한 것과의 결별'을 두려워하는 심리가 자리 잡고 있다. 한때 새로운 삶의 원리로 유행했던 '익숙한 것과의 결별'을 대선에 적용할 뜻이 있는가? 나는 우리 국민이 그런 의지와 역량을 충분히 갖추고 있다 믿는다.

---

17. 김진, 〈뇌물 망각증〉, 《중앙일보》, 2012년 7월 9일.

## 제6장

# 대통령 선거는 스토리 전쟁인가

•

## 스토리 애호가들의 안철수 비판

## “안철수가 대통령 된다면 새치기”

2012년 6월 19일 데일리안에 〈김상민 “안철수가 대통령 된다면 새치기”〉라는 기사가 떴다. 삐꾸기에 이어 새치기라는 말까지 나오는구나 싶어 슬그머니 웃음이 나왔다. 새누리당 초선 의원 김상민의 인터뷰 기사다.

김상민은 안철수와 관련해서 “민주통합당에서 안희정 충남지사와 김두관 경남지사의 삶을 보라”며 “안 원장의 최근 정치적 발걸음은 기회주의자로 비칠 수 있다”라고 주장했다. 그는 “안 지사는 삶 속에 자기 헌신이 있다. (노무현 전 대통령) 대선 자금 독박을 쓰고 감옥에 가 통한의 눈물을 흘리다가 스스로 지사까지 올라갔다”며 “정말 대단하지 않느냐? 안 지사의 의지, 자기 주군을 향한 마음과 동지애 때문에 노무현 전 대통령이 당선됐던 것”이라고 말했다. 그는 “김 지사 역시 그동안 살아온 스토리를 보면 마음에 뭉클함이 있지 않느냐?”라는 말도 덧붙였다.

인터뷰에서 김상민은 “안 원장은 사람들이 피땀 흘려 닦아놓은 산업화의 자산 위에서 공부해놓고 민주화 때는 어디서 숨어서 뭐 했는지 모르고 (사업할 때는) 공기업들이 V3 다 사주면서 도와줬고 유학 가고 싶으면 유학 가서 공부하고 돌아오고 교수 하고 싶으면 교수 했다"며 "만일 안 원장이 지금과 같은 방식으로 대통령이 된다면 그건 새치기다. 앞으로 누가 정치적으로 자기를 헌신하겠느냐?"라고 물었다. 그는 "박 전 위원장, 김두관, 안희정 지사처럼 정치 현장에서 오랜 시간 진실하게 자기 헌신을 실천해온 사람은 도대체 뭐가 되느냐?" 면서 "(안 원장이) 그냥 깨끗하게 불출마 선언하고 우리 사회의 멘토로서 한국 정치 발전에 기여해줬으면 좋겠다"라고 말했다.

꽤 그럴듯한 주장이다. 김상민은 대학생 자원봉사 단체인 'VVolunteer원정대'를 설립해 전국 각지의 젊은이와 소외된 계층과 만나는 일을 하다가 새누리당에 스카우트돼 금배지를 달았다고 하니, 그런 과거에 비춰 이해할 수 있다.

그렇게 소외된 계층을 생각한다는 사람이 왜 새누리당으로 들어갔느냐고 따질 필요는 없다. 기회란 자주 오는 건 아니니까 말이다. 이 인터뷰에서 중요한 건 "이 사람 새누리당 의원 맞아?"라는 의문이 들 정도로 안희정과 김두관을 좋게 보고 있다는 점이다. 그는 "대선 자금 독박 쓰고 감옥에 가 통한의 눈물을 흘리다가 스스로 지사까지 올라갔다"는 말을 하면서 스스로 박수를 치며 "'브라보.' 대단하지 않느냐"라고 말했다는데, 이 대목에서 미소를 짓지 않을 수 없었다.

비웃음이 아니다. "한국 사회에서 이념보다 더 강한 것은 스토리다"라는 평소 생각을 재확인하게 된 게 반가운 나머지 흘린 회심의 미소다. 두말할 필요 없이 한국인들이 사랑하는 스토리는 '언더도그underdog 스토리'다. 낮은 곳에서 오랜 세월 엄청난 고난과 시련을 겪은 후에 승리하는 스토리다. 안철수에게도 스토리가 없는 건 아니지만, 그의 스토리는 '톱도그top dog 스토리'

에 가깝다.

잠시 영어 공부 좀 하자. 'underdog'은 "(생존경쟁 따위의) 패배자, 낙오자, (사회적 부정이나 박해 등에 의한) 희생자, 약자"를 뜻한다. 반대말은 'overdog'(지배계급의 일원), 'top dog'(승자, 우세한 쪽)다. 투견鬪犬에서 밑에 깔린 개, 즉 싸움에 진 개를 언더도그라고 부른 데서 유래된 말이지만, 옛날 벌목 산업에서 관행처럼 내려온 나무 자르기도 이 표현을 유행시키는 데 일조했다. 큰 나무를 자를 때는 미리 파둔 땅 구덩이 위로 나무를 걸친 다음 위아래로 톱질하는 방식으로 나무를 잘랐다. 위에서 일하는 것보다 구덩이에 들어가 톱질하는 게 훨씬 더 힘들었다. 구덩이 속에서 톱질을 하는 사람을 언더도그, 나무 위에서 톱질을 하는 사람을 톱도그라 불렀다.[1]

광고계엔 '언더도그 마케팅'이라는 게 있다. 특정 브랜드를 띄울 때 '초라한 시작', '희망과 꿈', '역경을 이겨내는 도전 정신'을 강조하는 마케팅이다. 이 마케팅은 언더도그가 사랑받는 나라에서 잘 먹힌다. 그래서 비교적 초창기부터 많은 것을 갖춘 싱가포르보다는 초라한 시작과 더불어 개척과 고난의 역사를 지나온 미국에서 환영받는다. 스티브 잡스나 버락 오바마에 미국인들이 열광하는 것도 그런 관점에서 이해할 수 있다.[2]

고난과 시련으로 말하자면 지구에서 한국을 따라올 나라가 또 있으랴. 언더도그 스토리가 늘 한국 선거판의 단골 메뉴로 등장하는 건 당연한 일인

---

1. Neil Ewart, *Everyday Phrases: Their Origins and Meanings*(Poole · Dorset, UK: Blandford Press, 1983), p.51.
2. 여준상, 〈Underdog Marketing: 열정과 의지로 약점을 극복하라!〉, 《DAEHONG COMMUNICATIONS》, 217호(2011년 11 · 12월), 62~65쪽.

지 모른다. 그런데 여기서 한 가지 주의할 게 있다. 언더도그 스토리에 열광하는 사람들은 자신을 진보라고 착각한다는 점이다. 언더도그를 사랑하는 게 진보가 아니겠느냐는 단순 논리다. 물론 진실은 전혀 그렇지 않다. 이들이 진보적 가치의 실현을 위해 애쓸 때도 있긴 하지만, 이들은 기본적으로 한 인간의 스토리라는 틀에 갇혀 있다. 특정 정치인에 열광하는 이른바 '빠' 현상은 이념이나 당파성 현상이 아니다. 어떤 스토리를 좋아하는가 하는 취향 현상이다.

## 영화감독 장진의 안철수 비판

영화감독 장진의 안철수론도 그 점을 잘 보여준다. 그는 6월 17일에 방송된 JTBC 〈신예리&강찬호의 직격 토크 나는 누구냐〉에 출연해 노무현에 대한 자신의 존경심과 애정을 공개했다. 2002년 대선에서 노무현의 대선 광고를 만드는 데 동참했던 그는 "어린 시절 노무현을 보고 '대단히 멋진 사람'이라고 느낀 뒤 좋아하게 됐다"고 말했다. 3당 합당을 거부하고 5공 청문회 때 명패를 던진 노무현의 모습에서 '동시대를 살며 자신이 겪는 고민의 가장 앞자리에서 싸운 사람'이라는 생각이 들었다는 것이다. 노무현이 서거한 날 그는 마침 영화 〈굿모닝 프레지던트〉를 찍고 있었는데 소식을 듣는 순간 패닉 상태에 빠져 영화를 어떻게 찍었는지 모를 정도였으며, 이튿날 새벽에 봉하마을로 달려갔다 온 뒤 며칠 동안 촬영을 중단했다고 한다. 노무현에 대해 "내겐 스타다"라고 밝힌 장진은 문재인에 대해서는 "마저 다 이루시길"이라는 의미심장한 평을 던졌다.

여기까진 아름다운 이야기라고 할 수도 있겠는데, 안철수에 대해선 매우 까칠해 공정한 이야기는 아니라는 생각이 든다. 그는 안철수에 대해 "자꾸 이러시면 안 됩니다"라고 쓴소리를 하면서 "단독으로는 대권을 잡을 가능성이 별로 없어 보인다"고 평했다.[3] 그런데 묘한 건 장진의 이 말은 노무현이 대통령이 되기 전에 노무현에게 쏟아진 가장 흔한 비토론이었다는 점이다. 즉, 다른 이유로 안철수를 비판하거나 거부하면 모를까, 자신이 존경하고 사랑한다는 노무현이 당했던 비토론을 안철수에게 적용한다는 건 영 앞뒤가 맞지 않는다는 말이다.

그러나 그건 논리나 이성을 중심으로 한 분석일 뿐, 스토리를 사랑하는 사람들에겐 통하지 않는 이야기다. 장진이 한 말의 요지는 바꿔 말하면 이런 것이다. "노무현에겐 감동적인 스토리가 있지만, 안철수에겐 스토리가 없다." 스토리에 죽고 사는 영화감독으로서 할 법한 생각이다. 그런데 영화감독만 그런 게 아니다. 대체로 사람들은 스토리에 죽고 산다. 프레시안 기자 강양구가 정말 옳은 말을 했다. "사람들은 대부분 특정 정당이나 특정 정치인을 지지할 때 '좋고', '싫고'의 문제로 접근합니다. 그러고 나서 좋은 이유, 싫은 이유를 덧붙이지요. 이게 진실 아닐까요?"[4]

그렇다. 그래서 사람들은 스토리에 열광하고, 또 그래서 대선 후보들은 '스토리 마케팅'에 몰두한다. 오마이뉴스가 연재하는 '2012 전략가의 선택'

3. 〈장진 감독 "MB 딸 사석에서 아버지 좀…" 호소〉, 온라인 중앙일보, 2012년 6월 14일.
4. 박성민 · 강양구, 《정치의 몰락: 보수 시대의 종언과 새로운 권력의 탄생》(민음사, 2012), 42쪽.

시리즈에서 나온 다음과 같은 주장들은 2012대선이 과거 그 어느 때보다 더 '스토리 전쟁' 이 될 것임을 시사해준다.

"김두관은 정의를 삶에서 실천한 성적표를 가지고 있다. 민주당에서 그런 삶의 스토리를 가지고 있는 후보를 찾기 어렵다. 없는 스토리를 만들 수는 없다. 있는 스토리를 조명할 수 있는 가능성은 김두관에게 있다."(민병두 의원)[5]

"'저녁이 있는 삶' 은 학생운동 시절부터 탄광, 빈민촌, 철공소에서 했던 막노동과 민생 대장정을 통해 직접 경험한 노동자의 삶과 애환에 대한 이해에서 나온 대안이며, 그게 바로 다른 대선 후보들이 흉내 낼 수 없는 손학규 후보만의 차별점이다. (중략) 스토리가 가장 많은 인물이 손 고문이다."(조정식 의원)[6]

"노무현 대통령이 요트 타는 변호사에서 뒤늦게 철들었다고 한다면 문 고문은 청년 시절부터 민주주의에 헌신해왔다. 문 고문의 삶에는 노 대통령보다 더 많은 스토리가 있다."(윤후덕 의원)[7]

그렇다면 박근혜에겐 어떤 스토리가 있을까? 박근혜의 스토리는 언더도그와 톱도그 스토리라는 구분을 무의미하게 만든다. 그이는 한국 현대사의 한복판이라고 하는 거대 스토리를 전유했기에 극단적인 찬반으로 나뉜

5. 이승훈, 〈"이번 대선에서 '김두관 현상' 생길 것": [2012 전략가의 선택 ①] 김두관과 한 배 탄 민병두 민주당 의원〉, 오마이뉴스, 2012년 6월 15일.
6. 이승훈 · 남소연, 〈"저녁이 있는 삶을 원하나요? 그럼 이 사람…": [2012 전략가의 선택 ②] 두 번째 '손학규 대통령' 만들기 나선 조정식 의원〉, 오마이뉴스, 2012년 6월 21일.
7. 이승훈 · 남소연, 〈"노무현보다 더 스토리 많은 사람이 문재인": [전략가의 선택 ③] 문재인의 비서실장 윤후덕 의원〉, 오마이뉴스, 2012년 7월 1일.

'박정희 논쟁' 이 그대로 재현되는 스토리를 소유한 자라고 볼 수 있다.

대선 후보에게 스토리는 꼭 필요한 것이긴 하지만, 지지자들의 스토리에 대한 과잉 집착은 신화를 낳고, 신화는 다시 갈등과 분열을 낳기 마련이다. 바로 이게 문제다.

## 김대중 · 노무현 신화화가 계파 갈등 만든다

2012년 6월 14일 프레시안에 오른 〈"김대중 · 노무현 '신화화' 가 계파 갈등 만든다"〉라는 기사가 눈길을 끈다. "민주 · 진보 진영의 정치인들이 김대중, 노무현 두 대통령의 유훈 정치를 하고 있다는 비판이 많다. 이에 대해서 어떻게 생각하나?" 라는 질문에 대해 김대중도서관장 김성재가 답한 걸 제목으로 뽑은 것이다.

맞다. '신화화' 는 정말 위험하다. 두 정치 지도자를 사랑하는 사람들의 선의는 아름다울망정 그건 속으로 고이 간직할 일이다. 자꾸 밖으로 끄집어내 신화화하면 소통이 어려워진다. 신화는 이성적 논박이 가능한 담론이 아니기 때문이다. 때마침 일어난 '부엉이바위 논란' 도 바로 그런 신화화 문제를 여실히 보여줬다.

소설가 공지영이 민주통합당 상임고문 문재인의 대선 출마 선언 장소로 부엉이바위를 추천한 글을 리트윗(퍼나르기)해서 일어난 논란이다. 발단은 김경수 노무현재단 봉하사업본부장의 트윗이었다. 6월 11일 김경수는 자신의 트위터에 "문재인 의원이 17~18일쯤 대선 출마 선언을 할 예정입니다.

문 의원이 출마 선언을 하는 데 어울리는 장소로 어디가 가장 좋을까요?"라는 글을 남겼다.

서울 광화문광장, 여의도공원, 제주 강정마을 등 다양한 장소를 후보지로 거론되는 가운데 한 네티즌이 김해 봉하마을 부엉이바위를 추천했고, 공지영은 "저도 거기"라는 글과 함께 김경수의 글을 리트윗했다. 부엉이바위는 2009년 노무현 전 대통령이 투신한 곳이다.

이 장소를 추천한 네티즌은 "부엉이바위에서 선언한다고 노무현의 한계에 갇히는 것은 아니다"며 "오히려 노무현의 역사와 진심을 다시 한 번 국민들에게 상기시키는 것이며 그렇게 불행한 역사에도 한걸음 더 전진하겠다는 다짐이 될 수 있다"라고 설명했지만, 네티즌들의 반응은 대체로 싸늘했다.

네티즌들은 "대선 출마 장소로 노 전 대통령이 몸을 던지신 곳을 택하다니. 고인을 욕되게 하는 일", "노 전 대통령의 그림자에서 벗어나겠다는 문 의원의 의지에도 맞지 않는 장소", "부엉이바위에서 대선 출마를 선언한다면 나부터 안 찍을 것" 등과 같은 반응을 보였다.

한 트위터 이용자는 "누가 부엉이바위에서 하라고 하니 공 작가께서 '나도 거기' 이러는데, 가슴이 철렁했다. 악의는 전혀 없겠지만, '정말 이건 아니다' 라는 생각이 들었다"라고 밝혔다. 다른 트위터 이용자는 "의견을 낸 사람 욕하고 싶지는 않지만, 그 나이 먹고 할 말 못할 말 못 가리느냐"라고 강도 높게 비판하기도 했다. 또 다른 네티즌은 "그냥 유명한 장소니까 추천한 건가? 대선을 무슨 신파 드라마로 알고 계신 듯"이라고 꼬집었다.

이뿐만 아니라 포털 사이트에서는 "돌아가신 분 언제까지 우려먹을 셈이냐?", "공지영, 정말 아무 생각 없이 글 퍼 나르고 코멘트 다는데, 미치겠다", "배울 만큼 배운 사람이 이렇게 생각이 없느냐", "스스로의 영향력에 대해 너무 무책임한 것 같다"라는 댓글이 줄을 이었다.[8]

공지영의 생각을 지지한 이들도 있긴 했지만, 그런 사람들이 소수라는 게 다행이다. 이 소수는 스토리 상상력이 풍부한 동시에 엄청나게 착한 순정파일 가능성이 높다. 아마 공지영도 그래서 부엉이바위를 지지했을 것이다. 하긴 정치에선 늘 순정파가 문제다. 미국의 당파 싸움을 다룬 어느 책을 보니, 타협을 거부해 싸움을 격화시키는 주범으로 이 순정파를 지목했다. 그럴 법하다. 순정파는 누군가를 신화로 만들면 그 신화에 반하는 그 어떤 비평이나 비판도 참아내질 못함으로써 정치를 종교로 만들어버리는 경향이 있기 때문이다.[9] 웬만하면 신화는 현실 세계에 뛰어들지 않는 게 좋다.

## 2012대선은 투표율 전쟁이다

앞서 소개한 김상민의 새치기론은 표면상으론 그럴듯하긴 하지만, 치명적인 결함을 안고 있다. 기득권 의식이다. 정치라는 물에서 오래 고생한 사람이 높은 자리도 차지해야 한다는 논리인데, 몇몇 유권자들은 그 물이 담긴 통을 가

---

8. 〈공지영 "문재인, 부엉이바위에서…" 논란〉, 《경향신문》, 2012년 6월 14일; 최연진, 〈공지영 "문재인 대선 출마 선언, 부엉이바위에서" 리트윗 논란〉, 《조선일보》, 2012년 6월 13일; 김주연, 〈공지영, 문재인 출마 장소 추천 하필이면…〉, 《파이낸셜뉴스》, 2012년 6월 14일.
9. Morris P. Fiorina et al., *Culture War?: The Myth of a Polarized America*. 3rd ed.(New York: Longman, 2011), pp.188~192; David Horowitz, *The Art of Political War and Other Radical Pursuits*(Dallas: Spence Publishing Co., 2000), p.47.

리켜 '똥통' 이라고 하지 않는가?[10] 똥과는 먼 삶을 살아온 사람이 똥을 치우기 위해 남들을 제치고 스스로 똥통에 뛰어드는 걸 가리켜 새치기라고 하는 건, 말이 안 될 건 없지만 어째 좀 이상하다. 나도 드라마나 영화의 언더도그 스토리를 엄청 좋아하긴 하는데, 김상민처럼 그걸 곧장 현실 세계에 대입하는 건 좀 거시기 하다는 생각이 든다.

언더도그 스토리와 톱도그 스토리의 대결에서 언더도그 스토리가 유리하다는 건 두말하면 잔소리지만, 2040세대의 정서는 다르다. 안철수의 스토리는 톱도그 스토리에 가깝다. 그러나 그 어떤 언더도그 스토리 못지않은 감동이 있다. 2040세대는 오히려 이런 스토리를 더 좋아한다. 안철수의 저서와 콘서트에 열광하는 젊은이들이 그걸 잘 보여주고 있지 않은가? 이게 의미하는 게 무엇일까?

2012년 6월 19일 중앙선거관리위원회가 발표한 제19대 총선 투표율을 보면 전체 투표율은 54.3퍼센트였다. 제19대 총선의 연령대별 투표율을 높은 순서대로 보면 다음과 같다. 60세 이상이 68.6퍼센트, 50대가 62.4퍼센트, 40대가 52.6퍼센트, 30대 후반(35~39세)이 49.1퍼센트, 19세가 47.2퍼센트, 20대 전반(20~24세)이 45.4퍼센트, 30대 전반(30~34세)이 41.8퍼센트, 20대 후반

---

10. 2011년 9월 15일 《한겨레》 독자 최형규는 '왜냐면'에 기고한 〈똥통을 뒤집어야 한다: '안철수 신드롬'을 보며〉라는 글에서 다음과 같이 말한다. "원래 똥통에 들어갈 때 심하게 나는 냄새도 시간이 좀 지나면 사라지게 된다. 물론 더러움과 냄새는 사라지지 않는다. 단지 그것에 익숙해질 뿐이다. 국회는 똥통이다. 그 똥통이 얼마나 더럽고 냄새나는지를 국회 밖 모두가 아는데 그 안에 있는 분들은 모른다. 아예 더러움과 냄새를 느끼지 못하니 그들에게 변화를 기대하는 일은 불가능하다. (중략) 그동안 좋든 싫든 기존의 틀에서 고민해야 하는 국민들에겐 새판이, 새 부대가 필요하다. 내년에는 똥통을 뒤집어버려 그곳이 얼마나 더럽고 추잡하고 냄새나는 곳이었는지 그 안에 계신 분들이 밖에서 느끼도록 치유해주어야 한다."

**똥통을 뒤집어야 한다** -'안철수 신드롬'을 보며

**최형규** 경기도 수원시 유신고 교사

영화 〈통증〉의 남자 주인공인 권상우는 통증을 느끼지 못한다. 맞아도 아픔을 못 느끼는 고통은 개인의 문제만이 아니다. 그 고통은 가족과 주변의 지인들을 고통스럽게 한다. 다른 이야기지만, 만약 정치인이 통증을 느끼지 못한다면 그 고통은 누가 느끼게 될까? 정치인들이 국민들의 질책과 비판과 곧은 소리를 느끼지 못한다면, 그 고통은 결국 그들을 가엾게(?) 여기는 국민들의 몫이다. 통증은 못 느껴도 상처는 남는 법인데 그들은 상처도 찾아보기 힘들다.

얼마 전 한 국회의원의 제명 해프닝을 보면서 통증도 못 느끼고 상처도 생기지 않는 이유를 알게 되었다. 제명을 결정하는 국회 본회의장에서 전 국회의장이 '죄 없는 자 돌을 던져라'라고 일갈하고 뜨거운 동료(직업) 의식에 따라 제명안이 부결되는 모습은 우리 국회의 현실을 가장 적나라하게 보여주고 있다. 원래 똥통에 들어갈 때 심하게 나는 냄새도 시간이 좀 지나면 사라지게 된다. 물론 더러움과 냄새는 사라지지 않는다. 단지 그것에 익숙해질 뿐이다. 국회는 똥통이다. 그 똥통이 얼마나 더럽고 냄새나는지를 국회 밖 모두가 아는데 그 안에 있는 분들은 모른다. 아예 더러움과 냄새를 느끼지 못하니 그들에게 변화를 기대하는 일은 불가능하다.

현대 민주정치는 정당정치다. 국회를 중심으로 국민을 대변하고 민주주의가 실현된다. 그러나 요즘 '안철수 신드롬'을 보면서 우리나라 정당정치가 얼마나 허약한지를 새삼 느낀다. 상대적으로 높은 지지율의 안철수씨가 서울시장 후보를 박원순씨에게 양보하는 모습은 통쾌한 정치적 반전이다. 그래서 더 신선하고 국민들의 기대가 커지는 것 같다. 불감증에 걸린 기존의 정치인들에게, 똥통에 빠져 냄새도 못 맡고 있는 국회에 국민들이 무엇을 원하는지를 그대로 보여준 쾌거이다. 기존 정당과 정치인에 대한 불신이 유쾌한 반전 드라마에 기름을 붓고 있다.

중요한 것은 이 드라마가 내년까지 시리즈로 나갈 거라는 사실이다. 그동안 좋든 싫든 기존의 틀에서 고민해야 하는 국민들에겐 새판이, 새 부대가 필요하다. 내년에는 똥통을 뒤집어 버려 그곳이 얼마나 더럽고 추잡하고 냄새나는 곳이었는지 그 안에 계신 분들이 밖에서 느끼도록 치유해주어야 한다.

■ 안철수 현상에 통쾌해하는 한 시민은 대한민국 정치에 절망한 나머지 국회를 똥통이라고 불렀다.

(25~29세)이 37.9퍼센트였다.

중앙선거관리위원회는 "제18대 국회의원 선거와 비교하면 거의 모든 연령대에서 투표율이 증가했으며, 특히 19세(33.2퍼센트에서 47.2퍼센트로), 20대 전반(32.9퍼센트에서 45.4퍼센트로), 20대 후반(24.2퍼센트에서 37.9퍼센트로) 등 젊은 층의 투표율이 대폭 상승했다"라고 밝혔다.[11]

제19대 총선에선 20대 후반의 투표율이 60세 이상의 절반 수준이었지만, 20대와 30대의 투표율이 증가 추세를 계속 이어가 확 오른다면 이들의 지지를 가장 많이 받고 있는 안철수의 대통령 당선이 유력하다는 이야기가 아닌가? 이 점에 긴장한 언론이 있었으니, 바로 《조선일보》다. 6월 20일자 《조선일보》는 기사 제목을 다음과 같이 길게 뽑아 그 점을 강조했다. "4·11총선 서울 20·30대 투표율, 14.5퍼센트포인트 상승. 대선까지 추세 이어지면 새누리 고전 가능성"

11. 박소현, 〈'총선 투표율' 20대 후반, 60세 이상의 절반 수준〉, 《매일경제》, 2012년 6월 20일.

언론 비평지인 《미디어오늘》은 이 기사에 대한 논평 기사를 실었는데, 《미디어오늘》 또한 기사 제목을 길게 뽑았다. "조선일보가 20 · 30대 투표율 상승에 긴장하는 까닭: 중앙선관위 분석 젊은 층 투표율 급상승… 20대 대선 투표율 50퍼센트 넘어설까"

이 기사는 "조선일보가 20 · 30대 투표율 상승 흐름에 긴장하는 까닭은 무엇일까? 이번 분석 결과는 6개월 앞으로 다가온 대통령 선거에 미묘한 파장을 불러올 수 있는 결과를 담고 있다. 이번 총선의 전체 투표율은 54.3퍼센트로 2010년 지방선거 당시 54.5퍼센트보다는 다소 낮고 2008년 18대 총선 46.1퍼센트보다는 높은 수치였다. 18대 총선은 지금의 새누리당 쪽(당시 한나라당+친박연대+친박 성향 무소속)에 180석에 이르는 의석을 몰아준 선거였다. 민주당은 당시 81석 획득에 그쳤다. 새누리당(옛 한나라당) 쪽이 민주당보다 두 배 이상 의석을 지닌 국회가 바로 18대 국회였다는 얘기다"며 다음과 같이 말한다.

"새누리당 쪽이 압승을 한 비밀은 투표율에 있었다. 당시 총선 투표율 46.1퍼센트은 역대 전국 단위 선거 중 최저 투표율이었다. 세대별로 살펴보면 더욱 충격적인 결과가 나온다. 2008년 18대 총선 당시 20대 후반(25~29세) 세대의 투표율은 불과 24.2퍼센트에 머물렀다. 20대 후반 세대 네 명 중 한 명도 투표에 참여하지 않았다는 얘기다. 30~34세인 30대 전반 세대 역시 투표율은 31.0퍼센트에 머물렀다. 학교를 졸업하고 직장에 정착하는 시기인 20대 후반에서 30대 전반 세대가 대거 투표에 불참하자 이명박-새누리당(옛 한나라당) 쪽의 초대형 압승이라는 결과로 이어진 셈이다. 새누리당 쪽에서 왜 전국 단위 선거 때마다 젊은이들의 투표율에 민감한 반응을 보이는지 설명하는 대목이다."[12]

사정이 이와 같으니 《조선일보》가 어찌 안철수를 편안하게 대할 수 있겠는가? 이 신문은 21일엔 〈안철수 교수, 국민에 대한 예의 갖추라〉라는 기사를 싣고 안철수를 무례한 인간으로 몰아간다. 새로운 이야기는 아니고 그동안 누차 반복한 이야기를 다시 재탕한 것이다. 출마 여부를 빨리 밝혀야 하며, 그렇게 하지 않는 것은 국민에 대한 예의가 아니라는 논리다.

그러나 그런 예의에 공감하는 사람은 많지 않은 것 같다. 리얼미터는 '2012대선 여론조사' 를 《중앙일보》 인터넷 사이트와 JTBC 인터넷 사이트에 공개하고 있는데, 6월 22일 여론조사 결과에선 안철수(48.0퍼센트)가 박근혜(47.1퍼센트)를 오차 범위 내에서 앞서는 조사 결과가 나왔기 때문이다. 오차 범위 내 추월이긴 하지만, 석 달 만의 추월이다.[13]

2012대선은 투표율 전쟁으로 판가름 날 것이다. 물론 스토리 전쟁과 맞물린 투표율 전쟁이다. 언더도그 스토리는 파괴력이 있을까? 어렵다. 언더도그 스토리에 무한 감동을 느끼기엔 언더도그의 대표 선수였던 노무현과 이명박이 입힌 상처가 너무 크다. 두 사람 모두 고생을 많이 했고 밑바닥에서 자수성가해 대통령 자리에까지 오르는 '코리언 드림' 을 이루었지만, 친인척 비리 등으로 말로는 비참했다.

---

12. 류정민, 〈조선일보가 20 · 30대 투표율 상승에 긴장하는 까닭: [뉴스분석] 중앙선관위 분석 젊은층 투표율 급상승… 20대 대선 투표율 50퍼센트 넘어설까〉, 《미디어오늘》, 2012년 6월 20일.
13. 류정민, 〈안철수 지지율, 박근혜 오차 범위 내 앞섰다: 리얼미터 조사 안철수 48퍼센트, 박근혜 47퍼센트… 문재인도 양자 대결 40퍼센트 지지율 돌파〉, 《미디어오늘》, 2012년 6월 23일; 선명수, 〈안철수 지지율, 석달 만에 박근혜 '추월'〉, 프레시안, 2012년 6월 25일.

## '도덕적으로 완벽한 정권'의 처참한 말로

이명박 대통령의 친형 이상득 전 새누리당 의원이 어제 검찰 조사를 받았다. 대통령의 멘토라는 최시중 전 방송통신위원장과 핵심 측근이라던 박영준 전 지식경제부 차관에 이어 '상왕'으로 불리던 이 전 의원마저 법의 심판대에 섰다.

지난해 12월 총선 불출마 선언으로 이미 정치적 사망선고를 받은 이 전 의원이 구속되면 면책특권을 받는 이 대통령을 빼놓고는 주변 실세들이 거의 예외 없이 형사처벌을 받게 되는 것이다. 가히 역사상 가장 '도덕적으로 완벽하게 망가진 정권'임을 만천하에 확인시키는 셈이다. 공인으로서 지켜야 할 최소한의 염치도 없이, 대의보다 개인의 이익을 챙기는 데 골몰해 온 집단이기에 어찌 보면 당연한 결과다.

이 전 의원은 단순히 현직 대통령의 친형일 뿐 아니라 이른바 '몸통의 몸통'으로서 현 정권의 중요 인사까지 좌지우지하는 상왕적 지위에 있었다는 점에서 역대 대통령 가족들의 범죄와도 차원을 달리한다. 어찌 보면 동생의 양해 내지 방조 속에 대통령 형으로서의 권한을 맘껏 누려온 셈이다. 대통령을 "명박이"라고 부를 정도로 막강한 위세를 부려온 그에 대한 단죄에 이 대통령이 "나 몰라라" 할 수 없는 이유이기도 하다.

검찰은 일단 이 전 의원에 대해 솔로몬저축은행과 미래저축은행, 코오롱그룹 등에서 수억원을 받아 쓴 혐의를 집중 조사할 것으로 알려졌다. 그러나 어제 민주통합당이 포스텍의 부산저축은행 500억원 투자 개입 의혹 등 8가지 의혹을 집중 추적하겠다고 밝혔듯이 5년 내내 쌓여온 그의 비리 의혹은 차고 넘친다.

대통령의 '측근 법무장관, 후배 검찰총장' 체제 아래서 이제껏 정권의 눈치를 봐온 검찰이 과연 성역 없이 수사할 수 있을지는 의문이다. 전직 대통령 친형 수사에선 수백억원 계좌설까지 만들어내며 칼을 휘두르더니, 계좌에서 돈뭉치까지 발견된 현직 대통령 친형한테선 '장롱 속'에 묻어뒀던 돈이란 코미디 같은 해명서 한 장 받아놓고 꾸물대던 검찰이기 때문이다.

"국가재산을 재테크 수단으로 여긴다"는 비아냥을 들을 정도로 도덕성이 마비된 대통령과 '네 돈이 내 돈이고 내 돈도 내 돈'이라는 듯 가리지 않고 마구잡이로 받아 쓴 형, 두 형제의 행태가 무더위보다 더 국민을 지치게 한다. 이 전 의원은 '가슴이 아프다'고 했다지만 민생고에 시달리는 국민들은 두 형제의 파렴치한 모습에 가슴이 찢어지는 것 이상으로 분노하고 있음을 알아야 한다. 모든 죄상을 털어놓고 참회 어린 고백으로 국민의 용서를 구하는 것만이 대통령의 형된 자로서 최소한의 도리다.

■ 이명박 정부는 파탄 수준이다.
"역사상 가장 도덕적으로 완벽하게 망가진 정권"으로 낙인찍히는 지경에 이르렀다.

노무현의 경우엔 서거 이후 양극화 현상이 발생했다. 장진처럼 노무현에 대한 애정과 존경이 더 깊어진 사람들이 많지만, 생각이 정반대로 더 깊어진 사람들도 적지 않다. 이명박은 거의 파탄 수준이다. 온갖 궂은일과 영양실조로 10대 중반에 넉 달이나 병석에 누워 있었지만, 병원 문턱에도 가보지 못했을 정도로 가난했던 이명박은 굽히지 않는 의지로 대기업 사장을 거쳐 대통령 자리에까지 올랐다.[14] 그러나 그 뒤로는 내리막길뿐이었다. 온갖 비리 의혹과 더불어 대통령 임기 말 측근 인사 20명이 비리에 연루되는 사상 초유의 기록을 세움으로써 "역사상 가장 도덕적으로 완벽하게 망가진 정권"이라는 말까지 듣게 됐으니,[15] 무슨 언더도그가 이 모양이란 말인가?

그렇다고 해서 언더도그 스토리에 대한 한국인의 사랑이 크게 달라지진 않겠지만, 적어도 현 단계 대선 국면에선 빛이 바랜 건 분명하다. 톱도그면서도 사명감 또는 재미로 스스로 선택해 언더도그가 되기도 했던 안철수의 성공 스토리는 얼마나 많은 유권자 관객을 끌어낼 것인가? 이에 2012대선의 향방이 결정될 것이다.

---

14. 정혜신, 《사람 VS 사람: 정혜신의 심리평전 II》(개마고원, 2005), 26쪽.
15. 장재용, 〈지난 4년간 이런 충격은 없었다〉, 《한국일보》, 2012년 7월 4일; 〈'도덕적으로 완벽한 정권'의 처참한 말로(사설)〉, 《한겨레》, 2012년 7월 4일.

# 제7장

# 안철수는 '밀당'의 귀재인가

•

## 안철수 피로 증후군 논객들의 비판

## “이런 불공정 게임이 어디 있나”

“안철수 까는 방법: 대선 나온다고 보도-알아보니 부인했다고 보도-다시 대선 나올지도 모른다고 보도-또 안 나온다고 보도-국민들이 짜증날 때까지 계속한다.”

2012년 4월 안철수와 관련해 트위터에서 많이 리트윗된 내용이다.[1] 그러나 이런 풍자에도 불구하고 앞서 윤창중이 주장한 ‘안철수 피로 증후군’ 을 느끼는 사람들이 많다는 건 부인할 수 없는 사실이다. 이 계열 논객들의 안철수 비판이 만만치 않다.

2012년 5월 3일 《한국일보》 논설실장 이준희는 〈이런 불공정 게임이 어디 있나〉라는 칼럼에서 “문제는 지난해 가을부터 불어닥친 안철수 바람에도 불구하고 우리가 정작 그에 대해 더 알게 된 게 없다는 점이다. 그동안 대통령 자질로 판단할 어떤 정보도 추가되지 않았다. 좋은 머리에 연구자와 기업

1. 이지은, 〈안철수의 길, 안철수도 모른다?〉, 《한겨레21》, 제908호(2012년 4월 25일).

인으로서 괜찮은 성취, 모범적인 태도, 온화하고 순수해 보이는 얼굴 등 딱 처음 그 이미지 그대로 멈춰 있다. 대통령으로서 그가 만들고자 하는 나라의 모습은 여전히 윤곽이 잡히지 않는다" 며 다음과 같이 말한다.

"이미 대선 레이스는 시작됐다. 죽을힘을 다해 달리기 시작한 주자들은 결승선에 가까워갈수록 만신창이가 될 것이다. 그러면서도 누군가 막판에 말짱한 몸 상태로 끼어들어 승리를 낚아채갈지 몰라 전전긍긍할 것이다. 그렇지 않아도 주자들은 벌써 오랜 준비 과정에서 크고 작은 상처를 입고 여러 한계가 노정된 이들이다. 안철수의 게임은 정치 공학적으로 가장 승산 높지만 제대로 실력을 판단할 기회를 원천 봉쇄한다는 점에서 가장 비겁한 불공정 게임이다. 안 교수가 자주 강조하는 소신이 상식과 정의다. 이와 전혀 어울리지 않는 유령 놀음은 이제 그만하면 됐다. 빨리 현시顯示하든 않든, 지나치게 계산기를 오래 끌어안고 있는 건 그에게 남다른 기대를 걸고 있는 국민들에게 차마 보일 태도가 아니다."[2]

선의엔 공감할 수 있는 주장이긴 한데, "안철수의 게임은 정치 공학적으로 가장 승산 높지만" 이란 대목이 생각할 거리를 던져준다. 안철수의 게임이 정말 너무 비겁하다면 왜 유권자는 그처럼 비겁한 후보의 승산을 가장 높게 만들어준단 말인가? 제대로 실력을 판단할 기회를 원천 봉쇄한 후보에겐 유권자들이 스스로 알아서 그만한 불이익을 줘야 하는 게 아닌가? 아니면 제대로 실력을 판단할 기회를 충분히 준 이명박의 비참한 말로를 보고서 그런

2. 이준희, 〈이런 불공정 게임이 어디 있나〉, 《한국일보》, 2012년 5월 3일.

●이준희 칼럼●

# 이런 불공정게임이 어디 있나

논설실장 junlee@hk.co.kr

## 어디서든 대통령후보는 길고 가혹한 검증 거쳐야
## 안철수 출마방식은 판단기회를 원천 봉쇄하는 것

지난주 미 대선후보 경선에서 미트 롬니가 뉴욕을 비롯한 5개 주를 모조리 석권하면서 사실상 공화당 후보로 결정됐다. 아직까지는 필요한 대의원수의 3분의 2만 확보한 상태지만 경쟁자인 깅그리치나 샌토럼 후보 모두 더 이상 경선을 계속할 동력을 잃었다. 첫 출발선이었던 아이오와 코커스 이후 석 달여 만이다.

이제 롬니 후보는 11월 대선까지 오바마 대통령과 길고 긴 진검 승부를 펼쳐야 하지만 이미 싸움은 출마를 선언한 지난해 6월, 대선을 1년6개월이나 남겨 둔 시점부터 시작됐다. 성공적인 벤처기업가와 올림픽조직위원장, 주지사로 일찌감치 알려졌던 그도 출마선언 후 이전과는 차원이 다른 온갖 시시콜콜한 검증 도마에 올랐다.

감세, 재정긴축 등 정책 검증은 기본이고 자잘한 납세 지연신고부터 말 바꾸기, 상황에 따른 얇은 처신, 빈 라덴 제거 작전에 대한 비판 발언까지 일거수일투족 모든 게 시비논란에 올랐다. 공화당 후보가 된 만큼 앞으로 반년간 그는 지금까지와는 또 비교도 안될, 때론 치사하기 이를 데 없을 비판을 견뎌 내야 한다.

우리 대선 사상 가장 드라마틱한 사례는 2002년 노무현의 당선이다. 그해 3월 민주당 광주경선에서 기라성 같은 호남후보들을 제쳤을 때 다들 경악했다. 20년 동안 국회의원과 최고위원, 장관을 거친 익숙한 인물이었지만 그는 뜻밖의 바람이었다. 국민이 일반 정치인으로 보는 눈과 대통령직을 염두에 두고 보는 시각은 완전히 다른 때문이다. 이후 대선 때까지 아홉 달 동안 그 역시 혹독한 검증 과정을 거쳤다.

안철수 서울대 교수의 아버지가 아들을 대신해 안개를 걷었다. 요약하면 딱 한마디, '경선 없는 대선 출마'다. 민주당 대선후보가 확정된 뒤 야권 후보단일화 방식이다. 정치일정에 따라 최대한 급히 움직인다 해도 그가 마침내 현실의 대통령 감으로 드러나는 시기는 빨라야 가을이다. 줄다리기가 여의치 않으면 더 늦어질 것이고, 혹 야권의 세 불리가 현저하면 버틸 만큼 버티다 10년 전 노무현-정몽준처럼 막판 극적 타결을 상정해 볼 수도 있다.

문제는 지난해 가을부터 불어 닥친 안철수 바람에도 불구하고 우리가 정작 그에 대해 더 알게 된 게 없다는 점이다. 그동안 대통령 자질로 판단할 어떤 정보도 추가되지 않았다. 좋은 머리에 연구자와 기업인으로서 괜찮은 성취, 모범적인 태도, 온화하고 순수해 보이는 얼굴 등 딱 처음 그 이미지 그대로 멈춰 있다. 대통령으로서 그가 만들고자 하는 나라의 모습은 여전히 윤곽이 잡히지 않는다.

물론 말을 더 하긴 했다. 대표적인 게 이런 것들이다. "원칙은 손해를 감수하며 지킬 때 의미가 있다." "현실에 중심을 두고 미래를 생각하는 마음가짐이 중요하다." "지금 우리에겐 뜨거운 가슴과 차가운 머리가 필요하다." 고매하지만 뜬구름 잡는 언어들이다. "(우리 경제구조는) 대기업이 독점적 권리로 중소기업 이익을 빼앗고 창업의 새싹도 짓밟는 구조" 등 현실 언급도 있지만, 그래서 구체적으로 뭘 어떻게 해야 한다는 각론은 기억에 없다. 국가지도자를 뽑는 일이 마을의 훈장 고르는 것과는 다를진대.

이미 대선 레이스는 시작됐다. 죽을 힘을 다해 달리기 시작한 주자들은 결승선에 가까워 갈수록 만신창이가 될 것이다. 그러면서도 누군가 막판에 말짱한 몸 상태로 끼어들어 승리를 낚아채갈지 몰라 전전긍긍할 것이다. 그렇지 않아도 주자들은 벌써 오랜 준비과정에서 크고 작은 상처를 입고 여러 한계가 노정된 이들이다. 안철수의 게임은 정치공학적으로 가장 승산 높지만 제대로 실력을 판단할 기회를 원천 봉쇄한다는 점에서 가장 비겁한 불공정 게임이다.

안 교수가 자주 강조하는 소신이 상식과 정의다. 이와 전혀 어울리지 않는 유령놀음은 이제 그만하면 됐다. 빨리 현시(顯示)하든 않든, 지나치게 계산기를 오래 끌어안고 있는 건 그에게 남다른 기대를 걸고 있는 국민들에게 차마 보일 태도가 아니다.

■ "안 교수가 자주 강조하는 소신이 상식과 정의다.
이와 전혀 어울리지 않는 유령 놀음은 이제 그만하면 됐다."

기회가 무의미하거나 별로 중요치 않더라는 걸 깨달은 걸까?

여전히 2011년 '9 · 6 양보 사건'의 감동을 간직하고 있는 안철수의 지지자들은 안철수의 게임이 비겁하다고 생각할 것 같지는 않다. 이는 보수 언론의 논설위원마저 놀라게 한 사건이 아니었던가? 당시 《중앙일보》 논설위원 이철호는 "4박 5일간 생중계된 안철수 서울대 융합과학기술대학원장의 미니시리즈가 막을 내렸다. 안철수의, 안철수에 의한, 안철수를 위한 드라마였다. 각본을 쓰고 주연배우까지 도맡았다"며 다음과 같이 말했다.

"압권은 트위터에 오른 시청자 소감이다. '박원순은 지지율을 얻었고 안철수는 세상을 얻었으며 야당은 2부 리그로 내려앉았고 한나라당은 시정

잡배로 전락했다.' 압도적 시청률을 자랑한 미니시리즈의 승자는 단연 안 원장이다. 드디어 양자 대결 여론조사에서 박근혜 한나라당 전 대표를 눌렀다. 철옹성의 박근혜 대세론까지 허무는 가공할 파괴력이다. 지지율 50퍼센트인 안 원장은 20분간 담판을 통해 5퍼센트인 박 변호사에게 깨끗이 양보했다. 한마디로 쿨하다. 요즘 시대의 입맛에 딱 맞아떨어진다. 정치 9단인 김영삼·김대중도 못 해낸 작품이다. 정치쇼라고? 거품이라고? 그렇다면 다음의 반문 앞에 어떻게 반박할 것인가? '50퍼센트 넘는 지지율에도 불출마할 수 있는 정치인이면 안철수를 씹어라', '50퍼센트 박근혜가 5퍼센트 정몽준에게 대권 후보 양보할 수 있는가?' 상식을 뒤엎는 이런 통쾌한 반전에 시청자들이 열광하는 것이다."[3]

이런 생각도 든다. 안철수의 게임이 정치 공학적으로 가장 승산이 높다면 그건 마치 공부를 열심히 하지 않은 학생이 가장 높은 성적을 얻을 수 있는 평가 시스템의 문제와 비슷한 게 아닌가? 이런 경우 그런 평가 시스템을 문제 삼는 것이 좋을까, 아니면 그런 평가 시스템의 수혜자를 문제 삼는 게 좋을까?

3. 이철호, 〈박근혜 누른 안철수〉, 《중앙일보》, 2011년 9월 8일.

## "안철수 쌤, 곰탕 다 타요"

안철수 피로 증후군을 느끼는 사람들이 점점 늘어나는 가운데 2012년 5월 30일로 잡힌 부산대 강연이 대선 출마 선언의 디데이D-Day일 것이라는 추측성 보도가 난무하기 시작했다. 드디어 그날이 왔지만, 안철수는 이번에도 자신의 대권 플랜에 대해서는 한마디도 하지 않았다. 그래서 현장 기자들 사이에선 한숨이 터져 나왔다나.

오마이뉴스 기자 장윤선은 〈2012년 대선, 안철수의 선택은?: "안철수 쌤, 곰탕 다 타요"〉라는 기사를 썼다. 그는 이 기사에서 "이른바 '곰탕론' 도 제기됐습니다. 끓여도 너무 끓인다. 이 말은 곧 안 원장이 자신의 정치 행보를 너무 잰다는 기자들의 집단 비판 같은 거겠죠. 솔직히 저희 같은 직군의 사람들이 보기에 안 원장은 참 답답합니다"라면서 다음과 같이 말한다.

"대선 출마 선언, 기성 정치인들의 문법대로 하면 벌써 했어야 옳습니다. 그래서 이런 불만이 터지는 것 같기도 합니다. 하려면 확 하든가, 아님 말든가. 이것도 저것도 아닌 것이, 아주 애매하게 '뭥미'? 안 원장이 정치적으로 주목받기 시작한 게 지난 10월 서울시장 선거 때부터니까 역산하면 벌써 8개월째입니다. 그의 입만 쳐다보는 사람들이 충분히 지칠 만한 시간들이지요. (중략) 안 원장도 더 이상은 계속 '묻고 답하는 문답 정치' 에만 머물 수는 없을 것입니다. 곰탕을 더 끓이다가는 물이 졸아 결국 솥단지까지 다 타게 될지도 모르니까요. 안 원장이 언제쯤 곰탕을 올려놓은 가스 불을 끄고 식탁 위에 내놓을까요? 여러분은 그 시점이 언제라고 예측하십니까?"[4]

기자들은 한숨을 쉬었고 언론사의 높은 분들은 분노를 터트렸다.

2012년 5월 31일 《조선일보》는 〈안철수, '대학 강연 정치'로 국가 지도자 될 수 없다〉라는 사설을 실었다. "안 교수가 야권에서 가장 지지율이 높은 대선 주자로 떠오른 지도 벌써 반년이 넘었다. 그리고 대선은 이제 6개월여 앞으로 다가왔다. 그런데도 안 교수는 여전히 자신의 말이라면 무조건 박수치고 열광하는 대학생들을 상대로 자신이 하고 싶은 말만 하고 입맛에 맞는 질문에만 답하며 캠퍼스를 돌아다니고 있다. 안 교수가 정말 이 나라의 대통령이 될 생각이 있다면 국가 운영에 뒤따를 수밖에 없는 어렵고 복잡한 선택에 대해 당당하게 질문을 받고 답하는 무대로 나서야 한다."[5]

2012년 6월 1일 《헤럴드경제》는 〈안철수식 정치 선문답, 지나치게 길다〉라는 사설에서 이렇게 말한다. "싫든 좋든 본인의 의지와는 상관없더라도 민감 사안에 한참 비켜 있는 안 교수의 모습은 떳떳하지도 온당치도 않아 보인다. 대선이 6개월여 앞으로 다가온 상황에서 대권 주자 반열에 오른 지도자가 비전과 포부를 있는 그대로 들춰내는 것은 국민에 대한 도리다. (중략) 안 교수는 더 이상 안마당만 오가며 좌고우면할 것이 아니라 들판으로 나와 당당하게 국가 지도자로서 국민적 검증을 받을 자세를 취하기 바란다. 선문답도 너무 길면 일종의 스트레스가 된다."[6]

2012년 6월 1일 새누리당 윤리위원장을 지낸 갈릴리교회 목사 인명진은 평화방송 라디오 〈열린세상 오늘〉에 출연해 한마디 했다. 그는 안철수의

---

4. 장윤선, 〈[장윤선의 톡톡! 정치카페] 2012년 대선, 안철수의 선택은?: "안철수 쌤, 곰탕 다 타요"〉, 오마이뉴스, 2012년 5월 31일.
5. 〈안철수, '대학 강연 정치'로 국가 지도자 될 수 없다(사설)〉, 《조선일보》, 2012년 5월 31일.
6. 〈안철수식 정치 선문답, 지나치게 길다(사설)〉, 《헤럴드경제》, 2012년 6월 1일.

부산대 특강과 관련해 "안철수 교수는 잊을 만하면 또 나타나는데, 꼭 알아야 할 것은 맥주를 따놓고 오래 두면 김이 빠져서 못 먹는다"며 "김빠진 맥주가 되실까 걱정"이라고 말했다.[7]

2012년 6월 1일 《경향신문》은 〈안철수, 논평 아닌 비전 · 철학 내놓을 때다〉라는 사설에서 "정치권 안팎에서 '언제까지 강연 정치에 매달릴 것인가', '국민의 피로감을 키우고 있다' 등 비판의 소리가 나오는 것도 나름 이해할 만하다"며 다음과 같이 말한다.

"4 · 11총선 후 안 원장의 대권 도전설이 나왔을 때 우리는 '입장 발표를 더 미룰 일 아니다'라고 촉구한 바 있다. 대선 후보의 비전과 철학을 더 소상하게 알고 싶어 하는 국민들에 대한 예의라는 취지였다. 그로부터 45일이 또 흘렀다. 안 원장이 개인적 고민이야 있을 수 있겠지만, 대권 도전을 굳히고 있다면 이제 논평이 아니라 소신과 정책 방향, 구체적 생각을 내놓아야 할 때다. 그의 자질과 국가 운영 구상을 검증하려면 대선까지 남은 200여 일은 너무 짧다."[8]

## 안철수 피로 증후군의 정체

이념의 좌우, 보수 · 진보를 막론하고 이렇게 많은 비판이 쏟아졌으면 안철

---

7. 김성곤, 〈인명진 "안철수 · 김빠진 맥주될까 걱정"〉, 이데일리, 2012년 6월 1일.
8. 〈안철수, 논평 아닌 비전 · 철학 내놓을 때다(사설)〉, 《경향신문》, 2012년 6월 1일.

수의 지지율이 떨어질 법도 한데, 정반대 현상이 나타났으니 그거 참 알다가도 모를 일이다. "안철수 서울대 융합과학기술대학원장의 여론조사 지지율이 상승했다. 지난달 30일 부산대에서 두 달여 만에 공개 발언을 한 효과로 풀이된다"는 분석까지 따라붙으니 그저 난감할 수밖에.[9]

왜 이런 일이 일어나는 걸까? 언론인·지식인들의 비판은 다 타당한 이론에 근거하고 있지만, "정치는 정치인이 해야 한다"는 이론이 현실적으로 전혀 먹혀들고 있지 않듯이, 이 또한 이론과 현실 사이의 괴리를 말해주는 건 아닐까? 혹 2011년 9월 4일 전남 순천문화예술회관에서 열린 안철수의 청춘콘서트 한 장면에 그 답이 있는 건 아닐까?

> 김미화(방송인): 안철수 선생님은 너무 고운 분이죠. 여러분 그렇죠?
>
> 청중: 네.
>
> 김미화: 정말 우리 선생님……, 아, (다칠 수 있으니 정치)하지 마!
>
> 정치에 나서지 말라는 김미화 씨의 '절규'에 안철수 서울대 융합과학기술대학원장은 웃음만 보일 뿐이었다.[10]

이게 바로 안철수에 대한 지지율과 안철수의 대선 출마 지지율이 크게 다른 이유이기도 하다. 《주간경향》이 한국 사회여론연구소에 의뢰해 5월 19일과 20일 이틀에 걸쳐 실시한 여론조사에선 "안철수 원장이 출마하지 말아

9. 양영권, 〈안철수, 부산대 강연 후 '지지율↑'〉, 《머니투데이》, 2012년 6월 1일.
10. 김외현·임인택, 〈윤여준·박경철 등 전문가 40~50명과 25일 '결단' 밝힐 듯〉, 《한겨레》, 2011년 9월 5일.

■ 2011년 9월 4일 전라남도 순천에서 열린 청춘콘서트 무대에서 박경철, 김미화, 안철수(왼쪽부터)가 이야기를 나누고 있다.

야 한다"가 49.7퍼센트, "출마해야 한다"가 40.9퍼센트로 나타났다.[11] 6월 9일과 10일에 《아시아경제》가 여론조사 전문 기관인 리얼미터와 함께 진행한 대선 여론조사에선 "안철수가 대선에 출마하지 말아야 한다"(53.8퍼센트)가 "안철수가 대선에 출마해야 한다"(32.8퍼센트)보다 21퍼센트포인트나 높게 나오기도 했다.[12]

안철수가 다치는 걸 염려하는 안철수 지지자들은 안철수가 대선 출마 선언을 질질 끄는 것을 전혀 부정적으로 보지 않는다. 이뿐만 아니라 그걸 더 좋게 보는 지지자들도 있다. 이런 논리 때문이다. 앞서 소개한 장윤선 기자의 기사를 보자.

"물론 아주 정반대로 주장하는 분들도 계십니다. 곰탕은 끓이면 끓일수

---

11. 권순철, 〈유권자 49.7퍼센트 "안철수 출마 원하지 않는다"〉, 《주간경향》, 978호(2012년 6월 5일).
12. 김효진, 〈"안철수 대선 나오지 말아야 한다" 충격 결과〉, 《아시아경제》, 2012년 6월 17일.

록 더욱 구수한 맛이 나기 때문에 안 원장이 더 뜸을 들인다면 그 맛은 일품일 거라는 진단인 거죠. 긴 고민 끝에 결행되는 안 원장의 정치 행보는 기성 정치인들의 그것과는 상당히 다를 것이며, 그 결단의 위력 또한 대단할 것이라는 예측이 있기도 합니다."[13]

이런 기대는 과도한 것으로 일축한다 해도 언론인 · 지식인들이 느끼는 안철수 피로 증후군을 과연 일반 유권자들도 느끼고 있는지는 의문이다. 그런 유권자들도 많긴 하겠지만, 안철수 지지층에선 그런 유권자들은 소수에 지나지 않는다고 보는 게 옳지 않을까? 즉, 안철수 현상은 어차피 기존 정치의 문법을 송두리째 뒤흔들면서 나타난 것인데, 기존 문법을 근거로 한 그 어떤 비판도 무력한 게 아니겠느냐는 것이다. 물론 그런 비판의 누적 효과가 궁극적으로 가져올 변화를 무시할 수는 없는 일이지만, 안철수 피로 증후군의 정체는 안철수가 늘 비판의 대상으로 삼는 오래된 체제의 산물임을 부인하긴 어려울 것 같다.

## 안철수는 '밀당'의 귀재인가

기자: 선거를 준비하고 계신가?

안철수: 그걸 왜 해야 되죠?

---

13. 장윤선, 〈[장윤선의 톡톡! 정치카페] 2012년 대선, 안철수의 선택은?: "안철수 쌤, 곰탕 다 타요"〉, 오마이뉴스, 2012년 5월 31일.

이 대화는 2012년 6월 29일 전 경제부총리 이헌재의 출판 기념회에 참석한 안철수와 《중앙일보》 기자 사이에 오고 간 말이다.[14] 안철수가 무슨 뜻으로 그렇게 말한 것인지 정확히 알기는 어렵지만, 안철수의 '질질 끌기' 에 짜증을 내는 사람들의 심리를 이해할 수도 있을 듯하다.

《중앙일보》 기사에 왜곡이 없을 것이라는 전제하에 내가 이 기사를 읽으면서 든 생각은 두 가지다. 하나는 곰바우, 또 하나는 뚝심이다. 곰바우는 안철수의 예전 별명인데, 좋게 볼 수도 있지만 나쁘게 볼 수도 있다. 곰바우 같은 사람에게 짜증이 난 경험이 있는 사람이라면 이게 무슨 말인지 쉽게 이해할 것이다.

곰바우를 좋게 보자면 그건 뚝심 있는 사람으로 볼 수도 있다. 안철수에 대해 자주 나오곤 하는 "대가 약하다"라는 비판을 무력화할 수 있는 강점이다. 그런데 안철수가 과연 어느 쪽인지 그건 분명치 않다. 아니면 안철수는 꾀가 많은 곰바우인가? 때마침 나온 《동아일보》 논설위원 김순덕의 〈안철수의 '밀당' 〉이라는 칼럼이 안철수를 '밀당의 귀재' 로 묘사하고 있어 흥미롭다. '밀당' 이란 젊은 연인들의 필수과목인 '밀고 당기기' 를 뜻하는데, 김순덕은 일반적인 '밀당 전술' 에 대해 다음과 같이 말한다.

"애정 주도권을 놓고 벌이는 밀당의 정석 1조는 진의 교란이다. 마음을 다 주지 않고 말과 행동은 애매하다. 결혼을 하겠다는 건지, 문제가 있다는 건지 애타게 만든다. (중략) 2조는 타이밍 교란이다. 돌연 연락을 끊고 전화도

---

14. 강인식 · 임미진, 〈안철수, 선거 준비 묻자 "왜 해야 되죠": 이헌재 출판 기념회 참석〉, 《중앙일보》, 2012년 6월 30일.

| 김순덕 칼럼 |

# 안철수의 '밀당'

〈밀고 당기기〉

논설위원
yuri@donga.com

이재오 새누리당 의원이 "국방을 경험하지 않은 여성의 리더십은 시기상조"라고 했을 때 나는 개그콘서트인 줄 알았다. 국방의 엄중함을 몰라서가 아니라 박근혜 전 비상대책위원장을 그냥 정치인으로만 알았기 때문이다. 안 그래도 불쾌지수 높은 여름날, 정치로 개그하지 말란 법도 없다. 그래서 '납량특집 정치'를 궁리해봤다.

## 정치는 연애다… 국민의 마음잡기

'선거란 선수끼리 국민 속이는 일'이라던 대통령이 있었다. 유권자 마음을 사로잡아 투표하게 만든다는 점에서 정치는 구애(求愛)라고 할 수 있다. 성(性)심리학적으로 정치와 정치인을 분석한 학자들도 외국엔 적지 않다.

우리나라 정당이 남자라면 어떤 이미지일까. 신랑감처럼 놓고 봐선 소용없다. 사랑에 눈멀면 근본이나 조건은 별 상관없어서다. 남 주기 아까운 내 딸의 결혼 후보자로 봐야 깐깐한 검증이 가능해진다.

새누리당은 양지쪽만 디디며 잇속을 챙겨온 뺀질이 같다. 욕은 먹겠지만 능력 있고 웰빙 체질이어서 내 딸 고생은 안 시킬 듯하다. 민주통합당은 정의롭고 남자다운데 불만과 콤플렉스가 많다. 새누리당처럼 얄밉진 않지만 하루는 과격했다가 다음 날엔 또 다른 모습이니 고생도 사서 할 것 같다. 통합진보당은 눈빛은 형형한데 불온해 보인다. 잘되면 충신이나 잘못돼 역적되면 어쩌나 싶다.

이때 안철수 서울대 융합과학기술대학원장이 등장한다. 착하고 반듯해 뵀다 싶던 차에, 혈혈단신인 줄 알았던 그가 '밀당'을 들이댄다. 밀당이 '비밀의 당'이라면 안철수의 속이 어떤지 알 수 있으니 차라리 낫다. 하지만 요새 밀당이란 젊은 연인들의 필수과목인 '밀고 당기기'를 뜻한다. 게다가 겉보기와 달리 안철수는 밀당의 귀재지 뭔가.

애정 주도권을 놓고 벌이는 밀당의 정석 1조는 진의 교란이다. 마음을 다 주지 않고 말과 행동은 애매하다. 결혼을 하겠다는 건지, 문제가 있다는 건지 애타게 만든다. 정치인 중에선 프랑스의 드골 대통령이 능했다고 '유혹의 기술'을 쓴 마이클 그린은 지적했다. 결단력이 진짜로 없었던 루이 16세도 여기 속한다.

2조는 타이밍 교란이다. 돌연 연락을 끊고 전화도 안 받다가, 잊을 만하면 나타나선 달래고 공감해준다. 중국의 마오쩌둥은 선동적 연설로 대중의 감정을 자극한 뒤 한동안 홀연히 사라지곤 하는 밀당으로 중국의 우상이 됐다.

밀당의 필살기인 3조는 환상 교란이다. 현실에 대한 불안과 불만을 자극하고 자기를 백마 탄 왕자(또는 선구자)로 연출해서는, "이 사람이라면 내 모든 문제를 해결해 줄 것"이라는 확신을 심어주는 것이다. 존 F 케네디 미국 대통령이 대표적이다.

## 통치는 능력… 살아봐야 안다

피 말리는 밀당에서 지지 않으려면 '너 없어도 난 잘 산다'고 정신무장을 하는 게 중요하다. 여기에 안철수가 대통령 선거에 안 나오는 일은 없다는 점을 바닥에 깔고 있으면 괜히 안달할 일도 없어진다. 안랩의 주식 때문이다. 불출마 선언을 하는 순간 주가가 폭락할 것이 뻔한데, 돈 욕심 아니라 사회적 책임에서라도 그런 말은 못한다고 나는 믿는다.

출마 선언이 늦을수록 검증 시간은 줄게 돼 있다. 그러나 내재적 관점에서 보면, 야당 후보도 안 정해진 판에 링에 먼저 올라가 매를 맞을 이유가 없다. 국민의 인내심이 바닥나면 분노로 돌변할지 모르는데 자신감인지, 결단성 부족인지 혼돈스럽다.

야당 후보가 확정되고도 당선 가능성이 압도적이지 않을 경우 단일화 압력은 커질 것이 분명하다. 안철수도 "반드시 내 힘으로 대통령이 되겠다"는 권력의지에 불타지 않는다면 단일화든, 공동정부든 연대는 불가피하다.

단일화 게임에서 누가 승리하는지에 따라 나라의 명운이 달라진다고 나는 보지 않는다. '얼굴마담'만 달라질 뿐, 몸통과 손발은 거기서 거기라고 판단되기 때문이다. 안철수가 대통령이 되면 단일화로 그의 당선을 만들었다고 확신할 야당 사람들이 뒤로 돌아 집에 갈 리 없다. 안철수의 대선 공약을 굳이 검증하지 않아도 민주당과 큰 차이 없을 것 같은 느낌도 그래서 든다.

문제는 밀당에 능했다고 결혼 후 좋은 배우자가 될 능력을 갖췄느냐다. 안타깝지만 이건 살아봐야만 안다. 최고의 연인이 최악의 남편으로 드러나듯, 정치엔 유능해서 당선됐더라도 통치능력은 다를 수 있다.

영국의 하원의장 로빈 쿡과 이혼한 뒤 '권력과 성, 정부의 본질'이라는 책을 쓴 마거릿 쿡은 지칠 줄 모르는 리비도가 곧 정치인의 성취욕이라며 드골과 마오쩌둥, 케네디의 바람기를 지적했다. 케네디가 능력을 다 드러내기 전에 암살되는 바람에 지금껏 카리스마적 리더로 간주되는 게 행인지 불행인지 모르겠다. 루이 16세는 성적 무능 탓에 용기도, 결단력도 박살나 결과적으로 프랑스혁명을 불렀다. 프로이트의 리비도론을 깊이 이해했던 전기 작가 슈테판 츠바이크가 쓴 얘기다.

■《동아일보》 논설위원 김순덕은 안철수를 '밀당의 귀재'에 비유한 칼럼을 썼다.

안 받다가, 잊을 만하면 나타나선 달래고 공감해준다. (중략) 밀당의 필살기인 3조는 환상 교란이다. 현실에 대한 불안과 불만을 자극하고 자기를 백마 탄 왕자(또는 선구자)로 연출해서는 '이 사람이라면 내 모든 문제를 해결해줄 것' 이라는 확신을 심어주는 것이다."

이어 김순덕은 이렇게 말한다. "피 말리는 밀당에서 지지 않으려면 '너 없어도 난 잘 산다' 고 정신 무장을 하는 게 중요하다. 여기에 안철수가 대통령 선거에 안 나오는 일은 없다는 점을 바닥에 깔고 있으면 괜히 안달할 일도 없어진다. 안랩의 주식 때문이다. 불출마 선언을 하는 순간 주가가 폭락할 것이 뻔한데, 돈 욕심 아니라 사회적 책임에서라도 그런 말은 못한다고 나는 믿는다."[15]

김순덕의 칼럼에 동의할 수 없을 때가 많지만, 김순덕이 글을 재미있게 잘 쓴다는 건 분명한 것 같다. 다음과 같은 댓글이 말해주듯 그이가 두터운 고정 팬을 거느리고 있는 건 당연한 일이라 하겠다.

"어쩜 가려운 곳을 그렇게 시원하게 긁어줄 수가 있을까요? 순덕 씨 칼럼을 제일 좋아하는 사람 중 한 사람입니다. 오늘 아침 밀당 제하의 칼럼은 백만 불짜립니다. 언제나 제 가려운 곳을 골라서 긁어주듯 했지만, 오늘 글은 참으로 좋았습니다."

안철수가 정말 '밀당'을 하고 있는지 여부는 알 수 없지만, 그 어떤 이유 때문이건 '밀당'이라는 말을 들어도 억울해할 일은 없을 듯하다. 다른 이유보다도 고도의 전략적 행위를 하고 있다는 게 대통령 자질로선 훨씬 더 나은 것이기 때문이다.

6월 중순 민주통합당이 안철수에 대한 압박 수위를 점점 높이자 정치권 사정에 밝은 한 전략가가 했다는 다음과 같은 말이 쓴웃음을 자아내게 만든다. "안철수는 최대한 살살 다뤄야 한다. 말 그대로 불면 날아갈까, 잡으면 깨질까 그렇게 해야 한다. 계속 꽁꽁 싸매고 있다가 9월쯤 '나 안 해' 이래버리면 결국 박근혜가 되는 게임이다. 민주당처럼 거칠게 다루는 건, 야권 그 어떤 후보에게도 도움이 안 된다." 안철수가 정치를 할지 말지 아직도 결정을 하지 못했다는 것은 아예 불출마할 가능성도 없지 않다는 뜻이기 때문에, 절대로 그를 '거칠게' 다뤄서는 안 된다는 것이다.[16]

15. 김순덕, 〈안철수의 '밀당'〉, 《동아일보》, 2012년 6월 25일.

야권에서 안철수를 살살 다루지 않으면 박근혜가 대통령이 되는 게임이라는 이야긴데, 세계 어느 나라에도 이런 게임은 없을 것 같다. 이 점에 관한 한 손학규의 말이 옳다. 그는 안철수 영입을 서둘러야 한다는 당내 주장에 대해 "한마디로 안 원장을 불쏘시개로 쓰겠다는 것으로, 예의가 아니다"며 "안 원장이 어린애도 아니고 달래고 구슬려서 출마시키자는 게 말이 되는가?"라고 말했다.[17]

그러나 손학규가 왕성하게 벌이고 있는 '안철수 때리기'는 나중에 맺어야 할 협력 관계를 생각하면 현명한 전략은 아니다. 정치인들이야 서로 싸우다가도 때가 되면 다시 악수하고 웃을 수 있지만, 안철수는 그런 유형에 속하는 사람이 아니라는 사실을 감안해야 한다. 물론 손학규는 출발서부터 "안철수와의 공동 정부" 운운하는 '패배주의적' 경향을 보인 문재인과 달리 민주통합당의 자존심과 자신감을 세우는 걸 자신의 역량과 연결시키겠다는 뜻일 게다. 하지만 이런 점도 생각해봐야 한다. 안철수 현상의 배경에 유권자들의 기존 정치에 대한 극단적인 불신과 혐오가 있다는 점을 감안컨대, 유권자들은 안철수 때리기에 대해 "당신들에게 돌 던질 자격이 있는가? 내내 부끄럽게 생각해야 하는 것 아닌가?"라는 반발 심리를 가질 수 있다.

밀당이건 그 무엇이건 안철수의 장고長考를 어떻게 볼 것인가? 김순덕이 말한 게 정답이다. "너 없어도 난 잘 산다." 사실 안철수의 침묵을 비판하

16. 장윤선, <"안철수 살살 다루지 않으면 박근혜가 되는 게임": [진단] 유민영 공보담당, 첫 입장문 발표… 민주당 인사들에게 '신뢰와 존중' 강조>, 오마이뉴스, 2012년 6월 20일.
17. 이충재, <김두관 '철수야 놀자' 손학규 '철수는 안 돼': 민주당 대선 주자별 속셈 따라 '안철수 활용법' 제각각>, 데일리안, 2012년 7월 7일.

는 칼럼들은 글쓴이의 본의와 무관하게 안철수가 없으면 못 살기라도 할 것처럼 조바심을 내는 기색이 역력하다. 이제 더는 조바심 내지 말고 의연하게 "너 없어도 난 잘 산다" 하는 태도를 취하면 좋겠다. 뒤늦게 나타나서 사랑을 고백한다면 그건 그때 가서 생각해볼 일 아닌가?

그런데 문제는 "이대로는 못 살겠다"라고 생각하는 사람들이 너무 많다는 점이다. 안철수 지지자들만 그렇게 생각하는 게 아니다. 각 직업윤리 수준에서 정치인에 대한 신뢰도는 꼴등이고 그래서 "쓰레기"니 "똥통"이니 하는 말까지 나오고 있는 게 현실이다.[18] 쓰레기니 똥통이니 하는 말엔 결코 동의할 수 없지만, 원래 힘없는 사람들의 무력감은 증폭되기 마련이라는 점을 이해해야 한다. 전문가들과는 달리 이들에게 안철수의 장고는 비교적 사소한 문제일 수 있다. 물론 장고에 대한 비판이 폭포처럼 쏟아지면 이들도 영향을 받긴 하겠지만, 그렇다고 해서 "누군가가 필요하다"고 생각하는 이들의 염원을 잠재울 수는 없는 법이다.

그런 염원을 '메시아 심리'로 폄하하는 것 또한 온당치 않다. 이들의 바람은 의외로 소박하기 때문이다. 정치인이나 정치판을 "쓰레기"나 "똥통"으로 부르지 않게 해달라는 것뿐이다. 안철수의 장고에 대한 논쟁은 이 핵심을

---

18. 2005년 1월 1일자 《서울신문》에 실린 '광복 60주년 여론조사'를 보면 정치인에 대한 신뢰도 조사(10점 만점)에서 응답자 1,000명 중 385명이 0점을 매겼으며, 5점 이하 낙제 점수를 준 응답자가 전체의 91.6퍼센트인 것으로 나타났다. 이런 현실과 관련해 이태동은 "지금 국민 사이에서 정치인들에 대한 평판은 '쓰레기'라는 말이 나올 정도로 품위와 신뢰를 잃어 바닥을 헤매고 있다"고 주장했다. 한국직업능력개발원이 2006년 3~4월 전국의 일반 성인, 대학생, 고교생 등 7,800명을 대상으로 17개 주요 직업의 직업윤리 수준을 조사한 결과에서도 국회의원이 꼴등을 차지한 것으로 나타났다. 이태동, 〈노무현 정부와 '역사의 사슬'〉, 《문화일보》, 2005년 8월 22일; 윤중식, 〈국회의원·시의원 직업윤리 꼴찌 1·2위〉, 《국민일보》, 2006년 10월 18일; 최형규, 〈[왜냐면] 똥통을 뒤집어야 한다: '안철수 신드롬'을 보며〉, 《한겨레》, 2011년 9월 15일.

건드려야지 하루가 멀다 하고 〈안철수, 대선 출마 결심 묻자… 딱 한마디만〉, 〈'출마 고민' 안철수, 이번에도 '아니요'〉, 〈안철수, 대선 출마 결심 묻자 "아니요, 허허"〉, 〈안철수, 대선 출마 결심 묻자 "아니요, 허허. 다음에 또 보자"〉, 〈안철수 흰머리 늘고 살 확 빠졌네〉, 〈민주당서 나오는 '안철수 실기론'〉 등과 같은 기사를 양산해내는 것으로 대처할 일은 아니다. "너 없어도 난 잘 살겠지만, 너 있으면 더 잘 살 것 같다." 이런 자세를 취하는 게 어떨까?

제8장

# 박정희 패러다임과 안철수 패러다임

•

## 패러다임 전환엔 고통이 따른다

## 스티브 잡스와 안철수

2011년 10월 5일 스티브 잡스Steve Jobs가 사망했을 때 일면식도 없는 그의 죽음에 전 세계적으로 '컬트(숭배)'에 가까운 애도가 끝없이 이어졌다. 《워싱턴 포스트》는 1990년대 초반 어린 시절을 보낸 이들이 대거 추모에 동참했다는 데 주목했다. 이 세대는 매킨토시에 플로피디스크를 꽂아 '오리건 트레일' 같은 게임을 하고 학교 컴퓨터실에서 매킨토시를 만지며 학창 시절을 보냈다. 아이맥과 아이팟, 아이폰, 아이패드 등 잡스가 만든 제품을 사용하며 자라왔기에, 애플의 제품 하나하나가 인생의 표지판과 다름없을 만큼 의미가 더 각별했다는 것이다.[1]

잡스가 사망하기 한 달 전에 《한국대학신문》과 캠퍼스라이프가 전국 4년제 대학 재학생 2,187명을 대상으로 '2011년 대학생 의식 조사 및 기업 이미지 · 상품 선호도 조사'를 했는데 가장 존경하는 한국인은 안철수, 외국인

1. 이정애, 〈'잡스 컬트' 신드롬〉, 《한겨레》, 2011년 10월 7일.

은 스티브 잡스인 것으로 나타났다.[2] 이게 과연 우연일까? 두 사람 모두 젊은 세대의 경험을 지배한 디지털 문화의 선구자들이 아닌가? 젊은 세대는 이 두 사람의 영향권 안에서 이들을 존경하거나 숭배하면서 성장한 이들이 아닌가?

게다가 안철수와 잡스는 겉보기와는 달리 기업관에서부터 일하는 철학에 이르기까지 놀라울 정도로 유사한 면이 많다. 핵심 가치와 비전으로 영속하는 성공 기업을 역설해온 안철수는 자신의 기업관을 '영혼이 있는 기업 만들기' 라고 정의했는데,[3] 이는 잡스의 기업관과 똑같다. 일중독, 거시적인 비전, 창의성도 비슷하다. 애플이 1997년에 펼친 광고캠페인 '다른 것을 생각하라Think Different' 가 잡스의 생활 신조였듯이 안철수의 생활 신조도 '변화를 만들라make a difference' 다.[4] 안철수는 주변 사람들에게 "청교도적 인물" 이라는 말을 듣는데, 이 또한 잡스의 특성이기도 하다. 다만 잡스가 악동으로 군 반면, 안철수는 매우 예의 바르다는 게 크게 다른 점이다. 어쩌면 안철수를 '착한 잡스' 라고 할 수 있겠다.

진보는 애플 시대의 변화를 수용할 수 있는 걸까? 유병률은 "안철수가 디지털 버전으로 진화한 이명박 신화일지도 모른다" 라는 견해에 대해 '디지털 버전' 을 과소평가한 것으로 일축한다. "안철수는 한국 정보통신 기술IT의 상징이다. 오늘날 IT의 가치는 '가지고자 하는 욕망' 이 전부가 아니다. '이루고자 하는 욕망' 이고 '세상을 바꾸고자 하는 욕망' 도 어울려 있다. 지식과 정

2. 〈"대학생들 안철수 · 스티브 잡스 가장 존경"〉, 《경향신문》, 2011년 10월 12일.
3. 안철수, 《CEO 안철수, 영혼이 있는 승부》(김영사, 2001), 89쪽.
4. 최희진, 〈안철수 "유독 한국만 벤처기업 새싹 없다, 5년 뒤 암담"〉, 《경향신문》, 2008년 5월 22일.

보가 공유재가 되는 세상이다. 수많은 창의성과 아이디어가 보태져야 자신의 아이디어도 발전한다. IT는 진보로 연결된다. 그래서 그가 대선에서 승리한다면 진보의 승리일 수도 있다. 진보의 개념도 진화하고 있기 때문이다."[5]

스티브 잡스는 죽었지만, 안철수는 건강하고 대통령까지 꿈꾸고 있다. 우리는 무언가 의미심장한 사회적 대변화의 소용돌이에 놓여 있는 게 분명한 것 같다. 진보와 보수의 경계는 물론이고 그 개념 자체가 흔들리고 있는 건 아닐까? 지금 당장 동의할 순 없다 하더라도 그 가능성의 문을 열어두는 것이 안철수 현상에 대해 스트레스를 받지 않는 길일지도 모르겠다.

## 박정희 패러다임과 안철수 패러다임

"안철수는 안보와 성장의 두 축으로 대한민국을 이끌어 온 '박정희 패러다임'이 더 이상 지속될 수 없다는 선언의 상징이다."[6]

정치 컨설턴트 박성민이 2012년 2월 5일에 출간된 《정치의 몰락》에서 한 말이다. 그는 "안철수 현상의 이면에는 문명사적인 변화가 있어요"라면서 다음과 같이 말한다.

"근대 이전 지식의 위계질서는 이제 물구나무를 섰어요. 맨 밑바닥에 신학이 있고, 그 위에 철학, 그 위에 과학 그리고 맨 위에는 놀랍게도 기술이

5. 유병률, 〈'엄친아' 안철수, 갚을 수 없는 엄청난 빚〉, 《머니투데이》, 2012년 1월 20일.
6. 박성민 · 강양구, 《정치의 몰락: 보수 시대의 종언과 새로운 권력의 탄생》(민음사, 2012), 11쪽.

있습니다. 스티브 잡스, 빌 게이츠 그리고 안철수 같은 기술자들이 부와 명예 그리고 세상에 영향력을 끼치는 힘을 갖고 있어요. 신학의 경우, 지배력은 고사하고 자기 영역을 방어하기도 힘겹습니다. 이 시대에는 더 이상 오랜 세월 동안 축적한 경험이 예전만큼 힘을 발휘하지 못합니다. 세계화와 정보화로 환경 자체가 바뀌었는데, 어떻게 과거의 환경에 기반을 둔 경험이 문제 해결의 기준이 될 수 있겠어요? 당장 집에서 새로 나온 가전제품의 조작 방법을 습득하는 순서는 정확히 나이순과 반대잖아요."[7]

그렇다. 탁월한 안목이다. 디지털 기술의 단절성은 본질적으로 아날로그형인 경험과 경륜을 조롱하고 있다. 스마트폰의 구사 능력이 사용자의 나이에 반비례한다는 사실이 그 점을 드라마틱하게 입증하고 있다. 일상적 삶에서 중요한 것들을 어른이 아이에게 배워야 하는 세상이 도래한 것이다. 그렇잖아도 독특한 '빨리빨리 문화'로 세계에서 가장 속도를 숭배하고 구현해 온 한국 사회는 늙음을 사회 진보에 역행하는 악덕으로 여기게 됐다. 지난 19대 총선 또한 늙음을 조롱하는 잔치판이었다.

그러나 청년은 선거 때만 추파를 받을 뿐 평소엔 취업 전쟁의 어두운 그늘에서 고통받고 있다. 그들은 위로나마 갈구했지만, 위로는 없었다. 다른 누구도 아니라 젊은 세대의 디지털 경험을 이끌어온 안철수가 위로와 비전을 주는 멘토로 나서면서 디지털 혁명은 정치사회 분야에까지 그 손길을 뻗치게 된 건 아닐까?

---

7. 박성민 · 강양구, 《정치의 몰락: 보수 시대의 종언과 새로운 권력의 탄생》(민음사, 2012), 146~148쪽.

스티브 잡스가 출현하기 전에는 기술을 사랑하는 사람들과 예술을 사랑하는 사람들 사이에 간극이 매우 컸다. 기술 회사는 창의성을 이해하지 못하고 직관적 사고의 가치도 몰랐는데, 음악, 그림, 영상, 컴퓨터를 모두 사랑한 잡스는 기술을 개발하려면 직관과 창의성이 필요하고 예술적인 무언가를 만들어내려면 현실적 규율이 필요하다는 점을 이해했다. 그는 이렇듯 인문학과 과학기술의 교차점에 서 있었기에 융합 시대의 선구자가 될 수 있었다.[8]

디지털 융합의 시대에 아날로그적 분리는 어울리지 않건만, 보수와 진보를 막론하고 그동안 정치를 했거나 정치에 대해 이러쿵저러쿵했던 사람들은 위로를 정치의 기능으로 간주하지 않았다. 그들은 정치는 '실질'이어야만 한다고 생각했다. 그러나 그건 어디까지나 이론적 생각이었을 뿐, 그들이 실제로 보여준 건 실질의 정의를 둘러싼 이전투구泥田鬪狗였다. 안철수는 정치와 위로의 교차점에 서서 정치를 다시 정의해보자고 선전·선동하고 있는 건지도 모른다.

## 안철수 세대의 특별한 타이밍

정치가 타이밍의 예술이라면 안철수 현상 또한 타이밍의 산물이다. 내가 제2장에서 지적했듯이 말콤 글래드웰은 《아웃라이어》에서 각 분야에서 크게 성

8. 월터 아이작슨(Walter Isaacson), 안진환 옮김, 《스티브 잡스(Steve Jobs)》(민음사, 2011), 600~601쪽, 629~631쪽.

공한 이들은 재능이 탁월하기도 했지만, 그들이 누린 기회가 특별했기에 성공할 수 있었다고 주장한다. 당연한 이야기인 것 같으면서도 의외로 우리가 놓치고 있는 부분이다.

미국을 기준으로 개인컴퓨터 혁명의 역사에서 가장 중요한 해는 1975년이다. 이 혁명의 수혜자가 되려면 1950년대 중반에 태어나 20대 초반에 이른 사람이 가장 이상적이다. 실제로 미국 정보통신 혁명을 이끈 거물들은 거의 모두 그 시기에 태어났다. 빌 게이츠, 스티브 잡스, 에릭 슈미트 등은 1955년생이며 다른 거물들도 1953년에서 1956년 사이에 태어났다.[9]

특별한 기회의 중요성에 대한 인식은 세대론의 가치를 강조한다. 과거 한국 정치권에 4·19세대와 6·3세대가 많았던 건 4·19혁명과 6·3사태라는 역사적 사건이 있었기 때문이다. 386세대는 5·18광주민주항쟁의 자식들이다. 이제 우리는 '88만 원 세대'가 당면한 고통스러운 현실을 목도하고 있다.

한국 디지털 혁명의 씨앗은 1980년대 초반에 뿌려졌다. 5공화국은 광주학살을 저지른 천하의 몹쓸 정권이었지만, 1981년 5월 28일 체신부 차관으로 취임한 오명은 가히 '통신혁명'이라 해도 좋을 만큼 뛰어난 업적을 보여줬다. 그가 재임하는 동안 한국전기통신공사가 체신부에서 독립했고, 한국데이타통신주식회사(2000년에 민영화됐고 현재는 LG유플러스에 합병됨)가 설립됐다. 1985년 9월 말에는 전국의 전화 대수가 7백만 대를 돌파하며 전화가 대중화됨으로써 곧 다가올 인터넷 혁명의 초석이 구축됐다.[10]

---

9. 말콤 글래드웰(Malcolm Gladwell), 노정태 옮김, 《아웃라이어》(김영사, 2009), 80~85쪽.
10. 강준만, 《전화의 역사: 전화로 읽는 한국문화사》(인물과사상사, 2009), 170~175쪽.

이 특별한 역사의 수혜자들은 넓게 잡자면 1960년대에 태어난 사람들이다. 드림위즈 대표 이찬진, 휴맥스 대표 변대규, 시만텍코리아 대표 정경원은 1960년생이고 새롬기술 전 대표 오상수는 1961년생이다. 안철수와 다산네트웍스 대표 남민우, 옥션 전 대표 오혁은 1962년생, 나모인터랙티브 대표 박홍호, 인터파크 회장 이기형은 1963년생이다. 오마이뉴스 대표 오연호와 알라딘 대표 조유식은 1964년생, 네이버 창업자 김범수와 하늘사랑정보 대표 나종민은 1966년생, 엔씨소프트 대표이사 김택진, NHN 의장 이해진은 1967년생, 다음 창업자 이재웅과 넥슨 회장 김정주는 1968년생이다. 그밖에도 자수성가형 IT 기업인들은 대부분 1960년대생이다.

안철수는 이처럼 특별한 역사적 기회라는 수혜를 입었다. 그 자신도 성공할 수 있었던 까닭에 대해 "시기가 맞은 것 같다. 막 (컴퓨터) 기계어 공부를 끝냈을 때 바이러스를 만났다. 당시 나이가 몇 살 어리거나 더 많았으면 달라졌을 것"이라고 말한다.[11]

이뿐만 아니라 안철수는 대통령직에 도전해보려는 상황에서 88만 원 세대의 좌절과 분노가 폭발할 시점이라고 하는 또 다른 역사적 기회를 맞이했다. 88만 원 세대의 좌절과 분노를 보고서 대통령이 돼야겠다는 결심을 했다고 볼 수도 있다. 중요한 건 안철수가 88만 원 세대라고 하는 현실을 확실하게 선점함으로써 유리한 고지를 차지한 것 또한 타이밍의 산물이라는 점이다.

11. 최효찬, 《안철수의 착한 성공》(비전코리아, 2011), 129쪽.

대기업의 횡포에 대한 문제의식이라는 타이밍도 그렇다. 지식인들은 오래전부터 한국이 '재벌 공화국'으로 변해가는 걸 두려운 시선으로 바라봤지만, 일반 대중은 그걸 실감하지 못했다. 외려 재벌이 주도하는 경제의 높은 수준과 비교해 정치의 낮은 수준을 폄하하기도 했다. 그러다가 재벌의 대형마트 공세와 재벌 2·3세의 빵집 침투로 재벌 공화국의 문제점을 일상생활에서 온몸으로 겪으면서 "이거 안 되겠구나" 하는 생각을 하게 된 것이다. 대중이 막연하게나마 그 어떤 역사적 변곡점이 왔다는 느낌을 공유하는 상황에서 안철수가 등장해 목소리를 높이고 있으니, 타이밍이 절묘하다 하지 않을 수 없다.

## 위험 감수에서 위험 관리 패러다임으로

박정희 패러다임의 종언도 안철수 세대가 얻은 기회인지도 모른다. 안철수는 2004년에 출간한 《CEO 안철수, 지금 우리에게 필요한 것은》에서 다음과 같이 말한다.

"진 세계적으로도 우리나라의 발전 속도는 경이적인 것으로 평가받고 있다. 우리나라가 국민소득 1만 불 수준까지 빠르게 도달할 수 있게 만든 두 가지 키워드는 제조업과 위험 감수risk taking였다고 생각한다. 그러나 앞으로 2만 불 시대를 맞이하기 위해서는 전혀 다른 키워드가 필요하다. 바로 지식·정보산업과 위험 관리risk management다."[12]

안철수가 "대한민국 포트폴리오를 바꿔야 한다"라고 역설하는 것도 그런 위험 관리 패러다임의 연장선상에 있다. 대기업에만 의존하는 경제는 외부 충격에 약하기 때문에 위험 분산을 위해서라도 대기업과 중소기업을 균형 있게 키워야 한다는 얘기다.[13]

안철수의 패러다임 전환론은 그의 사업 경험에서 비롯된 것이다. 백신 무료 배포와 관련해 그가 가장 우려한 것은 컴퓨터바이러스에 대한 사람들의 안전 불감증이었다. "개인에게 무료로 배포하는 백신 소프트웨어는 사회 전반에 바이러스 프로그램이 퍼지지 못하게 만드는 안전판 역할을 합니다. 만약 개인에게 백신 소프트웨어를 돈을 받고 팔아서 사용률이 떨어지면 숨죽이고 있던 바이러스 프로그램들이 기업과 관공서로 파고들어 사회 전체에 악영향을 끼칩니다. 그렇게 되면 그 피해는 수조 원이 넘을 겁니다."[14]

안철수는 1999년 4월에 일어난 체르노빌 바이러스 사건을 삼풍백화점 참사나 성수대교 붕괴에 비유하곤 했다. 안전 불감증에 빠져 만들어 쓰기만 하고 유지·보수에는 관심 없는 우리 사회의 한 모습을 보여줬다는 것이다.[15] 그는 다음과 같이 말한다.

"성장만을 미덕으로 삼고 잠재된 문제에는 소홀했기 때문에, 즉 정보 안전 불감증으로 인해 겪지 않아도 될 고통과 치르지 않아도 될 대가를 치렀

---

12. 안철수, 《CEO 안철수, 지금 우리에게 필요한 것은》(김영사, 2004), 204쪽.
13. 정혁준, 〈"대한민국 포트폴리오를 바꿔야": 대전 카이스트에서 만난 안철수 교수 "4천만이 먹고살려면 중소기업 육성 필요"〉, 《한겨레21》, 제751호(2009년 3월 13일).
14. 최연진, 〈컴퓨터바이러스 잡는 의학 박사: 안철수 소장〉, 《한국일보》, 2000년 1월 29일, 30면.
15. 최영창, 〈"Y2K 바이러스 불안 업체서 만든다": 컴퓨터 백신 시장 80퍼센트 장악한 안연구소 안철수 소장〉, 《문화일보》; 김상철, 〈"해커·바이러스 등한 땐 큰 사고 부를 것": 사이버의 파수꾼 안철수 소장〉, 《한국일보》, 1999년 12월 30일.

대전=글 정혁준 기자 june@hani.co.kr
사진 류우종 기자 wjryu@hani.co.kr

그는 '곰바우'다(그가 기분 나빠할 수도 있겠다). 느릿느릿 우직하게 자기가 하고 싶은 일을 한다. '다이내믹 코리아'엔 안 맞는 사람이다. 눈코 뜰 새 없이 팽팽 돌아가는 정보기술(IT) 사회에 그는 안 어울릴 것 같다.

밥 먹고 차 마시는 일을 항다반사라 한다. 하지만 사람들은 이걸 못한다. 밥을 급하게 먹는다. 결국 체한다. 밥 먹고 차 마시는 당연한 일을 급하게 한 데서 사회적 부조리가 생긴다.

**6개월 안에 창업 내몰릴 것**

지금의 경제위기는 바로 밥을 제대로 먹는 원칙을 지키지 못한 데서 비롯된 게 아닐까. 단시간에 빨리 돈을 벌기 위한 탐욕 말이다. 벤처 거품은 어떤가. 단기에 돈을 벌기 위한 사람들의 머니게임 때문이었다. 하지만 그는 느릿느릿하다. 시간을 거꾸로 가는 것처럼. 그런데 참 이상하다. 그는 존경받는 최고경영자(CEO)로 항상 손꼽힌다.

"앞으로 6개월이 중요하다." 어눌한 부산 사투리다. 하지만 논리적이다. 안철수 카이스트(KAIST) 석좌교수. 3월2일 대전 카이스트

**"대한민국 포트폴리오를 바꿔야"**

대전 카이스트에서 만난 안철수 교수 "4천만이 먹고살려면 중소기업 육성 필요"

■ 오랫동안 안철수는 위험 감수에서 위험 관리로 패러다임을 전환할 것과 함께 대기업과 중소기업을 균형 있게 성장시켜야 한다는 점을 강조해왔다.

던 것이다. 모든 문제는 본질적으로 양면성을 가진다. 어느 한쪽으로 무게 중심이 쏠릴 때 균형을 잃고 휘청거릴 수밖에 없다. 눈에 보이는 새로운 시스템을 도입하는 데만 치중할 것이 아니라, 그 시스템을 통해 쌓이고 유통되는 정보를 관리·보호하는 데까지 염두에 두고 사전 대책을 세운다면 막대하게 쏟아부은 투자가 한순간에 무위로 돌아가지는 않을 것이다."[16]

---

16. 안철수, 〈바이러스 유비무환〉, 《경향신문》, 1999년 12월 29일.

안철수는 패러다임 전환의 필요성을 생존 문제와 연결시킨다. "나는 어떤 일을 시작할 때 '이 일을 하면 우리가 좀 더 잘되겠지' 라는 판단 기준을 적용하지 않는다. 그런 마인드로 제품을 기획하고 새로운 시장에 접근한 적은 한 번도 없다. 대신 모든 결정에는 '이 일을 하지 않으면 머지않은 장래에 생존을 위협받을 것이다' 라는 기준을 적용했다."[17]

이젠 패러다임 자체를 바꿔야 한다는 비전 제시는 기성 정치인들한테서 쉽게 들을 수 있는 말이 아니다. 안철수에 대한 찬반 논쟁은 안철수 개인을 떠나 한국 사회의 미래에 관한 패러다임 논쟁일 수 있다. 그런데 우리는 패러다임을 바꿔야 한다는 말은 쉽게 하면서도 그 전환 비용엔 관심이 없다. 그저 옷 갈아입듯 손쉽게 바꿀 수 있는 것처럼 생각하는 듯하다. 세상에 비용과 고통 없는 패러다임 전환이 어떻게 가능하단 말인가? 아날로그 방송에서 디지털 방송으로 전환하는 것도 그 난리 법석인데 말이다. 우리는 심지어 안철수를 살펴보는 일마저 그런 식으로 대하고 있는 건 아닌가?

## 안철수노믹스와 발표 저널리즘

"이른바 '안철수노믹스' 핵심 키워드는 '실패를 통한 경제성장' 이다. 실패를 장려할수록 도전 · 창업이 활성화돼 경제 생태계를 역동적으로 만들 수

17. 안철수, 《CEO 안철수, 영혼이 있는 승부》(김영사, 2001), 59쪽.

있다는 것이다. 역동적인 경제 생태계는 혁신과 장기적 성장의 발판이 된다. 안철수 서울대 교수의 이런 성장론은 성장 대신 맞춤형 복지, 경제 민주화를 전면에 내세운 박근혜 전 새누리당 비상대책위원장 등 다른 여야 대권 주자들과 차별된다. 그가 생각한 한국 경제의 큰 문제는 열심히 뛰고 있는 사람·기업이라도 한 번 실패하면 나락으로 떨어진다는 점이다. 중산층이라도 가족 중 어느 한 사람이 중병에 걸리면 바로 빈곤층으로 추락한다. 중소기업 CEO가 기업을 하다가 망하면 다시 일어설 수 없다. 경제 전체적으론 양극화가 심해지는 것은 물론 역동성이 사라지면서 성장도 정체한다."

2012년 6월 2일 《매일경제》 기자 이기창이 쓴 〈강연을 통해 드러난 '안철수노믹스'〉라는 기사다. 뜻밖이다. 거의 모든 언론이 안철수가 아무것도 내놓은 게 없다고 아우성인데, 기자 스스로 '안철수노믹스'를 정리해 내놓다니 말이다. 기사를 좀 더 읽어본 뒤 생각해보기로 하자.

이기창은 "안 교수는 '실패를 용인하는 경제 시스템'을 만드는 방법론으로 '복지'와 '정의'를 꼽는다. 패자들을 사후적으로 구제할 복지 체계, 공정 경쟁 등 원칙을 사회 전반에 뿌리내려야 한다는 것이다. 실패하더라도 빈곤층으로 추락하는 것을 막고 승자와 패자가 같은 출발선 상에서 공정하게 경쟁할 수 있다는 믿음이 있다면 경제 주체들이 실패를 두려워하지 않을 것이라는 얘기다"며 다음과 같이 말한다.

"중소기업 육성도 경제 역동성 차원에서 바라보는 게 그의 시각이다. 그는 경북대 강연에서 '대기업 중심 경제구조가 고착화되면 생태계 역동성이 사라져 경제 위기에 취약해진다'며 '중소기업은 일자리 창출의 대안이자 대기업 경쟁력을 높일 수 있는 기반'이라고 말했다. 안 교수는 한국 경제 성

# 安 "실패를 용인해야 성장"

### 강연 통해 속속 드러나는 '안철수노믹스'

### 복지·경제민주화 내세운 박근혜와 대조

이른바 '안철수노믹스' 핵심 키워드는 '실패를 통한 경제성장'이다. 실패를 장려할수록 도전·창업이 활성화돼 경제 생태계를 역동적으로 만들 수 있다는 것이다. 역동적인 경제 생태계는 혁신과 장기적 성장의 발판이 된다.

안철수 서울대 교수의 이런 성장론은 성장 대신 맞춤형 복지, 경제 민주화를 전면에 내세운 박근혜 전 새누리당 비상대책위원장 등 다른 여야 대권주자들과 차별된다.

안 교수는 지난 3월부터 잇단 강연을 통해 자신의 경제 구상을 조금씩 밝히고 있다. 그가 생각한 한국경제의 큰 문제는 열심히 뛰고 있는 사람·기업이라도 한 번 실패하면 나락으로 떨어진다는 점이다. 중산층이라도 가족 중 어느 한 사람이 중병에 걸리면 바로 빈곤층으로 추락한다. 중소기업 CEO가 기업을 하다가 망하면 다시 일어설 수 없다. 경제 전체적으론 양극화가 심해지는 것은 물론 역동성이 사라지면서 성장도 정체한다.

안 교수는 지난 4월 경북대 강연에서 "급격한 산업화 과정에서 동료 중에 쓰러지는 사람이 있으면 짓밟고 앞만 보고 뛰었다"면서 "이러다 보니 실패를 용납하지 않는 문화가 자리 잡았다"고 말했다.

여기서 그가 제시하는 성공모델은 미국 실리콘밸리의 경험이다. 그는 "실리콘밸리는 '성공'이 아니라 '실패'의 요람"이라고 말한다. 실리콘밸리에선 도덕적인 문제만 없다면 실패한 기업인이라도 재도전 기회를 준다. 과거 실패 경험이 있기 때문에 성공 확률이 높아진다. 개인의 실패 경험이 사회적인 자산이 되는 셈이다.

안 교수는 '실패를 용인하는 경제 시스템'을 만드는 방법론으로 '복지'와 '정의'를 꼽는다. 패자들을 사후적으로 구제할 복지체계, 공정경쟁 등 원칙을 사회 전반에 뿌리 내려야 한다는 것이다. 실패하더라도 빈곤층으로 추락하는 것을 막고, 승자와 패자가 같은 출발선상에서 공정하게 경쟁할 수 있다는 믿음이 있다면 경제 주체들이 실패를 두려워하지 않을 것이라는 얘기다.

중소기업 육성도 경제 역동성 차원에서 바라보는 게 그의 시각이다.

그는 경북대 강연에서 "대기업 중심 경제구조가 고착화되면 생태계 역동성이 사라져 경제위기에 취약해진다"며 "중소기업은 일자리 창출의 대안이자 대기업 경쟁력을 높일 수 있는 기반"이라고 말했다.

안 교수는 한국경제 성장을 위한 구체적인 처방을 내놓기도 했다. 일자리 분야에선 △정년 60세 연장 △일자리 나누기 △임금피크제 등 도입 △투자에서 고용창출 중심으로 경제정책·세제지원 패러다임 변화 △지방대 학생 공기업 의무채용제 도입 등이 있다. 중소기업 지원을 위해서는 △중소기업 연대보증 해소 △중기 창업 지원 등 해법을 내놨다.

이기창 기자

■ 《매일경제》 기자 이기창은 안철수가 그동안 쏟아낸 말들을 '안철수노믹스'로 정리했다.

장을 위한 구체적인 처방을 내놓기도 했다. 일자리 분야에선 △정년 60세 연장 △일자리 나누기 △임금피크제 등 도입 △투자에서 고용 창출 중심으로 경제정책 · 세제 지원 패러다임 변화 △지방대 학생 공기업 의무채용제 도입 등이 있다. 중소기업 지원을 위해서는 △중소기업 연대보증 해소 △중기 창업 지원 등 해법을 내놨다."[18]

사실 그러고 보니 안철수는 그동안 저술·강연·인터뷰 등을 통해 엄청나게 많은 말을 해왔으며, 그 안엔 정책이라 볼 수 있는 것들이 많다. 그런데 왜 언론은 그가 아무것도 내놓은 게 없다고 그러는 걸까? 공약 발표의 형식 논리를 중시하기 때문일까? 아니면 이른바 '발표 저널리즘'의 관행에 얽매인 탓일까?[19]

2012년 5월 23일 《중앙일보》 주필 김수길은 "아직까지 우리 유권자들에게 대선 주자들의 이미지는 보여도, 한 사람 한 사람의 생각이나 비전 등 콘텐트는 드러난 바가 거의 없다"라고 개탄했다.[20] 형식적인 공약 발표에 별 의미가 없다는 뜻으로도 해석할 수 있겠다. 즉, 아무것도 내놓은 게 없다는 것은 안철수의 문제만은 아니라는 것이다. 게다가 "7퍼센트 성장, 4만 불 소득, 세계 7위 경제를 이룩하자"라는 이명박의 '747공약'이 얼마나 황당무계한 결과로 나타났던가? 대선 후보의 공약公約은 공약空約이라는 속설이 거의 진리처럼 통용되고 있는 나라에서 발표 저널리즘보다는 이슈 저널리즘이 더 필요하다는 건 두말하면 잔소리다.

---

18. 이기창, 〈강연을 통해 드러난 '안철수노믹스'〉, 《매일경제》, 2012년 6월 2일.
19. 발표 저널리즘이란 정부 등과 같은 주요 취재원의 발표에 따라 기사를 만드는 관행을 말한다. 발표 저널리즘 문제를 극복하기 위해 언론사 스스로 이슈를 포착하거나 개발해내는 이슈 저널리즘이 주창되고 있다.
20. 김수길, 〈권력의 밥상, 유권자의 밥상〉, 《중앙일보》, 2012년 5월 23일.

## 페이스북에서 한국 신산업을 본다

보수 언론은 안철수에 대해 비판적이다. 그런데 흥미로운 사실은 안철수의 패러다임 전환을 가장 적극적으로 지지하는 세력은 바로 보수 신문 논객들이라는 점이다. 패러다임 전환의 내용엔 다소 차이가 있을지언정 기존 패러다임으로는 안 된다는 주장을 가장 강하게 제기함으로써 본의 아니게 안철수의 패러다임 전환론에 힘을 실어주고 있다.

사실 이 점에선 진보 언론 또한 성찰이 필요하다. 진보 언론은 정의에 집착한 나머지 미래의 비전 제시에서 보수 언론에 떨어진다. 진보 언론이 미래의 비전을 이야기하지 않는 건 아니지만, 그마저 경제는 쏙 빼놓고 갈 때가 많다. 경제를 보수 진영에 넘겨주고 어찌 한국 사회를 이끌고 갈 수 있을까?

2012년 5월 21일 《중앙일보》에 실린 사설 〈페이스북에서 한국 신산업을 본다〉를 감상해보자. 이 사설은 "페이스북은 그동안 9억 명이 넘는 가입자를 확보하면서 미국 · 유럽에서 새로운 일자리를 45만 개 창출했다. 우리가 단지 '대박 신화'의 시각에서 접근할 게 아니다. 페이스북은 우리 경제가 나아가야 할 길을 제시하고 있기 때문이다"며 다음과 같이 말한다.

"한국 경제는 내려앉는 성장률과 답답한 일자리의 이중고에 시달리고 있다. 기존의 수출 제조업 중심의 대기업들에만 기댈 경우 '고용 없는 성장'만 반복되기 십상이다. 오히려 신산업 분야에서 성공 신화들이 쏟아져야 새로운 탈출구가 열린다. 돌아보면 IT 거품이 수많은 부작용을 낳았지만, NHN · 넥슨처럼 빼어난 성공 사례를 일궈낸 것도 사실이다. 최근 한국행 비행기에 몸을 싣는 세계 IT 업계 거물이 늘고 있다. 에릭 슈밋 구글 회장, 폴 제

■ 페이스북 창업자이자 최고경영자인 마크 주커버그.

이컵스 퀄컴 회장 등 이름만 대면 알 만한 인물들이 신산업 발굴을 위해 서울을 찾았다. 초고속 인터넷망이 깔린 한국만큼 새로운 IT 사업에 적당한 시장이 없기 때문이다. 한국은 페이스북에 한참 앞서 아이러브스쿨·싸이월드 등의 SNS(소셜네트워크서비스)를 선보인 곳이며, SK C&C의 휴대전화 결제 시스템은 뒤늦게 미국에서 각광을 받고 있다. 세계 IT 거물들의 잦은 방한을 뒤집어 보면 우리의 신산업 잠재력이 그만큼 풍부하다는 이야기다. 더 이상 바다 건너 페이스북의 성공을 부러워할 때가 아니다. 오히려 우리 스스로 페이스북을 능가할 어떤 신산업을 키워낼지 진지하게 고민해야 한다."[21]

정말 페이스북에서 한국 신산업을 볼 수 있는 걸까? 그렇다면 이런 일을 할 수 있는 최적임자는 안철수가 아닌가? 안철수의 비판자들도 안철수가 "미래 경제 질서 구상, IT를 포함한 과학기술 전망과 의미 등에 대해서 신선한 통찰을 보여줬다"는 건 흔쾌히 인정하지 않는가 말이다.[22] 보수 신문엔 거

21. 〈페이스북에서 한국 신산업을 본다(사설)〉, 《중앙일보》, 2012년 5월 21일.
22. 장훈, 〈안철수, 침묵만 할 때가 아니다〉, 《경향신문》, 2012년 5월 25일.

의 매일 한국 경제의 패러다임 전환의 필요성을 역설하는 사설, 칼럼, 기사 등이 한 건 이상 실리고 있는데, 사실 이들이야말로 안철수 선거운동을 열심히 해주고 있는 건 아닐까?

## 분노하는 강남 좌파의 장점

패러다임이 전환될 때 정치적 차원에서 가장 큰 비용과 고통은 정적政敵의 극렬한 반대다. 미국 제32대 대통령 프랭클린 루스벨트가 추진한 '뉴딜 정책'이 그러했듯이 말이다. 안철수에게 루스벨트의 현란한 정치력은 없다. 물론 다른 정치인 대선 후보들 또한 그런 역량은 아직 검증되지 않았으니 안철수만 문제 삼을 일은 아니다. 그런데 안철수에겐 패러다임 전환을 추진할 수 있는 독보적인 강점이 하나 있다. 그건 바로 '분노하는 강남 좌파'라는 장점이다.

"안철수 원장이 지난해 국회에서 강연을 했다. 끝날 때쯤 미국 실리콘밸리 얘기를 하다 우리 벤처업계엔 사기꾼이 많다고 하더라. 그러면서 사기꾼들은 다 사형시켜야 한다고 했다. 안철수 교수 하면 좋은 사람이 아닌가? 컴퓨터 백신도 만들고 정의로운 사람인데, 또 굉장히 분노와 증오가 많은 것 같았다."[23]

2012년 4월 28일 새누리당 의원 정몽준이 《중앙일보》 인터뷰에서 한 말

23. 신용호 외, 〈정몽준 "박근혜 군림하는 듯… 우린 얼굴도 못 봐"〉, 《중앙일보》, 2012년 4월 28일.

이다. 다른 정치인이 "사형" 운운했더라면 논란이 됐겠지만, 안철수는 다르다. 그가 실제로 그렇게 말했다 해도 별 문제될 게 없다. 오히려 그의 개혁 의지가 확고·단호하다는 증거로 여겨질 것이다.

안철수는 '분노하는 강남 좌파'이기 때문이다. 이 '강남 좌파'라는 말이 적잖은 오해를 낳으니 여기서 잠시 짚고 넘어가는 게 좋겠다. 안철수가 왜 좌파냐고 항변할 수도 있겠지만, 안철수는 "최상위 1퍼센트에 속하는 상류계급"이면서도 "계층적 기반은 99퍼센트에 속하는 중소기업가, 자영업자, 대학생, 노동자, 비정규직, 서민"이기에,[24] 상대적 의미로 이해하면 펄쩍 뛸 일은 아니다.

안철수는 "강남 좌파 아니냐"라는 질문을 받고 "강남에 살지도 않고 좌파도 아니다"라고 답했다. 안철수식 '썰렁 개그'로 이해하는 게 좋을 것 같다. 강남을 좋지 않게 생각하는 사람들도 많지만, 강남을 선망의 대상으로 바라보는 사람들의 수가 훨씬 더 많다. 강남을 어떻게 바라보건 강남에 어떤 문제가 있건 강남에도 좋은 점이 많다.

정치 컨설턴트 박성민은 강남이라는 말에 들어 있는 것들은 '합리적 주장', '상대에 대한 배려', '다양성의 인정', '닮고 싶은 매력', '촌스럽지 않음', '글로벌 경쟁력' 등이라면서, 이를 안철수의 화려한 스펙, 경제적 여유, 잘생긴 외모와 세련된 화법 등과 연결 지었다. "왜 대중은 이렇게 좌파, 우파를 막론하고 강남성을 가진 엘리트들에게 열광할까요? 우선 시대가 변했어요. 지

---

24. 임혁백, 《대선 2012 어떤 리더십이 선택될 것인가?》(인뗄리겐찌야, 2012), 292쪽.

금 이 시대 시민의 정체성은 '소비자'로 규정됩니다. 이들은 세상사를 다른 무엇보다도 소비자로서의 정체성으로 살핍니다."[25]

날카로운 지적이다. 세대 격차가 크다곤 하지만, 강남성에 대한 열망만큼은 그 격차를 뛰어넘어 모두 다 공유하고 있는 것이다. 게다가 안철수는 '신뢰받는 리더'라는 별명이 붙을 정도로 강력한 '신뢰 자산'을 갖추고 있지 않은가?

안철수의 경우엔 인상학적으로도 유리하다. 착해 보이는 얼굴 덕을 본다는 뜻이다. 김제동이 청춘콘서트에서 그 점을 잘 지적했다. "교수님처럼 그렇게 살벌한 말씀을 그렇게 편안하고 웃는 얼굴로 하는 분은 좀체 찾기 힘들 것 같아요"라고 말이다. 어떤 말이었던가?

"지금도 계속되는 대기업·중소기업 간 불공정 관행은 해결해야 해요. 현행법 안에서라도 정확하고 공정한 잣대로 견제를 할 수 있다면 사실 문제는 많이 희석될 수 있거든요. 이걸 집행할 의지가 없고 실행할 능력이 없어서죠. 많은 관료가 퇴임 후 삼성 같은 기업이나 김앤장으로 가는 게 일반화돼 있어요. 관료라면 국가·사회를 위해 봉사해야 하는데, 나중에 평생을 보장해주는 기업 편에 서지 않겠어요? 룰과 브레이크가 작동하지 않으니 문제죠. 정부는 약탈 행위를 방조하고 있었잖아요."[26]

진보 세력이 "약탈 행위" 운운하면서 그걸 바로잡아야 한다고 주장하

25. 박성민·강양구, 《정치의 몰락: 보수 시대의 종언과 새로운 권력의 탄생》(민음사, 2012), 151~156쪽.
26. 박경은 정리, 〈[김제동의 똑똑똑](29) 지방대 순회강연서 만난 '컴퓨터 의사' 안철수 '시골의사' 박경철〉, 《경향신문》, 2011년 4월 29일.

면 불안감을 느낄 사람들도 안철수가 그렇게 말하면 맞다고 동의할 가능성이 높다. 인상학적 유리함과 더불어 자신의 힘으로 성공을 이룬 대표적인 '엄친아' 면서도 강남 좌파기 때문이다.

정의 · 공정 · 공생을 강조하고 대기업의 횡포를 비판하는 일에서 안철수는 선구자도 아니고 대표적 인물도 아니다. 그동안 진보 세력이 많은 말을 해왔다. 그렇지만 대중은 진보 세력의 사회 개혁론을 불안한 시선으로 바라본다. 그들에겐 '엄친아' 성공 코드가 없기 때문에 그들의 개혁론을 '약자의 원한' 비슷하게 받아들이는 경향이 있다. 반면 정의 · 공정 · 공생 코드와 더불어 '엄친아' 성공 코드를 지니고 있는 안철수의 개혁론은 그들에게 전혀 다른 느낌으로 다가간다. 개혁을 안전하게 할 수 있다는 안도감이라고 할까? 이걸 가리켜 "안전 개혁 코드"라고 부를 수 있겠다.

문제점이 없지 않지만, 안철수와 같은 강남 좌파의 장점이 바로 여기에 있다. 똑같이 과격한 말을 해도 민생 문제에 관한 한 정통 좌파보다는 강남 좌파가 해야 더 설득력이 있다. 원한 때문이 아니라는 게 입증되는 효과를 낳기 때문이다. 갈등과 분열로 양극화된 한국 사회의 독특한 상황을 감안컨대 이건 안철수에게 큰 정치적 자산이다.

## 소통 패러다임의 전환

"국민은 소통을 하려고 하는데 불통이 되니까 울화통이 터집니다.", "우리는 이제 '우리의 소원은 통일' 이라 외치지 않습니다. 우리의 소원은 소통입니다."[27] 2008년 6월 촛불집회에서 터져 나온 말이다. 소통에 대한 갈증과 굶주림이 이토록 심했던 걸까? 왜 소통이 필요한지를 역설하는 담론은 홍수 사태라고 해도 좋을 정도로 우리 사회에 철철 흘러넘쳤지만, 도무지 소통은 이루어지지 않았다. 왜 그랬을까? 강자건 약자건 "소통"을 외치는 이들은 진정 소통을 하겠다는 뜻이 있었던 건가? 어쩌면 자신의 뜻과 다르게 진행되는 사안에 대해 상투적으로 외쳐대는 구호가 소통은 아니었던가?

서울대 교수 강원택은 "안철수 현상을 키운 것의 8할은 MB 정부다. 정부의 소통 부재에 허덕이는 젊은 층에게 그들의 이야기를 들어주려는 사람이 나타난 것이다. 어떻게 보면 MB가 우리 사회를 진보 쪽으로 몰고 간 측면도 있다"라고 했다.[28] 8할은 좀 과한 것 같으나, MB 정부의 소통 부재가 안철수 현상을 키우는 데 일조한 건 분명하다. 그러나 야당과 진보 세력이라고 해서 소통에 능한 건 아니었다. 정치권 전체가 소통 불능 상태에 빠져 있었다고 보는 게 옳으리라.

그러나 우리는 여기서 소통이라는 추상어의 함정에 빠져선 안 된다. 누구든 추상으로서의 소통은 다 아름답다고 말하겠지만, 정말 그런 건지는 따져 볼 일이다. 우리는 지도자와 권력을 쥔 자들의 소통 능력을 문제 삼는 일엔 익숙하다. 그러나 우리 사회가 전반적으로 소통을 중요하게 생각하고 높게 평가하는가 하는 점은 외면하고 있다. 한국은 '빨리빨리'에 중독된 사회

---

27. 권태선, 〈소통? 불통! 울화'통'〉, 《한겨레》, 2008년 6월 13일자; 이태희, 〈아고라가 청와대에 말한다… 재벌과의 핫라인 철폐부터 촛불의 새로운 상상력까지 그들의 말말말〉, 《한겨레21》, 제715호(2008년 6월 16일).
28. 강원택 외, 〈4·11 선택-긴급좌담: 총선 결과만으로 대선 유불리 따지기 힘들 것〉, 《중앙일보》, 2012년 4월 12일.

다. 소통은 시간이 좀 걸린다. 한국인이 사랑하는 과감한 결단과 저돌적 추진과는 상극이라고 해도 좋을 정도다. 오늘날 한국인 다수가 자랑스럽게 생각하는 한국의 압축 성장은 소통을 건너뜀으로써 시간을 절약한 결과로 보는 것이 옳지 않을까?

진실을 말하자면 소통은 무미건조하거나 지루한 게임이다. 젊은이들에게 소통에 대한 갈증과 굶주림이 있었다는 건 '뻥'이다. 요즘 대학에선 사회적 소통 좀 하자고 통사정해도 평범한 강연회를 개최하는 게 거의 불가능한 실정이다. 학생들이 도무지 참석하질 않기 때문이다. 젊은이들에게 소통에 대한 갈증과 굶주림이 있었다면 그건 즐길 수 있는 소통에 대한 갈증과 굶주림이다. 대중문화의 화려한 조명을 받거나 그 조명으로 부각된 유명 인사와의 소통을 원하는 것이다. 안철수에겐 그런 욕구를 충족시킬 만한 상품성이 있었지만, 안철수는 그 수준에 머무르지 않고 적극적인 엔터테인먼트 코드를 도입했다. 소통 형식의 제목 자체가 '콘서트'였던 것이다.

안철수의 소통을 어떻게 평가하건 바로 그것이 그가 오늘날 누리게 된 권력의 원천이었다는 건 분명한 사실이다. 앞서 제5장에서 윤창중이 "안철수가 무섭다"라고 토로한 걸 상기할 필요가 있다. 안철수의 이런 소통 방식은 그의 리더십론과 연결돼 있다. 그는 다음과 같이 말한다.

"20세기는 카리스마를 갖고 외향적 성격에, 목소리 큰 사람이 특정한 위치에 올랐어요. 그 위치에는 인사권과 돈이 부여됐고 그것을 휘둘러서 리더십을 발휘했어요. 21세기는 일반 대중이 리더를 무조건 따라가지 않아요. 탈권위주의 시대가 되면서 지금은 대중이 리더에게 리더십을 부여하지요. 게다가 대중이 리더에게 원하고 갈망하는 자질이 더 중요해요. 현재 대중이

## 슬로건은 콤플렉스다

**중앙시평**

박경철
시골의사

**기성 리더십은 'follow me'
새로운 리더십은 'with me'
정의·공정이라는 화두가
내년엔 위로·격려로 바뀔 것**

슬로건(slogan)은 콤플렉스(complex)의 반영이다. 구호는 소비되는 것이고 소비는 결핍에 근거하기 때문인데, 특히 개인의 그것과는 달리 공적·사회적 영역에서 소비되는 구호들은 더더욱 그런 경향이 있다. 즉 어떤 조직이나 단체가 전면에 내거는 새로운 구호는 대개 그 조직이 가진 최대의 약점이고, 새로 부각되는 사회의 어젠다는 그 사회에서 가장 결핍되고 간절한 것들이 대부분인 것이다.

이런 점에서 매년 연초마다 지면에 등장하곤 하는 올해의 키워드가 번번이 빗나가는 이유도 설명이 된다. 명망가들에 의해 예측되는 키워드는 그 순간 가장 결핍돼 있는 것보다 그 다음을 예측하려는 태도에서 나오기 때문이다. 즉 명망가들이 선정하는 화두는 계몽적 시각에 입각해 있고, 대중의 갈증이 아닌 자신의 갈망이 표현돼 있는 것이다. 그래서 현재의 물결에 대한 고민은 통찰적 안목의 관점이 아닌, 이웃의 눈으로 그들의 마음을 읽는 데서 출발하면 정답이 되는 것이다.

그 점에서 재작년에 불어닥쳤던 '정의'라는 열풍 역시 너무나도 당연한 것이었다. 금융위기를 겪으며 그것을 극복하는 과정에서 성장에 주력한 정책목표는 필연적으로 양극화 문제를 촉발할 수밖에 없었고, 그 결과 사회 전반의 갈증과 아쉬움이 광범위하게 확산돼 있었기 때문이다. 이때 정의라는 화두는 정곡을 찌른 것이다.

사실 정의란 쉽게 소비될 수 없는 내구재에 속하므로 사회적 화두로 등장하기에는 약점이 많은 용어다. 또 정의는 누구나 자신의 관점에서 해석하는 것이고, 공적 정의와 사적 정의가 교차하는 현실세계에선 누구도 '스스로 정의로운가'라는 질문에서 자유롭지도 못하다. 그럼에도 불구하고 정의 열풍이 불었다면 갈망의 크기가 상상을 뛰어넘는 것이었다는 점을 보여주는 장면이었다.

그렇다면 그 다음에 등장할 화두가 페어(fairness), 즉 공정이었던 것 역시 자연스러운 일이다. 모두가 정의를 이야기했지만, 정의란 해소될 수 없는 갈증이고, 사막의 여행자가 소금물을 마시듯 회자될수록 더욱 갈망되는 성질이라면, 다음 수순은 새로운 것이 아닌, 정의의 연장선에서 수단을 고민하는 것일 수밖에 없기 때문이다. 그 결과 구현되지 않는 정의를 구현하기 위한 탐색이 자연스레 공정이라는 화두를 이끌어낸 셈이다.

그럼 정의와 공정을 이어받을 다음 화두는 무엇일까? 그것은 바로 위로와 격려일 가능성이 크다. 전 세계적으로 불어닥친 신자유주의 열풍으로 시작된 양극화의 불균형이 정의를 잉태했고 수단으로선 공정을 찾았지만 그것이 사람의 피가 흐르는 자본주의건, 따뜻한 자본주의건, 혹은 미시적으로 복지와 균형이건 새로운 질서가 구축되는 데는 상당한 시간이 걸릴 수밖에 없다. 그렇다면 그 다음은 안티까움, 즉 체념이다.

그래서 아마 올해 말 혹은 내년에 등장할 화두는 너무나 자연스럽게 위로, 격려 등의 손 내밀기가 될 것이다. 하지만 이 역시 쉬운 일은 아니다. 타인을 위로한다는 것은 진심이 있어야 하고, 위로의 대상을 이해하는 공감이 담겨 있어야 하기 때문이다. 최근 일어난 한국 사회의 변화 조짐도 이 맥락에 있다. 우리 사회는 선배 세대들의 헌신을 바탕으로 힘든 시기를 넘어왔고, 이 시대는 대중을 이끌고 '나를 따르라(follow me)'를 외치는 리더십이 가장 효율적이었지만, 이제는 그보다 '나와 함께(with me)'라고 말하는 리더십이 필요한 시대가 도래했기 때문이다.

이것이 우리 기성세대들의 생각과 후배 세대들의 생각이 큰 괴리를 보이는 지점이고, 쉽게 위로가 되지 않는 이유다. 기성세대의 리더십이 이끌고 당기는 계몽주의적 리더십이었다면, 앞으로 필요한 리더십은 밀어주고 어깨를 내어주고, 무릎걸음으로 다가가 눈물을 닦아주는 리더십이다.

그 점에서 한국 사회의 큰 변화는 사람의 문제가 아니라 생각의 문제여야 하고, 지금 우리 사회를 이끌어 가는 분들이 이 위로와 격려의 키워드만 담아낸다면 뜻밖에 많은 문제가 쉽게 풀릴지도 모른다. 해법은 그 안에 숨어 있기 때문이다. 감성의 문제와 이성의 문제가 충돌할 때 반드시 이성이 정의는 아니다. 그렇다면 지하철에 뛰어들어 타인을 구하고 자신을 희생하는 사람의 마음이 감성이듯 감성적인 것이 약하고, 무능하고, 무력한 것이 아니다. 문제는 사람이 아니라 생각의 변화인 것이다.

■ "앞으로 필요한 리더십은 밀어주고 어깨를 내어주고
무릎걸음으로 다가가 눈물을 닦아주는 리더십이다."

원하는 리더십은 상황에 따라 흔들리지 않는 안정성, 미래에 대한 비전과 희망 그리고 이해하고 공감하는 능력이에요. 이 세 가지가 가장 중요해요."[29]

안철수의 동지인 박경철은 "우리 사회는 선배 세대들의 헌신을 바탕으로 힘든 시기를 넘어왔고 이 시대는 대중을 이끌고 '나를 따르라follow me'를 외치는 리더십이 가장 효율적이었지만, 이제는 그보다 '나와 함께with me'라고 말하는 리더십이 필요한 시대가 도래했기 때문이다"며 이렇게 말한다. "이것이 우리 기성세대들의 생각과 후배 세대들의 생각이 큰 괴리를 보이는

29. 박경은 정리, 〈[김제동의 똑똑똑](29) 지방대 순회강연서 만난 '컴퓨터 의사' 안철수 '시골의사' 박경철〉, 《경향신문》, 2011년 4월 29일.

지점이고 쉽게 위로가 되지 않는 이유다. 기성세대의 리더십이 이끌고 당기는 계몽주의적 리더십이었다면 앞으로 필요한 리더십은 밀어주고 어깨를 내어주고 무릎걸음으로 다가가 눈물을 닦아주는 리더십이다."[30]

물론 이런 리더십은 말만 화려할 뿐 실제로는 실천하기 어려운 것이다. 그러나 어려운 것과 불가능한 것은 구분해야 한다. 안철수가 소통 패러다임의 전환을 시도하고 있다는 것만큼은 인정할 필요가 있다는 말이다. 안철수에 대한 비판의 상당 부분은 사실상 새로운 리더십에 대한 논쟁인지도 모른다. 리더십leadership 못지않게 팔로워십followership도 중요한 법이다. 우리는 과연 '나를 따르라' 대신 '나와 함께' 리더십을 맞이할 뜻이 있는가? 후자가 전자보다 훨씬 더 어려운바, 이 또한 패러다임 전환 비용인 셈이다.

미국의 조지 패튼George S. Patton 장군은 우리에게 주로 용맹과 배짱이 대단한 지휘관으로 알려져 있지만, 그가 남긴 리더십에 관한 명언은 리더십의 패러다임 전환을 시도하려는 우리에게 중요한 교훈을 선사한다. 무슨 말인가? "사람들에게 일을 어떻게 하라고 말하지 말라. 무엇을 해야 하는지를 말하면 그들은 자신의 재능으로 당신을 놀라게 만들 것이다." 이걸 가능케 하기 위해 리더에게 가장 필요한 덕목은 무엇인가? 그건 바로 정직과 신뢰다.

---

30. 박경철, 〈슬로건은 콤플렉스다〉, 《중앙일보》, 2011년 9월 9일.

## 제8장

# 민주통합당은 왜 4 · 11총선에서 참패했는가

●

## 증오 모델의 실패

## 4·11총선은 이변인가

2012년 4월 11일에 치른 제19대 총선 결과를 보면 다음과 같다. 정당별 의석은 새누리당 152석(50.7퍼센트), 민주통합당 127석(42.3퍼센트), 통합진보당 열세 석(4.3퍼센트), 자유선진당 다섯 석(1.7퍼센트), 무소속 세 석(1.0퍼센트)으로 나타났다. 정당별 비례대표 득표율은 새누리당 42.3퍼센트, 민주통합당 36.5퍼센트, 통합진보당 10.3퍼센트, 자유선진당 3.2퍼센트였다. 국회의원 당선자들의 연령대는 30대 아홉 명, 40대 80명, 50대 142명, 60대 69명이었다. 최연소는 30세, 최고령은 69세였다. 여성 의원은 47명으로 전체의 15.7퍼센트를 차지했다.

제19대 총선 결과를 총평한 단어는 '이변' 이었다. 이명박 정부 4년의 실정과 폭정에 지친 민심의 이반으로 연초만 해도 여당이 100석도 건지기 어려우리라는 전망이 많았기 때문이다. 제18대 국회에 견주면 야권의 의석수가 크게 늘었지만, '야권의 자멸, 새누리당의 대역전승' 이라는 평가가 나온 것도 바로 그런 이유 때문이다.[1]

민주통합당은 "차려준 밥상도 걷어찼다" 는 비난에 직면했다. 과연 누가 책임을 질 것인가? 한명숙 대표는 총선 이틀 뒤인 4월 13일 "제가 대표로서 모든 책임을 지고 간다"며 사퇴했다. 그런데 단지 그것뿐이었다. 민주통합당 내에선 친노와 비노 사이에 책임을 둘러싼 공방이 벌어졌다.

사실상 당을 장악했던 친노 그룹의 수장 격인 이해찬은 "진짜 책임 있는 태도는 현실을 냉정하게 인식하고 앞으로 다가올 정치 일정을 책임 있게 정리하는 것"이라고 했고, 이에 대해 이름을 밝히지 않는 한 핵심 당직자는 "정말 양심이 없다. 그건 친노 그룹의 이해관계다. 당을 망쳐놓고도 그런 식으로 뭉개고 넘어가려 한다"라며 격분했다고 한다.[2]

제19대 총선 결과는 정말 이변이었을까? 아니다. 이변이 아니다. 격분했다는 핵심 당직자가 누군지 밝히지 않은 기사에 답이 있다. 익명으로밖에 말할 수 없는, 본격적인 문제 제기가 가능하지 않은 그 무엇이 민주통합당을 지배하고 있다는 것이다. 이와 관련해 우선 몇몇 유권자들이 민주당에 대해 품고 있는 이미지 중 하나인 기회주의와 이런 이미지를 강화한 한미FTA 논란에 대해 생각해볼 필요가 있겠다.[3]

---

1. 이제훈, 〈정치는 전쟁이 아니다〉, 《한겨레21》, 제907호(2012년 4월 16일).
2. 〈친노-비노, 여전히 치고받고: 총선 이후 민주당〉, 《한겨레21》, 제907호(2012년 4월 18일).
3. 김경화, 〈"낡은 새누리" "기회주의적 민주당"〉, 《조선일보》, 2012년 7월 3일.

## 이명박의 FTA와 노무현의 FTA

"노무현 대통령이 시작한 한미FTA, 이명박 대통령이 마무리하겠습니다."

이명박 정부가 내건 광고 문구다. 이와 관련해 진보적 칼럼니스트인 허지웅은 2011년 11월 25일자 《시사IN》(제218호)에 쓴 〈착한 FTA, 나쁜 FTA?〉라는 칼럼에서 "행간을 따져 보면 참 치졸한 이야기다. 그러나 사실관계만 따지고 보자. 이보다 더 정확한 말이 어디 있나? 이 문장이야말로 지금 한미FTA를 둘러싼 복마전의 핵심이다. 이 한마디를 수용하지 못하고 다시 한 번 선악 프레임으로 돌진하며 노무현의 선량한 FTA와 이명박의 악랄한 FTA를 구분 짓는 분열증이 이른바 우리 편을 수렁으로 밀어 넣고 있다"며 다음과 같이 말한다.

"상식과 정의에 심취한 민주 자경단의 총질을 '시민의 감수성'이라며 칭송하는 김어준 같은 사람에게 노무현의 한미FTA는 착하거나 최소한 덜 나쁜 것이었고 이명박의 한미FTA는 악한 것이다. 심지어 노무현재단에서는 국민의 알 권리와 민주적 절차를 무시한 이명박 정부의 FTA 재협상과는 달리 노무현 정부의 FTA는 투명했다고 주장한다. 그러나 당시에도 '한미FTA 졸속 협상을 중단하라'는 비판은 똑같았다. 울면서 팔아먹은 것과 웃으면서 팔아먹는 것에는 아무런 차이가 없다."

허지웅, 대단하다. 대부분 속으로만 혀를 끌끌 차는 사안에 대해 이렇게 정색하고 야권의 이중적인 기회주의를 통렬하게 비판하는 건 쉽지 않은 일이기 때문이다. 나도 기억을 되살리기 위해 내가 쓴 《한국 현대사 산책 2000년대 편: 노무현 시대의 명암》에서 한미FTA 관련 부분을 찾아봤다. 한두 대목을 소개하면서 이야길 해보련다.

2006년 4월 13일 청와대 홍보 수석 이백만은 청와대 브리핑에 게재한 〈한미FTA는 한국 경제 도약 전략이다〉라는 글에서 한미자유무역협정 반대론에 대해 "1980년대의 낡은 종속이론"이라며 "시대착오적이고 한국 경제의 저력을 부정하는 것"이라고 비판했다. 그는 "일부 식자층에서 경제 현실이 바뀌었는데도 과거의 낡은 사고와 케케묵은 논리로 국민들을 혹세무민하고 있다"고 주장했다.[4]

이게 이백만 혼자만의 생각이었을까? 아니다. 그렇지 않다. 당시 정부 여당에 몸담고 있는 사람들은 물론 노무현 지지자들의 대부분이 한미FTA 지지로 돌아섰고 그들 중 몇몇은 이백만처럼 한미FTA 옹호론을 적극 전개했다.

한미FTA 덕분에 노무현과 보수 신문은 한 몸이 됐다. 노무현·보수 신문이 입을 맞춰 부여한 한미FTA의 엄청난 의미를 생각하노라면, 그전에 노무현과 보수 신문 사이에서 벌어진 갈등은 매우 사소한 것에 지나지 않았다. 노무현은 전투적인 한미FTA 선전으로 보수 신문을 국가의 미래를 생각하는 개방·진취적인 신문으로 띄워주고, 진보 신문을 국가의 미래를 외면하는 쇄국·퇴행적 신문으로 매도한 셈이었다. 이에 화답하듯 《중앙일보》 주필 문창극

4. 강준만, 《한국 현대사 산책 2000년대 편: 노무현 시대의 명암》 제4권(인물과사상사, 2011) 77~78쪽

은 4월 18일 "한미FTA를 남은 기간의 과제로 제시한 노무현 대통령의 통찰력과 비전을 나는 높이 평가한다"며 "이제는 보수 진영에서 노 대통령을 밀어주어야 한다"고 했다.[5]

사정이 이와 같은데도 노무현의 FTA는 "착한 FTA"이고, 이명박의 FTA는 "나쁜 FTA"란 말인가? 이 사안을 둘러싼 논란은 이후로도 수개월 동안 지속됐는데, 나는 이 주제로 열린 텔레비전 토론을 몇 차례 시청하면서 새삼 "당파성은 무엇인가?"로 시작해 "인간은 무엇인가?"로까지 나아간 의문에 빠져들곤 했다. "도무지 믿을 수 없는 사람들"이라는 이미지가 4 · 11총선에서 야권의 참패를 초래한 결정적 원인은 아니었을까? "이게 다 이명박 때문"이라는 구호도 그런 불신에 일조한 것은 아니었을까?

## "이게 다 노무현 때문"과 "이게 다 이명박 때문"

2012년 2월 22일 《미디어오늘》에 〈민주당의 "이게 다 이명박 때문"이라는 거대한 환상: 과거 반성 · 성찰 없는 민주당, 순항할 수 있을까〉라는 기사가 실렸다. 한동안 40퍼센트대에 육박하는 지지율을 기록하며 새누리당을 따돌린 기세 때문인지, 민주통합당에게서 변화와 반성을 도무지 찾아볼 수 없다는

5. 같은 책, 78쪽

내용이다. 기승을 부린 건 '노무현 마케팅' 뿐이었던가보다.

이 기사는 " '친노' 는 언론이 만든 프레임이라는 시각도 있지만, 후보자 경력란에 압도적으로 가장 많이 언급된 이름이 '노무현' 과 '참여정부' 였다는 점은 주목할 지점이다. '노무현 바람' 과 '노무현 정신' 을 언급한 후보도 여럿 등장했고 민주당은 며칠 전 당의 공식 색상을 노란색으로 바꾸기도 했다" 며 다음과 같이 말한다.

"민주통합당 당 대표 경선에 나선 이들도 한결같이 '노무현 대통령과 참여정부를 비판적으로 계승하겠다' 는 공약을 내세웠다. 그러나 '계승' 하겠다는 구호가 넘쳐나는 것에 비하면 '비판적' 인 시각은 찾기 어렵다. '사람 사는 세상' 과 '상식이 통하는 사회' 를 만들자는 외침이 넘쳐나지만, 정작 스스로 계승하겠다는 그 시절이 정말 그러한 시절이었는지에 대해서는 입을 닫는다. '모두가 노무현 정신을 얘기하지만, 그것이 어떤 정신이었는지는 아무도 말하지 않는' 상황인 셈이다."

이어 이 기사는 "5년 전에는 '이게 다 노무현 때문' 이라는 말이 유행이었다. 폭등하는 부동산 가격과 심화되는 양극화, 비정규직 확대는 서민과 노동자의 삶을 가혹하게 몰아붙였다. 어느 정권보다 많은 '열사' 가 탄생하고 국가의 공공연한 폭력에 희생당한 이들도 여럿이었다" 며 다음과 같이 말한다.

" '이명박 정권 4년 동안 우리 사회는 약육강식과 승자 독식의 무한 경쟁 정글 사회로 전락하고 말았다' (김진표 원내대표)는 식의 민주당 일각의 발언은 그래서 우려스럽다. '이게 다 노무현 때문' 이라는 말과 '이게 다 이명박 때문' 이라는 말은 서로 다르지만, 크게 다르지 않다. 5년 뒤에도 '이게 다 ○○○ 때문' 이라는 말을 유행시키지 않으려면 민주당은 과거를 돌아보고, 미래를 얘기해야 한다."

민주당은 4·11총선을 오직 "이게 다 이명박 때문"이라는 전략으로 임한 셈인데, 그 결과는 비참했다. 이젠 생각이 달라졌을까? 아니다. 변한 건 없다. 환상은 그리 쉽게 무너질 수 있는 게 아니다. 환상에 관한 명언을 여러 개 남긴 미국 작가 크리스티앙 네스텔 보비Christian Nestell Bovee의 다음과 같은 명언이 "이게 다 이명박 때문"이라는 전략을 지속시키는 힘으로 작용하는 건지도 모르겠다. "유쾌한 환상이 가혹한 현실보다 낫다."

## 2MB는 사기꾼, 생쥐, 바퀴벌레인가

가혹한 현실을 피하고 유쾌한 환상을 취하려는 사람들은 말만 앞서는 경향이 있다. 그것도 주로 증오의 담론을 구사한다. 증오의 담론은 면책 심리와 친화적이기 때문이다. 앞서 소개한 솔 알린스키도 세상을 있는 그대로 보지 않은 채 '말로만 하는 급진주의자'들을 가장 경계했다. 그는 다음과 같이 말한다.

"말로만 하는 구두선口頭禪식 급진주의자란 낡아버린 옛 단어나 구호를 사용하고 경찰을 '돼지'라든지 '백인 파시스트 인종차별주의자' 혹은 '쌍놈'이라고 부르는 등의 방식으로 오히려 자신을 정형화시킴으로써 남들이 '아, 뭐 쟤는 그냥 저런 애'라고 하는 말로 대응하고는 즉시 돌아서게끔 만들어버리는 사람이다. 의사소통하는 기술을 이해하지 못한 젊은 활동가들의 실패는 처참했다. 의사소통은 청중의 경험 안에서 이루어져야 하며 타인의 가치관을 온전히 존중해야 한다는 근본적인 개념에 대한 가장 기초적인 이해만 있었어도……."[6]

오늘날 한국 사회에서 알린스키의 시급한 '효용'은 어디에 있을까? 《시사IN》 기자 고동우가 그 점을 잘 지적했다. 그는 2009년 8월 8일자 《시사IN》(99호)에 쓴 칼럼에서 알린스키의 이 말을 인용하면서 이렇게 말한다. "진보·개혁 진영은 상대를 '모욕'하는 것만으로 자신이 할 일을 다한 것처럼 생각할 때가 종종 있는 듯하다. 한 진보 언론의 기사 제목을 보니 '2MB는 사기꾼, 생쥐, 바퀴벌레'다. 통쾌하신가? 하지만 이런 비판은 결국 자신을 비추는 거울이 될 수밖에 없다."[7]

고동우에 이어 도서출판 후마니타스 대표 박상훈도 2010년 1월 8일자 《경향신문》 칼럼에서 알린스키가 한 이 말을 인용하면서 진보·개혁 진영의 언어 사용법에 대한 성찰을 촉구했다. 그는 오랫동안 노동운동을 했고 지금은 평화운동을 하고 있는 대학 동기를 만나 나눈 이야기를 소개한다. 대학 동기는 우리 사회 진보파의 언어가 지나치게 공격적이고 때로는 폭력처럼 느껴질 때가 많아 진보적 매체나 논의의 장에 더는 참여하거나 관심을 두지 않게 되더라고 말했던가보다.

이 글에서 박상훈은 "최근 인터넷 글쓰기의 영향이 커지면서 진보파들의 언어 습관에도 적지 않은 변화가 보여 주목되고 있다. 집권 세력과 그 수

---

6. 사울 D. 알린스키, 박순성·박지우 옮김, 《급진주의자를 위한 규칙: 현실적 급진주의자를 위한 실천적 입문서》(아르케, 1971/2008), 27쪽.
7. 고동우, 〈이명박 정권이 하면 모든 게 '쇼'인가〉, 《시사IN》, 99호(2009년 8월 8일).

## 말의 공격성

**사유와 성찰**

박상훈
도서출판 후마니타스 대표

오랫동안 노동운동을 했고 지금은 평화운동을 하고 있는 대학 동기를 만났다. 이런저런 이야기를 하는 과정에서, 그는 우리 사회 진보파의 언어가 지나치게 공격적이고 때로는 폭력으로 느껴질 때가 많다는 말을 했다. 그러다보니 진보적 매체나 논의의 장에 더 이상 참여하거나 관심을 갖지 않게 되더란다.

미국 진보파들 사이에서 정신적 지주의 한 사람으로 꼽히는 사울 알린스키라는 사람이 있다. 그는 1930년대 시카고에서 빈민운동을 주도했고 나이가 들어서는 진보적 활동가들을 교육하는 일에 전념했다. 그가 교육했던 주제 가운데 하나는, 말의 공격성 혹은 상대에게 모욕을 주는 것으로 자신의 일을 다했다고 생각하는 태도에 대한 것이었다. 누군가를 향해 '돼지'나 '파시스트'라고 인격적으로 비난하는 활동 방식은, 듣는 사람들로 하여금 "운동권이 원래 그렇지"라는 식으로 정형화된 이미지를 갖게 해 사회운동의 고립을 초래한다는 것이다. 그렇지 않으려면 일반 대중의 경험세계 속에서 자신의 말이 어떻게 공명될 것인지를 중시해야 하고, 또 "상대의 가치관을 온전히 존중하는 바탕 위에서" 진보의 언어적 실천이 이루어져야 한다는 것을 끊임없이 강조했다.

### 진보파의 언어 때론 폭력적

최근 인터넷 글쓰기의 영향이 커지면서 진보파들의 언어습관에도 적지 않은 변화가 보여 주목되고 있다. 집권세력과 그 수장을 'MB' 내지 '2MB'로 표현하고 거기에 '명박이' '쥐박이' '생쥐' '바퀴벌레' 등의 모욕적 이미지를 결합시키려는 노력이, 진보파들의 말과 글에서 쉽게 볼 수 있게 되었다. 그것은 아마도 통치의 가혹함에 대한 강렬한 항의의 소산이겠지만, 결과는 그리 긍정적이지 않은 것 같다. 한번은 인권 문제에 대한 관심을 진작시키기 위한 콘서트에 갔는데, 시작에 앞서 사회자가 그 취지를 설명했고 해직교사 한 분을 무대로 초청해 이야기를 나눴다. 그런데 해직교사가 자신의 사례를 설명하면서 현 정부를 "이명박 정부"라고 지칭하자 사회자는 "MB 정부를 좋아하시나 보네요"라고 물었다. 이명박 정부와 MB 정부 사이의 언어 선택이 갖는 정치적 의미가 사회자에게는 예민하게 포착되었던 듯하다. 사람들은 어떻게 받아들였을까? 객석은 무슨 영문인지 몰라 조용했는데, 사회자가 농담이라고 말한 다음에도 여전히 조용했다. 진보파들과 그렇지 않은 일반 시민 사이에 언어습관의 괴리가 커지는 것은 좋은 현상이라고 말하기 어렵다.

그간 우리 사회에서 말이 갖는 공격성 내지 폭력성은 주로 보수적 경향이 강한 사람들의 특징이었다. 다른 의견을 가진 사람들을 향해 폭도나 빨갱이, 친북좌파라고 공격하는 일이 허다했다. "말 많으면 빨갱이"라는 비이성적 논리가 강요되기도 했고, 빨갱이들은 개조가 안 되고 대화로 풀어보려 했다가는 자칫 말려들기나 한다며 "때려잡자"거나 "북한에 보내자"는 무서운 주장도 많았다. 그런데 그런 억압적인 현실을 개선하고자 하는 진보파들 사이에서도 말이 자꾸만 나빠지고 있는 것을 지켜보는 것은 마음 불편한 일이다.

### 인간적 따뜻함 갖춘 말이 강한 말

흑인이라는 정체성 속의 이중적 억압성을 날카롭게 문제 삼는 작품들로 퓰리처상과 노벨문학상을 받은 토니 모리슨은, "문학은 정치적인 동시에 더할 나위 없이 아름다워야 한다"고 말한 적이 있다. 정치적인 주제를 진지하게 다룬다면, 분명 이 말과 글은 파당적일 수밖에 없을 것이다. 기성체제에 대한 근본적 비판자로서 진보파가 갖는 사회적 가치 또한 파당적이 됨을 기꺼이 감수하는 자세에서 기인하는 바 크다. 그러나 그렇다 하더라도 그 파당성은 공정한 태도와 인간적인 따뜻함 그리고 말의 부드러움에 의해 뒷받침될 때, 힘을 발휘할 수 있다는 것이 내 생각이다. 진보적인 것의 가치도 소중하지만 그보다 인간적인 것의 가치가 더 넓고 풍부하다고 보기 때문이다.

■ 후마니타스 대표 박상훈은 《경향신문》 칼럼 〈말의 공격성〉에서 진보·개혁 진영의 언어 사용법에 대한 성찰을 촉구했다.

장을 'MB' 내지 '2MB' 로 표현하고 거기에 '명박이' , '쥐박이' , '생쥐' , '바퀴벌레' 등의 모욕적 이미지를 결합시키려는 노력을 진보파들의 말과 글에서 쉽게 볼 수 있게 됐다. 그것은 아마도 통치의 가혹함에 대한 강렬한 항의의 소산이겠지만, 결과는 그리 긍정적이지 않은 것 같다" 며 다음과 같이 말한다.

"한 번은 인권 문제에 대한 관심을 진작하기 위한 콘서트에 갔는데, 시작에 앞서 사회자가 그 취지를 설명했고 해직 교사 한 분을 무대로 초청해 이야기를 나눴다. 그런데 해직 교사가 자신의 사례를 설명하면서 현 정부를 '이명박 정부' 라고 지칭하자 사회자는 'MB 정부를 좋아하시나보네요' 라고 물었다. 이명박 정부와 MB 정부 사이의 언어 선택이 갖는 정치적 의미가 사회자에게는 예민하게 포착됐던 듯하다. 사람들은 어떻게 받아들였을까? 객석은 무슨 영문인지 몰라 조용했는데, 사회자가 농담이라고 말한 다음에도 여전히 조용했다. 진보파들과 그렇지 않은 일반 시민 사이에 언어 습관의 괴리가 커지는 것은 좋은 현상이라고 말하기 어렵다."[8]

2011년 1월에 출간된 《정치의 발견》에서 박상훈은 알린스키론에 대해 한 장章을 할애한다. 가장 인상적인 한 대목을 소개한다. 박상훈은 "일부 진보파들이 보이는 가장 나쁜 습속은 '분노는 나의 힘!'을 외치는 것으로 자신의 일을 다했다는 식의 행태가 아닌가 한다. 그들은 화를 내고 세상을 탓하는 일에는 익숙하지만, 사람들과 함께 대안을 만들고 꾸준히 실천하는 노력은 잘 못하는 경우가 많다. 어쩌면 끊임없이 화를 낼 이유를 찾는 사람들 같다는 생각이 들 때도 많다"며 그런 사람들에게 도움이 될 알린스키의 말을 다음과 같이 들려준다.

"한때 나는 조직가가 필요로 하는 기본적 자질은 불의에 대해 마음으로부터 분노할 줄 아는 것이라 믿었던 적이 있다. 이제 나는 분노가 아니라 상상력이라고 이해하고 있다. 왜냐하면 상상력은 조직가들이 계속 조직할 수 있도록 유지시켜주는 힘의 연료일 뿐만 아니라 효과적인 수단과 활동의 토대이기 때문이다."[9]

---

8. 박상훈, 〈말의 공격성〉, 《경향신문》, 2010년 1월 8일.
9. 박상훈, 《정치의 발견》(폴리테이아, 2011), 62~63쪽.

## 축소 지향의 정치

알린스키의 관점에서 보면 사실 오늘날 한국 진보파의 주류 담론 방식은 진보에 역행하는 것이라고 해도 과언이 아니다. 증오심을 기반으로 해 독설과 욕설을 앞세운 카타르시스 효과를 노린 담론만이 호황을 누리고 있지 않은가? 그 흐름에서 조금만 벗어나면 대뜸 날아오는 질문이나 비판은 "MB 정부를 좋아하시나보네요" 따위다.

"상대편 때려서 이기기보다는 우리 편 잘해서 이겨보자"는 취지에서 진보 · 개혁 진영 내부의 문제를 지적하면 꼭 "그럴 시간 있으면 이명박 · 박근혜 · 새누리당 비판이나 해라", "너는 왜 이명박 · 박근혜 · 새누리당 비판은 하지 않고 늘 우리 편만 물어뜯느냐", "박근혜를 대통령으로 만들려는 공작이다"라고 야유하는 사람들이 많다. 아니, 이게 야유라면 웃어넘기면 그만이지만, 매우 진지하고 심각한 어조로 그런 논리를 전개하는 사람들이 대부분이라는 게 문제다.

한 가지 사례를 보자. 2011년 8월 30일자 《한겨레》에 정치부 선임기자 성한용이 〈한나라당 쉽게 무너지지 않는다〉라는 칼럼을 썼다. 한나라당엔 내부 비판이 살아 있다는 걸 주요 이유로 제시한 칼럼으로, 지난 총선 결과를 돌이켜보건대 참으로 탁견이다.[10] 그런데 한겨레 토론 마당(한토마)엔 〈한겨레 성한용 칼럼의 불쾌함〉이라는 반론이 실렸다. 이런 내용이다.

10. 성한용, 〈한나라당 쉽게 무너지지 않는다〉, 《한겨레》, 2011년 8월 30일.

"한나라당 안의 비판 세력인 '야당'이 건재해 무너지지 않는다고? 그럴듯한 논리 전개였지만 100퍼센트 맞는 말 아니다. 나는 한나라당을 정당한 정당이 아니라 괴물 범죄 집단으로 보기 때문이다. 괴물은 괴물이기에 그야말로 쉽게 무너지지 않을 게다. 야당이란 오합지졸 분열된 이기주의자들이 괴물 범죄 집단 행위에 맞장구를 쳐주고 들러리를 서주며 2중대, 3중대, 4중대 노릇을 해주니까 무너지지 않는 거다. 칼럼을 쓰려면 현미경만 들여다보고 쓰듯 하지 말고 망원경으로 멀리 천체를 내다보고 써야 독자가 공감하지. 간접적으로 지지해주고 수긍하는 양비론, 편협한 시각으로 지면 채우기에 급급한 회색 칼럼 흡사한 내용 같았다. 수구 꼴통 극우 보수 언론이 괴물 범죄 집단을 비호하는 걸 칼럼 속에서 묵인해주는 불쾌함을 나만이 느낀 걸까?"

야권엔 이런 사람들이 숱하게 많다. 이런 사람들은 그 선의에도 불구하고 실제로는 새누리당을 열심히 돕는 사람들이지만, 애써 그 선의를 해석해보자면 이런 것이다. 새누리당이 집권하는 것을 원치 않는 사람들은 대체로 새누리당을 맹렬히 비판하는 것이 가장 좋은 방법이라고 생각한다. 이들을 주류 동력으로 삼는 야권은 여태까지 그렇게 해온 셈인데, 그렇다면 왜 지난 총선에서 민주통합당은 참패를 당했단 말인가? 기존 승리 전략을 성찰해봐야 하는 게 아닌가? 《한겨레》 정치·사회 에디터 김의겸의 다음과 같은 분석이 정답이 아닐까?

"지난 4월 총선에서 야권은 여당에 맞서 일대일 구도를 만들어냈다. 무조건 이긴다는 신비주의적 낙관론이 팽배했다. 하지만 졌다. '이명박근혜' 심판론 말고는 국민들의 가슴을 울릴 만한 게 아무것도 없었기 때문이다. 보편적 복지, 경제 민주화, 한반도 평화 등의 깃발을 내걸기는 했다. 그렇지만

## 공동정부 논의 이르지 않다

**편집국에서**

김의겸
정치·사회 에디터

문재인 민주통합당 상임고문이 공동정부 얘기를 꺼냈다가 뭇매를 맞고 있다. 패배주의라거나 오만하다는 비판들이다. 다 일리가 있어 보인다. 그러나 문재인이라는 이름 석자를 지우고 제안의 내용을 살펴보면, 지금 당장 민주당이 고민해야 할 지점이기도 하다.

우리나라 '연합정치'의 역사를 살펴보면, 가장 부족했던 게 '가치의 통합'이다.

1997년 디제이피(DJP) 연합은 각료 수나 공천 배분 비율 등 시시콜콜한 것까지 다 완벽하게 합의문을 만들었지만, 1년여 만에 결딴났다. 가치가 공유되지 않은 결합이 얼마나 쉽게 어그러지는지 보여준 사례다.

지난 4월 총선에서 야권은 여당에 맞서 일대일 구도를 만들어냈다. 무조건 이긴다는 신비주의적 낙관론이 팽배했다. 하지만 졌다. '이명박근혜' 심판론 말고는 국민들의 가슴을 울릴 만한 게 아무것도 없었기 때문이다.

보편적 복지, 경제 민주화, 한반도 평화 등의 깃발을 내걸기는 했다. 하나 선거 전단 속의 말라비틀어진 구호에 불과했다. 내 노후는 좀 편해지는지, 자식 취직 걱정은 덜 수 있는지, 손주들은 맘 놓고 어린이집에 보낼 수 있는지 등에 대한 대답이 없었다. 한-미 에프티에이, 강정마을, 재벌 개혁 방식 등의 현안은 여전히 어지럽기만 했다.

이런 문제들에 대한 범야권의 최대공약수를 뽑아내고, 실행 프로그램을 짤 책임이 민주당에 지워져 있다. 각 정치세력과 시민사회단체를 망라하는 연석회의라면 논의의 틀로서는 맞춤일 듯하다. 통합진보당은 집안 사정이 어수선하고 안철수 교수 쪽은 준비가 덜 돼 있겠지만, 이들이 언제든지 참여할 수 있도록 개문발차하는 것도 방법이다.

이런 통합은 지지층이 정서적으로 하나가 되는 과정이기도 하다.

장덕진 서울대 교수는 며칠 전 〈한겨레〉 칼럼에서, 안철수 지지자들은 박근혜 지지자와 절반 이상 같은 사람들이라고 분석했다. 욕망을 추구하는 물질주의적 지지자들이라는 거다. 그 정도는 아니더라도, 많은 정치 전문가들이 이들을 '새로운 무당파층'으로 분류하고 있다. 그만큼 기존 정당 지지층과 겹침이 적다는 것이다.

이런 격차를 극복하기 위해서는 후보들만의 극적인 막판 단일화만으로는 부족하다. 지지층끼리 서로 스며들어 교감하는 화학적 반응 과정이 필요하다. 2010년 지방선거 때 유시민 후보가 단일화를 이루고도 진 것은 지지층이 서로 겉돌았기 때문이다.

대통령제는 승자독식의 구조를 갖는다. 연합정치를 하기에는 토양이 좋지 않다. 게다가 민주당은 127석의 거대 정당이지만, 안철수는 단기필마다. 이런 힘의 불균형 상태를 해소하기 위해서는 양쪽 사이에 상당히 높은 수준의 신뢰가 필요하다.

2002년 노무현-정몽준 단일화는 선거 하루 전날 파기됐다. 여러 이유가 있겠지만, 선거 승리 이후 제대로 권력을 공유할지에 대한 신뢰가 부족했던 게 결정적이었던 것으로 보인다. 공동정부 제안은 지도자들끼리 믿음을 쌓아가는 토대로 작용할 수 있다. 상당 기간 경쟁을 하되, 상호 배타적인 관계가 아니라 상호 보완적인 관계로서 우호적인 구도를 만들어낼 수 있는 것이다. 어느 한쪽의 지지율이 떨어지더라도, 2002년 '후단협' 같은 내부의 동요를 막을 수 있는 전술적 효과도 있어 보인다.

민주당의 정치일정을 보면 시간이 빠듯하다. 런던 올림픽, 한나라당 경선 등을 피하려면 9월에나 대통령 후보가 결정된다. 통합진보당 후보, 안철수 교수와의 단일화는 일러야 11월쯤에나 가능할 것이다. 그때 가서 공동정부를 논의한다면 늦어도 한참 늦다. 그러니 그 몫은 고스란히 민주당 지도부가 짊어져야 한다. 6월9일 태어나는 민주당 지도부의 어깨가 가볍지 않은 이유다.

kyummy@hani.co.kr

■ "(야당이) 무조건 이긴다는 신비주의적 낙관론이 팽배했다. 하지만 졌다. '이명박근혜' 심판론 말고는 국민들의 가슴을 울릴 만한 게 아무것도 없었기 때문이다."

선거 전단 속의 말라비틀어진 구호에 불과했다. 내 노후는 좀 편해지는지, 자식 취직 걱정은 덜 수 있는지, 손주들은 맘 놓고 어린이집에 보낼 수 있는지 등에 대한 대답이 없었다. 한미FTA, 강정마을, 재벌 개혁 방식 등의 현안은 여전히 어지럽기만 했다."[11]

---

11. 김의겸, 〈공동 정부 논의 이르지 않다〉, 《한겨레》, 2012년 5월 21일.

그러나 그들은 정반대로 생각한다. 그들은 새누리당 비판을 제대로 하지 않았기 때문에 패배했다고 생각한다. 그런 발상의 연장선상에서 보수 언론 때문에 패배했다고 주장하는 사람들도 많다. 이런 주장의 어리석음이나 무지몽매함은 논리로 반박될 수 있는 건 아니지만, 그래도 생각은 해보자.

앞서 지적했듯이 어차피 대선은 '30-30-40게임' 이다. 여당을 지지하는 고정표가 30퍼센트, 야당을 지지하는 고정표가 30퍼센트, 무당파가 40퍼센트로, 이 무당파 40퍼센트가 선거를 결정한다. 그런데 민주통합당은 자기네 고정표 30퍼센트만을 염두에 둔 '축소 지향의 정치' 를 해왔다. 정당만 그런 게 아니다. 지식인들도 마찬가지다. 글과 말의 시장 논리라는 게 있다. 글을 쓰고 말을 하는 사람들의 보람이 어디에서 오겠는가? 더 많은 대중이 자신의 글과 말에 관심과 더불어 지지를 보내주는 것 그리고 거기서 생겨나는 영향력이 보람의 원천이다. 그런 보람을 누리기 위해선 고정표를 염두에 둔 글과 말을 생산해야만 한다. 이건 여야와 좌우를 막론하고 고착된 사회적 관행이다.

이른바 네거티브 공세가 큰 힘을 발휘하는 정치 문법을 몰라서 하는 말이 아니다. 그런데 그것도 어느 정도 정상에 가까운 판에서 먹히는 것이지, 지금처럼 개판이 돼버린 한국 정치판에선 추태로 비칠 뿐이다. 포지티브 공세와 적절하게 조화를 이루는 게 필요한데도 야권은 증오에 눈이 멀어 네거티브 일변도로만 가느라 자기네 고정표만 만족시키고 무당파들을 멀어지게 만드는 과오를 저지른 것이다.

## 나꼼수와 4·11총선

4·11총선이 민주통합당의 참패로 끝난 뒤 '나는 꼼수다(나꼼수)' 책임론이 제기됐지만, 그 반대 의견도 만만치 않았다. 김어준의 주장처럼 "나꼼수 때문에 선거에서 진 게 아니라 반대로 나꼼수 때문에 이만큼 저지한 것"이라는 주장에 동조하는 이들도 많았다.[12] 이런 주장은 요즘 유행하는 말로 하자면 일종의 '정신 승리'로 보인다. 정신 승리란 무엇인가? 이를 설명할 수 있는 좋은 사례가 하나 있다.

2011년 8월에 실시된 무상급식 주민 투표가 투표율 미달로 개표도 못하게 됐을 때 홍준표 한나라당 대표는 "(2000년) 6·2지방선거에서 오세훈 서울시장이 득표한 것보다 이번 주민 투표 참여 인구가 늘었기 때문에 이번 선거는 사실상 승리"라고 주장했다. 오세훈 서울시장이 사퇴한 뒤 치른 서울시장 선거에서 박원순 후보가 당선되자 홍준표는 다시 "10·26재보선은 이긴 것도 진 것도 아니다"라고 주장했다. 김두식은 홍준표의 이런 태도야말로 전형적인 정신 승리라고 진단했다. 외부의 심각한 공격에 대항해 내면의 자존감을 지키는 유용한 수단이라는 것이다.[13]

그런데 사실은 나꼼수의 정신 승리 여부가 중요한 게 아니다. 나꼼수 때문에 졌느냐, 이만큼이라도 저지했느냐 하는 논쟁 자체가 민주통합당이 참패할 수밖에 없었던 이유를 잘 말해준다. 강에선 수영복, 산에선 등산복을 입

---

12. 백철, 〈"나꼼수 내용 무조건 지지하지 않는다"〉, 《주간경향》, 제973호(2012년 5월 1일).
13. 김두식, 《욕망해도 괜찮아》(창비, 2012), 99~100쪽.

어야 한다. 수영복을 입고 있던 나꼼수에게 수영을 엄청 잘한다는 이유 하나만으로 그 차림새 그대로 "저 산도 정복해달라"고 요청한 민주통합당 지도부! 나꼼수에게 질질 끌려다닌 민주통합당 지도부의 한없는 가벼움과 얄팍함이 문제지, 나꼼수에게 무슨 책임이 있겠는가?

2012년 4월 20일 정치 평론가 유창선이 《폴리뉴스》에 쓴 〈나꼼수와 4·11총선〉이라는 글이 이 문제에 대한 논평 가운데 가장 탁월한 것이 아닌가 하는 생각이 든다. 유창선은 "나꼼수는 그냥 나꼼수일 때가 가장 좋았다. 팟캐스트의 나꼼수는 정치적 치외법권 지대에 있었다. 'ㅅㅂ'를 내뱉어도, '조'를 외쳐도 누가 뭐라 하지 않았다. 팬들은 함께 '쫄지 마'를 외치며 그들의 욕설에 화답했다. B급 정서의 후련함이 공유됐기에 가능한 장면이었다. 그런데 그들이 B급 언어들을 그대로 갖고 A급 세계로 들어가겠다고 하면서 일은 어그러져버렸던 것이다"며 다음과 같이 말한다.

"애당초 나꼼수는 정치 지도부가 아니었다. 그들은 '가카'에 대한 분노를 안고 있던 대중들에게 B급 언어를 통해 카타르시스를 제공하고 다시 힘을 내게 해주는 역할을 했다. 물론 그 역할은 정치 지도부만큼이나 중요한 것이었다. 그 중요한 역할을 계속할 수 있었던 나꼼수가 어쩌다가 선거를 앞에서 이끄는 정치 지도부의 위치에 졸지에 서버리게 된 것이었을까? 나꼼수는 그냥 나꼼수였을 때 가장 큰 영향력을 가질 수 있었음을 4·11총선 결과는 보여줬다. (중략) 나꼼수는 언제나 '쫄지 마!'를 외쳐왔지만, 국민의 상식 앞에서만큼은 쫄 줄도 알아야 한다. 물론 나꼼수는 앞으로 계속될 것이다. 팬들은 다시 열광할지 모른다. 그러나 어쩐지 전처럼 속 시원하게 웃기만 하며 들을 수 없을 것 같아 안타깝다. 어쩌다 이렇게 됐나? (중략) ㅅㅂ."

유창선이 존경스럽다. 그는 이명박 정권의 출범 이후 방송 시사평론가라는 생업을 모조리 박탈당한 피해자임에도 위와 같은 균형 감각을 유지하는 게 놀라울 따름이다. 그는 "정신 똑바로 차리고 이겨내지 못하면 정신병이라도 걸릴 법한 시간이었다"라고 했다.[14] 이명박 정권에 대한 개인적 분노로 말하자면 유창선이 나꼼수보다 더 강성 노선을 걸을 수도 있겠건만, 그는 그렇게 하지 않았다. 시종일관 차분하고 냉정하게 정치 평론을 하고 있다.

유창선의 말이 맞다. 때론 쫄 줄도 알아야 하는데, 나꼼수에겐 그게 없다. 나꼼수 열성 팬들이 이구동성으로 "나꼼수 전에도 정권의 잘못을 지적하는 사람은 많았지만, 나꼼수만큼 속 시원하게 긁어준 건 못 봤다"라고 해대니,[15] "카타르시스 없는 나꼼수는 앙꼬 없는 진빵이다"라고 믿게 된 것 같다. 그것도 좋긴 한데, 강과 산이 다른 것처럼 언론과 정치는 다르다는 걸 일부러 무시하는 게 문제다.

2012년 5월 26일 영국 런던대학교 킹스칼리지에서 '나꼼수 유럽 나들이, 쫄지 말자 곧 바뀐다' 란 이름으로 토크콘서트가 열렸다. 이 자리에서 김어준은 여권에서 준비 중인, '안철수는 거품이다' 라는 내용을 골자로 하는 일명 '안철수 매립 프로젝트' 도 방송에서 곧 밝힐 것을 예고했다.[16] 나꼼수는

---

14. 유창선의 말을 더 소개하면 이렇다. "2009년이 시작되던 겨울. 그 무렵부터 나에게 하차 통보를 하는 방송사들이 한 곳 두 곳 늘어갔다. 촛불의 공포로부터 탈출한 MB 정권은 본격적으로 방송 장악에 나섰고, 나 또한 망나니들이 휘두르는 칼날을 피해갈 수는 없었다. 지난 10여 년 동안 나는 시사평론가로서 지상파 방송을 비롯해 하루 대여섯 개씩 고정 방송을 하고 있었다. 소위 잘나가던 시절이었다. 그러던 어느 날, 하루아침에 생업을 박탈당한 채 일거리가 없어진 처지가 돼버린 것이다. 유창선, 《정치의 재발견: 소셜미디어, 대한민국 정치의 판을 바꾸다!》(지식프레임, 2012), 5~6쪽.
15. 백철, 〈"나꼼수 내용 무조건 지지하지 않는다"〉, 《주간경향》, 제973호(2012년 5월 1일).

계속 쫄지 않겠다고 외치고 있지만, 오히려 그게 더 걱정이다. 그런데 민주통합당마저 그러니 정말 쫄지 않을 수 없다. 무언가 믿는 구석이 있나 본데, 그게 도대체 뭘까?

## 시대정신 만능론

"대선까지 200일 남짓 남은 요즘, 민주통합당은 당 전체가 '운명론'에 빠진 듯하다. 민주당 인사들과 만난 자리에서 대선 이야기가 나오면 꼭 등장하는 것이 '박근혜 대통령 불가론'이다. 이들이 세 가지 이유를 꼽으면 '3불'이고, 다섯 가지면 '5불'이 된다. 이런 주장의 대부분은 딱히 근거가 충분한 것이 아니다. 대개는 '박근혜가 돼서는 안 되는' 자신들의 당위와 신념, 바람이 강하게 담겨 있다. 그러면서 이들은 자신들이 승리할 수밖에 없는 이유를 '시대정신'에서 찾는다. 역사의 흐름이 민주당을 선택할 것이란 얘기다. 대선 주자, 당 지도부, 전·현직 의원 가릴 것 없이 시대정신이라는 말을 꺼내곤 한다. 시대정신이라는 막강한 후원자가 뒤에서 밀어주고 있다고 믿게 되면 '박근혜 독주'로 요약할 수 있는 4월 총선 이후 여론의 흐름을 두려워할 이유가 없어진다."

2012년 5월 30일 《조선일보》 정치부장 박두식이 〈야권의 '복불복' 대

16. 박성우, 〈[해외 리포트] '나는 꼼수다' 3인방 영국 콘서트… 유학생 등 400여 명 몰려: 김어준 "현재 0대 1 열세… 대선, 꼭 이기겠다"〉, 오마이뉴스, 2012년 5월 29일.

선 게임〉이라는 칼럼에서 한 말이다. 야권엔 "《조선일보》만 반대로 읽으면 길이 있다"고 믿는 사람들이 많다. 따라서 이들의 믿음대로라면 야권은 '박근혜 대통령 불가론'이라는 시대정신만 믿고 지금까지 해온 대로 나꼼수의 진두 지휘 아래 가열찬 비판 투쟁만 벌이면 성공할 수 있다는 결론에 도달하게 된다.

이런 사람들과 더불어 민주통합당의 비극은 아직도 자신들의 과오가 무엇인지를 전혀 모른다는 데 있다. 무엇보다도 세상을 있는 그대로 보려는 게 아니라 자기들이 원하는 세상만 보려 하기 때문이다. 이런 문제를 지적하는 데엔 박두식과 같은 보수 논객의 눈이 더 날카로울 수도 있는 법이건만, 이들은 "《조선일보》만 반대로 읽으면 길이 있다"라고 믿으니 그거 참 큰일이다. 《조선일보》를 과대평가해도 정도껏 해야지, 꼭 이렇게까지 숭배해야만 하겠는가?

사실 박근혜라는 이름 석 자만 들어도 치를 떠는 민주 투사들이 야권 지지자들 중엔 엄청나게 많다. 이들은 술자리 같은 사석에서도 냉정한 분석보다는 박근혜가 대통령이 돼서는 안 되는 이유를 이야기하는 데 더 열을 올린다. 그럼에도 박근혜의 지지율이 가장 높은 건 어떻게 설명할 것인가? 이렇게 물으면 처음엔 여론 조작 때문이라고 했다가 여의치 않으면 몇몇 국민의 노예 근성 탓으로 돌린다. 그러면서도 희망은 버릴 수 없는지 그런 국민들도 곧 깨어날 것이라고 역설한다. 이런 판에 대고 냉정한 분석을 계속 제시했다간, 술도 어지간히 올랐겠다, "그래서 넌 박근혜가 좋다는 거야, 뭐야?"라는 호통이 날아오기 십상이다.

사실 '시대정신 만능론'은 민주통합당 사람들보다는 민주통합당 지지자들에게서 나오는 동력이다. 정치판에서 산전수전 다 겪은 사람들이 그렇게 무지할 리 없다. 있는 그대로의 세상을 잘 알면서도 고정표 위주로 갈 수 밖에 없는 정당의 구조적 한계 때문에 그러는 것일 수도 있다는 말이다. 이른바 '초기 효과'의 딜레마다.

어느 집단에서건 타협을 거부하는 강경파는 소수이지만, 이들이 집단 내부에서 세력을 확장해가는 과정에 주목할 필요가 있다. 강경파와 강경파 지지자들의 강점은 뜨거운 정열이다. 일반 유권자들이야 선거일에 투표만 하는 것도 정치 참여지만, 그건 가장 낮은 단계의 참여다. 생업을 잠시 중단해가면서까지 자신이 지지하는 정치인이나 정치 세력에 자금을 지원하고 모든 관련 정치 집회나 시위에 열심히 뛰어드는 참여를 생각해보자. 이런 높은 단계의 참여를 하는 이들은 일당백이다. 한 사람이 겨우 투표나 하는 유권자 100명, 아니 그 이상 자기 몫을 해낸다는 것이다. 따라서 머릿수로 따질 일이 아니다. 정당, 지지자 모임 등 어느 조직에서건 강경파가 머릿수 이상 영향력을 행사할 수 있는 결정적 이유다.

정치인의 선발 과정과 정당의 운영 과정에서 이 초기 효과는 매우 중요한 의미를 지닌다. 열성적인 지지자를 많이 거느린 후보들만이 경쟁의 무대에 오를 수 있다는 걸 의미하기 때문이다. 선거 과정이 진행되면서 초기의 열성적 지지자들은 소수가 되지만, 그들이 초기에 구축한 '파워 베이스'는 이후에도 꾸준히 영향력을 행사하기 마련이다. 그런 베이스에서 거절당하면 아예 출사표를 던질 기회조차 잡지 못하기 때문에 정치인들은 '당파성 전사'로 나서야 한다는 걸 온몸으로 느끼고 있는 셈이다.[17]

바로 이 초기 효과 때문에 어느 집단에서건 강경파가 과잉 대표되고, 온

건파나 중도파가 과소 대표되는 현상이 벌어지기 쉽다. 제19대 국회 초선 의원의 42퍼센트는 "나는 중도다"라고 할 정도로 중도의 층은 넓다.[18] 그러나 이들 역시 얼마 후면 중도로 살아가긴 너무 힘들다는 걸 깨닫게 될 것이다. 중도는 '침묵하는 다수'로 살아갈 수밖에 없는 게 우리의 현실인 것이다.

이런 문제 때문에 벌어지는 가장 곤란한 점은 의제 설정agenda-setting이 왜곡된다는 점이다. 국민의 관점에서 더 중요한 문제보다는 피를 끓게 만드는 이슈를 더 중요하게 다룸으로써 무당파 유권자들을 점점 더 멀어지게 만든다.[19] 제19대 총선에서 민주통합당이 패배한 가장 큰 이유도 바로 이 의제 설정에서 실패했기 때문이다.

안철수는 이런 초기 효과의 자장에서 자유롭다. 그러나 그도 대선 출마 선언을 하고 정치판에 본격적으로 뛰어들게 되면 그 자유를 잃게 된다. 그 어떤 현인이나 의인도 정치판에 뛰어들기만 하면 달라지는 이유도 바로 여기에 있다. 고정표에 의존하면서 고정표의 입맛에 맞는 자세를 취해야만 하는 비극, 이건 민주주의의 딜레마인지도 모른다.

그러나 이 딜레마는 철칙鐵則은 아니다. 고정표에 끌려다니는 리더십과 고정표를 이끄는 리더십의 차이가 바로 이 지점에서 발휘될 수 있다. 여야를 막론하고 안철수가 대선 출마 선언을 빨리 해야 한다는 압박이 대단하지만,

---

17. Ronald Brownstein, *The Second Civil War: How Extreme Partisanship Has Paralyzed Washington and Polarized America*.(New York: Penguin Books, 2007), pp.377~378.
18. 박송이, 〈19대 국회 초선 의원 42퍼센트 "나는 중도다"〉, 《주간경향》, 제981호(2012년 6월 26일).
19. Morris P. Fiorina et al., *Culture War?: The Myth of a Polarized America*, 3rd ed.(New York: Longman, 2011), pp.202~206.

안철수로선 그걸 늦추는 게 더 이익인 셈이다. 대선 출마 선언이 늦어져서 생기는 문제는 앞서 지적한 바와 같이 '세계 10위권 규모의 민주국가' 라고 하는 기준이나 잣대일 뿐이다. 즉, 안철수 현상 자체가 그런 논리나 문법의 지배를 초월한 현상이다.

## 2012 시대정신은 타협이다

만약 야권이 기대는 시대정신이란 게 정말로 있다면 나는 그건 '타협' 이어야 한다고 생각한다. 나는 앞서 이번 대선을 지배할, 아니 지배해야 할 시대정신은 '증오 시대의 종언' 이라고 했는데, 같은 말이다. 증오로 눈에 핏발이 선 사람들끼리는 타협이 가능하지 않기 때문이다. 그런데 진보주의자들은 타협을 더럽게 생각하는 고질병을 앓고 있다. 다시 알린스키 이야기로 돌아가보자.

알린스키는 "타협은 허약함, 우유부단함, 고매한 목적에 대한 배신, 도덕적 원칙의 포기와 같은 어두움을 가지고 있는 단어" 이지만, "조직가에게 타협은 핵심적이고 아름다운 단어" 라고 주장한다. 그는 "타협은 언제나 실질적인 활동 속에 존재한다. 타협은 거래를 하는 것이다. 거래는 절대적으로 필요한 숨 고르기, 보통 승리를 의미하며, 타협은 그것을 획득하는 것이다" 며 다음과 같이 말한다.

"당신이 무에서 출발한다면 100퍼센트를 요구하고 그 뒤에 30퍼센트 선에서 타협을 하라. 당신은 30퍼센트를 번 것이다. 자유롭고 개방적인 사회는 끊이지 않는 갈등 그 자체이며, 갈등은 간헐적으로 타협에 의해서만 멈추게 된다. 일단 타협이 이루어지면 바로 그 타협은 갈등, 타협 그리고 끝없이 계속되는 갈등과 타협의 연속을 위한 출발점이 된다. 권력의 통제는 의회에서의 타협과 행정부, 입법부, 사법부 사이에서의 타협에 바탕을 두고 있다. 타협이 전혀 없는 사회는 전체주의 사회다. 자유롭고 개방적인 사회를 한 단어로 정의해야 한다면 그 단어는 '타협' 일 것이다."[20]

한국 사회는 타협을 미국보다 더 더럽게 생각하기 때문에 더욱 타협이 필요하다고 말할 수 있다. 한국이 세계에서 고소·고발을 가장 남발하는 '고소·고발 공화국' 이라는 사실도 그런 당위성을 뒷받침해준다. 고소·고발 공화국이라는 말은 결코 과장이 아니다. 그 실태를 살펴보자.

2002년 기준으로 한국에서는 고소·고발 사건이 검찰·경찰 수사 사건 가운데 31.1퍼센트를 기록한 반면, 일본에서는 0.57퍼센트에 지나지 않는 것으로 나타났다. 고소·고발 사건은 2003년 44만 5,576건이었는데, 기소율은 매우 낮아 고소 사건 다섯 건 가운데 고작 한 건만 기소된 것으로 나타났다. 반면 무혐의 비율은 2004년 8월 말까지의 경우 26.7퍼센트에 이르러 기소율을 앞질렀다.[21]

한국은 '사기 공화국' 인가? 고소 사건 열 건 가운데 여섯 건이 사기 혐의인 것으로 나타났다. 《국민일보》 사회부장 성기철은 "신문사 사회부 데스크에 앉아 있다보면 우리 사회가 온통 사기 사건에 휩싸여 있음을 알 수 있

---

20. 사울 D. 알린스키, 박순성·박지우 옮김, 《급진주의자를 위한 규칙: 현실적 급진주의자를 위한 실천적 입문서》(아르케, 1971/2008), 107~108쪽.
21. 김동훈, 〈툭하면 고소·고발: 전체사건의 30퍼센트 넘어 일본 0.57퍼센트와 대조〉, 《한겨레》, 2004년 10월 14일.

다" 며 다음과 같이 개탄했다.

"갚을 생각도 없으면서 이웃 사람 돈을 빌렸다가 차일피일하는 사람, 동업자의 돈을 떼먹고 도망간 사람을 처벌해달라며 고소장을 내는 사람이 부지기수로 많다. 청와대 고위 인사나 국회의원, 검사 등 힘깨나 쓰는 사람을 거짓으로 끌어들이는 사기 사건도 속출하고 있다. 하나같이 부정직함에서 비롯된 것이다. 우리나라의 사기 사건은 선진국과는 비교가 안 될 정도로 많다. 부끄러워서 고개를 못들 정도로 심각하다. 대검찰청은 사기와 관련된 우리나라의 고소 · 고발 건수가 일본의 100배 이상인 것으로 파악하고 있다. 수사 검사들은 '우리나라에 사기꾼과 거짓말쟁이가 왜 이렇게 많은지 모르겠다' 며 걱정한다." [22]

급기야 2005년 검찰총장 정상명은 고소 사건이 검찰의 과중한 업무의 원인이 되고 있는 만큼 이를 줄이기 위한 방안을 마련하라는 지시를 내리기에 이르렀다. 범죄 구성 요건이 안 되는데 범죄 사실의 명확한 물증 없이 상대방을 겁주거나 괴롭히기 위해 무조건 고소하고 보자는 사건이 너무 많다는 것이다. 그러나 쉽지 않은 일이다. 고소를 인위적으로 제한하는 게 현실적으로 가능하지 않다는 주장도 있다. 고소는 기본적인 권리이기 때문에 이를 막을 수는 없으며, 남발을 막기 위해서는 무고죄를 강화하는 정도만 가능하다는 것이다.[23]

그동안 달라진 게 있는가? 있을 리 없다. 정치가 전혀 변하지 않았는데,

---

22. 성기철, 〈새치기와 커닝, 사기〉, 《국민일보》, 2005년 8월 26일.
23. 김선일 · 이경기, 〈검찰 '고소줄이기' 나섰다〉, 《내일신문》, 2005년 12월 26일.

무엇인들 달라질 수 있겠는가? 법무부 자료를 보면 2009년 현재 전체 형사사건 중 고소 사건 점유율이 27.35퍼센트로 일본(0.48퍼센트)의 57배에 달한다. 인구 10만 명당 피고소 인원은 1,246명으로 일본(7.26명)의 171배다. 그러나 고소 사건 중 기소되는 비율은 최근 5년 동안 18.7퍼센트에 그치고 있다.[24]

정치를 비롯한 전 분야를 지배하고 있는 불신과 증오의 소용돌이가 변할 조짐은 도무지 보이지 않지만, 그래도 신기하다고 생각되는 것은 '100대 0'의 이분법 구도에 반기를 들고 나선 안철수가 인기를 누리는 안철수 현상이다. 앞으로 안철수의 정치적 행보와 결과가 어떻게 되건 그가 한국 사회에 기여한 최대 공로는 바로 그 점에 있는 건 아닐까?

흥미로운 건 안철수에 대한 안티 세력은 좌우를 막론하고 이념적 성향이 강한 사람들이라는 점이다. 즉, '이념적 유목민'을 마땅치 않게 보는 사람이 안철수도 마땅치 않게 본다. 물론 안티 세력 중엔 제도 정치, 즉 정당정치의 착근을 바라는 사람들도 많지만, 그들을 잠시 논외로 한다면 말이다. 그런 의미에서 안철수 현상은 '이념파 대 비이념파'의 대결 구도이기도 하다. 후자가 수적 우세를 보이긴 하지만, 전자의 영향력이 막강해 이 대결이 어떤 결말을 보일지는 아무도 모른다. 잠시 국가와 민족이라는 무거운 부담을 떨쳐버린다면 안철수 현상은 그래서 더욱 재미있다.

---

24. 〈고소에 중독된 불신 대한민국(사설)〉, 《중앙일보》, 2012년 4월 30일.

제10장

# 나꼼수 모델로 정권 교체 가능한가

•

## 팬덤 정치의 가능성과 한계

## "내가 김어준을 비판하는 이유"

2011년 4월 27일 첫 방송을 시작한 팟캐스트 방송 '나는 꼼수다'는 방송 1회당 평균 다운로드 600만 건을 기록하는 신드롬을 만들어내면서 그해 가을 최고의 전성기를 누렸다. 박원순이 당선된 10·26 서울시장 보궐선거 때 가장 영향력이 컸던 미디어는 KBS도 MBC도 아니라 나꼼수였다. 나꼼수가 박원순 당선의 1등 공신이라고 해도 지나친 말이 아니다.

그해 11월 18일 전국언론노조는 나꼼수가 제21회 민주언론상 본상에 선정됐다고 밝혔다. 민주언론상 심사위원회는 "'나는 꼼수다'는 주류 언론이 권력 감시 등 제 기능을 다하지 못하는 상황에서 현 정권의 부도덕성을 폭로하고 거침없는 독설로 대안 언론의 역할을 훌륭히 해냈다"며 선정 이유를 설명했다. 나꼼수가 SNS 바람과 맞물려 정치 혐오라는 장벽을 허물고 있다는 주장마저 제기됐다.[1]

1. 류정민, 〈'나는 꼼수다' 열풍, 정치 혐오 장벽을 허물다〉, 《미디어오늘》, 2011년 12월 28일.

도대체 어떻게 이런 일이 가능했을까? 정치 평론가 유창선은 이런 분석을 내놓았다. "대통령이, 아니 부도덕한 권력자들이 그만큼 싫었던 것이다. 그런데 아무도 그 얘기를 하지 않아 속이 터지고 답답하던 차에 나꼼수가 속 시원히 '가카' 에게 '빅엿' 을 먹인 것이다. 어찌 속이 후련하지 않았겠는가? 무엇보다 나꼼수는 우리의 가슴속에 자리하고 있던 불만과 분노의 기름에다 그어댄 성냥불이었다." [2]

나꼼수, 정말 대단했다! 그러나 야권의 모든 이들이 나꼼수에 환호만 보낸 건 아니다. 진보 진영 일각에선 나꼼수의 담론화 방식을 문제 삼는 비판이 제기됐다. 진보적 칼럼니스트 허지웅은 2011년 10월 22일자 《시사IN》(제214호)에 기고한 〈내가 김어준을 비판하는 이유〉라는 글에서 나꼼수의 종교화를 문제 삼았다.

허지웅은 "김어준은 '닥치고 씨바' 우리 시대의 모세다. 김어준이 하나님, 아니 그러니까 시민의 힘과 상식의 무결성이라는 말씀을 허락받아 '나는 꼼수다' 라는 석판을 들고 도래했다. 김어준이 하나님과 일촌을 맺는 데에는 불타는 떨기나무 대신 안철수나 박원순, 곽노현이라는 아이콘이 동원된다. 이 세계관 안에서는 대마왕 이명박이라는 절대악의 집권 혹은 나경원류 버섯돌이의 저열함이 보장되기 때문에 유대 민족, 아니 그러니까 '아름다운 시민' 이 석판의 순결함에 중독될 수밖에 없다" 며 다음과 같이 말한다.

"석판의 위계에 반박하면 아무튼 전부 때려죽일 놈인 거다. 시민의 힘!

---

2. 유창선, 《정치의 재발견: 소셜미디어, 대한민국 정치의 판을 바꾸다!》(지식프레임, 2012), 51쪽.

상식의 위대함! 지금 당장 이 부글거리며 끓어오르는 시민혁명에 동참하라. '나는 꼼수다'는 '우리 꼼꼼한 이명박 대통령님이 그럴 리가 없다'는 조롱으로 반을 채운다. 나머지 반을 저널리즘에 기초한 생산적인 지적에 할애하는 경우도 있다. 그러나 김어준이 마이크를 잡으면 이야기가 달라진다. 과거 황우석이나 심형래 광풍의 사례에서 보여주었듯, 김어준은 민중이라는 단어의 중독성에 몸을 의탁한 사람이 듣기 좋아할 만한 말만 골라 하는 방법으로 반지성주의에 기반해 지성인으로서 지분을 획득한다. 지식인 까면서 지식인이 되는 기적에 능한 것이다. 곽노현 눈을 본 적이 있느냐, 곽노현이 어떤 사람인지 아느냐, 곽노현은 결코 그럴 사람이 아니다, 만나본 사람은 안다 따위 말을 늘어놓는다."

이어 허지웅은 "김어준의 문장은 선과 악이 대립하다가 결국 대체 왜 믿지 못하느냐라는 타박으로 끝을 맺는다. '내가 나름 언론사 사주이고 그래서 글쟁이 욕망을 잘 아는데, 그러는 거 아니다. 왜 믿을 만한 사람을 믿지 못하고 당장의 허물을 꾸짖으며 절대악 진영의 지속 가능성에 종사하느냐'는 거다"며 다음과 같이 말한다.

"김어준의 말을 경청하는 사람이 모두 그를 신봉한다는 듯 싸잡지 말라는 말로 이 글을 비판할 수 있겠지만, 중요한 결점과 명백한 위험을 전제하고 있는데도 단지 그것이 듣기에 통쾌하거나 재미있다는 이유만으로 옹호한다면 거대 교회에 꼬박꼬박 출석하는 회의주의자의 느슨하고 이율배반적인 경계심과 뭐가 다른지 잘 모르겠다. 여기에는 명백히 종교적인 선동이 존재하고 있다. 이에 저항할 최소한의 의지를 드러내지 않으면서 '시민의 힘' 운운하는 건 당신들이 가장 듣기 싫어하는, 그러니까 '빠'가 되는 지름길이다."

진보 논객 진중권도 2011년 10월 나꼼수 콘서트에서 이명박 대통령의 불륜과 사생아 의혹이 제기된 것과 관련해 자신의 트위터를 통해 "한껏 들떠서 정신 줄 놓고 막장까지 간 거다. 포르노라는 게 원래 노출 수위를 계속 높여야 한다"면서 "제발 경쾌하고 유쾌하게 가라"고 일침을 가한다.

이런 비판은 웬만한 강심장이 아니고서는 하기 어려운 일이다. 진중권은 자신의 트위터에 "목숨 걸지 않으면 나꼼수 못 까요", "꼼진리교 신자들은 워낙 닥치고 찬양이 아니면 다 나꼼수에 대한 질투로 읽더라고요"라는 글을 남기기도 했다.[3] 허지웅도 다음번 칼럼에서 이렇게 말했다.

"지난번 칼럼에서 김어준을 둘러싼 신앙 간증 친위 부대를 비판한 이후, 술자리에서 누군가 내 이름을 언급하면 '너, 한나라당 편이냐' 며 싸움이 난단다. 집단 지성과 시민의 힘이 불을 뿜으며 역적을 성령으로 압도하는 이 아름다운 시대를 이해하지 못한 점 사죄드리며 이번 주에는 바짝 엎드려 뻔한 이야기나 해볼까 한다."[4]

## '닥치고 연애'와 '닥치고 소통'

그러나 허지웅·진중권의 비판에 대해 반론을 펴는 또 다른 진보 논객들도 있는데, 그 대표적 논객은 경희사이버대 미국학과 교수 안병진이다. 그는

3. 홍현진, 〈건드리면 '폭풍까임' '입진보' 낙인: '나꼼수' 편 가르기, 빨간불 들어왔다〉, 오마이뉴스, 2012년 1월 3일.
4. 허지웅, 〈착한 FTA, 나쁜 FTA?〉, 《시사IN》, 제218호(2011년 11월 25일).

2011년 10월 31일자 《한겨레》에 기고한 칼럼 〈닥치고 연애〉에서 김어준을 "한국 정치심리학의 새 지평을 연 탁월한 지식인"으로 평가한다. 이어 안병진은 "그간 왜 한국의 대부분 진보 진영들은 김어준과 달리 자주 정치 예측에 실패하게 될까? 왜냐하면 시민의 구체적 삶과 자신들의 이념을 부단히 조응하려 노력하지 않거나 인생의 복합성을 이해하지 못하기 때문이다. 이들은 자신이 시민을 사랑하는 이유와 반대로 시민들이 자신을 사랑하는 이유가 다를 수 있다는 것에 대해서조차 별로 생각해본 적이 없다. 또 어떤 이들은 질투심에 눈이 멀어 김어준의 분석은 친노의 정치적 결론이라 비난한다"

세상 읽기

## 닥치고 연애

안병진
경희사이버대 미국학과 교수

〈왜 나는 너를 사랑하는가〉, 알랭 드 보통의 책 제목이다. 낙엽이 떨어지는 가을에 연애의 진정한 고수가 되고 싶은 분은 이 책을 읽고 실천하며 다시 읽으면 된다. 그는 사랑의 복합적 속성, 아름다움과 추함, 기대와 환상을 기막히게 이해한다. 보너스도 있다. 잘 통독하면 정치의 고수까지 덤으로 된다. 왜냐하면? 연애나 정치가 다 본질적으로 비슷하기 때문이다.

책으로 만족하지 못하고 그를 직접 만나 비급을 전수받는 제자가 되고 싶은 분들은 간단하다. 한국의 알랭 드 보통인 김어준 '나는 꼼수다' 사회자를 대신 만나면 된다. '나꼼수'를 단지 술자리 심심풀이 '구라'나 '심층 탐사 보도'로만 이해하는 분들은 김어준의 진정한 위력을 반만 아는 것이다. 그는 한국 정치심리학의 새 지평을 연 탁월한 지식인이다. 이 연애와 정치심리학의 달인이 최근 경찰의 수사 대상이 되었다. 세상에, 그들은 마치 사랑에 빠진 딸을 삭발하려는 분노한 아버지와 같다. 그들의 탄압이 오히려 그에 대한 우리의 사랑을 더 단단히 해준다는 평범한 연애의 진리조차 이해하지 못하다니.

그간 왜 한국에는 정치심리학이 잘 발달하지 않았을까? 난 과거 유학을 마치고 귀국해서 한국에서 박근혜 인기의 심리학적 비결을 분석하는 책조차 없고 정치인들이 건조한 통

**내년엔 누구를 사랑해야 하는가**
**그 비밀이 '김어준 현상'에 숨었다**
**시민정치가 새 정치문법을 만든다**

계 프레젠테이션으로 시민을 설득하려 하는 것을 보며 충격에 빠진 적이 있다. 사실 미국도 한동안 '과학적' 연구의 헛된 미명하에 심리학이 천대받은 불행한 역사를 가지고 있다. 그 결과 경제 대위기를 제대로 예측하지 못한 학문의 위기가 양산되었다. 미국 유행에 민감한 한국은 협소한 의미의 과학주의를 맹신해오며 정치심리학을 저발전시켰다.

그간 왜 한국에는 김어준처럼 구체적 삶 속에서 연애의 철학과 정치론을 풀어내지 못했을까? 난 그 근저에 지식을 삶의 뿌리에 단단히 연결하려는 실천적 지식의 문제의식이 약했기 때문이라 생각한다. 물론 도올 김용옥 교수나 신영복 성공회대 전 총장 등 탁월한 예외들도 많지만 마이클 샌델처럼 사상과 구체적 삶이 잘 연결된 지식담론이 한국엔 너무 약하다.

그간 왜 한국의 대부분 진보 진영들은 김어준과 달리 자주 정치 예측에 실패하게 될까? 왜냐하면 시민의 구체적 삶과 자신들의 이념을 부단히 조응하려 노력하지 않거나 인생의 복합성을 이해하지 못하기 때문이다. 이들은 자신이 시민을 사랑하는 이유와 반대로 시민들이 자신을 사랑하는 이유가 다를 수 있다는 것에 대해서조차 별로 생각해본 적이 없다. 또 어떤 이들은 질투심에 눈이 멀어 김어준의 분석은 친노의 정치적 결론이라 비난한다. 세상에, 이들은 분석이 현실의 추이와 일치하느냐를 먼저 따지기보다 낙인을 찍는 것으로 승리한다고 보는 모양이다.

일부 진보파들의 불편한 속내에도 불구하고 앞으로 김어준 현상은 더 강해질 것이다. 왜냐하면 이제 깨어 있는 시민들은 정치 엘리트들의 내공의 수준을 파악하게 되고 소셜네트워크 등 자신들의 엄청난 무기의 위력과 맛을 알게 되어 본격적으로 정치가들을 통제하려고 시도할 것이기 때문이다. 시민 정치가 만들어내는 안철수, 문재인 현상은 이러한 새 정치문법 속에서 움직인다.

김어준의 나꼼수 방송과 〈닥치고 정치〉 신간엔 내년 누가 대통령이 될지의 비밀과 다양한 정치이론으로 발전할 가공되지 않은 원석이 보물처럼 들어 있다. 그의 다양한 단서를 가지고 저마다 나는 왜 안철수나 문재인을 슬프게, 혹은 기쁘게 사랑하는가, 그 사랑의 눈물과 미소엔 몇%의 정당한 기대와 몇%의 환상이 배합되어 있는가를 분석해보아도 재미있을 것이다. 이제 사랑의 계절이 시작되었다.

■ "어떤 이들은 질투심에 눈이 멀어 김어준의 분석은 친노의 정치적 결론이라 비난한다."

며 다음과 같이 주장한다.

"세상에, 이들은 분석이 현실의 추이와 일치하느냐를 먼저 따지기보다 낙인을 찍는 것으로 승리한다고 보는 모양이다. 일부 진보파들의 불편한 속내에도 불구하고 앞으로 김어준 현상은 더 강해질 것이다. 왜냐하면 이제 깨어 있는 시민들은 정치 엘리트들의 내공의 수준을 파악하게 되고 소셜네트워크 등 자신들의 엄청난 무기의 위력과 맛을 알게 돼 본격적으로 정치가들을 통제하려고 시도할 것이기 때문이다. 시민 정치가 만들어내는 안철수, 문재인 현상은 이러한 새 정치 문법 속에서 움직인다. 김어준의 나꼼수 방송과 《닥치고 정치》 신간엔 내년 누가 대통령이 될지의 비밀과 다양한 정치 이론으로 발전할 가공되지 않은 원석이 보물처럼 들어 있다."[5]

김어준이 정치심리학에 탁월하다는 말엔 흔쾌히 동의한다. 나도 때론 김어준이 천재가 아닌가 하는 생각이 들 정도로 놀랄 때가 많다. 다만 전혀 동의할 수 없는 것은 김어준이 정치적 지지를 연애하듯이 한다는 점이다. '닥치고 연애'다. 자신의 마음에 든 정치인은 무조건 영웅처럼 떠받들고 마음에 들지 않은 정치인은 가혹하게 대하는 것 말이다. 그런데 정치적 예지력이 뛰어난 안병진에게도 그런 '닥치고 연애' 기질이 있는 것 같아 안타깝다.

안병진의 주장은 다 좋은 말씀이긴 한데, "질투심에 눈이 멀어 김어준의 분석은 친노의 정치적 결론이라 비난한다"라는 말은 아무리 봐도 지나친 듯하다. 이런 비판은 "광기에 눈이 멀어"라는 식으로 재반박을 초래할 수 있

5. 안병진, 〈닥치고 연애〉, 《한겨레》, 2011년 10월 31일.

는 것인바, 정치심리학도 좋긴 하지만 심리 분석을 하더라도 지나치게 깊이 들어가지 않는 게 좋을 것 같다.

나꼼수의 핵심 멤버인 주진우도《미디어오늘》인터뷰에서 "보수 진영에서는 나꼼수를 싫어하고 죽여버리고 싶어 하고 진보 진영에서는 시기하고 질투하고 있다고 본다"고 말했다. 아무래도 뭔가 큰 오해가 있는 듯하다. 이 말은 외국 언론이 나꼼수를 호평한 것과 비교하면서 나온 말인데, 그가 말하는 외국 언론의 반응은 이렇다.

"대중 강연을 하면 대안 언론에 대한 나꼼수 열풍이 미디어 시장에서 어떤 역할을 할지 관심이 많다. 비틀스처럼 음악의 질서를 바꾼 것처럼 재미있어한다. 언론이 뒷걸음치고 있는데, 스마트폰, 아이폰을 기반으로 한 새로운 모델의 언론에 해외의 관심이 특별히 많다. 어디까지 풍자가 먹힐지, 대선에서 어떤 영향을 끼칠지 등이 주요 관심사다. 외국 기자들은 나꼼수에 대한 애정이 엄청나다. 우리나라 언론이 다루는 것보다 몇 배 더 정확하고 예리하다. 심지어 진보 진영보다 훨씬 더 자세하고 정확하고 핵심에 근접해 있다."

맞다. 나는 그런 점에서 나꼼수가 정말 위대하다고 생각한다. 특히 주진우가 온갖 소송 공방에 시달리며 탐사 저널리즘의 본때를 보여주고 있는 점에 대해선 존경심마저 든다. 그렇다면 문제는 어디에 있는 걸까? 주진우가 "그러나 현재의 나꼼수가 '반MB'의 틀에 갇혔다는 얘기도 많이 나오고 있다"는 질문에 다음과 같이 답한 것에서 그 실마리를 찾을 수 있을 것 같다.

"아무튼 우리한테 많은 걸 기대하지 말라. 골목에서 노는 질 나쁜 청년들이라고 생각하고 듣도 보도 못한 잡놈이라고 생각하면 된다. 이걸 주류나 정형의 틀로 보지 말고 그런 놈들도 있다고 생각하면 된다."

100퍼센트 동의한다. 문제는 나꼼수가 정치판이라는 그라운드에 뛰어들어 민주통합당에 절대적 영향력을 행사하면서부터 시작됐다. 이게 문제가 된다 하더라도, 이마저 나꼼수의 책임은 아니다. 민주통합당의 책임이다. 말장난 같지만 나꼼수에 대한 비판은 나꼼수에 대한 비판이 아니다. 나꼼수가 비주류로 자유롭게 존재할 수 있는 걸 허용하지 않은 채 온 나라가 나꼼수 열풍에 휘말려 들어가는 한국적 현실에 대한 비판이다. 주진우가 "나꼼수의 미래는?" 이라는 질문에 다음과 같이 답한 것에 동의하지 않을 사람이 누가 있으랴.

"나꼼수가 인기 있는 것은 슬픈 일이다. 언론이 어느 정도만 잘하면 우리는 사라져야 한다. 인기 사이트도 유명 연예인이 나와도 몇 달 못 간다. 이것도 마찬가지로 자연스럽게 사라졌으면 해. 언론인 입장에서 사회와 언론이 건강해지는 게 좋다. 내가 인기 있는 게 뭐가 중요한가? 빨리 자각하고 제자리로 돌아와서 우리 하는 역할이 없어졌으면 좋겠다. 빨리빨리."[6]

나꼼수로선 진보 진영 일각의 비판이 서운하고 화가 나기도 하겠지만, 그걸 시기와 질투 때문에 나온 것으로 생각하지 않으면 좋겠다. 시기와 질투 때문에 비판하는 사람들이 있을지라도, 그 비판자의 머릿속에까지 들어가본 것은 아니니 그걸 입 밖에 내는 건 좋지 않다. 권력이 커지면 권력 크기에 상응하는 비판이 생기기 마련이고 자신들의 의도와 무관하게 나타나는 사회적 현상에 대해서까지 책임을 져야 하는, 억울한 일이 생기는 법이다. 그래도 의

---

6. 최훈길, 〈주진우, "박근혜 거짓말, 쫄지 않고 당당하게 맞설 것": [인터뷰] "나꼼수는 권력자들에 대한 꼬장… 결정적 카드 뒷주머니에 있다"〉, 《미디어오늘》, 2012년 7월 3일.

연하게 대처하는 것이 '권력' 을 누리는 사람이 갖춰야 할 올바른 자세가 아니겠는가?

나꼼수 비판자들도 마찬가지다. "꼼진리교 신자" 라든가 하는 말로 나꼼수 지지자들을 광신도 비슷하게 몰아가버리면 상호 소통이 어려워진다. 소통이라는 게 원래 어렵다는 걸 몰라서 하는 말이 아니다. 나도 악플을 어지간히 받아봤고 지금도 받고 있어서 잘 안다. 악담과 저주 일색인 악플 어디에서도 소통의 가능성을 찾아보긴 어렵다. 그렇지만 그렇다고 소통의 가능성을 아예 포기한 방식으로 대응하면 남는 게 무엇이겠는가? 꿈꾸는 세상의 모습이 거의 같은 사람들끼리 단지 그 길에 이르는 방법이 조금 다르다고 소통을 아예 포기한다면 증오와 상처 이외에 무엇이 남을까?

나꼼수식으로 말하자면, '닥치고 소통' 이라는 종교를 믿어보는 게 어떨까? 나는 '닥치고 소통' 이라는 종교의 신자가 되기로 했다. 물론 신자가 아니었을 때의 버릇이 남아 있어서 아직은 서투르다. 그래도 포기하지 않고 꾸준히 노력해 언행일치를 하는 열성 신도가 돼보련다. 내게 악플을 선사하는 분들을 경멸하는 대신 미안해하기로 했다. 내 소통 능력과 진정성이 모자라 그분들을 화나게 만들었다고 자책하기로 했다. 아니, 이미 실제로 그렇게 하고 있다. 누군가에게 "악플러에 대해 미안해하는 마음을 먹게 됐다" 라고 말했더니 이런 말이 날아왔다. "그게 다 늙은 탓이다."

## "나꼼수 편 가르기, 빨간불 들어왔다"

해가 바뀌어서도 나꼼수 논쟁은 계속됐다. 2012년 1월 3일 오마이뉴스에 〈건드리면 '폭풍까임', '입진보' 낙인: '나꼼수' 편 가르기, 빨간불 들어왔다〉라는 기사가 실렸다. 신년 기획으로 진보 논객 이택광, 박권일, 한윤형에게 나꼼수 현상에 대한 의견을 물어 홍현진 기자가 쓴 기사다. 이들은 나꼼수 현상을 "소중한 현상"이라면서도 그 위험성을 지적했는데, 그 내용을 살펴보기로 하자.

'국내 유일의 가카 헌정 방송'을 표방하면서 이명박에게 초점을 맞추는 것은 나꼼수의 주요 흥행 요인 가운데 하나인데, 진보 논객들은 한목소리로 나꼼수가 '가카'를 모든 사태의 중심에 두고 'MB 대 반MB'를 선악 구도로 설정하는 것의 위험성을 지적했다.

이택광은 "이명박 대통령 개인의 문제도 있겠지만, 자본주의사회에서 기업의 문제라든지, 관료의 문제라든지 한국 사회가 가지고 있는 구조적인 문제가 있는데, 나꼼수는 MB만 없어지면 천국이 올 것처럼, 야권이 집권하면 모든 문제가 해결될 것처럼 이야기하고 있다"고 꼬집었다.

이명박을 향한 나꼼수식 조롱과 풍자를 "축제 중에서도 힘 빠진 짐승을 칼질하는 쾌락을 제공하는 사육제"라고 표현한 박권일은 "정권 말기에 (현 정권의) 독이 빠진 상태에서 이명박을 겨냥하고 두들겨 패는 쾌감도 분명히 있을 것이다. 그러나 지금 우리가 이명박하고만 죽기 살기로 싸워야 하는 것은 아니다. 아직도 재능교육이라든지 더 들여다봐야 할 문제들이 많은데, 이명박이 BBK로 처벌을 받으면 우리 사회의 진보가 이뤄질 것처럼 이야기하는 것은 위험하다" 라고 말했다. 그는 "나꼼수는 현 정부가 추진한 한미FTA와 노무현 FTA가 본질적으로 다를 게 없는데도 마치 다른 것처럼 여론 몰이를 했다" 고 비판했다.

또 박권일은 "우석훈 씨가 자신의 트위터에 '정봉주는 살아서 신이 된 사나이' 라고 썼던데, 정봉주 씨가 감옥에 들어가면서 마치 순교자처럼 돼버렸다" 며 "정봉주 씨가 억울하게 형이 집행된 측면도 지적을 해야겠지만, 본질은 불합리한 선거법" 이라고 주장했다. 그는 "이번 대법원 판결로 표현의 자유를 억압하는 선거법 문제가 집중적으로 이야기됐어야 했는데, 어느 순간 울고불고 신파로 끝나버렸다" 고 아쉬움을 나타냈다.

한윤형은 "MB를 축으로 보는 시선 역시 포기해서는 안 된다" 라고 전제한 뒤, "MB를 축으로 보는 시각도 있을 수 있고 신자유주의가 문제라고 보는 사람도 있을 수 있고 자본주의 자체가 문제라고 보는 사람도 있을 수 있다. 그런 시각들이 공존해나가야 한다" 면서 "그러나 반MB 도식을 처음으로 배우고 이 도식 이외에 다른 것들을 상상할 수 없는 경우, 반MB 도식에 비판적인 사람들은 다 적으로 돌리는 경향이 나꼼수 팬들 사이에서 나타나고 있다" 고 지적했다.

실제로 나꼼수에 쓴소리를 하는 진보 논객들은 '입진보' 라는 비아냥과 함께 트위터 등을 통해 '폭풍까임' 을 당하게 된다. 한윤형은 " '입진보' 가 원래는 입으로만 진보를 말하고 실천하지 않는 사람들을 의미하는 말이었는데, 지금은 자기 마음에 안 드는 이야기를 하는 사람에게 갖다 붙이는 말이 됐다" 면서 "반MB 전선을 절대화하다보니까 나머지 전선은 폄하하는 것" 이라고 개탄했다.

이택광은 "나꼼수 팬들이 가지고 있는 태도 중 하나가 '진보'를 현실적인 힘이 없는, 쓸모없는 세력으로 본다는 것인데, 이는 신보수주의적인 논리"라면서 "'표현의 자유'를 주장하는 나꼼수가 표현의 자유를 용인하지 않는 모습을 보이고 있다"며 씁쓸해했다. 그는 "기본적으로 선거 구도를 반한나라당 전선을 세워놓고 거기에 복종하지 않는다고 해서 '입진보'라고 하는 것은 주객전도"라고 말했다.

나꼼수 멤버들을 마치 민주화 투사처럼 영웅으로 보는 분위기와 관련해 이택광은 "지나친 오버"라면서 "나꼼수가 딜레마에 빠져 있다"고 해석했다. 그는 "초기에 멍청한 위정자를 놀리는 역할을 하면서 기존의 언론이 건드리지 못하는 부분을 건드리는 정치 풍자 코미디였던 나꼼수가 점점 심각한 프로그램이 되고 있다"면서 "이렇게 되면 '친노 세력'으로 대표되는 나꼼수 지지자들은 결집시킬 수 있을지 모르지만 바깥 사람들을 설득하는 것은 점점 어려워질 것"이라고 전망했다. "나꼼수가 소수 정파(친노 세력)의 선동방송이 될 경우, 나꼼수가 설득해야 하는 부동층 40퍼센트에 대한 외연을 확대하기 곤란해진다"는 것이 이택광의 설명이다.

한윤형 또한 "4·11총선에서 이기기 위해서는 중간파 유권자를 공략해야 하는데, 나꼼수 팬들 가운데는 '한나라당 비상대책위원회의 쇄신을 엄중하게 봐야 한다'고 하면 '우리에게는 나꼼수를 듣는 청년층 지지자가 있다'는 식으로 답변을 하는 등 사태를 안일하게 보는 경우가 있다"면서 "'우리편'끼리 모여서 놀다보면 바깥에 있는 사람들은 못 보게 될 가능성이 있다"고 우려했다.

박권일은 "나꼼수가 지지자들만을 결집시키는지, 외연을 확대하는지에 대해서는 관련된 통계가 없기 때문에 지금 판단을 내리기는 어렵다"면서도 "나꼼수 팬들의 과잉된 행동이나 노무현 정부의 잘못을 인정하지 않는 태도를 보면서 한나라당과 민주당 둘 다 지지하지 않는 중간자적인 입장에 있는 사람들이 더 냉소적으로 변할 가능성도 무시할 수 없다"라고 충고했다.

4·11총선이 민주통합당의 참패로 끝난 시점에서 돌이켜 보건대, 이들의 주장은 모두 탁견이었다고 할 수 있다. 그러나 이를 탁견으로 여기고 뒤늦게나마 성찰해보려는 시도는 그 어디에서도 찾아보기 어렵다. 오히려 '입진보'를 욕하는 소리만 더 거칠어졌다. "행동이 없다"는 이유로 지식인을 가장 경멸하고 혐오했던 사람들이 독일과 이탈리아의 파시스트들이었음을 상기컨대, '입진보'라는 비판만큼은 삼가는 게 좋을 것 같다.

## 팬덤 정치는 '소똥 더미에서 피어난 꽃'인가

허지웅이 나꼼수와 싸우는 데 지쳤는지 2012년 6월 2일자 《시사IN》(제246호)에 쓴 〈진보는 왜 무능한가〉라는 칼럼에선 비교적 이론적인 주장을 내놓았다. 그는 "얼마 전 '《조선일보》만 반대로 읽으면 길이 있다'라는 말을 들었다. (중략) 《조선일보》가 불온한 의제 설정으로 스스로를 살찌우고 역사를 유린해왔던 건 사실이다. 그러나 진영은 그리 쉽게 나뉘지 않고 진실에는 결이 너무 많아 각도마다 다르게 보일 수밖에 없다"며 다음과 같이 말한다.

"진영이 왜 생기는가? 서로 옳다고 믿는 것이 있기에 편이 만들어진다. 그러나 한국의 보수 세력과 달리 진보·민주 세력은 꽤 오랜 세월 국가 차원의 박해를 받아왔고, 그런 외부의 억압 안에서 보수 세력에 비해 훨씬 더 강력한 진영 논리를 생성해냈다. '남보다 더 정의로운' 진영 논리는 쉽게 '가치'가 아닌 '진영' 자체를 위해 종사하게 된다. 목적을 위해서라면 어떤 수단이라도 동원될 수 있다. 이를테면 국회에서 최루탄을 터뜨리고도 열사처럼 주장할 수 있다. 그렇게 진영 논리는 진영 안의 너무 많은 나쁜 것들을 호기롭게 감추어버린다."

반갑다. 난 언제부턴가 진영 논리에 비판적인 글을 좋아하게 됐다는 사실을 고백하지 않을 수 없다. 진영 논리가 그 진영을 망치는 주범이라고 확신하게 됐기 때문이다. 진영 논리의 종착역은 파국이지만, 그 경로는 팬덤 정치다. 허지웅은 이 사실을 비켜가지 않는다.

"나는 한국 정치의 후진성이, 보수가 유능한 것처럼 보이게 만드는 진보의 무능으로부터 기인한다고 생각한다. 그리고 진보의 무능을 야기하는 절대적 요인으로 이 진영 논리와 팬덤 정치를 꼽겠다. 당위로 점철된 과도한 진영 논리가 쉽게 아이콘과 결합하고, 끝내 팬덤 정치로 이어진다. 이명박 정권을 통과하는 동안 시민들 사이에 공유된 뜨거움을 기민하게 선점했던 것이 바로 '나꼼수'로 대변되는 팬덤의 정의였다. 그 정의가 결국 우리를 어디로 이끌었나? 고작 이명박 정권에 반대하는 것이 전부인, 철학과 원칙이 부재하는 열광이 끝내 가닿은 곳이 어딘가?"

그러나 균형을 위해 팬덤 정치를 옹호해보는 것도 좋을 것 같다. 허지웅은 "고작 이명박 정권에 반대하는 것이 전부"라고 했지만, 그것도 쉬운 일은 아니거니와 사실 일반 시민 차원에서 할 수 있는 일이 그리 많지 않다. 대안을 모색하고 비전을 제시하는 건 일반 대중이 할 수 있는 일은 아니다. 우선 당장 할 수 있는 참여의 방법이 팬덤 정치 이외에 무엇이 있단 말인가? 팬덤 정치는 '정치의 죽음' 위에서 그래도 정치를 살려보려고 애쓰는 발버둥인지도 모른다. 영어에 'turd blossom' 라는 표현이 있는데, '소똥 더미에서 피어난 꽃' 이란 뜻이다.[7] 팬덤 정치도 혹 '정치의 죽음' 이라는 소똥 더미에서 피어난 꽃으로 봐야 하는 걸까?

팬덤 정치는 정치의 의인화personification · 개인화personalization 현상인데, 이는 언론 보도를 포함해 모든 대중문화에서 나타나는 기본 메뉴다. 영국 문화 연구의 태두라 할 리처드 호가트Richard Hoggart는 언론 보도가 지나칠 정도 개인화되는 건 특별히 노동계급 독자들과 밀접한 관련이 있다고 보았다.

호가트는 "개인화는 사람들이 다른 사람들의 인생의 세부적인 것들에 대해 느끼는 공통적인 관심뿐만 아니라 노동계급이 구체적이고 감정적으로 솔직하고 이해할 수 있는, 지역적이고 특정한 것들을 강하게 선호하는 데서 연유한다" 며 다음과 같이 말한다.

"노동계급은 그들이 이해하긴 어렵지만 분명히 한몫을 갖고 있는 삶의 후광을 인식한다. 그들은 당연히 바깥세상의 삶을 개인적이고 지역적인 삶—그 안에서 그들은 알고 행동하고 고통받고 숭배한다—에 연결시킴으로써 바깥세상의 삶을 더 잘 이해하고자 애쓴다. (중략) 그들은 그 거대한 바깥세상

7. 미국 제43대 대통령 조지 부시(George W. Bush)는 그의 정치 참모인 칼 로브(Karl Rove)를 가리켜 "Turd Blossom"이라고 칭찬한 바 있다. 나쁜 것도 좋은 것으로 만든다는 의미로 쓴 말이다. Paul Alexander, *Machiavelli's Shadow: The Rise and Fall of Karl Rove*(New York: Modern Times, 2008), p.13; James Moore & Wayne Slater, *Bush's Brain: How Karl Rove Made George W. Bush Presidential*(Hoboken, NJ: Wiley, 2003), p.10.

으로부터 나오는 한 목소리가 그들의 억양을 사용할 때에 기쁨을 느낀다. 많은 정치인들이 이것을 잘 알고 있으며, 대부분의 언론인들 또한 예외는 아니다."[8]

노동계급만 그런 게 아니다. 개인화는 계급 문제라기보다는 '거리' 문제다. 즉, 자신의 일상적 삶과 거리가 있는 사회적 이슈에 관심을 두기 위해선 사람, 그것도 특별한 개인이라고 하는 매개가 필요하다는 것이다.

자연 다큐멘터리마저 그런 문법에 따라 만들어진다는 게 흥미롭다. 자연 다큐멘터리를 찍는 피디들 사이엔 "찍는 대상의 몸집이 클수록 시청률이 잘 나온다"라는 속설이 있다고 한다. 곤충보단 조류, 조류보단 포유류가 인기가 높은데, 덩치가 큰 동물일수록 사람과 비슷한 행동과 표정을 더 많이 보여주기 때문이라는 것이다. 어느 피디는 이렇게 말한다.

"모든 방송의 본질은 사람이다. 자연 다큐도 마찬가지다. 아무리 동물이라도 '내 얘기 같다'는 느낌을 준다면 시청률이 높게 나온다. 독수리 · 참매 · 흰꼬리수리 같은 거대한 새는 작은 새들과 달리 얼굴에도 희로애락이 고스란히 드러난다. 눈빛만 봐도 화났는지 지쳤는지 알 수 있다. 시청자는 그런 표정을 보면서 '저들도 우리와 다를 바가 없다'는 생각을 하게 된다."[9]

팬덤 정치도 비슷한 원리로 움직인다고 봐야 하지 않을까? 팬덤 정치에 대한 비판은 아무리 점잖게 해도 그 참여자들을 화나게 만들기 마련이다. 자

8. Richard Hoggart, *Indifferentism: 'Personalization' and 'Fragmentation'*, Irving and Harriet Deer eds., *Language of the Mass Media: Readings in Analysis*, (Boston, Mass.: D.C.Heath, 1965), pp.30~31.
9. 송혜진, 〈자연 다큐의 징크스: 덩치 큰 짐승 찍어야 시청률이 높다네〉, 《조선일보》, 2012년 6월 27일.

신들이 누리는 기쁨과 보람의 원천에 대해 제3자가 사회 비평이라는 미명하에 이러쿵저러쿵하는 걸 어찌 곱게 봐줄 수 있겠는가?

사실 문제는 팬덤 정치 그 자체에 있는 건 아니다. 어떤 팬덤 정치든 그건 얼마든지 아름다울 수 있다. 문제는 다양성 차원에서 팬덤 정치도 있는 정도가 아니라, 팬덤 정치가 정치의 주된 방식이 돼버리고 있다는 데 있다. 그 점에서 보자면 안철수는 모순이다. 그는 팬덤 정치의 수혜자이면서 동시에 진영 논리에 비판적이다. 안철수는 과연 안철수라는 사람을 경계로 삼는 진영 논리에 대해서도 비판적일 수 있을까? 나로선 이게 그의 향후 행보에서 가장 궁금한 대목이다. 이와 관련해 '트위터 대통령' 이외수가 겪는 수난이 많은 것을 시사해준다.

## '트위터 대통령' 이외수의 수난

2012년 6월 11일 새누리당 국회의원 한기호가 라디오 프로그램에서 한 발언으로 한동안 시끄러웠다. 그는 전 대통령 전두환의 육사 사열에 대해 "(육사 사열 비판은) 야당이 한마디로 오버하고 있는 것"이라며 "전 전 대통령은 여러 가지 재판에서 처벌(이등병 강등)을 받았지만 1998년 김대중 정부 시절에 복권됐으므로 문제될 것 없다"라고 밝혔다. 이어 5·16군사정변에 대해 "5·16은 쿠데타지만 역사적으로 시간이 흐른 이후에는 결론적으로 국익의 혁명일 수 있다"며 "역사적인 사건을 현재 시점에서 정의하는 것은 조금 기다려볼 필요가 있다"고 말했다. 이른바 종북 논란과 관련해서는 "옛날 천주

교가 들어와 (신도를 가려내려고) 십자가를 밟고 가게 한 적이 있지 않으냐"며 "북핵 문제, 3대 세습, 주한 미군 철수, 천안함 · 연평도 사건 같은 문제를 질문해서 종북 의원을 가려낼 수 있다"는 이른바 후미에(성화상)론을 펼치기도 했다.

한기호에 대한 누리꾼들의 비난이 높아지면서 불똥이 '트위터 대통령'으로 불리는 작가 이외수에게도 튀었다. 이외수는 4 · 11총선을 사흘 앞둔 4월 9일 자신의 트위터에 "강원도 중에서도 낙후된 접경 지역, 철원, 인제, 양구, 화천을 이끌어갈 새누리당 정치인 한기호 후보를 응원합니다. (그는) 추진력이 있습니다. 결단력이 있습니다. 호탕한 성품의 소유자입니다"라며 한기호를 공개 지지했다.[10]

이 트윗으로 자신에게 누리꾼들의 뭇매가 쏟아지자 이외수는 13일 자신의 트위터에 "배트를 휘두를 때마다 홈런을 날리는 야구 선수는 없습니다. 슈팅을 날릴 때마다 골인에 성공하는 축구 선수도 없습니다. 작품을 발표할 때마다 불후의 명작이 되는 예술가도 없습니다. 그런데 왜 실수만 하면 잡아먹을 듯이 욕을 퍼부어대시나요"라고 항변했다.

이외수가 이 트윗을 올리자 누리꾼들은 또다시 비판을 쏟아냈다. 한 트위터 이용자는 "홈런 안 쳤다고 뭐라 하는 거 아닙니다. 골 못 넣었다고 뭐라 하는 거 아닙니다. 홈런 치라고 야구 방망이 쥐어줬는데 사람 때린 격이라 안타까운 겁니다. 골 넣으라고 징 박힌 축구화 신겨놨더니 사람 밟은 격입니다.

10. 이경미, <"한기호 발언, 어떤 입장?" 이외수에 불똥>, 《한겨레》, 2012년 6월 13일.

그에 대한 입장 표명이 필요합니다"라고 말하는 등 누리꾼들은 이외수에게 한기호에 대한 입장 표명을 계속해서 요청했다.

이외수는 다시 트위터에 글을 올리고 "내가 집필실을 어지럽게 날아다니는 똥파리 한 마리를 파리채로 때려잡았다는 글을 트위터에 올리면 파리도 생명인데 무자비하게 때려죽이는 놈이 이외수라고 비난하는 생불들이 반드시 등장합니다"라며 "지가 때려죽이면 천도고 제가 때려죽이면 살생이지요"라고 자신을 비판하는 누리꾼들을 비꼬았다.

이외수는 또 "평소에는 찌질이 잉여로 악플이나 남발하면서 살다가 선거철만 되면 정의로운 척, 도덕적인 척, 애국자인 척 입에 거품을 무는 분들이시여, 보세요. 오늘도 어김없이 태양은 떠오릅니다. 그러나 그대들만을 위해서 떠오르지는 않습니다"라며 분노를 터뜨렸다.

그러자 "다른 사람들이 비난하는 글이 그렇게 신경이 거슬리시면 트윗에 글을 안 올리시면 되지 않아요?", "수구 꼴통 한기호를 지지하신 입장은 변함이 없으신지요? 뭐라고 말씀해주세요", "이외수 씨, 제발 정신 좀 차리고 행동합시다. 무슨 트위터 대통령인 줄 착각하고 사나봐"라고 말하는 등 이외수에 대한 누리꾼들의 압박과 비난이 이어졌다.[11]

11. 박광범, 〈이외수 폭발 "왜 실수만 하면 잡아먹을 듯 욕하나"〉, 《머니투데이》, 2012년 6월 13일.

## 멘토의 머리 꼭대기에 올라탄 멘티들

이외수에게 이런 사건이 처음은 아니다. 이미 여러 차례 일어났다. 한기호를 지지하는 발언을 했을 때에도 그에겐 "변절자"에서부터 "닭대가리"에 이르기까지 온갖 욕설이 쏟아졌다. 이와 관련해 한국정책평가연구원 원장이자 트위터에서 집단 계정 폭파를 막는 '트윗119'를 운영하는 박경귀 '참개인가치연대' 대표는 "SNS의 내용이 정치 일변도에다 그 기저에 진영 논리가 강하게 깔려 있다"며 다음과 같이 말했다.

"평소 진보 진영의 목소리를 대변했던 소설가 이외수 씨가 이번 총선에서 새누리당 후보 지지 발언을 한 것은 더할 수 없이 건강한 발언이었지만 무수한 지지자들로부터 총공세를 받은 것을 볼 때 결국 스타 트위터리안을 만들어내는 힘은 '사람'이 아니라 '가치'였다는 결론을 내릴 수 있다. 이런 진영 논리는 각박해서 자신들의 논리에 안 맞으면 즉각 비난하고 심지어 집단 블럭으로 상대방의 트윗 활동을 멈추게 한다. 이런 점에서 우리 사회의 진영 논리가 더욱 획일화되고 고착화될 수밖에 없고 사회를 양분화시킨다."[12]

스타 트위터리안을 만들어내는 힘은 '사람'이 아니라 '가치'라는 말에 주목할 필요가 있겠다. 사실 가치라고 말하기에도 민망하다. 진영 논리에 가치가 없는 건 아니지만, 특정 트위터리안은 물론 논객을 따르는 사람들의 주요 동기는 카타르시스와 같은 감정적인 것이기 때문이다. 진영 논리에서 벗

12. 김소정, 〈트윗119 운영 집단 계정 폭파 막는 박경귀 참개인가치연대 대표〉, 데일리안, 2011년 4월 21일.

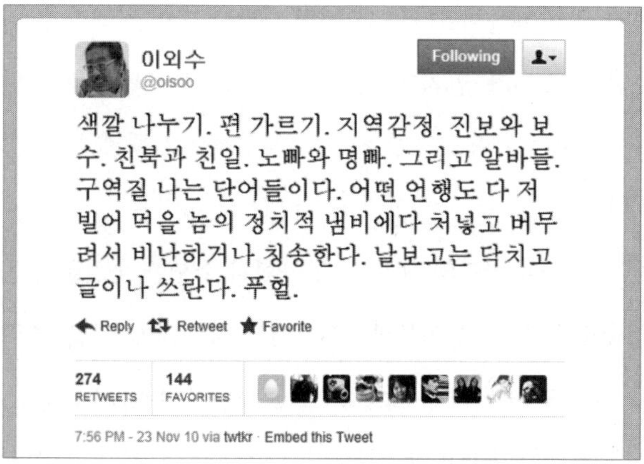


■ 진영 논리는 정치 이야기가 넘치는 SNS 세계에서 더 강력해지는 경향이 있다. 진영 논리에서 벗어나면 순식간에 친구에서 원수로 돌변하기 십상이다.

어나면 그 누구라도 하루아침에 원수처럼 여기며 물어뜯는 게 진영에 죽고 진영에 사는 사람들의 생리요, 본능이다.

오래전부터 이외수는 "색깔 나누기, 편 가르기, 지역감정, 진보와 보수, 친북과 친일, 노빠와 명빠, 구역질 나는 단어들"이라며 "어떤 언행도 다 저 빌어먹을 놈의 정치적 냄비에다 처넣고 버무려서 비난하거나 칭송한다. 날 보고 닥치고 글이나 쓰라고 한다"라며 분노했다.[13]

"저 빌어먹을 놈의 정치적 냄비에다 처넣고 버무려서 비난하거나 칭송"하는 걸 혐오한 이외수는 그동안 진영 논리로 정치적 발언을 해온 게 아니었지만, 그의 정치적 발언에 열광한 많은 이들은 진영 논리의 연장선상에

13. 최현정, 〈이외수 "노구 이끌고 전장 간다" 발언에 일부 누리꾼 '딴지'〉, 《동아일보》, 2010년 11월 25일.

서 그의 발언을 받아들여왔다는 게 이번 사태로 드러난 셈이다. 나는 공지영의 경우도 같다고 본다. 공지영이 진영 논리에서 벗어난 정치적 발언을 하면 공지영을 지지하는 사람들 또한 하루아침에 적으로 돌변할 수 있다는 게 그 바닥 생리다.

나는 이외수와 공지영 같은 우리 사회의 소중한 문인들이 본의 아니게 그런 진영 논리의 멘토로 이용당하기보다는 차라리 늘 진영 논리를 의심하는 발언을 하는 멘토가 돼주면 좋겠다. 물론 그건 외롭고 고달픈 길이지만, 그들이 무슨 영광을 바라고 그동안 그 험난한 길을 걸어온 건 아니잖은가?

나는 이 문제를 다룬 《멘토의 시대》에서 결론 삼아 "멘토의 머리 꼭대기에 올라탄 멘티들"이라는 논지를 펼쳤다. "나는 일부 정치적 멘토들의 경우엔 겉으론 리더인 것 같지만, 실은 편 가르기 구도의 졸卒이라고 생각한다. 오히려 멘티들이 멘토의 머리 꼭대기에 올라타 있다는 것이다. 물론 멘토는 멘티들에게 진한 감동과 더불어 행동을 하게끔 자극을 주기도 한다. 그러나 그마저 멘토가 프레젠테이션을 잘했다는 것을 의미할 뿐, 멘티들은 이미 듣고 싶은 메시지를 갖고 있었다는 사실을 잊어선 안 된다. 멘티는 멘토에게 존경과 사랑을 보내다가도 멘토가 자신이 애초에 갖고 있었던 구도나 틀을 넘어서는 발언을 하면 하루아침에 무시무시한 적으로 돌변해 돌을 던질 수 있다."

이외수가 '자유 · 도인형 멘토'로서 이런 논란마저 즐긴다면 할 말은 없지만, 그게 아니라면 앞으론 늘 진영 논리를 의심하는 발언을 하는 데 주력하면 좋겠다. 진영 논리는 우리 편을 비판하거나 상대편을 칭찬하는 과정에서 벌어지는 실수엔 가혹하고 우리 편을 칭찬하거나 상대편을 비판하는 과정에서 일어나는 실수엔 무한대로 너그러운 사고방식이다. 이 사고방식에

균열을 내려는 시도를 하는 게 평소 어느 한쪽 진영에 치우친 정치적 발언을 많이 하는 것보다 훨씬 더 가치 있고 소중한 일이 아닐까?

나꼼수 모델로 정권 교체가 어려운 이유도 바로 여기에 있다. 그 모델은 우리 편엔 너그럽고 상대편에겐 엄격한 '응징 모델'인데, 우리 편을 제외한 다수 유권자들은 그런 게임의 방식에 동의하지 않기 때문이다. 영국 정치인이자 역사가인 액턴Lord Acton은 "권력은 부패하며, 절대 권력은 절대 부패한다"라고 했다. 진영 논리도 마찬가지다. 진영 논리는 부패하며, 절대 진영 논리는 절대 부패한다. 물론 진영 논리는 초기엔 큰일을 해낼 수 있다. 뿔뿔이 흩어져 있는 사람들을 규합해 엄청난 힘을 발휘할 수 있다. 나꼼수가 바로 그 일을 해낸 산증인이 아닌가? 그러나 이제는 진영 논리의 부패에 대해서도 생각하는 균형 감각을 갖춰야 할 때다. 그래야 다수 무당파 유권자들과 소통하는 게 가능하다. 우리 편의 마스터베이션만으로 정권 교체를 이룰 순 없다. 그건 한 번도 어긋난 적이 없는 세상의 이치다.

## 제11장

# 민주통합당에 희망은 있는가

## SNS모델의 가능성과 한계

## "이번 대선도 실패한다면 당신들 민주당은 죽어야 한다"

2012년 6월 8일 민주통합당 국회의원 황주홍이 자신의 홈페이지에 〈민주당은 여러 면에서 위기다〉라는 글을 올렸다. 황주홍은 올해 60세로 1996년 국민회의 총선 상황실장, 1997년 김대중 전 대통령의 대선 방송전략기획팀장을 맡았고 전남 강진군수를 세 번 연임한 뒤 19대 총선 때 장흥·강진·영암에서 당선된 초선 의원이다.

그는 6월 4일에 열린 민주당 연찬회에선 총선 패배에 대한 치열한 반성이나 소통 대신 오직 결속력을 과시하기 위한 '하향적으로 결정된 일정'만 있었다고 소개했다. 자신은 "저녁을 먹고 분임 토의를 생략한 채 레크리에이션 강사를 불러 노래를 부르고 손뼉을 치고 깔깔대는 것으로 내 첫 임기를 시작하고 싶지 않은 마지막 자존심 때문에" 레크리에이션 중간에 조용히 빠져나왔다고 한다.

황주홍은 민주당의 비상 상황이 외부가 아니라 내부에서 왔다고 주장했다. "우리는 자기 부진에 대한 반성적 표현으로 비상대책위원회를 만들었던 게 아닌가? 그러나 오늘 민주당 비대위는 거의 80~90퍼센트를 여당과 청와대를 저격하는 데 할애하고 있지 않은가? 비대위는 우리 내부의 결함과 약점을 겨냥하고 수습해야 한다."

이어서 그는 "단 한 번도 총선 패배의 원인과 앞으로의 결의를 다지는 당선인들의 모임이 없었다는 걸 국민이 이해할 수 있을까? 우리는 단 한 번도 대화 시간을 가져보지 못했다. 기이한 일이다"라고 했다. "내가 머리가 나빠서인지 모르겠지만 민주당의 개원 전략이 어떤 건지도 잘 모르겠다"라고도 했다. 그는 글의 말미에 "그 좋았던 4·11총선 압승의 기회를 놓쳐놓고 이번 대선도 실패한다면 당신들 민주당은 죽어야 한다"고 썼다.[1]

왜 민주당은 총선 패배의 원인에 대한 분석과 그에 따른 반성을 전혀 하지 않는 걸까? 물론 이유는 간단하다. 책임 때문이다. 책임을 따지다보면 누군가 다치게 돼 있다. 그런데 그 다칠 사람이 우리 계파의 보스라면 원인 분석은 한사코 막아야 한다. 아니면 엉뚱한 원인을 제시하면서 물타기를 해야 한다. 책임을 묻는 일이 불러올 당내 이전투구를 염려해 그냥 넘어가는 게 좋겠다고 생각하는 사람들도 많다.

예컨대, 황주홍은 총선 패배의 이유 중 하나로 나꼼수 멤버 김용민 후보의 막말 파동에 미온적으로 대처한 점을 지적했는데, 이에 대해 책임을 묻기 시작하면 당의 유력 대선 후보인 문재인이 다친다. 4·11총선 직전 주말에 문재인이 민주통합당 대표 한명숙에게 전화를 걸어 "김용민 후보에게 사퇴

1. 강인식, 〈"국회의원들, 실정법 같은 건 대수롭지 않게 여겨"〉, 《중앙일보》, 2012년 6월 9일.

를 요구해서는 안 된다"라고 당부한 것이 미온적 대처의 결정적 원인이었기 때문이다.[2]

민주당이 또 대선에 실패한다 해도 민주당은 죽기는커녕 오히려 정반대로 활력을 되찾을 것이다. 대선 실패만큼은 책임 소재가 명확하기 때문이다. 새롭게 창출되는 '밥그릇'에 당내 세력 구도가 재편될 것이다. 이게 바로 정치의 본질인지도 모르겠다.

## '미권스'가 결정한 민주통합당 대표 경선

2012년 6월 9일에 치른 민주통합당 대표 경선에서 4·11총선 패배의 책임이 반영되지 않은 결과가 나온 건 놀랄 일이 아니다. 어차피 한국 정치는 여야를 막론하고 '책임 정치'와는 거리가 멀기 때문이다. 이 경선에선 이해찬이 모두 6만 7,658표(24.3퍼센트)를 얻어 김한길을 고작 1,471표(0.5퍼센트) 차이로 꺾었는데, 그 내용이 묘하다.

이 경선에는 당 대의원 투표가 30퍼센트, 당원·일반 시민 선거인단 투표가 70퍼센트 반영됐다. 대의원 투표에서 김한길이 이해찬에 2,400여 표 앞섰지만, 모바일 투표에서 이해찬이 3,900여 표 앞서서 1,471표 차이로 이해찬

2. 조수진, 〈김용민 감싸고돈 문재인 '부메랑'〉, 《동아일보》, 2012년 4월 13일. 그런데 이상하게도 이 사실은 《동아일보》에만 보도됐고 이후에도 다른 언론에 전혀 거론이 되지 않았다. 문재인과 《동아일보》의 사이가 워낙 안 좋아 이 보도가 사실인가 하는 의아심이 들긴 하지만, 문재인 쪽에서 아무런 반박이 나온 게 없어 일단 사실로 간주하고자 한다.

■ 2012년 6월 9일 열린 민주통합당 임시전국대의원대회에서
이해찬은 김한길을 1,471표 차이로 물리치고 당 대표로 선출됐다.

이 당 대표로 뽑혔다. 김한길 쪽은 "모바일 투표에서 39세 이하에 적용된 가중치 때문에 졌다"라고 아쉬워했다. 가중치가 적용된 39세 이하 표의 상당 부분이 정봉주 전 의원의 팬클럽인 '정봉주와 미래권력들(미권스)' 또는 문성근이 이끄는 친노 성향인 '국민의명령' 회원들의 것으로 추정됐다.

20만 명이 넘는 회원을 보유한 미권스는 이미 2012년 1월 15일 전당대회 당시 친노인 한명숙 · 문성근 후보가 1, 2위를 차지하게끔 만드는 등 상당한 영향력을 발휘한 바 있다. 미권스는 5월 29일과 6월 1일 두 차례에 걸쳐 '이해찬 후보 지지' 입장을 밝혔다. 모바일 선거인단 12만 명 중 약 8만 명이 모집 기간 마지막 이틀인 5월 29일과 30일에 몰렸는데, 미권스가 마지막 날 등록한 5만 5,000명 중 다수를 차지한다는 분석도 제기됐다. 이해찬 측은 보도 자료를 내고 "'정봉주와 미래권력들'이 이 후보를 지지한다"고 주장했으며, 이해찬은 6월 2일 '미권스 밴드' 공연장을 찾아 지지를 호소하기도 했다.

미권스 카페 운영자 '민국파(카페 닉네임)'는 9일 오후 게시판에 올린 글에서 "당 대표로 선출되신 이해찬 대표님, 봉주 벨트 출신이신 강기정, 이종걸 최고위원님 진심으로 축하드립니다"라며 "민주통합당 최고위원으로 선출되신 모든 분께 전투적인 지도부를 구성해 봉도사님(카페 회원들이 정 전 의원을 부를 때 쓰는 말) 구명에 최선을 다해주실 것을 당부합니다"라고 썼다.

민국파의 글에 미권스 회원 다수가 "미권스의 조직된 힘이 이해찬 의원 당 대표 당선과 강기정, 이종걸 최고위원 선출에 결정적인 역할을 한 만큼 정 전 의원 사면을 위해 최선을 다해달라"며 민주당 지도부를 압박했다.

한 회원은 "우리 미권스가 움직이면 제1야당 대표도 당선시킬 수 있다는 좋은 선례를 남긴 것 같아 기분이 좋습니다. (중략) 지켜보겠습니다. 당 대표로서 어떻게 행동하는지, 정치인으로서 내가 필요하면 미권스에 의지하고 필요 없으면 버리는지. 미권스의 도움으로 당선되셨으니 봉도사님 석방을 위해서 최대한 노력을 해주실 것을 믿습니다. 광복절 특사 이런 거 필요 없습니다. 오늘이라도 당장 나오실 수 있게끔 노력을 하십시오"라고 적었다. 이어서 이 회원은 "차일피일 (정 전 의원의 사면 노력을) 미루거나, 현안에서 뒷전으로 밀려나게 하는 것은 미권스를 우습게 보고 하는 행동으로 간주할 수밖에 없습니다", "그럼 우리는 언제든 이해찬 대표의 안티가 될 것입니다"라는 글을 썼다.

이해찬 진영도 미권스의 힘을 인정했다. 이해찬 후보 선대위의 오종식 대변인은 이해찬의 승리가 "개혁적 성격을 갖고 있는 2030세대가 다수를 차지하는 그룹들이 자발적으로 참여한 결과"라며 "앞으로 다가올 대선에서 2030세대를 어떻게 끌어들일지가 중요하다"고 말했다.

그러나 미권스와 같은 조직표가 민심을 왜곡할 수 있다는 우려도 나왔다. 명지대 정치외교학과 교수 신율은 "당원들이 변화를 기대하고 있었는데 조직들이 이를 망쳐버렸다" 면서 "선명성 논리에 빠져 시대를 잘못 읽고 있는 것 같다" 고 주장했다.[3]

그러나 그건 신율의 생각일 뿐, 미권스 성향인 민주당 지지자들은 정반대로 생각할 것이다. 그런 지지자들의 뜻에 화답하듯, 이해찬은 당 대표에 당선된 다음 날 6 · 10민주항쟁 25주년 기념식에서 "저 패악무도한 정권을 이제 끝장내야 한다" 라고 주장했다.

## 모바일 투표의 당심 · 민심 왜곡

김한길은 6월 11일 오전 새 지도부 구성 이후 처음 국회에서 열린 당 최고위원 회의에서 "당 대표 선거 결과가 당심과 민심을 외면하고 있다는 점에서 아쉽다" 고 말했다. 그는 "민주당 대의원을 상대로 치른 지역 순회 경선에서 대의원들은 저를 1등으로 뽑아줬고 권리 당원 현장 투표와 모바일 투표에서도 (당원들이) 저를 1등으로 뽑아줬다. 당 대표 경선 기간 언론사 여론조사에

3. 양원보, 〈운동권 결집 노리는 이해찬, 미권스 찾아 '정봉주 마케팅'〉, 《중앙일보》, 2012년 6월 4일; 〈민주 당권 경쟁에도 '정봉주 마케팅'… 후보들, 팬클럽 '미권스' 개입 놓고 옥신각신〉, 《조선일보》, 2012년 6월 4일; 이범수, 〈이해찬, 0.5퍼센트 차 극적 뒤집기한 곳 찾아보니〉, 《서울신문》, 2012년 6월 11일; 황대진 · 박국희, 〈親盧 · 2030 · 모바일에 뒤집힌 野 경선〉, 《조선일보》, 2012년 6월 11일; 김지섭, 〈정봉주 팬카페 "이해찬 뽑아줬으니, 정봉주 빼내라"〉, 《조선일보》, 2012년 6월 12일.

도 제가 1위였다"며 "새 지도부는 당심과 민심을 온전히 수용하는 데 더 적극적인 노력이 필요하다는 각오를 해야 한다"고 말했다. 김영환 의원도 홈페이지에 〈위대한 국민과 모발심(모바일 투표로 나타난 민심)의 왜곡〉이란 글을 올려 "민심과 당심의 간극을 메우기 위해 만든 모바일 경선이 민심을 왜곡시켰다"고 주장했다.[4]

그동안의 행태로 보아 민주당이 민심을 온전히 수용하는 길로 가는 건 기대하기 어렵다. 게다가 보수 신문들이 거들고 나섬으로써 민심 수용은 더욱 어렵게 됐다. 민주당 내외의 강경파들은 늘 보수 신문 프레임을 거론하면서 보수 신문의 주장과 반대로 가는 게 옳다고 주장하는 버릇이 있기 때문이다. 보수 신문은 어떤 주장을 폈는가?

《동아일보》는 〈"당심과 민심 왜곡" 김한길 측 주장 일리 있다〉는 사설을, 《조선일보》는 〈이해찬의 민주당, 집권에서 더 멀어지나 가까워지나〉라는 사설을 실었다. 《조선일보》 사설은 이렇게 주장했다. "이 대표는 친노라는 자기 세력 기반을 똘똘 뭉치게 해서 경선에서 승리했고 그 승리에 취해 그 방식대로 앞길도 헤쳐나가겠다고 하고 있다. 그러나 대선에선 지지층을 더 키워나가는 방식이 아니면 승리할 수 없다. 이해찬 대표와 민주당은 자신들이 집권을 향해 다가가고 있는지, 아니면 반대로 멀어지고 있는지 냉철하게 판단해봐야 한다."

사실 이래서 《조선일보》가 욕을 먹는 거다. 《동아일보》는 "이 대표는

4. 김진명, 〈김한길 · 김영환 "모발심(모바일 투표 결과)이 당심 · 민심 왜곡"〉, 《조선일보》, 2012년 6월 11일; 김진명, 〈김한길 "당원 최다 득표하고도 당 대표 못 돼 죄송"〉, 《조선일보》, 2012년 6월 12일.

## "당심과 민심 왜곡" 김한길 측 주장 일리 있다

민주통합당 대표 후보 김한길 의원은 지난달 20일 울산을 시작으로 전북까지 13곳(수도권 3곳 제외)의 당 지역대의원들을 대상으로 열린 지역순회 경선투표에서 이해찬 의원에게 9승 4패로 앞섰다. '이해찬-박지원 담합'에 당심(黨心)이 비판적이라는 해석이 가능했다. 하지만 승부는 모바일 투표에서 뒤집혔다. 이 후보는 모바일 투표에 참여한 친노(親盧) 성향 단체들의 지지 덕에 최종집계 0.5%포인트 차로 역전승을 거두었다. 김 후보는 경선이 끝난 뒤 "당심과 민심이 왜곡된 결과를 우려한다"고 문제를 제기했다.

팬 카페(미권스) 회원이 16만 명 정도라는 정봉주 전 의원은 이번 대표 경선에서 중립 의사를 밝혔지만 이 후보 측은 "미권스 카페에선 이 후보 지지가 많다"며 분위기를 잡았다. 민주당 경선에서 모바일 투표에 적극적인 젊은 세대의 표심은 과잉 대표되고 장노년층 표심은 과소 대표되는 세대 간 표심의 불균형이 문제로 드러났다.

이 점은 새누리당도 참고할 만하다. 새누리당은 당 대선후보 경선 방식을 놓고 친박(친박근혜) 측과 비박(非朴) 측이 충돌하고 있다. 비박 측이 요구하는 이른바 완전국민경선제가 기존 경선 방식보다 실제로 완성도가 더 높은 방식인지 양측이 진지하게 따져볼 필요가 있다. 모바일 경선처럼 조직 동원의 폐해를 우려하는 목소리가 만만찮다.

이해찬 새 대표는 종북(從北)주의 논란에 대해 '신(新)매카시즘'이라고 반격해 야당다운 야당의 모습을 보여줘 판세를 뒤집었다고 주장했지만 그러한 해석에 동의할 사람은 많지 않다. 민주당 원로인 정대철 상임고문은 "민주당은 최근 종북 논란에서 균형을 잃었다. 종북주의에 분명한 선을 긋고 북한 인권에 대한 시각을 밝혔어야 한다"며 이 대표를 비판했다. 이 대표는 일부 언론이 색깔론으로 국민을 분열시킨다고 목소리를 높였지만 경선 승리를 위해 국민 편가르기에 열심인 쪽은 자신이었다.

그는 새누리당을 겨냥해 "대한민국 국무총리를 지낸 이해찬까지 자격심사를 하겠다고 공격하고 있다. 독재자 히틀러의 발상과 다르지 않다"고 주장했다. 새누리당이 이 대표의 자격심사를 하겠다는 것도 금시초문이지만 국정 논의의 파트너를 히틀러에 비유하는 것도 온당한 언사는 아니다.

이제 당 대표가 된 만큼 언행에 진중하려는 노력을 보여주기 바란다. 그가 지향하는 정치가 어떤 것이건 모든 국민이 동의하고, 언론이 다 박수칠 수는 없다. 이 대표는 비판자들을 향해 독재자 운운하기 전에 스스로 독재적이고 독선적이지 않은지 되돌아보기 바란다. 정치인은 국민 앞에서 온화한 모습도 보일 줄 알아야 한다. 습관적으로 얼굴을 찌푸리고 독한 말을 쏟아내면 부덕(不德)한 정치인이란 말을 들을 수밖에 없다.

## 이해찬의 민주당, 집권에서 더 멀어지나 가까워지나

9일 민주당 전당대회에서 이해찬 의원이 대표로 당선됐다. 이 대표는 당내 최대 계파인 친노(親盧)와 두 번째 계파인 민주계 지원을 업었다. 당내는 물론 당 밖에서도 이 대표가 손쉽게 승리할 것으로 예상했다. 그러나 선거 결과 이 대표는 0.5%포인트 차로 간신히 승리했다. 이 대표는 지역 순회 투표에서 부산과 충남·대전 두 곳을 제외한 나머지 전 지역에서 패배했다. 민주당 당원과 지지층은 이해찬 대표와 박지원 원내대표가 문재인 고문을 대선 후보로 옹립한다는 시나리오로는 12월 대선 승리가 어렵다고 느끼고 있다는 뜻이다. 민주당은 '신선한 바람'과 '이변의 드라마'로 국민 관심을 새롭게 불러 모으지 못하는 한, 대선 승리가 어려운 판세다. 이제 대표 경선과정에서 잠시 반짝했던 민주당을 향한 국민 관심도 금세 사그라지게 됐다.

이 대표는 당선 후 "새누리당의 매카시즘에 맞서 싸우겠다"고 했다. 경선 막판에는 새누리당의 북한인권법을 '삐라 지원법'이라고 비난하고, 통합진보당 이석기·김재연 의원의 제명 시도를 '악질적 범죄행위'라고 했다. 이 대표는 그렇게 역(逆)색깔론 공세를 편 것이 지지층 결집을 불렀다고 판단하는 모양이다. 이 대표 당선 후 민주당 지지도가 올랐다는 자료는 없다. 당 밖 분위기는 그 반대라는 게 정확할 듯하다. 설사 이 대표의 그런 판단이 옳다 하더라도 이 대표의 거친 발언으로 일반 국민과 민주당의 거리는 더 멀어졌고, 어두운 대선 전망은 조금도 밝아지지 않았다. 대선 승패를 좌우할 중도층 유권자는 민주당과의 거리를 더 실감할 것이다.

지난 4월 총선 때 민주당은 승리를 손에 쥔 것이나 다름없는 것처럼 행동했다. 그러나 민주당은 한때 당의 몰락을 걱정하던 새누리당에 과반 의석을 넘겨주며 참패했다. 한미FTA 재협상, 제주 해군기지 무효화 등 통합진보당이 외치는 과격한 주장에 끌려 다니는 모습과 나꼼수 출신 김용민 후보의 막말이 민주당의 결정적 패인이었다. 총선 이후에도 민주당의 대선 동반자인 진보당의 경선 부정과 종북(從北)의 실상이 드러나면서 국민을 더욱 불안하게 만들고 있다. 이런 마당에 이 대표가 진보당의 종북(從北) 세력까지 감싸며 "악질적 매카시즘과의 전쟁"을 선포하고 나서는 것은 총선 때의 실패로부터 아무런 교훈을 얻지 못했다는 얘기다.

이 대표는 친노(親盧)라는 자기 세력 기반을 똘똘 뭉치게 해서 경선에서 승리했고, 그 승리에 취해 그 방식대로 앞길도 헤쳐 나가겠다고 하고 있다. 그러나 대선에선 지지층을 보다 키워 나가는 방식이 아니면 승리할 수 없다. 이해찬 대표와 민주당은 자신들이 집권을 향해 다가가고 있는지 아니면 반대로 멀어지고 있는지 냉철하게 판단해봐야 한다.

■ 《동아일보》 〈사설〉(위)은 민주통합당 대표 이해찬이 '부덕한 정치인'이라는 걸 강조하는 선에서 그쳤지만 《조선일보》 〈사설〉은 집권까지 걱정해주는 오지랖을 보여줬다.

비판자들을 향해 '독재자' 운운하기 전에 스스로 독재적이고 독선적이지 않은지 되돌아보기 바란다. 정치인은 국민 앞에서 온화한 모습도 보일 줄 알아야 한다. 습관적으로 얼굴을 찌푸리고 독한 말을 쏟아내면 부덕한 정치인이란 말을 들을 수밖에 없다"는 말로 사설을 끝맺었다. 이해찬이 '부덕한 정치인'이라는 걸 강조하는 속내를 그대로 드러낸 것으로 그친 것이다. 반면《조선일보》는 민주당의 집권까지 걱정해주니, 이거야말로 고양이 쥐 생각해주는 꼴이 아니고 무엇이랴.

머리싸움에선《조선일보》가 민주당 강경파보다 한 수 위다. 강경파는 "빈대 잡으려다 초가삼간 태우기"를 생활화하고 있기 때문이다. 즉, 무조건《조선일보》가 말하는 것과 반대로 가면 된다고 주장하기 때문에《조선일보》는 그걸 역으로 이용한다. 민주당에 정말로 도움 될 이야기를 해주면 강경파는 그 반대로 갈 것이라는 걸 알고 있다는 뜻이다.《조선일보》와 싸우다《조선일보》를 숭배하게 된 역설이라고나 할까? 강경파들은 진보 신문의 고언도 입맛에 맞지 않으면 욕한다. 그 욕하는 방식도 한결같다. "조선일보를 닮아간다"나?

《조선일보》의 정반대 쪽에 있는 사람들 중에도 이해찬의 당선을 우려하는 이들이 많았다. 예컨대, 전남대 교수 박구용은《경향신문》에 기고한〈끗발 센 사람들이 접수한 민주당〉이라는 칼럼에서 "만남의 기쁨이 있으면 이별의 고통을 감수해야 하듯 주어진 역할도 적당한 때에 내려놓아야 한다"며 "끝없이 되돌아오는 이해찬과 박지원의 흘러간 노래가 유난히 듣기 싫다"고 했다. 이어 그는 이해찬을 "활기는 없고 호기만 있는 민주당의 새 대표"로 지칭하며 "희생도 감동도 없는 드라마의 주인공이 된 그가 보수 정권이 아니라 그들의 그늘에서 신음하는 시민의 희망만 끝장낼까 두렵다"라고 했다. 이해찬의 당선을 어떻게 평가하건, 그것이 앞서 제9장에서 지적한 초기 효과 문제를 돋보이게 했다는 점만큼은 분명한 듯하다. 이와 관련해 이해찬의 YTN 생방송 사건도 좀 살펴볼 필요가 있다.

## '버럭 이해찬'의 YTN 생방송 사건

2012년 6월 5일 민주통합당 대표 후보 이해찬이 YTN 라디오 〈김갑수의 출발 새아침〉과 전화로 인터뷰하다가 전화를 일방적으로 끊은 사건이 발생했다. 임수경 의원 막말 파문 등 북한 관련 이슈에 대해 이야기가 오가는 중에 이해찬이 전화를 끊은 것이다. 진행자인 김갑수가 사전 조율된 질문지에서 벗어나 현안에 대해 물어봤고 이에 이해찬이 "당 대표 후보에 관한 인터뷰를 하기로 하고 나서 탈북 문제나 이런 문제로 인터뷰를 하면 원래 취지와 다르다"라고 말한 뒤에 전화를 끊었다.[5] 이는 '버럭 이해찬'의 면모를 확실하게 보여준 사건이었지만, 내 주변엔 의아하게 생각하는 사람들이 있었다.

"김갑수는 열렬한 친노 인사인데, 왜 같은 편끼리 싸움을 했지?"

"그거야 김갑수가 친노 성향을 떠나 진행자의 직분에 충실했기 때문으로 이해할 수 있는 일 아닐까?"

---

5. 정상근, 〈이해찬, 라디오 생방송 인터뷰 도중 전화 끊어: "당 대표 후보 인터뷰하기로 했으면서 왜 임수경 질문을" YTN "이해되는 부분 있으나, 항의할 것"〉, 《미디어오늘》, 2012년 6월 5일.

"아냐, 아냐. 그럴 리 없어. 아무리 '버럭 이해찬' 이라지만, 당 대표 경선을 앞두고 그렇게 몰상식한 짓을 할 리가 없어. 노림수가 있는 것 같아."

"부시의 윔프 사건을 벤치마킹한 걸까?"

윔프 사건은 1988년 미국 대선에서 일어난 일이다. 당시 공화당 대통령 후보 조지 부시George Bush의 가장 큰 고민은 '유약한 남자wimp' 라는 이미지였다. 부시의 선거 참모들은 이 이미지를 일거에 날려버릴 굉장한 쇼를 기획했는데, 시비에스CBS의 앵커맨 댄 래더Dan Rather와 단독으로 기자회견을 하는 자리를 무대로 이용하기로 했다. 댄 래더는 평소 '씩씩한 사내macho' 로 유명한 인물이었기에 유약한 남자라는 이미지를 씻기엔 제격이었다. 이 기자회견에서 부시가 래더와 한바탕 싸움을 벌인다는 계획이었다.

1988년 1월 25일 워싱턴을 연결해 당시 부통령인 부시와 생방송으로 인터뷰를 진행한 래더는 이란-콘트라 스캔들을 물고 늘어지며 집요하게 질문을 던졌다. 부시는 래더의 성질을 돋구기 위해 동문서답으로 일관했다. 다혈질인 래더가 "레이건 대통령 이야기를 당신에게서 듣자는 게 아니다. 부시 당신은 자기 일에 대해서만 이야기해라. 내 질문의 요점은 바로 그것이다. 앞으로 대통령까지 되려고 하는 당신이 그런 정책 문서에 서명했다는 것은 당신의 신뢰성과 리더십 능력을 의심케 한다"라고 말했다.

래더에게서 이처럼 공격적인 발언을 이끌어낸 부시는 속으로 쾌재를 불렀지만, 시청자들의 의식해 매우 분노한 표정을 지었다. 이제 부시의 공격이 시작됐다. 부시는 성난 음성으로 "나는 평소 댄 래더 당신을 존경했다. 그러나 오늘 밤 당신의 행동을 보니 내 생각이 틀린 것 같다"라고 말한 뒤 래더의 약점을 건드렸다. 얼마 전에 래더는 자신의 뉴스 프로그램이 테니스 중계

■ 조지 부시 당시 미국 부통령은 자신의 약골 이미지를 벗는 게 급선무였다. 사진은 1987년 10월 19일자 《뉴스위크》 표지.

로 짤려 나간 데 격분해 스튜디오에서 나가버려 무려 7분 동안 CBS의 방송이 중단된 적이 있다. 부시는 이 점을 겨냥해 이렇게 말했다. "내 정치 경력을 그렇게 쉽게 판단하지 마라. 당신은 내가 당신 경력을 당신이 7분 동안 스튜디오를 비운 사건으로 판단하기를 원하는가?"

이튿날 저녁 뉴스 시간에 미국 3대 텔레비전 네트워크는 이 공방전을 재방영하고 내용을 분석하는 수선을 떨었다. 신문도 이 사건을 대서특필했다. 물론 이 설전은 래더가 공격적으로 질문할 것임을 예상한 부시 참모들의 각본에 따른 것으로 밝혀진다. 선거운동에 바쁜 부시가 래더가 스튜디오를 비운 시간이 7분이라는 사실을 정확히 알고 있었다는 것부터가 이상한 일이었다. 그렇지만 이 설전은 부시의 유약한 이미지를 개선하는 데 크게 기여했다. "부시 이제 약골wimp이 아니다"라는 신문 기사 제목들이 대거 등장했다.[6]

6. 강준만, 《미국사산책 12: 미국 '1극 체제'의 탄생》(인물과사상사, 2010).

## 생방송 사건 덕분에 이해찬이 승리했다?

그날 나의 수다 자리는 "이해찬에게 그렇게까지 할 이유가 없고, 그렇게 쇼를 할 능력도 없는 성격이다"는 것으로 결론이 났지만, 며칠 후인 6월 9일 이해찬이 막판 뒤집기에 성공해 당 대표에 당선되면서 뭔가 개운치 않은 여운을 남겼다. 6월 11일 《내일신문》에 실린 〈20일 지던 이해찬, 이틀 만에 뒤집기: 5월 30일, 선거인 5만 5,000명 등록… 6월 5일, 모바일 선거 날 전화 끊어〉라는 기사는 그런 여운을 증폭시켰다. 이해찬이 생방송 전화 끊기 사건을 벌인 6월 5일이 모바일 투표일이었다는 사실, 이게 과연 우연일까?

이 기사는 "지난달 26일과 27일 실시한 《한겨레》 조사에서 김한길 후보는 46.2퍼센트로 이해찬 후보(39.8퍼센트)를 근소하게 앞서더니, 지난달 31일 《내일신문》 조사에서는 20퍼센트포인트에 가까운 차이로 김 후보가 앞서기 시작했다. 이처럼 당심과 민심이 급속히 김 후보로 기울어가고 있을 때 선거인단 마감 당일인 지난달 30일 5만 5,000명이 등록하는 이변이 벌어졌다. (중략) 선거인단 등록 마지막 날 무더기 등록 대부분이 친노 성향 시민 단체와 관련이 있는 20 · 30대 선거인단으로 분석되는 기류가 설득력을 얻고 있는 것이다"며 다음과 같이 말한다.

"지난 5일 이 후보가 YTN 라디오에 출연해 인터뷰 도중 일방적으로 전화를 끊은 것도 이들 20 · 30대 지지층을 결집했다는 분석이다. 실제로 지난 5일 이 후보의 전화 사건은 당일 인터넷 등을 뜨겁게 달구면서 최대 이슈가 됐다. 이 후보의 돌발 행동이 20 · 30대 모바일 선거인단의 투표율을 획기적으로 높였을 가능성이 높다. 민주당 관계자는 '선거기간 내내 패색이 짙던

이 후보가 입구(선거인단 모집)와 출구(모바일 투표)에서 버티고 있다 20 · 30대 열성 지지층을 결집해 승리한 것으로밖에 다른 해석이 불가능하다' 며 '20일 동안 지다가 이틀을 이겨 당 대표를 차지한 셈' 이라고 말했다." [7]

만약 이해찬이 5일이 모바일 투표일이라는 사실을 염두에 두고 생방송 도중 전화를 끊었다면 그는 '계략의 달인' 이라고 해도 무방할 것이다. 그러나 그 사건이 있은 지 20일 뒤 이해찬이 YTN 라디오와 또 한 번 충돌하는 사건이 일어난 걸 보니 그건 아닌 것 같다는 생각도 든다. 《동아일보》가 보도한 2차 충돌 사건의 전말은 이렇다.

6월 25일 오후 민주당은 "이해찬 대표가 26일 오전 7시 20분 YTN 라디오에 출연한다" 라고 공지했다. YTN 라디오 쪽은 몇몇 민주당 의원이 "지난번 생방송 사건과 관련해 풀고 넘어가야 하지 않겠느냐" 며 이해찬 인터뷰를 다시 주선했다고 했다. 그러나 민주당은 같은 날 오후 10시께 "인터뷰가 취소됐다" 고 밝혔다. 왜?

25일 오후 5시쯤 사전 질문지를 받아본 이 대표 쪽 실무자가 YTN 라디오에 "왜 5일 방송과 관련한 사과가 없느냐. 질문지 순서대로 질문하지 않은 것과 질문지에 없는 질문을 한 데 분명하게 사과해야 인터뷰에 응할 수 있다" 며 공식 사과를 요구했다. 오후 9시엔 민주통합당 대변인 김현이 전화를 걸어 또다시 사과를 요구하면서 "어떻게 제1야당 대표에게 이럴 수 있느냐. 각오해야 한다" 라는 취지로 말했다고 YTN 라디오 담당자가 전했다.

---

7. 백만호, 〈20일 지던 이해찬, 이틀 만에 뒤집기: 5월 30일, 선거인 5만 5,000명 등록… 6월 5일, 모바일 선거날 전화 끊어〉, 《내일신문》, 2012년 6월 11일.

해당 프로그램을 연출하는 김혜민 피디는 이 사건을 보도한 《동아일보》에 "우리는 이 대표에게 사과를 전제로 인터뷰를 요청한 적이 없다"며 "언론의 사명, 언론의 자유와 관련된 부분을 겨냥해 사과를 요구하는데, 전혀 사과할 생각이 없다"라고 말했다. 민주당 내에선 "풀고 가자"며 인터뷰를 중재한 의원들의 제안에 대해 이해찬 대표가 "YTN이 사과하는 것으로 받아들인 듯하다"는 해석이 나왔다.

6월 26일 이해찬 대표는 인터넷 매체 기자 간담회에서 "YTN이 내게 사과를 하겠다고 해서 인터뷰하려고 했는데, 막상 사전 질문지를 보니 사과 내용이 없어 취소했다"며 "누가 피디인지 모르겠는데 그런 식으로 하면 앞으로 인터뷰하기 힘들다"고 말했다. 그는 이어 "방송도 득을 보려고 인터뷰하는 것 아니냐. 나는 어떤 방송은 정치 시작하고 나서 15년째 안 나간다. 안 나가. 이유 없이 안 나가"라고 말했다.[8]

사정이 이와 같으니 YTN 사건은 '버럭 이해찬' 사건으로 이해하는 게 옳을 것 같다. 그게 아니라면 이해찬은 '상상을 초월하는 진짜 계략의 달인'이라는 결론에 도달하게 될 텐데, 아무려면 그렇겠는가?

---

8. 조수진, 〈'버럭 이해찬' 인터뷰 돌연 취소… 김현 대변인 "제1야당 대표에게… 각오해야"〉, 《동아일보》, 2012년 6월 27일.

## 모바일 투표는 나쁜 혁명인가

모바일 투표에 대한 강한 문제 제기는 6월 19일 고려대 명예교수 최장집이 국회민생포럼 창립 기념 특강을 한 자리에서도 있었다. 최장집은 통합민주당 국회의원 30여 명을 상대로 특강을 하면서 "열린우리당 이래 지금까지 민주당이 추진해온 정당 개혁은 당의 중심성과 리더십을 쪼개고 해체하는 것이 목표였다"며 "자해적 정당 구조", "민주화 이후 여러 정치 개혁 가운데 최악"이라고 했다. 그는 민주당이 주요 당직와 공천자 선출에 도입한 모바일 선거인단 제도를 그 대표적 사례로 들었다.

최장집은 "당직 · 공직 후보를 모바일 투표로 결정한다는 발상은 나쁜 의미에서 혁명적"이라며 "모바일 기제에 친숙한 그룹의 정치적 특성과 과다대표의 문제가 있다"고 했다. 또 "이들은 특정한 이념, 태도, 취향, 정서, 열정이 있는 사람들로, 특정한 인물에 대한 열정과 지지 강도가 높다. (중략) 온라인 공간의 단절되고 짧은 사이클로 명멸하는 변덕스러운 여론으로는 꾸준하고 강력한 정치적 의제를 만들기 어렵다"라고 말했다.

이어 그는 "민주당이 대선에서 승리하기 위해서는 (민주당이) 집권 후 무엇을 할 수 있을지 보여줘야 한다"고 말했다. 그는 "(민주당이) MB, 박근혜와 관련된 부정적 이슈를 발굴해 비판하고 공격하는 것에 시간과 노력을 많이 쓰는 것이 문제"라며 "당의 체질 정비를 통해 대안 정부로 실력을 쌓고 그 능력을 국민에 보여주는 일을 등한시하고 있다. 즉, 민주당 정부가 실제 집권 후 무엇을 해야 할 것인가에 대한 준비에 힘써야 한다"라고 당부했다. 민주당이 종북 논란과 관련해 '신공안 정국'이라고 외치는 모습에 대해서도 "양치기 소년을 연상시킨다"며 "정치적 탄압이라 반격하면 할수록, 이념적 갈등은 심화되고 그런 방식으로는 의도한 목표에 다가설 수 없다"고 했다.

최장집은 선거에서 승리할 수 있는 요소로 '경제문제 해결 능력'을 꼽았다. 그러면서 "현재 경제문제를 다루는 부분에서는 새누리당이 민주당보다 더 낫지 않을까 싶다"고 했다. 그는 "구호가 화려하고 진보적인 것이 결코 승리를 담보할 수 없다"며 "유권자들은 (정당이) 정책 대안을 실제 실현할 수 있을지, 그런 능력과 진지함, 신뢰성으로 판단한다"고 했다. 그는 "총선에서 민주당이 굉장히 화려한 개혁적 구호에도 불구하고 패배한 것은 (국민이) '당신들은 구호는 멋있지만 능력도 없고 실현 가능성도 없고 진지성이 없다. 대신 당신들은 반대하는 것 잘하니 야당이나 하라'고 한 것 아니겠느냐"라고 말했다.

일방적 난타를 당하다시피 한 민주당 의원들이 반박하기도 했다. 신기남 의원은 "'제왕적 총재'로 대표되는 파벌 정치를 타파하고 당내 민주화를 도모하는 취지에서 이뤄진 개혁이었다"고 했고 다른 의원들도 "모바일과 SNS를 통한 참여 열기를 무시하라는 말이냐" "지나치게 정당 중심주의적인 사고"라고 했다.[9] 재미있다. 정당에 몸담고 있는 국회의원이 "지나치게 정당 중심주의적인 사고"라고 비판한다니 말이다. 혹 계파 사이에 이해관계가 끼어든 건 아닐까?

---

9. 선대식·남소연, 〈최장집 "민주당 모바일 투표는 나쁜 혁명": 국회민생포럼 창립 기념 특별 강연에서 밝혀… "민주당 개혁은 최악의 변화"〉, 오마이뉴스, 2012년 6월 19일; 김경화, 〈"민주당, 양치기 소년처럼 新공안 정국 외쳐대": 진보 정치학자 최장집, 의원 30여 명 앞에서 통렬히 비판〉, 《조선일보》, 2012년 6월 20일.

이 강연 내용을 보도하면서 오마이뉴스는 "최장집 '민주당 모바일 투표는 나쁜 혁명'"이라는 제목을 달았고, 《조선일보》는 "민주당, 양치기 소년처럼 신공안 정국 외쳐대"라는 제목을 달았다. 각 언론사의 주요 관심사를 부각시킨 셈이다.

이 특강의 핵심은 모바일 투표에 관한 것이다. 최장집이 지적한 '자해적 정당 구조', '네거티브 캠페인', '양치기 소년' 문제 등도 모바일 투표의 대표성 문제와 긴밀히 연결돼 있기 때문이다. 며칠 전인 6월 15일 《경향신문》과 《문화일보》엔 우연히 모바일 투표에 대한 찬반 칼럼이 각각 실렸는데, 이를 살펴보고 나서 이야기를 해보기로 하자.

## 모바일 투표 찬반 논쟁

서울대 교수 한규섭은 《문화일보》에 투고한 칼럼 〈모바일 투표는 공직 선출 방식 못 된다〉에서 모바일 투표의 본질적인 문제는 '직접·비밀·보통·평등'이라는 선거 4대 원칙에 어긋난다고 주장한다. 이름과 주민 번호를 본인이 직접 입력했는지 확인할 길이 없고 이름과 주민 번호를 입력한 후 투표 기록을 남겨야 하므로 비밀투표 원칙이 지켜질 수 없으며 모든 유권자가 휴대전화를 가져야 할 의무가 있는 것은 아니고 노년층의 휴대전화 활용 능력도 현격히 떨어지므로 보통선거 원칙이 침해되며 젊은 층의 표에 가중치까지 부여하는 건 평등선거 원칙에도 위배된다는 것이다.

반면 성공회대 교수 이남주는 《경향신문》에 투고한 칼럼 〈당심과 모바

## 당심과 모바일심

정동칼럼

이남주
성공회대 교수·중국학

민주통합당 임시 전당대회에서 나타난 당심과 모바일심 사이의 차이가 논란을 부르고 있다. 지난 1월 정당혁신의 상징으로 떠올랐던 모바일투표가 다섯 달도 되지 않아 당심, 나아가 민심을 왜곡시키는 원인으로 지목되고 있는 것이다. 이 논란이 어떻게 정리되는가가 대선경선 룰을 정하는 데 영향을 줄 것이라는 점을 고려하면 쉽게 넘길 수 없는 문제이다.

새로운 시도가 이런저런 문제를 보이는 것은 이상하다고 할 것이 없다. 그렇지만 이러한 문제들은 국민참여의 역동성을 강화하는 방향으로 극복되어야지 국민참여에 굴레를 씌우는 빌미가 되어서는 안된다. 최근 지적되고 있는 문제도 새로운 것은 아니다. 지난 1월15일 민주통합당 전당대회에서도 당심과 모바일심 사이에 상당한 차이가 나타났다. 당시 대의원선거의 득표수는 한명숙, 이인영, 박지원, 문성근, 김부겸, 박영선 순이었으나 국민선거인단 현장참여와 모바일투표를 합산한 결과는 한명숙, 문성근, 박영선, 박지원, 이인영, 김부겸 순이었으니 당심과 모바일심 사이의 격차가 이번 임시전당대회보다 작다고 할 수 없다. 당시에는 이러한 결과가 별다른 논란을 부르지는 않았다. 이번에는 모바일투표를 합산한 결과 1위와 2위의 순위, 최고위원 당선자가 바뀌었기 때문에 정치적 논란이 커진 것으로 보인다.

그러나 일부의 우려와는 달리 모바일투표의 도입은 지금까지 긍정적 역할이 더 컸다. 무엇보다 정당의 정치행사가 그들만의 리그로 전락하지 않고 국민들의 관심과 참여를 이끌어냈다. 그뿐만 아니라 주요 당사자 모두가 그 결과에서 정치적 성장에 도움이 되는 교훈도 얻을 수 있을 것이다. 새로 당선된 이해찬 대표는 지도부 선출과정에서 당원들의 선택권을 제약하는 결과를 초래하는 상층거래에 대한 반발을 겪으면서 앞으로 대표로서 당을 운영하는 데 당심에 더 많은 관심을 기울일 수밖에 없을 것이다. 김한길 의원도 이번 결과에 불만이 없지는 않겠지만 이-박 거래에 대한 반발을 넘어 국민들이 선거과정에 더 적극적으로 참여하도록 비전을 제시하지 못한 것이 2위로 밀린 더 중요한 원인이라는 점을 인정할 필요가 있다. 모바일 참여에서 약한 모습을 보인 정치인들은 국민과의 소통에 취약점을 보였다고 할 수 있는데, 이러한 한계를 극복한다면 개인적으로나 조직적으로 더 발전할 수 있을 것이다.

물론 당심과 모바일심 사이의 차이는 정당의 조직적 기반이 취약하고 정치참여의 정도가 낮은 우리 현실에서는 피하기 어려운 현상이다. 그렇다면 정강정책 결정과 지도부 선출과 같은 정당의 중요한 정치적 결정에서 당심과 국민참여 중 어느 것을 더 중시해야 하는가는 정당의 미래와 관련해 간단한 문제가 아니다. 지난 1월 전당대회의 투표방식을 결정하는 과정에서 더 진지하게 논의되었어야 할 문제였으며, 당시에도 정당 지도부 선출에 국민참여의 비중을 높이는 것은 정당의 조직적 기반을 약화시킬 것이라는 우려가 제기된 바 있다. 정당의 개방화가 정당혁신의 주요 방향이라는 점에는 큰 이견이 없지만 공직선거의 후보자 선출과는 달리 정당의 정체성과 진로를 정하는 결정과정에서는 당원이 중심이 되어야 한다는 것이 이러한 문제제기의 기본취지였다.

이는 타당한 문제제기라고 할 수 있다. 특히 국민참여가 정당을 위축시키는 것이 아니라 강화할 수 있는 방안이 필요하다. 따라서 정당의 의사결정과정에서 당심과 모바일심이 어느 정도의 비중을 차지해야 하는가, 민심을 더 정확하게 반영할 수 있는 국민참여 방식은 무엇인가에 대한 진지한 논의가 필요하다. 다만 이러한 논의가 대선후보의 선출과정에서 국민참여를 제한하는 것으로 이어져서는 안된다.

공직선거는 당직선거와는 달리 국민들의 참여를 더 확대할 수 있는 명분론과 야권에는 대선후보 선출과정에 국민참여를 확대하는 것이 대선승리를 위한 거의 유일한 혈로라는 현실론이 모두 국민참여의 확대를 요구하고 있기 때문이다. 국민참여가 뿌리를 내리는 것은 쉽지 않은 과정이라는 점이 확인되고 있다. 국민참여의 싹을 키워가기 위한 정당과 시민들의 관심과 노력이 더 절실해지고 있다.

■ 성공회대 교수 이남주의 칼럼은 모바일 투표와 국민 참여에 긍정적이었지만 대표성 문제에 대한 고민이 부족하다는 한계가 있었다.

일심〉에서 "정당의 정치 행사가 그들만의 리그로 전락하지 않고 국민들의 관심과 참여를 이끌어냈다"며 "일부의 우려와는 달리 모바일 투표의 도입은 지금까지 긍정적 역할이 더 컸다"고 주장한다. 그는 "주요 당사자 모두가 그 결과에서 정치적 성장에 도움이 되는 교훈도 얻을 수 있을 것"이라며 "김한길 의원도 이번 결과에 불만이 없지는 않겠지만, 이해찬-박지원 거래에 대한 반발을 넘어 국민들이 선거 과정에 더 적극적으로 참여하도록 비전을 제시하지 못한 것이 2위로 밀린 더 중요한 원인이라는 점을 인정할 필요가 있다"

라고 말한다.

양쪽 주장 모두 설득력이 상당하지만, 각각 명백한 한계도 있다. 한규섭은 국민 참여를 위한 고민이 없는 원론으로만 흐른 반면, 이남주는 모바일 투표에 참여하는 사람들의 대표성 문제에 대한 고민을 하지 않은 채 무조건 국민 참여를 미화하는 문제를 드러내고 있다.

그런데 현실 세계에선 이남주의 주장이 더 큰 지지를 누리게 돼 있다는 게 진짜 문제다. 최장집의 특강 내용을 보도한 오마이뉴스 기사에 달린 댓글들은 최장집에 대한 비난과 악담 일색이다. 자신들이 좋게 보는 모바일 투표를 비판했다는 이유에서다.

최장집의 주장에 대한 지식인들의 비판도 점잖다는 차이만 있을 뿐 오해가 적잖은 듯하다. 예컨대, 경희사이버대 교수 안병진은 〈20세기 정당론과 21세기 현실의 충돌〉이라는 《경향신문》 칼럼에서 최장집의 주장에 대해 "낡은", "매우 복고적 주장", "기이하다" 등의 표현을 구사해가면서 비판하는데, 참 답답하다. 안병진이 역설하는 "광범위한 시민의 개입성을 증가시키는 방식", 즉 "시민 개입주의 시대에 조응하는 시민 네트워크 정당론"을 최장집이 모르거나 반대한다고 생각하는 건가? 최장집은 20세기에 갇혀 있고 자신은 21세기를 논한다는 건가? 최장집을 "석학"이라고 부르면서 어찌 그리 최장집을 대학생 수준으로 무시하고 폄하할 수 있는가?

문제의 핵심은 시간적 괴리다. "시민 개입주의 시대에 조응하는 시민 네트워크 정당"은 나도 지지하고 최장집도 지지할 것이다. 그러나 그건 목표다. 현실이 아니다. 그렇게 되기까지 시간이 얼마나 걸릴 것 같은가? 안병진은 시간이 얼마나 걸리건 당장 시작해야 하며 그렇기 때문에 모바일 투표는 바람직하다는 생각인 듯하다. 내가 보기엔 집도 짓기 전에 가구부터 사들이는 꼴이다. 가구 놓을 곳이 없어 전전긍긍하는 모습이 눈에 선하게 보인다. 지난 4·11총선이 그랬고 다가오는 대선에서도 그런 꼴을 당할 수 있다.

최장집은 이론적으로 말하느라 구체적으로 지목하질 않아서 그렇지, 그의 메시지를 내 식으로 옮겨보면 이런 것이다. "현 단계의 모바일 투표는 나꼼수류 전투적 집단의 민주통합당 지배를 초래할 것이 분명한바, 그렇게 해서는 정권 교체에 실패한다!" 물론 나꼼수를 극찬하는 안병진은 정반대로 생각할 것이다. 그렇다면 안병진이 반론을 펴야 할 것은 바로 그 지점이다. 또는 야권 일각에서 주장하는 것처럼 모바일 선거인단을 수백만 명으로 늘리면 최장집이 우려하는 문제를 극복할 수 있다거나 하는 방식으로 생산적인 논쟁을 해야 한다. 안병진이 간접 어법으로 최장집을 '엘리트 보수주의자'로 묘사한 건 참으로 보기에 민망하다.

다시 모바일 투표 찬반 논쟁 이야기로 돌아가자. 사람들은 대부분 모바일 투표를 하건 말건 별 관심이 없는데, 과잉 정치화된 강경파들은 이 문제에 촉각을 곤두세우며 적극 참여한다. 이를 민주 시민의 바람직한 참여 의욕이라고 하기엔 현 단계에선 그 부작용이 너무 크다. 이들이 정치를 전쟁으로 만드는 주력 부대이기 때문이다. 이런 문제는 한국만의 고민은 아니다. 전 세계 정치권이 똑같이 당면한 문제다.

## 소통을 어렵게 만드는 SNS

2012년 6월 24일 《뉴욕 타임스》 칼럼니스트 토머스 프리드먼은 〈포퓰러리즘의 부상〉이라는 칼럼에서 전 세계 약 20개 나라에서 정권 교체가 가능한 대선 혹은 총선이 열리는 2012년, 세계의 정치권이 포퓰리즘을 넘어서 '포퓰러리즘popularism'으로 치닫고 있다며 "리더들은 너무나 많은 목소리에 귀를 기울이느라 이 목소리들의 노예가 돼가고 있다"고 주장했다. 포퓰리즘이 대중영합주의라면 포퓰러리즘은 트위터 · 페이스북 등에서 시시각각 변하는 대중의 입맛에 맞춰 연예인처럼 단편적 인기를 좇는다는 의미다.

프리드먼은 "요즘 정치인들은 블로그를 검색하고 트위터 반응을 기록하면서 대중을 이끌고 가야 할 곳이 아니라 대중이 지금 모여 있는 곳에 집중하고 있다. 리더십이 가장 필요한 시대임에도 '팔로' 하는 사람만 있을 뿐 이끄는 사람을 찾기가 어렵다"고 말했다. '팔로follow'는 '따라가다'를 뜻하는 영어 단어인 동시에 단문 소셜네트워크서비스SNS인 트위터의 '친구 맺기'

"요즘 지도자들, SNS 눈치보기 급급… 이젠 포퓰러리즘 시대"
(popularism)

NYT 칼럼니스트 프리드먼
"리더가 대중에 끌려다녀…
포퓰리즘보다 더 인기 영합"

"리더들은 너무나 많은 목소리에 귀를 기울이느라 이 목소리들의 노예가 되어가고 있다."(뉴욕타임스 칼럼니스트 토머스 프리드먼·사진)

전 세계 약 20개 나라에서 정권 교체가 가능한 대선 혹은 총선이 열리는 2012년, 세계의 정치권이 포퓰리즘(populism)을 넘어서 '포퓰러리즘(popularism)'으로 치닫고 있다는 분석이 나왔다. 포퓰리즘이 대중영합주의라면 포퓰러리즘은 트위터·페이스북 등에서 시시각각 변하는 대중의 입맛에 맞춰 연예인처럼 단편적 인기를 좇는다는 뉘앙스가 강하다.

유명 칼럼니스트 프리드먼은 24일 '포퓰러리즘의 부상'이라는 칼럼에 소셜 미디어와 휴대전화의 확산으로 한 사회의 리더와 대중 사이의 양방향 소통이 확산되면서 포퓰러리즘이 현 사회의 절대 이데올로기로 자리 잡고 있다고 전했다. 소셜 미디어가 리더들을 근시안적인 메시지 싸움에 뛰어들게 하면서 장기적 미래에 대한 비전 제시는 뒷전으로 밀리고 있다는 것이다.

프리드먼은 "요즘 정치인들은 블로그를 검색하고 트위터 반응을 기록하면서, 대중을 이끌고 가야 할 곳이 아니라 대중이 지금 모여 있는 곳에 집중하고 있다. 리더십이 가장 필요한 시대임에도 '팔로' 하는 사람만 있을 뿐 이끄는 사람을 찾기가 어렵다"고 전했다. '팔로(follow)'는 '따라가다'라는 영어 단어인 동시에 단문 소셜네트워크서비스인 트위터의 '친구 맺기' 기능을 뜻한다.

미국의 경우 리더십의 상실은 '위대한 세대'가 정치 무대에서 사라졌다는 의미도 지닌다. '위대한 세대'는 10~20대 때 제1차 세계대전(1914~1918년)을 겪고 대중에게 일일이 의견을 구할 수 없었던 냉전 시대에 정치 경력을 쌓은 세대를 일컫는다. 조지 H W 부시(아버지 부시·1989~1993년 재임)가 이 세대가 배출한 마지막 미 대통령으로 꼽힌다.

미 정치 전문 인터넷 매체 폴리티코는 "대선을 5개월 앞두고 있지만 버락 오바마 대통령은 두 번째 임기의 큰 그림을 아직 안 내놓은 상태고, 공화당 대선 후보인 미트 롬니도 민주당에 공격할 거리를 주지 않으려고 정책 방향을 가급적 적게 발표하려 하고 있다. 양측이 트위터 전쟁에 열을 올리는 사이 유권자들 역시 오바마가 과거에 개를 먹었다든지 롬니가 개를 차 위에 올려놓고 운전을 했다는 식의 흥미성 뉴스에만 집중하고 있다"고 전했다.

뉴욕=김신영 특파원 sky@chosun.com

■ 세계 정치권이 포퓰리즘을 넘어서 포퓰러리즘으로 치닫고 있다는 주장까지 나왔다.
SNS와 휴대전화가 만들어낸 신기술의 그늘이다.

기능을 뜻한다.

소셜 미디어와 휴대전화의 확산으로 한 사회의 리더와 대중 사이의 양방향 소통이 확산되면서 포퓰러리즘이 현 사회의 절대 이데올로기로 자리 잡고 있으며 소셜 미디어가 리더들을 근시안적인 메시지 싸움에 뛰어들게 하면서 장기적 미래에 대한 비전 제시는 뒷전으로 밀리고 있다는 것이 그의 주장이다.[10]

설득력 있는 분석이다. SNS를 기반으로 한 포퓰러리즘의 문제는 한국에서 더 심각하게 나타나고 있는 것 같다. 소통의 가능성을 전면 배제하는 패거리주의를 강화하고 있기 때문이다. 생각해보자. SNS란 무엇인가? 관계 테크놀로지다. SNS 중독은 관계 중독증을 뜻한다. 관계의 숙명은 편협이다. 본질적으로 관계 중심으로 배타적이기 때문이다. 박경철이 이 점을 잘 지적했다. 그는 SNS로 "편협한 주장이 자기 정당성을 획득하는 도구로 전락할 수도 있다"며 다음과 같이 우려한다.

"SNS의 약점은 역설적으로 '대중성의 부족'에 있다. 기본적으로 SNS는 온라인상의 친분이 우선되기 때문에 기본적으로 나에게 호감을 가진 사람들만 반응한다. 때문에 SNS상에서 나의 견해는 늘 옳은 것처럼 보인다. 관계를 맺지 않은 대중들이 모두 자유롭게 반응하는 기존의 방식과 달리 집중적이고 확산성이 강한 SNS는 정작 같은 견해를 가진 사람들 사이에서 동종 교배가 일어날 수 있는 폐쇄성을 갖고 있는 것이다. (중략) SNS에서 오가는 담론은

---

10. 김신영, 〈"요즘 지도자들, SNS 눈치 보기 급급… 이젠 포퓰러리즘(popularism) 시대": NYT 칼럼니스트 프리드먼 "리더가 대중에 끌려다녀… 포퓰리즘보다 더 인기 영합"〉, 《조선일보》, 2012년 6월 26일.

서로 같은 생각을 하는 사람들 사이에서 유통되고 소비되며 한 가지 견해를 두고 모두가 옳다고 착각하는 '무오류성의 함정' 에 빠지기 쉽다."[11]

그런데 바로 그런 함정이 SNS 붐을 달구는 주요 이유가 된다. 뜻과 배짱이 맞는 사람들끼리 모여서 주고받는 이야기, 그 얼마나 화기애애한가? 그러나 SNS 이용자의 1퍼센트를 차지하는 스타 트위터리안이 전체 내용의 30퍼센트를 차지한다는 건 다시 생각해볼 문제다. 앞서 소개한 '참개인가치연대' 대표 박경귀는 이렇게 말한다. "트위터 활동 대부분을 리트윗이 차지하면서 특정 개인의 의견이 재생산되는 경향이 크다. (중략) 이렇게 트윗 소재가 단편화되면 인식의 편식 현상을 불러오고, 결국 파워 트위터리안을 자기도취에 빠지게 한다."[12]

## SNS 축복의 부메랑

한국의 파워 트위터리안들은 대부분 당파성이 강한 사람들이다. 우연일까? 아니다. 당파성이 강해야만 파워 트위터리안이 될 수 있다. 이게 진실이다. IT 발전이 소통을 돕기는커녕 오히려 소통을 더욱 어렵게 만드는 역설이 일어나고 있는 셈이다.

SNS가 과도하게 미화되게끔 만든 장본인은 사실 이명박 정권이다. 앞

---

11. 박경철, 《시골의사 박경철의 자기혁명》(리더스북, 2011), 338~339쪽.
12. 김소정, 〈트윗119 운영 집단 계정 폭파 막는 박경귀 참개인가치연대 대표〉, 데일리안, 2011년 4월 21일.

서 소개한 유창선의 사례에서 보듯이, 이명박 정권은 졸렬할 뿐만 아니라 추잡하다고 해도 좋을 방식으로 방송 장악을 시도했다. 그렇게 내쫓긴 사람들이 의지할 수 있는 곳은 SNS뿐이었다. 유창선의 말을 직접 들어보자.

"나는 SNS 세상으로 망명을 했다. 블로그도 하고 아프리카TV도 하고, 트위터도 페이스북도 마구마구 했다. 그 세상에는 수많은 독자들과 시청자들과 친구들이 있었다. 나는 SNS를 통해 이전과 마찬가지로 세상 돌아가는 일들에 대해 발언하고 소통했다. 외롭지 않았다. 나는 혼자가 아니었다. SNS 세상은 그렇게 우리를 하나로 연결해주었다. 이제 와서 돌이켜 보면 만약 그때 SNS가 없었더라면 그 시간을 어떻게 이겨냈을까 하는 생각이 든다. 어쩌면 골방에서 분을 삭이다가 시름시름 마음이 병들어갔을지도 모른다." [13]

SNS는 진보의 영역이라고 해도 좋을 정도로 압도적으로 진보 일색이다. 왜 그럴까? 이렇게 된 데엔 이명박 정권과 더불어 보수 언론이 크게 기여했다. 유창선의 분석은 이렇다. "한국에서 SNS는 기존의 올드 미디어에 대한 불신 위에서 성장했다. 조중동으로 상징되는 보수 언론의 편파성과 불공정성에 대해 불만을 가진 많은 사람들이 대안 미디어로 생각한 것이 바로 트위터나 페이스북, 블로그 같은 SNS였다. 그렇기 때문에 보수 언론에 비판적인 진보층이 SNS의 중심을 이루는 분위기가 형성됐던 것이다." [14]

바로 그런 이유 때문에 진보 진영에선 SNS를 예찬했던 것인데, 무엇이건 과유불급이다. 점차 SNS의 부작용이 나타나기 시작했고 그게 본격적으로

---

13. 유창선, 《정치의 재발견: 소셜미디어, 대한민국 정치의 판을 바꾸다!》(지식프레임, 2012), 6~7쪽.
14. 같은 책, 151~152쪽.

나타난 게 바로 4·11총선이다. SNS에서 삶의 기운을 회복한 유창선도 그 문제를 다음과 같이 지적한다.

"SNS 여론은 오프라인의 여론을 선도하는 여론 주도 공간이 될 수 있기도 하고 반대로 오프라인 여론과는 괴리된 그들만의 폐쇄적 공간이 될 수도 있다는 것이다. 여기서 후자의 측면이 부각될 경우, SNS가 소통의 공간이 아닌 일방적 주장의 관철 공간으로 변질될 위험이 있음을 4·11총선은 보여줬다."[15]

흥미롭고도 놀라운 건 SNS의 그런 폐쇄성이 지금 야권의 모습이기도 하다는 사실이다. 이는 이만저만 얄궂은 게 아닐 수 없다. 새로운 커뮤니케이션 테크놀로지를 활용해 여권보다 더 우월한 고지를 점령한 야권이지만, 그렇게 얻은 축복이 부메랑처럼 되돌아와 외려 폐쇄적이 되는 저주를 당하고 있다는 게 말이다.

15. 유창선, 《정치의 재발견: 소셜미디어, 대한민국 정치의 판을 바꾸다!》(지식프레임, 2012), 134쪽.

# 제12장

# 아직도 영남 후보론인가

●

## 지역주의를 악화시키는 노무현 신화

## 지역주의를 악화시키는 노무현 신화

2012년 4월 19일《경향신문》기획에디터 이중근이 쓴 〈안철수 정치가 '꼼수 정치' 안 되려면〉이라는 칼럼은 의미심장하다. 혁명적 새로움을 표방하고 나선 안철수가 가장 경계해야 할 것이 '꼼수 정치' 일 것이기 때문이다. 이 칼럼은 안철수가 4 · 11총선 막바지에 광주에 출마한 이정현 새누리당 후보와 대구에 출마한 김부겸 민주통합당 후보를 불러내 어떤 정치 행사를 하려 한 것으로 보도된 사건을 다루고 있다.

이중근은 "이런 이벤트는 안 원장이 그동안 비판해온 한국 정치의 낡은 행태의 단면을 스스로 보여주는 것으로, 현 시점에서 안 원장의 정치의식 수준을 여실히 보여준다. 그가 생각하는 새로운 정치란 무엇인가? 아무도 그것을 모른다는 데 안 원장 문제의 핵심이 있다" 며 다음과 같이 말한다.

"변죽을 울리면서 이리저리 재는 모습은 우리가 안 원장에게 기대하는 바가 아니다. 현실 정치가 못마땅하면 정치판에 직접 뛰어들어 다른 정치인보다 더 뛰어난 성과를 내면 된다. 그것으로 좋은 평가를 받으면 대통령으로 나서고, 그렇지 않으면 다음 기회를 노리는 게 정도다. (중략) 정밀하게 관리

## 안철수 정치가 '꼼수 정치' 안되려면

오늘
이중근
기획에디터

안철수 서울대 융합과학기술대학원장이 지난 총선 막바지에 광주에 출마한 이정현 새누리당 후보와 대구에 출마한 김부겸 민주통합당 후보를 불러내 모종의 정치 행사를 가지려 한 것으로 보도됐다. 이런 이벤트는 안 원장이 그동안 비판해온 한국 정치의 낡은 행태의 단면을 스스로 보여주는 것으로, 현 시점에서 안 원장의 정치의식 수준을 여실히 보여준다. 그가 생각하는 새로운 정치란 무엇인가. 아무도 그것을 모른다는 데 안 원장 문제의 핵심이 있다.

정치와 사회 현안에 대해 발언할 자유는 누구에게나 있다. 더구나 안 원장처럼 여론조사 지지율이 50% 안팎에 이르는 명망 있는 인물이라면 더욱 더 적극적으로 의견을 개진할 의무도 있다. 여기에 국민이 현역 정치인이나 정당에서 대안을 찾지 못하고 있는 점을 감안하면, 그의 정치 행보에 대한 1차적 책임은 그가 아니라 정치인과 정당에 있다고 보는 게 타당하다.

그럼에도 안 원장의 지금 행보를 보면 납득하기 어려운 점이 한둘 아니다. 원래 선거는 후보가 어떤 세력을 대표하겠다는 점을 분명히 밝히고 이를 통해 국민의 지지를 얻어 당선되면 약속을 실천하는 일련의 정치 과정이다.

그런데 안 원장을 보면 그가 우리 사회의 누구를 대표하고 어떤 정치를 펼치겠다는 것인지가 명확하지 않다. 대통령 후보를 꼼꼼히 검증한 뒤 선택하는 것이 민주주의 절차의 필수인데, 안 원장에 대해 국민이 알고 있는 얘기는 대부분 간접 정보뿐이다. 결과적으로 그의 애매한 행보가 국민의 선택권을 제한하고 있는 셈이다.

더 심하게 말하면 여론조사에서 나타나는 높은 지지율을 바탕으로 이쪽 저쪽 세력을 모아 대선에서 이기겠다는 심산인 것 같다. 여느 사람 같았으면 자신의 실력은 내보이지 않은 채 이미지로만 대통령에 당선되어 보겠다는 안이한 발상이라고 비난받기 딱 좋은 상황이다.

이당 저당의 장점을 취해 제3지대에서 세력을 구축하려는 안 원장의 태도도 썩 미덥지 않다. 지난 4·11 총선에서 투표에 불참한 절반에 가까운 중도세력의 유권자를 겨냥한 외연 확대라고 하지만, 이는 그리 단순한 문제가 아니다. 대선 출마 결심을 미루는 그의 행보가 가뜩이나 취약한 우리 정치의 체질을 더욱 약화시키고 있다. 사실 안 원장의 인기는 기성 정치와 정당에 대한 불신을 조장하거나 조롱하는 데서 시작됐다. 그것은 현대정치가 정당정치라는 점에서 안 원장이 본의 아니게 한국 정치를 후퇴시키는 역할만 하고 무대에서 사라질지도 모른다는 우려를 자아낸다. 안철수 현상이 안고 있는 위험성이다.

제3지대 구축은 현실적으로 실현이 어렵다. 민심을 제대로 반영하는지도 의심스러운 여론조사 지지율을 믿고 애매한 행보를 보이다 외면당한 사례를 국민은 생생히 기억하고 있다. 정몽준 의원은 진심에 없는 노무현 후보와의 단일화를 추진하다 선거 전날 밤 파기해 대선판도를 어지럽혔다. 민주당과의 후보 단일화를 거부하고 제3의 후보로 대선을 완주한 문국현 전 창조한국당 대표 역시 정치에 새바람을 불어넣는 데 실패했다. 정운찬 전 총리와 박세일 교수의 지난 정치행보도 그 연장선상에 놓여 있다.

안 원장의 측근이라 불리는 인물들도 그에 대한 불신을 더하고 있다. 그가 정치에 공식 입문하지 않은 탓도 있지만, 안 원장을 주위에서 돕고 있는 사람들이 누구인지 우리는 도통 알지 못한다. 대통령을 선택할 때 유권자들은 후보 하나만 보지 않는다. 후보를 둘러싸고 있는 보좌진의 수준과 역량도 한 표를 행사하는 데 중요한 판단의 근거가 된다. 대통령 혼자 국정을 운영하는 게 아니기 때문에 보좌진이 무슨 생각을 하는지, 어떤 역량을 갖추고 있는지도 당연히 검증해야 한다. 안 원장의 경우, 멘토라고 하는 몇몇 인사가 거론되지만 그들 상당수는 정치인이 아니다. 그 외 다른 보좌진에 대해서도 알려진 바가 거의 없다. 이 상태에서 안 원장이 대통령이 되면 그가 어떤 정치를 펼지 국민으로선 예측할 방법이 없다.

변죽을 울리면서 이리저리 재는 모습은 우리가 안 원장에게 기대하는 바가 아니다. 현실정치가 못마땅하면 정치판에 직접 뛰어들어 다른 정치인보다 더 뛰어난 성과를 내면 된다. 그것으로 좋은 평가를 받으면 대통령으로 나서고, 그렇지 않으면 다음 기회를 노리는 게 정도이다.

이런 점에서 "이제 대세론이라는 것은 없다. 말하자면 뿌린 만큼 거두는 것이다"라는 심상정 통합진보당 공동대표의 말은 백번 옳다. 정밀하게 관리된 인기나 반사이익만 보고 유권자들이 자신을 대통령으로 뽑아줄 것으로 생각하면 그것은 오산이다. 이제 창당을 하든지, 기존 정당에 들어가든지는 안 원장의 몫이다. 깔끔하게 생각을 정리하지 못했다면 대학에 남는 것도 그의 선택이 될 수 있다. 안 원장은 지금도 정치참여를 위해 수많은 사람들을 만나고 대선 과정의 검증에 대비해 공부도 열심히 하고 있는 것으로 알려졌다. 그러면서도 결정된 것은 아무것도 없다고 말하고 있다.

■ "이제 창당을 하든지, 기존 정당에 들어가든지는 안 원장의 몫이다.
깔끔하게 생각을 정리하지 못했다면 대학에 남는 것도 그의 선택이 될 수 있다."

된 인기나 반사이익만 보고 유권자들이 자신을 대통령으로 뽑아줄 것으로 생각하면 그것은 오산이다. 이제 창당을 하든지, 기존 정당에 들어가든지는 안 원장의 몫이다. 깔끔하게 생각을 정리하지 못했다면 대학에 남는 것도 그의 선택이 될 수 있다."

옳은 말씀이지만, 공정한 비판은 아니다. 지금 한국 사회는 지역주의 해소에 역행하거나 아무 도움도 안 될 일을 하는 걸 지역주의 해소책이라고 믿는 신화에 사로잡혀 있기 때문이다. 안철수가 무얼 보고 배웠겠는가? 안철수는 그 신화를 이벤트로 옮기려 한 것일 뿐이다. 그 신화를 예찬하고 퍼뜨리는 우리 모두의 책임을 같이 묻는 게 옳다.

그 신화의 이름은 바로 '노무현 신화' 다. 노무현은 선거 때마다 떨어질

줄 뻔히 알면서도 지역주의에 온몸으로 도전한 덕분에 대통령 자리에까지 올랐다. 노무현의 그런 자세와 실천은 여전히 칭송받아 마땅하며, 그 연장선상에서 이정현과 김부겸을 높게 평가하는 것도 아주 좋은 일이다.

노무현 시대는 대한민국에 어떤 명암을 남겼을까? 사진은 《한국 현대사 산책 2000년대 편: 노무현 시대의 명암》 표지.

그러나 이런 칭송은 정치인 개인에 대한 것으로 그쳐야지 그것이 곧 지역주의 해소책이 될 수 있다고 생각하면 그건 엄청난 착각이요, 비극적인 착각이다. 노무현 정권이 지역주의 해소라는 자신에게 맡겨진 최대의 과업을 망친 것도 바로 그런 착각 때문이었다.

사실 노무현 시대를 이해하기 위해선 먼저 지역주의를 올바르게 인식하는 것이 필요하다. 이 인식이 잘못되면 지역주의 문제가 모든 정치 행위의 알파이자 오메가였던 노무현 시대를 이해하는 일이 어려워지기 때문이다. 《한국 현대사 산책 2000년대 편: 노무현 시대의 명암》 제5권에서 한 이야기를 다시 한 번 말씀드려야겠다.

지난 20여 년간 지역주의를 주제로 한 토론회 · 세미나 · 강연회 등이 전국적으로 얼마나 열렸을까? 아마 수천 번이 넘을 것이다. 지역주의를 주제로 한 책 · 논문 · 칼럼 등은 얼마나 될까? 수천 건이 넘을 것이다. 수많은 사람들의 땀이 배어 있을 그 성과물들은 다 어디로 갔는가? 어디로 갔기에 우리는 지역주의 이야기만 나오면 그동안 아무런 논의도 없었다는 듯 처음부터 다시 시작하는가? 지역주의보다는 지식 · 정보의 축적과 활용이 없는 문화가 훨씬 더 큰 문제가 아닐까? 그간 제시됐던 지역주의 해소책엔 대략 열 가지가 있었다는 걸 상기하면서 모두 다 이성을 회복하도록 애써보자.

## 지역주의 해소 10대 방안

첫째, 선거구제 개편이다. 지난 2005년 노무현 대통령이 정권마저 내주겠다며 밀어붙인 방안이다. 선거구제 개편의 효과는 크겠지만, 그건 지역주의 해소를 위한 올바른 출발점에 서는 것뿐이며 엄청난 부작용을 낳을 '대연정'을 정당화할 정도는 아니었다. 선거구제 개편은 상호 신뢰와 진정성을 기반으로 착실하게 추진해나갈 일이다.

둘째, 인사의 공정성이다. 정부 인사를 정권이 독식하는 건 당연하다 하더라도, 그렇게 해선 지역주의 해소는 영영 기대하기 어렵겠다는 게 분명해졌다. 선거의 승자 독식주의와 논공행상 때문이다. 대통령의 인사권 행사 방식에 대한 공론화가 필요하다.

셋째, 예산 배분의 공정성이다. 이는 인사의 공정성과 맞물려 있는 사안이다. 멀쩡하던 한국 유권자들이 선거 때만 되면 잠재돼 있던 '지역주의 유전자'가 발동하는 가장 큰 이유는 바로 이 예산 배분 문제 때문임을 직시해야 한다.

넷째, 경로의 점진적 수정이다. 경로란 이미 굳어진 지역 간 불균형 발전 상태를 말한다. 바로 여기서 기득권 · 분노 · 한과 같은 지역주의 영양분이 공급된다. 경로 수정을 위한 장기 계획을 국민적 합의로 추진해야 한다.

다섯째, 지역 교류다. 사실 이게 그동안 가장 왕성하게 이루어진 지역주의 해소책이었다. 이는 지역 간 오해를 해소하는 수준의 효과밖엔 없지만, 그거나마 소중하게 여기면서 계속 추진해나가야 할 것이다.

여섯째, 언론 개혁이다. 언론은 구조적으로 지역주의 해소에 기여하기 어렵다. 지역주의 확대 재생산이 시장 논리화돼 있다는 뜻이다. 이는 정치인들이 지역주의에 영합할 때에 지지를 얻을 수 있는 것과 같은 이치다. 언론 개혁도 지역주의 해소책이다.

일곱째, 사회 개혁이다. 진보주의자들의 처방이다. 보수 정치보다는 진보 정치가 지역주의 해소에 더 기여할 수 있다는 건 두말할 필요가 없지만, 진보만으로 지역주의를 해소할 수 없다는 것도 분명하다.

여덟째, 문화 개혁이다. 한국 사회에 만연돼 있는 패거리 문화, 왕따 문화와 지역주의는 분리될 수 있는 게 아니다. 분리될 수 있다는 착각이 오히려 지역주의 해소를 어렵게 만든다. 인내심을 잃고 과격한 모험주의를 선호할 수 있기 때문이다.

아홉째, '교정적 리얼리즘corrective realism' 이다. 그동안 대중매체는 리얼리즘이란 미명하에 특정 지역에 대한 부정적 이미지를 확대 재생산해왔다. 교정적 리얼리즘은 대중매체가 현실 반영에만 머무르지 말고 그런 현실을 교정하기 위한 노력을 보임으로써 반영을 넘어선 고발이 될 수 있게끔 해야

한다는 것이다.[1]

열째, 행정구역 개편이다. 지난 2005년 4월 정치권은 전국 광역시와 도를 없애는 행정구역 개편안을 제시했는데, 이 방안의 문제는 효과 대비 비용 계산을 제대로 해보았느냐 하는 점일 것이다. 행정구역 개편은 이후에도 주요 현안으로 떠오르곤 했는데, 진정한 문제는 정치권에 대한 국민적 신뢰가 있는가 하는 점이다.

## 우리는 정말 지역주의 청산을 원하는가

그런데 우리는 이 열 가지 가운데 도대체 무엇을 얼마나 실천해왔는가? 우리는 과연 진정으로 지역주의 청산을 원하는가? 모든 국민이 주연과 관객을 겸하면서 스스로 속이고 속는 일을 저지르고 있는 건 아닌가?

지방에서 열리는 각종 선거를 유심히 살펴보자. 유권자들에게 가장 잘 먹혀드는 선거 구호는 무엇인가? 공식적으로 내건 구호와 더불어 민심의 바닥을 파고드는 설득 논리를 봐야 한다. 그건 바로 "중앙에 줄이 있다"는 '줄 과시론' 이다. 중앙에 튼튼한 줄이 있어야 중앙정부 예산 끌어오기에서부터 기업 유치에 이르기까지 실력을 발휘할 수 있다는 것이다.

---

1. 그런 점에서 최근 《헨리에타 랙스의 불멸의 삶》이라는 책이 국내에 번역 출간되면서 미국 남부 흑인 여성 말투를 전라도 사투리로 옮긴 것은 문제가 있다. 이 문제는 인하대 의학전문대학원 교수 황승식이 잘 지적한 바 있다. 황승식, 〈왜 전라도 사투리인가〉, 《한국일보》, 2012년 6월 25일.

한국의 정치 저널리즘·평론은 서울 중심이라서 지방 유권자들이 가장 목말라하는 의제를 제대로 포착하지 못하고 있다. 중앙에선 거창한 정치적 당위·명분·원칙 등을 내세우지만, 지방민들의 주된 관심은 먹고사는 문제가 주는 공포에서 탈출하는 것이다.

지난 반세기에 걸쳐 지방민들의 뇌리에 깊이 각인돼 절대 사라지지 않을 법칙 하나는 "우리 고향 사람·세력이 중앙에서 힘을 써야 지역 발전에 유리하다"는 것이다. 물론 이 법칙은 늘 현실로 입증되곤 했다. 이 경험 법칙을 깨려고 애쓴 정권이 단 하나라도 있었던가? 없었다!

노무현 정권이 외친 "지역 구도 타파"는 정치 질서 재편을 신앙으로 삼았다. 쉽게 말해서 지금과 같은 지역 정당 체제를 깨부수고 이념·정책 중심으로 질서를 재편성하자는 것이었다. 이를 위해 노무현 정권은 '영남 공략'에 정권의 생명을 걸다시피 했다. 영남에서 열린우리당이 한나라당과 대등한 관계를 유지할 수 있을 만큼 세를 넓히고 반대로 한나라당도 호남에서 그렇게 할 수 있다면 지역 구도가 깨질 것이고 앞으로 지역주의가 사라지지 않겠느냐는 발상이었다. 민주당 분당에서부터 대연정 제안에 이르기까지 노무현의 파격적인 정치 행보는 모두 바로 그런 발상의 산물이었다.

몇몇 사람들은 그런 발상을 "이상주의"라고 불렀지만, 그건 이상주의라기보다는 사상누각砂上樓閣이었다. 고향에서 배척당한 한에 사무친 나머지 판단이 흐려져 지역주의의 모든 원인·책임을 정당·정치인에 돌린 착각의 산물이었다.

문제의 핵심은 중앙정부의 인사와 예산이다. 이것에 대해 지역을 초월한 투명성·공정성을 보장하는 제도적 장치를 만들지 못하면 아무리 영호남

세력이 균형 있게 동거하는 정당을 세운다 해도 분열로 깨지게 돼 있다. 그런데 노 정권은 어떻게 했던가? 비록 선의에서 비롯된 발언일망정 스스로 '부산 정권' 임을 내세우고 장관직을 포함한 고위 공직을 선거용으로 이용하는 등 중앙정부 인사 · 예산의 투명성 · 공정성을 되지도 않을 '지역 구도 타파' 의 제물로 삼았다. 도대체 우리가 언제까지 대통령을 비롯한 정치 지도자들의 특별한 배려나 결단에 특정 지역의 발전이 크게 영향을 받는 방식이나 풍토를 지속해야 하겠는가? 그게 바로 지역주의를 키우는 것임을 정녕 모른단 말인가?

노무현 정권의 지역주의 해소책은 너무 정략적이고 편의주의적이었다. 원칙을 지키는 정공법이 아니라 '떡을 주는' 구태의연한 수법으로 영호남 두 마리 토끼를 다 잡으려고 했다. 노 정권은 집권 기간 내내 전 유권자를 대상으로 '우리 고향 사람 · 세력' 의 효용을 각인시키는 퇴행적인 학습 효과 생산에 진력한 셈이다.

동진이니 서진이니 하는 전략 · 전술 차원에서 이뤄지는 방식으론 지역주의를 해소할 수 없다. 가장 중요한 건 경기를 공평하게 치를 수 있는 규칙을 세우는 것이다. 지금도 전국의 모든 지역들이 앞다퉈 다 자기 지역이 가장 못살고 가장 차별받고 가장 억울하다고 하소연한다. 이른바 '우는 아이 젖 더 주기 신드롬' 이다. 지금 우리 사회엔 객관적이고 포괄적인 증거를 제시하면서 균형 발전의 순차적 청사진을 제시하고 국민을 설득할 수 있는 권위체가 없다.

그런 권위체를 키워나가려는 노력이 지역주의 해소책의 핵심이 돼야 한다. 그래서 정치 지도자들의 정략과 연고가 아니라 공정하고 객관적인 원칙과 기준에 따라 지역 발전 전략을 수립하고 실행에 옮겨야 한다. 그런 신뢰의 메커니즘이 구축된다면 선거 때마다 단골 메뉴로 등장하는 그 지긋지긋한 차별 타령도 완화될 수 있을 것이다.

물론 그런 신뢰 메커니즘을 세우는 게 쉬운 일은 아니다. 중요한 건 지금 우리가 그 방향으로 돌아서지도 못한 채 엉뚱한 방향으로 달리면서 지역주의가 해소되기를 기대하는 어리석은 게임에 몰두하고 있다는 사실이다. 모든 걸 한 번에 뒤엎으려는 성급은 죄악일 수 있다. 시간이 오래 걸리더라도 "우리 고향 사람 · 세력이 중앙에서 힘을 써야 지역 발전에 유리하다"라는 법칙을 깨는 게 진정한 진보다. 이 법칙이 깨져야 지역주의 투표 행태가 완화되고 진보 정당도 클 수 있다.

지역주의 해소엔 장기적 비전과 인내가 필요하다. 한국인의 '빨리빨리' 기질이 IT 시대에 각광을 받고 있다곤 하지만, 이것만큼은 '빨리빨리'로 돌파할 수 없다. 늘 정치인만 '죽일 놈'이고 국민만 피해자라는 선동 구호도 다시 생각해볼 일이다. 국민에게 아첨하는 행동이 지역주의 해소를 어렵게 만드는 한 이유가 되고 있기 때문이다. 그럼에도 민주통합당은 여전히 노무현식 지역주의 청산 방식을 신앙처럼 삼아 '호남 차별'을 저지르고 있으니 개탄을 금치 못할 일이다.

## "부산 당원 한 명은 호남 당원 스무 명 값어치"

2012년 6월 13일 민주통합당 이해찬 대표 등이 참석한 가운데 민주통합당 전남도당에서 열린 최고위원 회의에서 당 대표 경선에서 적용됐던 지역 보정補正 방식에 대해 "호남 (역)차별"이라는 강한 비판이 쏟아졌다. 호남 지역 당원이 많은 민주당은 지역 편중 현상을 극복하기 위해 당 대표 경선에서 당원 수가 적은 영남 유권자가 던지는 표에 가중치를 부여했는데, 이를 문제 삼은 것이다.

박준영 전남지사는 "(당원들에게서) 들은 얘기 중 하나는 호남 당원 수가 2만에서 3만 명이고, 부산 당원 수는 1,600명인데, 이것을 보정하려다보니 부산 당원 한 명과 호남 지역 당원 스무 명이 동등한 값어치가 되도록 하고 있다"라고 말했다. 박 지사는 "사람이 어떻게 1대 20이 되느냐? 정말 우스운 얘기"라며 "이것 때문에 당원들이 '당비 안 내겠다. 당원 그만하겠다' 고 한다"라고 했다. 이어 "광주에서는 매년 10억 원 이상을 당비로 올리는데, 돈은 호남에서 가져가고 권리는 20분의 1밖에 안 된다"라고도 했다.

회의에 참석한 강운태 광주시장도 "민주당이 (2002년) 대선에서 승리할 당시 호남 투표율이 87퍼센트였지만, 2007년 대선 때는 투표율이 65퍼센트로 떨어졌는데, 이는 서운함이 있기 때문"이며 "호남과 민주당을 어머니와 자식 관계로 비유하는데, 이젠 자식이 어머니한테 효도해야 할 때"라고 말했다.[2]

2. 곽창렬, 〈광주 내려간 이해찬 향해… "호남 20명이 어떻게 부산 1명과 같나" 성토 쏟아져〉, 《조선일보》, 2012년 6월 14일.

이해하기 어려운 이야기다. 부산 지역 당원 한 명과 호남 지역 당원 스무 명이 동등한 값어치가 되도록 보정해주는 것도 난해한 일이지만, 왜 선거가 끝난 뒤에서야 문제가 제기됐는지 그게 더 이해하기 어렵다. 왜 그럴까? 앞서 지적했던 것처럼 지역주의 해소와 관련된 노무현 신화 때문이다. 노무현 신화 때문에 엉거주춤한 자세로 그걸 지켜보다가 뒤늦게서야 "이건 아닌 것 같다"라고 생각하게 된 것이다.

노무현 신화는 호남에서도 지지 세력이 적지 않다. 사실 열린우리당 창당이야말로 노무현 신화가 호남에서 발휘하는 힘을 웅변해준 사건이었다. 이게 참 기가 막힌 아이러니다. 지역주의의 가장 큰 피해자인 호남인이 지역주의를 해소할 수 있는 진짜 방안엔 전혀 관심을 두지 않고 노무현 신화와 같은 가짜 방안에 휘둘려왔으니 말이다.

왜 그럴까? 자신들이 만든 대통령 권력을 놓칠 수 없다는 전략적 사고 때문이다. 호남인들의 소탐대실이요, 자업자득이다. 대한민국 민주화의 1등 공신인 호남 몰표를 모독하는 사고를 기반으로 한 열린우리당 창당에 절대적 지지를 보내준 과오의 비용을 치르고 있는 것이다. 속된 말로 호남인들은 자신들이 우습게 보일 수밖에 없는 전략적 사고를 해온 셈이다.

호남의 진정한 이익은 생각하지 않고 노무현 정권의 자리와 감투에 눈이 먼 호남 엘리트들의 탐욕에도 큰 책임이 있긴 하지만, 호남 민중도 자존감을 버렸다는 점에선 면책되긴 어렵다. 그동안 호남에서 지속된 민주당 일당독재의 폐해에 대한 반감과 그에 따른 개혁적 욕구가 열린우리당 지지의 가장 큰 이유였다는 주장도 있지만, 이는 나중에 만들어낸 자기 합리화에 지나지 않는다. 민주당 일당독재의 폐해에 그토록 반감이 깊었다면 당 중심이 아니라 인물 중심으로 무소속 후보라도 많이 만들어내 그 폐해를 완화할 수 있는 방안이 있었기 때문이다. 죽어라 하고 민주당 후보들만 뽑아놓고선 뒤늦게 그런 말을 하는 게 말이 되는가?

지금은 달라졌을까? 그렇지 않다. 달라진 게 전혀 없다. 지금도 정권을 잡아야 한다는 생각만 강할 뿐 누가 정권을 잡건 지역주의를 해소할 수 있는 길을 찾아야 한다는 데엔 별 관심이 없다. 답답한 동시에 슬픈 이야기다. 아직까지도 영남 후보론이라는 망령이 떠도는 것도 바로 그런 이유 때문이다.

## 아직도 영남 후보론인가

2012년 6월 18일 문재인을 지지하는 '담쟁이포럼' 의 대표인 한완상 전 부총리는 평화방송 라디오 〈열린세상 오늘〉에 출연해 "문재인 고문이나 김두관 경남지사, 안철수 교수 중 한 명으로 단일화해야 승산이 있다는 영남 후보론에 찬성한다" 며 "다만 과거 '우리가 남이가' 식의 연대를 넘어 가치와 정책을 통한 영남 후보가 나왔으면 좋겠다" 라고 말했다. 이어 "문 후보나 김 지사나 경쟁에서 승리한 사람이 안 박사와 정책 연대를 한다면 틀림없이 12월 대선에서 이길 수 있다고 생각한다" 고 덧붙였다.[3]

좋은 뜻으로 한 말이라는 걸 믿어 의심치 않지만, 그 영남 후보론 때문

3. 〈"박근혜, 정신적으로 아버지를…" 발언 파장〉, 《한국일보》, 2012년 6월 18일.

에 민주통합당이 골병들고 있다는 생각은 한 번도 안 해봤는지 그것이 궁금하다. 야권 일각에서 영남 후보론이 나오더라도 "그게 무슨 시대착오적인 발상이냐" 고 나무라야 할 원로께서 그런 말씀을 하시니 이만저만 답답한 게 아니다. 6월 21일 민주통합당 대선 후보 경선 출마 의사를 밝힌 정세균은 '호남 후보 필패론' 에 대해 "15년 묵은 그런 주장과 단호히 싸울 거다. 능력만 있으면 독도 출신인들 어떠냐?" 라고 반문했다는데,[4] 이게 옳은 자세 아닌가?

영남 후보론은 나꼼수의 정봉주를 비롯해 야권의 여러 인사들이 역설해온 여권 필승 비법으로 간주되고 있지만, 민주당이 바로 그런 지역주의적 전략과 전술에 골몰하기 때문에 민심에서 멀어지고 있다는 걸 정말 모르는 걸까? 이른바 '이해찬-박지원 담합' 은 영남 후보론에서 비롯된 것인데, 이게 민심의 환영을 받았는가?

때마침 인터넷에 뜬 〈민주당 지지율, 창당 이래 최저… MB는 10주 만에 최고〉라는 기사가 눈에 들어온다. 민주통합당이 새로운 지도부를 선출했음에도 창당 이후 처음으로 지지율이 20퍼센트대로 떨어졌다는 것이다.

6월 18일 리얼미터가 발표한 6월 둘째 주 정례 조사 결과, 정당 지지도는 새누리당이 1주일 전보다 0.4퍼센트포인트 상승한 45.4퍼센트로 지지율 1위를 기록했다. 민주통합당은 3.3퍼센트포인트 떨어진 29.6퍼센트에 그쳤다. 민주당은 민주통합당으로 출범한 작년 12월부터 리얼미터 조사에서 줄곧 30퍼센트대 지지율을 유지했으나, 새 지도부 선출 직후인 6월 둘째 주 정례 조

4. 김경진, 〈"문재인, 노무현 방식으론 대선 못 이겨": 손학규, 문재인 불가론 제기〉, 《중앙일보》, 2012년 6월 22일.

사에서 처음으로 20퍼센트대로 당 지지율이 하락하면서 양당 격차가 15.8퍼센트포인트로 벌어졌다. 통합진보당은 4.3퍼센트, 선진통일당은 0.9퍼센트를 기록했다.[5]

어찌 생각하면 참으로 기가 막힌 이야기다. 이해찬이 패악무도하다고 비난한 정권에 반대하기보다는 지지하는 사람들이 더 많다는 게 말이다. 패악무도라는 말이 번지수를 잘못 찾은 것인가? 아니면 영남 후보론에 문제가 있는 것인가?

문재인, 김두관, 안철수, 손학규, 정세균 등 대선 후보의 고향을 묻지도 말고 따지지도 말자. 그들 각자의 비전과 정책과 장점으로만 겨루게끔 하자. 유권자들이 대선 후보의 고향에 민감하게 반응한다는 걸 몰라서 하는 말이 아니다. 지역주의적 사고에 기대는 순간, 더 무서운 지역주의가 부메랑처럼 야권을 덮칠 뿐만 아니라, 야권 후보들 자체를 쪼잔하게 만들어 경쟁력을 크게 떨어뜨릴 것인바, 오직 실력으로만 결판을 보는 게 옳다.

## 친노는 조중동 프레임인가

영남 후보론은 호남 유권자들이 양해해줄 것이라는 전제가 숨어 있는데, 과연 그런 것인지 따져볼 필요가 있다.

---

5. 〈민주당 지지율, 창당 이래 최저… MB는 10주 만에 최고〉, 《헤럴드경제》, 2012년 6월 18일.

2012년 6월 14일 프레시안과 원지코리아컨설팅이 공동으로 조사한 결과를 발표했다. 민주통합당 대의원들이 가장 지지하는 대선 후보는 문재인(26.9퍼센트)인 것으로 나타났다. 2위는 24.3퍼센트를 기록한 김두관, 3위는 23.1퍼센트를 얻은 손학규다. 정동영(8.6퍼센트), 정세균(6.4퍼센트)이 그 뒤를 이었다.

그런데 흥미로운 건 호남이다. 광주 · 전남 · 전북에서는 손학규가 28.6퍼센트로 우위를 보인 가운데 김두관 22.7퍼센트, 문재인 19.3퍼센트로 나타났다. 이에 대해 프레시안은 "문 의원이 호남에서 3위로 처진 것이 눈에 띈다. 친노에 대한 호남의 비판적 민심이 읽힌다"고 했다.[6] 문재인에게 다행스러운 건 호남 지역의 여론 주도층이라 할 수 있는 대의원과 일반 시민들 사이엔 격차가 꽤 있다는 점이다.

2012년 6월 18일 《광주일보》가 리서치뷰에 의뢰해 6월 15일과 16일 이틀 동안 광주 · 전남에 사는 만 19세 이상 성인 남녀 1,000명을 대상으로 범야권 대선 주자 적합도(차기 대통령으로 가장 적합한 인물)를 조사한 결과를 발표했다. 안철수가 31.7퍼센트를 기록, 1위를 차지했다. 문재인은 25.3퍼센트, 손학규가 14.6퍼센트, 박준영이 7.7퍼센트로 그 뒤를 이었다. 김두관은 7.5퍼센트, 정동영은 5.5퍼센트, 정세균은 1.7퍼센트를 기록했다.[7]

왜 여론 주도층과 일반 시민 사이에 이런 격차가 나타나는 걸까? 광주

---

6. 곽재훈, 〈김두관 · 손학규, 문재인 턱밑 추격… '박빙 3강': [프레시안-원지코리아 여론조사] 문재인, 호남서 고전〉, 프레시안, 2012년 6월 15일.
7. 임동욱, 〈안철수 33.3퍼센트, 문재인 21.1퍼센트, 박근혜 13.6퍼센트 順: 대선 6개월 앞… 광주 · 전남 유권자 1,000명 여론조사〉, 《광주일보》, 2012년 6월 18일.

5 · 18민주화운동동지회 회장을 지내고 광주에서 재선 국회의원을 역임한 정상용은 다음과 같이 말한다. "광주가 없었다면 노무현도 없었다고 해도 과언은 아니다. 그럼에도 호남은 권력에서 철저하게 배제됐다. 어쩌면 서운한 생각이 드는 것도 당연했다. 이 자리에서 할 얘기는 아니지만 소위 친노 그룹은 반성해야 한다."[8]

정상용은 공개적인 글이라 점잖게 이야기한 것일 뿐, 여론 주도층에 속하는 호남인들은 사석에선 친노를 아주 매섭게 비판한다. 노무현 정권 시절 권력 핵심에 있던 친노 그룹이 얼마나 오만하게 횡포를 부렸는지를 보여주는 증언과 실화들이 무더기로 쏟아진다. 그런데 이런 이야기는 공개적으로 할 수 없는 것이다. 여론 주도층과 일반 시민 사이에 격차가 나타나는 이유다.

물론 여론 주도층 중에서도 노 정권 시절 한자리했거나 그럭저럭 수혜를 받은 사람들은 친노에 호의적일 수밖에 없다. 이미 그들 자신이 친노 아닌가? 그렇지만 이런 사람은 소수다. 시간이 흐를수록 여론 주도층의 친노에 대한 반감은 일반 시민들 속으로 스며들 것이다. 이를 차단하거나 역전하는 것이 문재인의 최대 과제임은 두말할 나위가 없다 하겠다.

그런데 문재인은 친노라는 개념 자체를 부정하고 있으니 그런 변화가 가능할지는 의문이다. 그는 6월 12일 민주통합당 정치개혁모임이 주최한 간담회에서 '친노'는 이른바 '조중동 프레임'이라고 주장했다. 그는 "친노, 친노 하지만 과연 친노라는 게 실체가 있는 거냐"며 "친노라는 것도 막연하지

8. 정상용, 〈미스터 빅, 통합의 새 시대를 꿈꾸다〉, 남재희 외, 《김두관의 발견》(사회평론, 2012), 153쪽.

만 친노라는 정치 세력이 있을지는 모르겠다. (그러나) 당내의 계파로 존재하는 건 아니다"라고 강조했다. "이해찬, 유인태, 김두관, 정세균 각자 다 자신의 정치를 하는 것 아닌가?"라는 것이다.

문재인은 "정치 계파로서 친노는 실체가 없고 그렇게 보면 친노-비노 프레임은 실재하는 것이 아니라 보수 언론이나 반대 세력이 우리를 분열시키고 갈라놓으려는 분열 프레임"이라고 주장했다. 나아가 그는 "우리(민주당) 내부에서도 정치적 필요에 따라 사용하는 분들 계시기 때문에 프레임이 죽지 않는 것"이라며 "다 함께 벗어나자는 당 전체의 인식도 필요하다"고 덧붙였다.[9]

조중동이 친노에 대해 비판적인 보도와 논평을 많이 한 것은 사실이지만, 그렇다고 그걸 조중동이 만들어낸 프레임이라고 보는 건 지나치다. 호남에 가서도 과연 그렇게 말할 수 있을까? 6월 17일 문재인은 대선 출마 선언을 하고 첫 지역 방문지로 20일 광주를 찾아 "친노로 지칭되는 분들은 '친노 대 비친노' 프레임이 만들어지는 데 빌미를 제공한 것에 대해 크게 반성해야 한다. 그걸 극복하고 단합하는 데 내가 앞장서겠다"라고 말했다. 친노는 조중동 프레임이라는 이전 주장은 고수하면서도 빌미를 제공한 책임을 친노에게 묻는 정도로 변화를 보인 것이다.[10]

문재인은 보도 자료를 내고 "특히 전남은 문재인의 개인사가 시작됐다

---

9. 곽재훈, 〈문재인 "내가 경쟁력 가장 높다… 단숨에 안철수 압도": "민주, 성장 담론 부족이 약점… '친노'는 분열 프레임"〉, 프레시안, 2012년 6월 12일.
10. 강인식, 〈손학규 이어 문재인도 광주 찾아가 "호남에서 적임자로 평가받고 싶어"〉, 《중앙일보》, 2012년 6월 21일.

는 의미가 있다"고 소개했다. 전남 나주는 문 후보 성씨인 남평 문씨의 뿌리고 해남 대흥사는 문 후보가 사법 고시 공부를 시작한 곳이라는 것이다.[11]

아, 정말 답답하다. 그게 아닌데 말이다. 내가 앞서 제시한 '지역주의 해소 10대 방안' 중 하나라도, 아니면 다른 대안이라도 역설하면서 지역주의 해소를 위한 국가적 차원의 비전을 제시할 수는 없는 걸까? 그렇게 하는 것이 지역주의의 최대 피해자인 호남인들을 설득할 수 있는 가장 좋은 방법도 될 수 있는 게 아닐까?

## 조중동 프레임의 오용과 남용

그런데 친노가 정말 조중동 프레임일까? 이건 매우 중요한 질문이다. 야권에선 조중동 프레임이란 말을 자신들의 과오에 대한 면죄부처럼 사용하는 경향이 있기 때문이다. 이에 대해 생각해볼 수 있는 아주 좋은 사례가 하나 나타났다.

2012년 6월 25일 통합진보당 유시민 전 공동대표는 기독교방송CBS 라디오 〈김현정의 뉴스쇼〉와 인터뷰하면서 통합진보당 사태와 관련해 "보수 언론 프레임에 끌려다니고 있다"는 당권파의 비난에 대해 이렇게 말했다. "조중동에 욕먹는다고 우리가 옳다는 증거가 되는 건 아니다. 우리가 좋아하

11. 정소희, 〈'광주 · 전남' 찾은 문재인, 민심 얻을까〉, 《아이뉴스24》, 2012년 6월 20일.

지 않는 세력이 우리를 욕한다고 해서 우리가 꼭 옳은 일을 하고 있는 것은 아니고 또 그들이 하는 주장이 다 틀린 것만도 아닐 것이다."[12]

정말 반가운 말씀이다. 너무 반가워 손뼉을 치고 싶을 정도였다. 앞서 지적했듯이 야권에는 "《조선일보》만 반대로 읽으면 길이 있다"라고 믿는 사람들이 너무 많기 때문이다. 이 신앙의 기원은 노무현 정권 시절로 거슬러 올라간다.

노무현 정권 시절 노 정권의 열성 지지자와 정치 이야기를 해본 사람이라면 조중동 프레임이라는 말을 한 번쯤 들어봤을 것이다. 노 정권을 조금이라도 비판하면 지지자는 "아니, 당신마저 조중동 프레임에 걸려들다니"라고 말하면서 안타깝다는 표정을 지었다. 그게 무슨 말인가? 노 정권에 적대적인 《조선일보》, 《중앙일보》, 《동아일보》의 보도 · 논평 틀에 갇혀 노무현 정권을 평가하는 오류를 범하고 있다는 뜻으로 하는 말이었다.

조중동 프레임은 타당한 개념인가? 물론이다. 분명히 조중동 프레임이라는 게 있다. 그렇지만 동시에 노 정권이 그 개념을 오 · 남용했다는 점도 지적할 필요가 있겠다. 노 정권의 가장 큰 문제는 바뀌기 어려운 언론의 일반적 속성까지 조중동 프레임으로 간주함으로써 자기 성찰의 의무를 방기했다는 점이다.

노무현 정권이 늘 억울하게 생각한 언론의 왜곡 보도라는 것도 자세히 뜯어보면 상당 부분 노 정권이 처음에 만든 이미지대로 가려는 언론의 속성

12. 〈유시민 "강기갑 후보 당선 안 되면 다시 국민에게 버림받게 될 것"〉, 《경향신문》, 2012년 6월 25일.

때문이지 노 정권에 무슨 악의가 있어서 그런 게 아니었다. 노 대통령의 '불안정한 이미지' 를 만든 장본인은 노 대통령이지 언론이 아니었다. 특히 조중동이 그런 불안정 프레임에 따라 노 대통령의 발언을 자주 왜곡한 건 분명하지만, 노 대통령은 그런 빌미를 주지 않게끔 조심하기보다는 오히려 오기로 대처했다. 언론을 탓하는 것도 좋지만 자신의 오기에 대한 책임도 지는 게 더 옳은 일이었다.

일개 지식인도 자신에 대한 언론 보도에 만족하는 법은 드물다. 기사는 학술 논문이 아니다. 자꾸 "맥락을 제거하고 특정 발언만 부각해 왜곡했다" 라고 분통을 터뜨릴 게 아니라 특정 발언이 자극적이지 않게끔 주의를 기울여야 했다. 노 정권은 조중동 프레임을 탓하기 전에 노 대통령이 스스로 만든 '노무현 프레임' 을 깊이 성찰해야 했다. 그걸 하찮게 여겨 계속 그대로 가려면 '언론 탓' 은 그만둬야 했다. 언론을 탓할 수도 없고 해선 안 될 일까지 언론 탓을 하는 건 언론 개혁 담론을 희화화해 외려 언론 개혁을 망치는 일이었고 그건 현실로 나타났다.

프레임frame은 2006년 4월 미국 언어학자 조지 레이코프George Lakoff의 저서 《코끼리는 생각하지 마: 미국 진보 세력은 왜 선거에서 패배하는가Don't Think of an Elephant》가 국내에 번역·출간돼 국회의원들이 가장 많이 읽은 책으로 뽑히는 등 세간의 주목을 받으면서 널리 쓰이게 된 말이다. 레이코프는 "어떤 사람에게 '코끼리를 생각하지 말라' 고 말하면 그 사람은 코끼리를 떠올릴 것이다" 며 "상대편의 프레임을 단순히 부정하는 것은 단지 그 프레임을 강화할 뿐이다" 라고 주장했다.

이어 레이코프는 "프레임이란 우리가 세상을 바라보는 방식을 형성하는 정신적 구조물이다. 프레임은 우리가 추구하는 목적, 우리가 짜는 계획, 우리가 행동하는 방식 그리고 우리 행동이 좋고 나쁜 결과를 결정한다. 정치에서 프레임은 사회 정책과 그 정책을 수행하고자 수립하는 제도를 형성한다" 며 다음과 같이 주장했다.

"'진실이 너희를 자유롭게 하리라' 는 것은 진보주의자들이 믿는 흔한 속설이다. 만약 바깥 세계에서 벌어지는 사실들 모두를 대중의 눈앞에 보여준다면 합리적인 사람들은 모두 올바른 결론에 도달할 것이다. 그러나 이는 헛된 희망이다. 인간의 두뇌는 그런 식으로 작동하지 않는다. 중요한 것은 프레임이다. 한 번 자리 잡은 프레임은 웬만해서는 내쫓기 힘들다."[13]

## 프레임을 제대로 알자

레이코프의 주장에 주목할 만한 점이 있는 건 분명하지만, 그의 책들이 노무현 지지자들의 경전이 되면서 오 · 남용된 나머지 한국 정치엔 오히려 악영향을 끼친 결과를 초래하고 말았다. 그러니 어찌 유시민의 발언이 반갑지 않으랴. 통합진보당 구당권파가 친노 세력의 조중동 프레임을 그대로 가져다 쓰면서 오히려 친노 세력을 당혹스럽게 만들다니 이게 무슨 역사의 아이러

13. 조지 레이코프, 유나영 옮김, 《코끼리는 생각하지 마: 미국의 진보 세력은 왜 선거에서 패배하는가》(삼인, 2006), 17, 141쪽; 조지 레이코프 · 로크리지연구소, 나익주 옮김, 《프레임 전쟁: 보수에 맞서는 진보의 성공전략》(창비, 2007), 65쪽; 한승동, 〈진보는 왜 항상 중도층 공략 실패하나〉, 《한겨레》, 2007년 7월 31일.

니란 말인가?

때마침 프레임 이론을 올바르게 쓸 수 있는 좋은 사례가 나타났는바, 이걸 살펴보면서 앞으론 프레임의 오·남용을 삼가기로 하자.

2012년 6월 3일 민주통합당 대변인 박용진은 새누리당 박근혜 전 비대위원장에 대해 '종북' 이란 표현까지 써가며 공세를 펼쳤다. 그는 사상과 국가관이 의심스럽다면서 의원직 사퇴까지 거론했다. 박용진은 "박 의원은 당대표 시절인 2005년 10월 18일 회견에서 '대한민국 정체성을 지키는 데 결코 타협하거나 양보할 수 없다' 는 말에 이어 만경대 정신까지 안고 갈 수 없다고 했다" 며 "그런데 2002년 방북 당시 김일성 주석 생가가 있는 만경대에는 왜 갔으며 무슨 생각을 했는지 밝히라" 고 요구했다.

또 "박 의원의 방북기에는 '남북한 여성이 우리나라를 살기 좋은 행복한 나라로 만들 수 있도록 노력하자는 데 의기투합했다. 북한이 우리보다 여성의 사회 진출이 활발한 듯 보였다' 는 등 북을 찬양·고무하는 내용의 주장도 했다" 고 지적했다. 박용진은 "새누리당은 사상, 국가관이 의심스러운 사람이 국회에 들어와서는 안 된다고 했다" 며 "김일성 주석 생가와 주체사상탑에 다녀온 정치인이 국가 지도자가 돼서는 안 된다는 게 새누리당과 박 의원의 생각이 아니냐" 고 반문했다.

그러면서 "새누리당은 박 의원의 이런 행동에 대해 어떻게 처리할 것이냐" 며 "김문수, 이재오, 정몽준, 임태희 씨 등 대선 후보들은 이에 대한 입장을 밝혀야 한다" 라고 요구했다. 그는 "국민은 이런 종북적 태도를 보여온 박 의원이 과연 의원직을 수행할 수 있는지, 대선 후보로 적합한지 불안해하고 있다" 고 덧붙였다.[14]

한마디로 말해서, 저질 코미디다(코미디가 저질이라는 뜻은 절대 아니니 오해 없기 바란다). 박용진의 뜻을 선의로 해석하자면 새누리당의 민주당에 대한 '종북 의혹 공세'를 역으로 박근혜에게 되돌려줌으로써 타개해보겠다는 것이렸다. 그러나 이 계산은 '종북 의혹 공세'라고 하는 프레임 자체를 정당화해줄 뿐만 아니라 신성화하는 결과를 초래할 뿐이다.

일관성이나 있으면 모르겠다. 민주당은 그래놓고선 새누리당이 '악질적인 매카시즘'을 저지른다고 공격해대니 이게 무슨 오락가락 자기모순이란 말인가? 프레임 자체를 바꿀 생각은 않고 새누리당의 종북 프레임을 역이용해보겠다는 발상은 어리석을 뿐만 아니라 위험하기까지 하다. 바로 이런 경우가 프레임이라는 뜻을 올바르게 쓸 수 있는 대표적 사례다. 이제 제발 조중동 프레임이라는 말은 그만 듣고 싶다. 조중동은 그 말을 쓰는 사람들이 생각하는 만큼 전지전능하지 않다.

## 금융계 7대 고위직 PK 싹쓸이

친노 문제든 지역 문제든 프레임에 너무 매달리다보면 '팩트(사실)' 자체를 소홀하게 여기는 우를 범할 수 있다. 명백한 팩트를 앞에 두고서도 "프레임" 운운함으로써 팩트를 무시하거나 사소하게 만들려는 책동을 경계해야 한다.

14. 〈민주 "박근혜 '2002년 종북 행보' 입장 밝혀야"〉, 《조선일보》, 2012년 6월 4일.

지역 문제도 거창하게만 생각할 일이 아니다. 특정 지역의 '싹쓸이 인사'를 못하게 하는 일부터 출발하는 게 가장 좋다. 그런데 우리의 현실은 어떠한가?

2012년 6월 20일 농협 금융지주 회장에 경남 거제 출신인 신동규 전 은행연합회장이 선임됨으로써 KB금융 어윤대, 우리금융 이팔성, 신한금융 한동우, 하나금융 김정태, KDB산은 강만수에 이어 6대 금융 지주사 회장이 모두 피케이(PK, 부산·경남) 출신으로 채워지는 진기록이 세워졌다. 대한민국 금융계에서는 처음 있는 일이다. 금융위원장 김석동도 PK니 어쩌면 이런 'PK 싹쓸이'는 앞으로도 영원히 다시 세우기 어려운 기록이 될 가능성도 높다 하겠다.[15]

이 기록도 놀랍지만, 더욱 놀라운 건 이에 대해 이렇다 할 비판이 거의 나오지 않았다는 사실이다. 《조선일보》에 '조용헌 살롱'이라는 역사 칼럼을 연재하는 조용헌이 〈싹쓸이 인사〉라는 칼럼에서 조금 꼬집은 게 겨우 눈에 띌 뿐이다.

조용헌은 "조선의 당쟁사를 보면 인조반정 이후 노론(서인)이 거의 벼슬자리를 싹쓸이했다. 정3품 이상이 드물었던 영남의 남인들은 이때부터 박정희의 5·16에 이르기까지 약 300년을 굶주림에 시달리며 살았다. 영남은 산간지대라서 먹을 것도 없고 벼슬도 못했으니 그저 굶을 수밖에 없었다. 그 300년 서러움의 한을 풀어준 남인들의 반정이 바로 5·16이다"며 다음과 같

15. 김정하 외, 〈금융 권력 PK 싹쓸이… 정권 말에 누가 주도했나〉, 《중앙일보》, 2012년 6월 23일; 조용헌, 〈싹쓸이 인사〉, 《조선일보》, 2012년 6월 25일. 1주일 후 '신용보증기금 이사장 PK 내정설' 마저 나왔다. 임미진, 〈신보 이사장도 PK 내정설: 노조 "낙하산 인사" 반발〉, 《중앙일보》, 2012년 6월 30일.

조용헌 살롱 [842] 싹쓸이 人事

역사는 왜 공부하는가? 역사로부터 아무것도 배울 것이 없다는 것을 배우기 위해서 공부할 뿐이다. 왜 배울 것이 없느냐? 같은 일이 반복되기 때문에 그렇다. 역사로부터 배웠으면 똑같은 실수를 반복하지 말아야 하는데, 인간세계에서 벌어지는 일을 보면 반복이 너무 많다.

'역사무용론자(歷史無用論者)' 에게 이론적 근거를 부여하는 최근의 사례가 6대 금융지주 회장 인사이다. KB금융 어윤대, 우리금융 이팔성, 신한금융 한동우, 하나금융 김정태, KDB산은 강만수, NH농협 신동규 회장이 모두 PK(부산·경남) 출신이라는 사실이다. 거기에다가 김석동 금융위원장도 PK이다. IMF 이후로 금융회장 자리는 최고의 벼슬자리로 꼽힌다.

총리나 장관은 청문회라는 염라대왕(?) 심사를 통과해야 한다. 청문회 과정에서 온갖 시시콜콜한 사생활이 TV 생중계를 통하여 전 국민에게 노출되기 때문에 자칫하면 전 국민적인 망신을 당해야 한다. 임기도 짧은 데다가 사건이 벌어지면 욕만 잔뜩 먹고 불명예 퇴진을 하는 벼슬이다. 이에 비해 금융그룹 회장은 청문회도 거치지 않는 고위 벼슬이다. 보통 공기업 CEO보다 몇 배의 연봉과 스톡옵션을 받고, 막대한 '돈의 맛' 을 볼 수 있는 알짜배기 자리이다. 한국의 월가 권력을 영남의 PK가 싹쓸이한 셈이다.

조선의 당쟁사(黨爭史)를 보면 인조반정(仁祖反正·1623년) 이후 노론(서인)이 거의 벼슬자리를 싹쓸이하였다. 정3품 이상이 드물었던 영남의 남인(南人)들은 이때부터 박정희의 5·16에 이르기까지 약 300년을 굶주림에 시달리며 살았다. 영남은 산간지대라서 먹을 것도 없고, 벼슬도 못했으니 그저 굶을 수밖에 없었다. 그 300년 서러움의 한을 풀어준 남인들의 반정(反正)이 바로 5·16이다. 5·16은 300년 동안 기호 노론으로부터 탄압받았던 영남 남인들의 한이 분출한 것이다. 노론의 몰상식한 싹쓸이 인사는 세도정치로 귀결되었고, 결국 조선이 망하는 계기가 되었다. 영남은 지난 50년간 어느 정도 한을 풀었다. 그런데도 이번 정권에 들어와 더욱 강화된 영남(PK) 싹쓸이 인사를 감행하는 행태는 대한민국의 통합을 방해할 뿐인 '이간질 인사(人事)' 로 보인다.

goat1356@hanmail.net

■ 조용헌은 PK의 금융 권력 싹쓸이를 조선을 망하게 한 노론 세력에 비유한 칼럼 〈싹쓸이 인사〉를 썼다.

이 말한다.

"5 · 16은 300년 동안 기호 노론으로부터 탄압받았던 영남 남인들의 한이 분출한 것이다. 노론의 몰상식한 싹쓸이 인사는 세도정치로 귀결됐고 결국 조선이 망하는 계기가 됐다. 영남은 지난 50년간 어느 정도 한을 풀었다. 그런데도 이번 정권에 들어와 더욱 강화된 영남 싹쓸이 인사를 감행하는 행태는 대한민국의 통합을 방해할 뿐인 '이간질 인사' 로 보인다."[16]

금융계의 이처럼 희한한 풍토가 저축은행 사태도 낳은 게 아닐까? 《중앙일보》 논설위원 김영욱이 〈저축은행 사태, 금융 당국 책임이다〉라는 칼럼에 다음과 같이 쓴 말이 가슴에 와 닿는다. "고관, 그거 아무나 하는 것 아니다. 아무나라니! 턱도 없는 소리다. 그 감투를 쓰거나 유지하려면 갖춰야 할 게 참 많다. 웃어른의 심기를 결코 거슬러선 안 된다는 건 그중 하나다. 그러나 저축은행 사태를 보면서 하나 더 추가돼야지 싶다. 바로 '무책임' 이다. 책임져야 하는데도 모른 척하는 행태다."[17]

만인에 대한 만인의 뜯어먹기인가? 금융계 싹쓸이 인사 사건은 이간질 인사 수준을 훨씬 뛰어넘는 것 같다. 한국 금융을 좌지우지하는 최상위 7대 요직을 PK 싹쓸이를 하더라도 문제 될 게 없다는 발상 그리고 그런 발상을 실천에 옮겨도 별 관심을 기울이지 않은 채 대통령 선거에만 미쳐 돌아가는 사회! 대한민국, 진짜 웃기는 나라다.

## 전라도를 모독하는 온라인 극우파

웃기다 못해 기절초풍할 일이 있으니 그것은 전라도를 모독하는 온라인 극우파의 활약이다. 이와 관련해 2012년 6월 19일자 《주간경향》(제980호)에 실린 〈온라인 극우파 결집 코드는 '혐오'〉라는 기사가 눈길을 끈다. 디씨인싸이드의 정사갤(정치 · 사회 갤러리)과 일베저장소(일간베스트저장소), 노노데모,

16. 조용헌, 〈싹쓸이 인사〉, 《조선일보》, 2012년 6월 25일.
17. 김영욱, 〈저축은행 사태, 금융 당국 책임이다〉, 《중앙일보》, 2012년 6월 1일.

라도코드, 홍어프리존과 같은 인터넷 카페와 폴리젠, 프리존 같은 정치 토론 웹사이트 등이 극우파들의 온라인 결집처인데, 이들이 혐오하는 대상은 전라도, 외국인(특히 결혼 이민자나 이주 노동자), 좌파 등 크게 세 범주로 나눌 수 있으며 이들 사이에서 전라도는 '홍어'로 통한다고 한다.

이 기사는 "그 이름에서부터 전라도를 연상하게 하는 인터넷 카페 '라도코드'는 전라도와 전라도 사람에 대한 노골적인 편견과 욕설이 담긴 글들이 주종을 이루는데 (중략) 라도코드나 홍어프리존과 비교해 일베저장소나 정사갤의 언어는 노골적인 직설이라기보다는 패러디를 중심으로 한 풍자와 조롱이다. 전라도 지역에서 발생한 범죄 사건 보도만을 골라 올림으로써 전라도 사람들의 윤리성에 문제가 있다는 인상을 주거나 이 지역 향토 음식인 홍어의 특유한 냄새를 풍자하는 글을 올리는 식이다"며 다음과 같이 말한다.

"'전라도는 좌파'라는 비약적 논리가 '전라도는 종북' 논리로 한 차례 더 비약하기도 한다. 일베저장소의 한 게시물은 우파 인터넷 매체인 빅뉴스의 기사를 링크했는데, 이 기사의 제목은 '통진당 심장 들여다보니, 광주·전남이 종북의 메카'다. 정치 토론 사이트를 표방하는 웹진 프리존도 전라도 비하라는 점에서는 크게 다르지 않다. 이 사이트를 보면 지난해 희망버스를 '전라도 깡패버스'라고 지칭하는 등 사회적 사안에 지역색을 덧칠하거나 전라도 사람들에 대한 편견을 유포하는 글들이 드물지 않게 발견된다."[18]

이걸 그대로 방치해도 좋은가? 규제라곤 2012년 1월 방송통신심의위원

18. 정원식, 〈온라인 극우파 결집 코드는 '혐오'〉, 《주간경향》, 제980호(2012년 6월 19일).

회 심의 결과에 따라 네이버가 라도코드에 '영구접근제한' 조치를 취한 게 전부다. 방송통신심의위원회 위원 박경신은 "라도코드는 12 · 12쿠데타를 구국 혁명으로 찬양하고 5 · 18을 실패한 공산혁명으로 규정했다. 또 5 · 18민주화항쟁을 '오입할' 로 표현하는 등 특정 지역에 대한 집단적 모욕과 혐오를 드러냈다는 판단에 따라 다수 의견으로 시정 요구를 한 것" 이라고 말했다.

5 · 18민주화항쟁에 대한 모독이었기에 그런 조치나마 취해진 것일 뿐 이보다 훨씬 악질적인 전라도 모독 발언들은 여전히 그냥 방치되고 있다. 우리는 표현의 자유를 무한정 보장하는 게 마치 선진국으로 가는 길인 것처럼 생각하는 경향이 있는데, 세계 어느 나라도 한국처럼 인터넷이 혐오와 증오의 악담과 저주로 들끓는 나라는 드물 뿐만 아니라 그런 악담과 저주를 내버려두는 나라 또한 없다. SNS도 마찬가지다. 최근 영국에서 일어난 한 사례를 보자.

2012년 3월 17일 영국 스완지대학교 생물학과 학생 리엄 스테이시는 영국 FA컵 토트넘 핫스퍼와의 8강전 경기 도중 콩고민주공화국 출신인 볼턴 원더러스 선수 파브리스 무암바가 심장마비로 쓰러지자 "큰 웃음 주심(LOL · 'laughing out loud' 의 약자인 인터넷 용어), 빌어먹을Fxxx 무암바, 그가 죽었다" 라는 글을 트위터에 올렸다. 스테이시는 트위터리안의 비난이 잇따르자 "유색인들wogs아, 가서 목화 좀 따오시지" 라고 맞받아쳤다.

왕년의 골잡이 스탠 콜리모어를 비롯한 여러 트위터 이용자들은 이런 사연을 경찰에 신고했고 스테이시는 이튿날 체포됐다. 스완지 법원은 그에게 징역 56일 형을 선고했다. 판사 존 찰스는 "피고인은 생의 끝에서 사투를 벌이는 젊은 선수를 불쾌하고 역겨운 글로 비방하고 인종 모독으로 악화시켰다. 선수의 가족과 축구계뿐 아니라 전 세계가 그의 회복을 염원하는 터라, 공중의 분노를 반영하기 위해선 실형 선고 외에 다른 방법이 없다"라고 판시했다. 찰스 판사는 "피고인이 취중에 범한 실수고 잘못을 뉘우치고 있다는 사실을 인정하지만, 음주를 절제하는 법을 배워야만 한다"라는 훈계도 덧붙였다. 마지막 기말시험을 앞두고 있던 그에게 학교가 정학 조치를 내려서 그는 법의학자가 되려는 꿈을 접어야 할 처지라고 외신이 전했다.[19]

널리 알려진 사건과 관련된 발언이었기에 이런 판결이 나온 것이겠지만, 그렇다 하더라도 56일 형을 선고한 근거는 달라지지 않는다. 특정 지역민 모독은 인종 모독과 똑같은 '증오 범죄'다. 미국과 유럽은 증오 범죄에 단호하게 대처한다. "표현의 자유" 운운하며 방어하는 게 전혀 통하지 않는다. 이런 나라들처럼 문제를 삼기 시작하면 한국에서 56일 이상 감옥살이를 해야 할 증오 범죄자들은 온라인에 득실득실할 정도로 많다. 그들을 다 잡아들일 필요는 없다. 가장 악독한 발언을 한 자를 몇 명 잡아들여 사나흘, 아니 대여섯 시간만 경찰서에 잡아두어도 하루아침에 확 달라진다.

온라인에서 "홍어" 운운하며 전라도를 모독하는 사람들은 악질적인 인간들이 아니다. 그들 중에는 매우 선한 사람들도 많을 것이다. 그들이 그렇게 못된 짓을 저지르는 이유는 단 하나다. 그렇게 해도 괜찮으니까, 게다가 끼리끼리 모인 곳에서 잘했다고 칭찬받으니까 하는 것이다. 홍어를 모독하는 자들에겐 매운 홍어 맛을 보여줘야 한다. 홍어가 너무도 귀해서 진짜 홍어를 맛

---

19. 박영석, 〈인종차별 트위터 글 쓴 영 대학생, 2개월 징역 형〉, 《조선일보》, 2012년 3월 29일.

볼 수 없다는 게 유감이긴 하지만 말이다.

호남인들이여! 빙산의 일각일 뿐인 금융계 7대 고위직 PK 싹쓸이나 온라인 극우파의 전라도 모독을 보고 화가 나지 않는가? 이 못된 작태들을 근절하기 위해서라도 좀 더 멀리 내다보는 사고와 실천을 해야 하지 않겠는가? 이제 더는 친호남 대통령 권력을 만들어야 한다는 전략적 사고로는 안 된다. 지역주의 자체를 해소하는 방안에 관심을 기울여야 한다. 지역주의 구도가 존재하는 한 호남은 영원한 피해자가 될 수밖에 없기 때문이다. 그래서 친호남 대통령 권력을 만들어야 한다 생각하게 됐겠지만, 그 한계와 허구성을 그동안 충분히 겪지 않았는가? 이젠 호남 연고가 아니라 더 나은 지역주의 해소 방안을 역설하는 대선 후보의 말에 귀를 기울여야 한다. 그게 호남을 살리고 나라를 살리는 길이다.

제13장

# 노무현 모델로 정권 교체 가능한가

•

## 문재인의 딜레마

## 문재인, 노무현 모델로 이길 수 있을까

2012년 5월 21일 두문정치전략연구소장 이철희가 프레시안에 기고한 〈문재인, '노무현 모델' 로 이길 수 있을까?〉라는 글이 매우 인상적이다. 그는 이 글에서 "현재 야권의 대권 주자 중에서는 DJ 계승을 우선적 정체성으로 내세우는 후보는 없다. 노무현 모델에 기대는 후보만 있다. 친노 후보는 지금 민주당 후보 중에 제일 세다. 지지율이 가장 높고 당내 기반도 튼튼하다. 새로운 인물이라 식상한 꼰대 이미지도 없다. 부산 · 경남 출신이어서 잘하면 박근혜 위원장의 텃밭인 영남의 일각을 허물 수도 있다. 바로 문재인 상임고문이다. 그렇다면 질문이 이렇게 된다. 문재인은 노무현 프레임으로 승리할 수 있나?" 라고 물으면서 다음과 같이 말한다.

"없다. 노무현 프레임만으로 이길 수 없다. 노무현 모델에 대한 향수가 있으나 그 그리움의 대상은 대통령으로서의 업적이라기보다 정치인 노무현이 걸어왔던 길이다. 다시 말해 노무현 개인은 사랑받는 존재로 남아 있지만 대통령으로서 보낸 시절, 이른바 노무현 시대에 대한 평가는 인물 호감에 못 미친다. 사실 노무현 시대에 '없는 사람' 의 삶이 나아졌다고 자신 있게 말하기란 쉽지 않다. 때문에 가치 인프라로서 노무현 모델이 갖는 힘은 박정희 모델에 비해 떨어진다. 이 점에서 문재인이 노무현 프레임으로만 이길 수 없는 이유를 발견할 수 있다."[1]

2012년 5월 21일자 《한겨레21》(911호)도 〈친노의 두 번째 분열〉이라는 기사에서 "노무현 전 대통령의 죽음과 함께 '폐족' 이란 한때의 꼬리표는 미래의 권력을 약속하는 '상징 자본' 이 됐다. 그 상징의 부스러기라도 나눠 가지려고 너도나도 죽은 자와의 인연을 부각하자 실현되지 않은 미래 권력에 대한 기대감은 현실의 지분으로 작동하기 시작했다. 어느 순간 야권 내부에는 '범친노' 라는 유력 집단이 형성됐다. 친노 직계로 불리는 코어core 집단은 그 안에서 정치적 책임에서 자유로운 권력의 단맛을 누릴 수 있었다. 이런 점에서 그들은 '행복한 고아들' 이었다" 며 다음과 같이 말한다.

"4 · 11총선은 친노 세력에겐 '절반의 성공' 이었다. 18대 국회에서 열 명 안팎에 불과하던 친노계 국회의원이 네 배 가까이 늘었지만, 새누리당에 과반 의석을 내줌으로써 총선 패배 책임론에 휩싸였기 때문이다. 친노 직계가 대거 후보로 나섰던 부산 · 경남 지역에서 사실상 문재인 상임고문 혼자 생환한 것도 적지 않은 타격이었다. 친노 내부의 구심력은 눈에 띄게 약화됐다. 잠복해 있던 직계와 방계의 균열도 표면화됐다. 성공의 역설이다."

이어 이 기사는 "친노의 고민은 구심력 강화를 위한 '이해찬-박지원 투톱' 구상이 기대와 달리 비노 세력의 결집과 친노 내부의 균열을 가속화하고

---

1. 이철희, 〈문재인, '노무현 모델' 로 이길 수 있을까?〉, 프레시안, 2012년 5월 21일.

있다는 데 있다. 왜 상황이 이처럼 꼬이게 됐을까? 일각에선 친노 세력의 근본적 한계에서 그 원인을 찾는다. 가치와 이념, 정책의 부재다"며 '반MB' 말고는 주장하는 가치와 지향을 찾기 힘들다고 한 후마니타스 대표 박상훈의 진단을 다음과 같이 소개했다.

"아무리 뜯어봐도 친노의 정체성이 뭔지 모르겠다. 경제나 사회정책에서 다른 세력과의 차별점을 찾기 힘들다. 성장과 복지의 선순환, 비정규직 제도 개선을 말하긴 하는데, 자기들 언어가 아니다. 남들이 다 하는 말을 앵무새처럼 되뇌는 것 이상이 아니다. 친노가 한국 정치의 퇴행적 존재로부터 벗어나려면 이명박에 대항하기 위해 뭉쳐야 한다는 '협박 담론' 말고 자신들이 어떤 이념을 갖고 어떤 정책을 펼치려고 하는지를 명확히 제시해야 한다."[2]

민주당 경선 결과와 관련해 2012년 6월 11일자 《경향신문》은 〈이해찬 민주 대표, '친노' 울타리부터 걷어내야〉라는 사설로 친노에 대해 쓴소리를 했다. 이 사설은 "이 대표가 대의원 투표와 수도권 · 정책 대의원 투표에서 김한길 의원에게 패한 건 뭘 의미하는가? '이-박 담합' 논란과 같은 '꼼수 정치'에 대한 당원들의 심판이자 4 · 11총선 패배를 자초한 '친노'에 대한 문책이라고 해도 과하지 않다. 정권 교체를 염원하는 당심은 아랑곳하지 않은 채 독선적 행태를 일삼던 세력들에게 엄중한 경고를 보낸 것이다"며 다음과 같이 말했다.

"민주당은 이명박 정권에 당한 수모를 되갚으려는 '친노'들만의 무대

---

2. 이세영, 〈친노의 두 번째 분열〉, 《한겨레21》, 제911호(2012년 5월 21일).

## 이해찬 민주 대표, '친노' 울타리부터 걷어내야

이해찬 의원이 민주통합당의 새 대표에 선출됐다. 이 신임 대표는 엊그제 열린 임시 전당대회에서 최종 득표율 24.3%를 기록해 23.8%를 얻은 김한길 의원을 0.5%포인트 차로 누르고 1위를 차지했다. 이 대표의 승리는 '모바일의 반란'이라는 평가가 나올 만큼 막판 역전극으로 이뤄졌다. 여권이 파상적인 '종북 몰이'를 함에 따라 상대적으로 강한 이미지의 이 대표에게 표가 쏠린 결과라는 풀이다. 먼저 이 대표에게 축하를 보낸다.

이 대표에게는 "정권교체를 향한 대장정이 시작됐다"는 그의 당선 소감처럼 대선을 향한 제1 야당의 경선관리와 정권교체라는 야권의 과제가 맡겨져 있다. 공정한 경선관리가 첫 덕목임은 두말할 나위도 없다. 궁극적 목표는 경쟁력 있는 자체 후보를 만드는 자강에 맞춰져야 한다. 야권후보의 단일화 여부는 그 다음 문제다. 이 대표가 경선 초반에 고전하게 된 것은 '이해찬 대표-박지원 원내대표' 담합 파문 때문이다. 그 시나리오대로 대선후보 만들기에 나선다면 역풍은 상상을 초월할 것이다. 여권의 색깔론 공세 극복이나 통합진보당과 야권연대의 틀 재설정, 당내 갈등 치유도 우선순위에 두고 해결해 나가야 할 과제들이다.

이 대표는 경선 과정부터 냉철하게 복기해야 한다. 이 대표가 대의원 투표와 수도권·정책 대의원 투표에서 김한길 의원에게 패한 건 뭘 의미하는가. '이·박 담합' 논란과 같은 '꼼수정치'에 대한 당원들의 심판이자, 4·11 총선 패배를 자초한 '친노'에 대한 문책이라고 해도 과하지 않다. 정권교체를 염원하는 당심(黨心)은 아랑곳하지 않은 채 독선적 행태를 일삼던 세력들에게 엄중한 경고를 보낸 것이다. 역설적이지만 민주당의 최대 자산은 우열을 가리기 힘든 대선주자군이 있는 데다 그런 주자군이기 때문에 역동성을 보여줄 수 있다는 사실임을 잊어서는 안된다.

이 대표는 경선 시작 직후 이해찬 대세론이 꺾이자 '소통'이란 말을 입에 달고 살았다. 그로서는 담합이 아님을 해명하기 위한 것이었지만, 당심과 괴리를 드러낸 자신의 정치행태에 대한 자성도 깔려 있는 것 같다. 민주당은 이명박 정권에 당한 수모를 되갚으려는 '친노'들만의 무대가 아니다. 지난해 말 시민세력과 노동계가 가세해 붙인 '민주통합당'이란 이름에 걸맞은 세력으로 거듭나야 한다. 그것은 친노니, 호남이니, 반MB니 하는 정치적 편가름을 넘어 민주와 복지, 평화라는 시대적 화두를 담아내는 그릇이어야 한다. 이에 동의한다면 이 대표는 '친노'라는 울타리부터 당장 걷어내야 한다.

■ "이 대표가 대의원 투표와 수도권 · 정책 대의원 투표에서 김한길 의원에게 패한 건 뭘 의미하는가?"(《경향신문》 2012년 6월 11일)

가 아니다. 지난해 말 시민 세력과 노동계가 가세해 붙인 '민주통합당' 이란 이름에 걸맞은 세력으로 거듭나야 한다. 그것은 친노니, 호남이니, 반MB니 하는 정치적 편가름을 넘어 민주와 복지, 평화라는 시대적 화두를 담아내는 그릇이어야 한다. 이에 동의한다면 이 대표는 '친노' 라는 울타리부터 당장 걷어내야 한다."[3]

같은 날 한겨레사회정책연구소 연구위원 한귀영도 《한겨레》에 실은 칼

3. 〈이해찬 민주 대표, '친노' 울타리부터 걷어내야(사설)〉, 《경향신문》, 2012년 6월 11일.

럼 〈이해찬 대표의 딜레마〉에서 다음과 같이 말한다. "이해찬으로 대표되는 친노 세력은 폐쇄적 가족공동체의 이미지에 가깝다. 자신들이 옳다는 자기 확신은 노무현 전 대통령의 비극적 죽음 이후 희생자·박해자의 위상과 결합하면서 폐쇄성·배타성이 강화되고 있는 듯하다. 하지만 대중들은 친노 세력을 희생자로 여기지 않는다. 오히려 오늘날의 양극화 심화, 비정규직 심화 등 사회경제적 위기에 책임을 져야 할 세력으로 본다. 최근 통합진보당 사태는 옳음에 대한 과도한 확신이 내부를 향한 성찰이 뒷받침되지 않은 상태에서 권력의지와 결합할 때 역사적 퇴행으로 이어질 수도 있음을 보여주고 있다."[4]

이 견해들에 전적으로 동의하지만, 그 어떤 변화를 기대하긴 어려울 듯하다는 생각이 든다. 2011년 8월 충남도지사 안희정은 "우리 모두는 유통기한이 있으며 친노도 유통기한이 있다"고 했는데,[5] 친노의 유통기한이 얼마가 될 것인지에 달려 있는 문제라고 봐야 할 것이다. 친노의 유통기한을 잴 수 있는 지표는 나꼼수다. 노무현 모델은 상당 부분 나꼼수 모델이기 때문이다.

언론으로서의 나꼼수엔 명암이 있는데, 명이 훨씬 크다. 그러나 나꼼수는 관중석을 박차고 그라운드로 직접 뛰어든 선수, 즉 정치 세력이 됨으로써 암을 더 키우는 결과를 초래하고 말았다. 4·11총선 직후 한동안 '멘붕' 상태를 겪었다곤 하지만, 나꼼수의 인기는 건재하다. 이는 달리 말해서 친노 문제는 친노가 문제라기보다는 친노를 지지하는 10~30퍼센트가 문제라는 결

---

4. 한귀영, 〈이해찬 대표의 딜레마〉, 《한겨레》, 2012년 6월 11일.
5. 여정민, 〈안희정 "친노도 유통기한 있어… 끝나면 집에 가야"〉, 프레시안, 2011년 8월 7일.

론에 도달하게 된다. 앞으로 남고 뒤로 밑지는 장사를 하고 있으면서도 우선 앞에서 남는 게 더 중요하다고 보니 이 노릇을 어쩌겠는가? 이 또한 그들이 믿는 시대정신인지도 모르겠다. 친노에도 주류와 비주류가 있다는 사실에서 위안을 찾아야 하는 건가?

## 조경태의 문재인 비판

2012년 6월 28일 민주통합당 대선 주자인 조경태 의원이 국회에서 기자회견을 열고 〈노무현 후보 정책보좌역이었던 저 조경태가 노무현 대통령 비서실장이었던 문재인 후보에게 묻는다〉라는 자료를 배포하면서 당내 선두 주자인 문재인을 향해 '문재인 5대 불가론'을 주장했다. 그는 자질, 경쟁력, 기회주의, 패권주의, 책임 부분을 언급하며 "문 후보가 대통령이 돼서는 안 된다"라고 주장했다.

우선 자질론에서 그는 "문 후보의 처음이자 마지막 국정 운영 경험은 청와대 근무밖에 없다. 과연 대통령 후보로서 최소한의 능력과 자질이 있느냐?"라고 물었다. 이어 경쟁력을 거론하면서 "이번 부산 총선은 사실상 문재인 대 박근혜의 대결이었지만 결과는 문재인 후보의 패배였다"며 "부산에서 야당이 다섯 명 당선되면 승리한 것이고 문 후보와 저만 당선되면 문 후보는 사실상 정치적으로 패배한 것이라고 했다"고 주장했다. 이어 "모든 언론에서 집중 조명을 받았음에도 공천 · 전략 등 모든 면에서 다 졌다"라고 지적했다. 그는 "하지만 나는 다르다. 조경태는 부산에서 지역주의에 정면으로 맞서서 두 번 떨어지고 세 번째 도전에서 지역주의 벽을 넘었지만 (문 고문은) 부산에서 제일 편하다는 사상 지역구에 나와 당선됐다"고 주장했다.

셋째로 기회주의에 관해서 조 의원은 "문 후보는 노무현 대통령이 자신에게 부산시장 선거에 나와달라고 몇 번이고 부탁하고 또 부탁했는데 거절했다"며 "하지만 노 대통령이 돌아가시고 주변 여건이 좋아지자 국회의원으로 나왔다. 부산에서 제일 편하다는 사상구에 나왔고 당선됐다"고 말했다. 그는 "여건이 좋지 않을 때는 피하다가 좋을 때는 과실을 탐내는 것이 기회주의 아니냐"며 "노무현 대통령이 가장 경멸했던 기회주의"라고 주장했다.

넷째로 패권주의를 지적하면서는 "이번 총선에서 민주당 부산 공천은 부산 친노 쪽에서 모두 했다는 것이 중론이다. 사실상 모두 다 '묻지 마 공천'인 전략 공천이었다. 공천받지 못한 처지에서는 '정치적 대학살'이었다. 부산 공천에서는 민주주의는 없었다"고 주장했다. 그는 "부산 친노의 패권주의적 공천의 중심에 문 후보가 있었다고 한다"며 "가장 경쟁력이 있었던 나에게 공천을 줄 때도 쉽게 주지 않았다. 이유는 이랬다. 부산 친노가 아니었기 때문"이라고 주장했다. 이에 그치지 않고 그는 "2004년 공천에도 제일 당선 가능성이 컸던 저에게 공천을 주지 않기 위해 온갖 시도를 부산 친노는 다했다. 이번이 두 번째"라고 주장했다.

마지막으로 책임 부분을 들고 나온 그는 "노 대통령의 비극에 대해 문 후보가 책임이 없다고 볼 수 없다. 친인척 관리를 제대로 못한 책임은 민정라인에 있었고 그 책임자는 문 후보였다. 참여정부 마지막 청와대 비서실장도 문 후보였다"고 말했다. 조 의원은 "노무현 대통령의 비극과 문 후보의 자질, 기회주의 행보, 공천 실패와 패권주의 그리고 자신의 경쟁력에 대해 국민

들은 궁금해한다. 이제는 문재인 후보께서 답을 하실 차례"라며 답변을 요구했다.[6]

조경태의 문재인 비판은 이게 처음이 아니다. 그는 이미 10여 일 전인 6월 15일 종합편성채널 채널에이의 〈대담한 인터뷰〉에 출연해 "민주당이 개혁해야 할 가장 큰 과제 중 하나가 '끼리끼리' 문화"라며 "노무현 전 대통령은 철저하게 줄 세우기 정치를 타파해야 한다고 했는데, 말로만 노무현 정신을 얘기하면 안 된다"고 말했다. 영남 후보론이나 수도권 후보론에 대해선 "이것 또한 차별이고 지역감정"이라고 비판했다.

그는 문재인 상임고문과 김두관 경남도지사를 겨냥해 "한 분은 청와대에서 '왕수석'이었고 다른 한 분은 장관을 지낸 분으로 기득권 세력에 포함돼 있다"고 꼬집었다. 문 고문에 대해선 "노 전 대통령이 살아계실 때는 절대 정치를 안 하겠다고 했다. 희생을 해달라고 했지만 안 했다"며 "돌아가시고 나서 노 전 대통령의 인기가 올라가니까 돌연 정치를 시작한 것은 수수께끼"라고 비판했다. 김 지사에 대해서도 "당선을 위해 민주당을 탈당하고 무소속으로 출마했다"며 "노무현 정신을 온몸으로 실천하는 정치인이라 부를 수 있겠느냐"고 했다.[7]

6월 19일엔 "문재인 후보는 원전 확산 정책은 반대하지만 원전 수출에 대해서는 찬성한다는 이중적 태도에 대해 입장을 분명히 해야 한다"고 촉구

6. 윤경원, 〈조경태 "문재인이 안 되는 5가지 이유": ①자질 부족 ②경쟁력 부족 ③기회주의 ④패권주의 ⑤노 전 대통령 비극 책임〉, 데일리안, 2012년 6월 28일.
7. 손영일, 〈조경태 "문재인, 盧 죽고 인기 올라가니…"〉, 《동아일보》, 2012년 6월 16일.

했다. 그는 "문 후보의 핵발전소 수출 용인 입장은 수출 증진을 위해서라면 인류에게 위협을 주는 극히 위험한 것이라도 괜찮다는 위험하기 짝이 없는 발상"이라며 "이는 돈만 벌어들인다면 모든 걸 희생할 수 있다는 개발독재 시대의 성장 지상주의와 다름없다"고 비판했다.[8]

6월 26일에는 《내일신문》과 인터뷰를 했다. 이 인터뷰에서 조경태는 "노 전 대통령께서 친인척 비리 때문에 돌아가셨다"며 "문 의원은 비서실장으로서 책임이 있고 이에 대해 국민들에게 해명을 해야 할 처지인데도 MB 정권에 다 떠넘기는 비겁한 행동을 하고 있다"고 말했다. 그는 또 "문 의원은 남상국 전 대우건설 사장의 로비 사건 때 노건평 씨 말만 듣고 제대로 조사를

## "노 대통령 친인척비리·서거, 문재인 책임"

### 비서실장·민정수석으로 관리책임론 제기

**민주당 대선출마 1호 조경태, 빅3에 독설**

"문재인 의원은 노무현 대통령님의 서거에서 자유스럽지 못하다. 민정수석과 비서실장으로서 제대로만 역할을 했으면 친인척 비리가 없었을 것이다."

지난 10일 대선출마를 선언한 민주통합당 조경태 의원(사진)이 문재인 상임고문을 상대로 노무현 전 대통령 서거에 대한 '책임론'을 공개적으로 언급해 파문이 예상된다. 조 의원은 26일 내일신문과 인터뷰에서 "노 전 대통령께서 친인척 비리 때문에 돌아가셨다"며 "문 의원은 비서실장으로서 책임이 있고, 이에 대해 국민들에게 해명을 해야 할 입장인데도 MB정권에 다 떠넘기는 비겁한 행동을 하고 있다"고 말했다.

조 의원은 또 "문 의원은 남상국 전 대우건설 사장의 로비사건 때 노건씨 말만 듣고 제대로 조사를 못했다"며 "결국 그런 심각한 오류가 더 큰 화를 불러온 것"이라면서 거듭 문 고문의 책임을 주장했다. 조 의원의 이날 언급은 지난달 23일 노 전 대통령 3년 탈상이후 민주당 내부에서 공개적으로 '문재인 책임론'을 거론했다는 점에서 예사롭지 않다.

여기에 최근 노 전 대통령의 형인 건평씨가 비리혐의로 재판을 받고 있고, 딸인 정연씨가 13억원 외화밀반출 혐의로 검찰의 수사를 받고 있는 미묘한 시기에 이같은 주장을 해 파장이 만만치 않을 전망이다.

더구나 조 의원은 부산에서 3선을 한 범친노진영의 한 명으로 이번 발언은 '문재인-김두관 분열'에 이어 친노진영 내부의 또다른 갈등을 예고한다.

조 의원은 내일신문과 인터뷰에서 또 다른 친노인사인 김두관 경남지사에 대해서도 강하게 비판했다. 그는 "김 지사는 한 번도 민주당으로 나가서 당선된 적이 없다"며 "자신이 유리하면 민주당을 하다가 불리하면 민주당을 버렸다"고 원색적으로 비난했다. 조 의원은 "김 지사가 (2010년 지방선거에서)무소속으로 출마한 것 자체가 기회주의적 태도"라며 "언제든지 유불리에 따라서 민주당을 버릴 수 있는 정치인"이라고도 했다.

조 의원은 김 지사의 도지사직 사퇴에 대해서 "지금도 역풍이 심하다. (지난 총선에서 새누리당과) 3:7이었는데 지금은 더 벌어졌다"며 "최근에 전북을 다녀왔는데 LH 본사의 경남이전 문제로 지역민심이 아주 안좋았다"고 말했다.

**"손학규, 자기중심적 사고로 우유부단·국민들 '요즘 왜 저러지'라고 생각하고 있다"**

**"김두관, 유리하면 민주당하다가 불리하면 당 버리는 기회주의적인 정치하고 있다"**

조 의원은 또 손학규 전 대표에 대해서도 일침을 가했다. 그는 "손 전 대표는 자기중심적인 사고를 가지고 있다. 주변을 잘 아우르지 못한다는 평가가 있다"며 "요즘 예전에 비해 강해졌다는 평가가 있는데 국민들은 '왜 저러지'하는 생각을 한다"고 말했다. 조 의원은 "지금은 위기적 상황으로 대한민국을 강력한 리더십으로 통합시켜야 한다"며 "자기 헌신과 희생이 필요하고, 온 몸을 던져야 하는데 (손 전 대표가) 그렇게 할 수 있을지 의문"이라고 했다.

조 의원은 또 정세균 전 대표에 대해서는 "대표를 오래 했는데도 국민들한테 이미지가 각인이 안돼 있고, 존재감이 없다"고 했으며, 정동영 상임고문에 대해서는 "어쨌든 지난번 대선에서 540만표 차이로 졌던 기억이 야권을 힘들게 했고, 책임에서 자유롭지 못하다"고 했다.

한편 조 의원이 이처럼 당내 대선주자들을 대상으로 독설에 가까운 비난을 하고 나선 데는 자신의 존재감을 부각시키려는 의도로 해석된다. 특히 문 고문과 김 지사 등 친노진영 후보들에 대해 강도높은 비난전에 나선 것은 부산에서 3선을 한 자신의 위상을 강조하기 위한 것이라는 관측도 있다.

조 의원은 부산경남 친노후보 3인의 후보단일화에서 대해서는 "그런 일은 없다"고 잘라 말했다.

**▸▸대선주자 릴레이 인터뷰, 조경태편 전문은 6월 28일자에 게재됩니다.**

백만호 기자 hopebaik@naeil.com

■ 민주통합당 국회의원 조경태는 문재인을 신랄하게 비판했다.
노이즈 마케팅일까, 아니면 주류 친노와 비주류 친노의 갈등일까?

못했다" 며 "결국 그런 심각한 오류가 더 큰 화를 불러온 것" 이라면서 거듭 문재인의 책임을 주장했다.

조경태는 김두관에 대해서도 "김 지사는 한 번도 민주당으로 나가서 당선된 적이 없다" 며 "자신이 유리하면 민주당을 하다가 불리하면 민주당을 버렸다" 고 비판했다. 그는 "김 지사가 (2010년 지방선거에서) 무소속으로 출마한 것 자체가 기회주의적 태도" 라며 "언제든지 유불리에 따라서 민주당을 버릴 수 있는 정치인" 이라고도 했다.[9]

## 주류 친노와 비주류 친노

조경태는 친노 인사인데, 도대체 왜 그렇게까지 친노 후보들을, 특히 문재인을 혹독하게 비판하는 걸까? 《한겨레》는 " '1등' 을 공격해 논란을 일으키려는 '꼴등' 의 노이즈 마케팅이란 분석이 나온다" 며 가볍게 넘겼지만,[10] 오래전부터 그의 독특한 면모에 주목해온 나로서는 노이즈 마케팅 이상인 무언가가 있다는 생각을 떨치기 어렵다. 2005년에 일어난 이른바 '조경태 사건' 때문이다.

조경태의 문재인 공격에 분노한 문재인 지지자들은 "조경태는 애초부터

---

8. 김승미, 〈조경태 "문재인, 원전 이중 태도" 비판〉, 《동아이코노미》, 2012년 6월 19일.
9. 백만호, 〈"노 대통령 친인척 비리 · 서거, 문재인 책임" 비서실장 · 민정 수석으로 관리 책임론 제기: 민주당 대선 출마 1호 조경태, 빅3에 독설〉, 《내일신문》, 2012년 6월 27일.
10. 손원제, 〈민주 대선 후보들 문재인 '벌떼 공격'〉, 《한겨레》, 2012년 6월 29일.

친노가 아니었다"며 그에게 맹공을 가하고 있지만, 노무현 대통령은 2004년 4월 15일에 치른 제17대 총선 직후 부산에서 유일하게 열린우리당 간판으로 당선된 조경태를 청와대로 불러 만찬을 하는 등 그에게 각별한 관심을 쏟았다. 조경태도 2005년 여름 "정권을 한나라당에 넘겨줄 수도 있다"고 한 노무현의 대연정 파동 때에 여권 내의 반발을 비판하며 노무현을 적극 옹호하는 등 친노 중 친노로 활약했다. 즉, 그의 문재인 비판은 주류 친노에 대한 비주류 친노의 공격으로 볼 수 있다는 것이다.[11]

그건 그렇고 조경태 사건이란 무엇인가? 2005년 8월 29일 열린우리당 의원 워크숍에서 조경태가 대연정의 당위성을 김대중 대통령과 북한 김정일 국방위원장을 끌어다 비유해 강조한 발언 내용이 뒤늦게 알려져 논란을 빚은 사건을 말한다. 어떤 발언이었던가?

조경태는 "노무현 대통령의 연정 제안은 지역주의 문제가 절박하기 때문"이라며 "내가 한 가지 예를 들겠다"라고 말문을 열었다. 그는 "2000년 6·15남북정상회담 때 부산 어르신들이 '김정일은 선글라스도 멋있고 걸음걸이

11. 이런 분석도 있다. "조 의원이 이번 총선에서 얻은 득표율 58.2퍼센트는 문 의원(55.0퍼센트)을 넘는 것으로 부산에서도 둘째 최다 득표에 해당한다. 조 의원은 지난 1996년 제15대 총선 때 부산 지역에서 처음 국회의원에 출마했다. 당시 노 전 대통령 등의 권유로 이 지역에서 출마했지만, 참패했다. 2000년 제16대 총선에서도 낙선했다. 하지만 조 의원은 8년 동안 지역을 다졌다. 조 의원은 '노 전 대통령은 부산에서 낙선한 후 중앙 정치도 병행했지만 나는 철저히 바닥에서 버텼다'며 '어느 시점을 지나면서 지역 주민들이 진정성을 알아주기 시작했다'고 말했다. 조 의원은 아무도 해내지 못한 일을 해냈지만 당내에서는 철저히 비주류로 따돌림을 당했다. 당내에서는 조 의원의 다소 튀는 행동이 스스로 발목을 잡았다고도 평가하지만, 부산의 친노 세력과 원만하지 못한 관계가 주된 원인이라는 분석이다. 부산에서 3선을 하는 동안 당 지도부에 한 번도 명함을 내밀지 못했던 것도 부산 친노의 견제가 작동했다는 것이 당내 해석이다. 그래서인지 조 의원은 부산의 친노 직계 인사들과 거리감이 있다. 문 의원 등 현재 민주당내 주류 세력인 친노에 대한 감정이 쌓여 있다. '민주당 간판으로 부산에서 다섯 번 나가 두 번 낙선, 세 번 당선한 이력이 경쟁력이다. 문재인 의원보다 높은 득표력을 보여줬다.' 조 의원의 말속에는 친노가 실력도 없이 말만 앞세운다는 일종의 평가절하도 있다." 백만호, 〈민주당 간판으로 부산에서 5전 3승: 4월 총선서 58퍼센트 득표력 보여… 문재인 등 친노 직계와 대립각〉, 《내일신문》, 2012년 6월 28일.

도 씩씩하다. 그런데 DJ는 걸음걸이도 그렇고 창피하다' 고 했다" 면서 "그때 부산에서 DJ와 김정일에 대한 투표를 했으면 김정일 지지율이 더 높게 나왔을 것" 이라고 말했다. 그는 "지역주의가 이데올로기보다 상위에 있다는 것을 느꼈다" 며 연정 당위성을 역설했다. 《국민일보》는 워크숍 현장의 분위기를 다음과 같이 전했다.

"순간 좌중은 찬물을 끼얹은 듯 싸늘해지고 대부분 의원들의 표정이 딱딱하게 굳었다고 한다. 한 의원은 '다들 어안이 벙벙해졌다' 고 당시 분위기를 전했다. 사회를 보던 구논회 원내 부대표가 부랴부랴 '표현이 부적절하다. 그 발언은 없었던 것으로 하고 회의록에서도 빼자' 고 좌중에 동의를 구했다. 조 의원은 수긍했고 다른 의원들도 문제의 발언을 외부에 발설하지 않기로 암묵적 공감대를 이뤘다."[12]

조경태의 대연정 지지론엔 전혀 동의할 수 없었지만, 당시 내가 이 사건에서 받은 조경태에 대한 인상은 "사람이 지나칠 정도로 솔직하고 과감하다" 는 것이었다. 나의 《전라도 죽이기》에서도 여러 차례 언급되었지만, "김정일은 선글라스도 멋있고 걸음걸이도 씩씩하다. 그런데 DJ는 걸음걸이도 그렇고 창피하다" 는 종류의 말은 부산뿐만 아니라 영남 전역의 사석에서 쉽게 들을 수 있는 말이었다. 몇몇 영남인들의 DJ에 대한 혐오와 증오는 상상을 초월하는 수준이었다. 이유는 단 하나, 감히 영남 패권주의에 도전한다는 것이었다. 영남 정치인들은 다 알고 있는 사실이지만, 그 어떤 정치인도 그걸 공적

12. 김호경, 〈"6·15남북회담 때 DJ 걸음걸이 등 창피 김정일 부산서 출마했으면 지지율 앞서"〉, 《국민일보》, 2005년 9월 3일.

인 자리에서 언급하진 않는다. 그런데 조경태는 달랐다.

나는 그의 문재인 공격도 그런 독특한 기질에서 비롯된 것이라고 보지만, 좋게 보이진 않는다. 왜 그동안 잠자코 있다가 자신이 대선 주자가 돼 문재인과 경쟁 관계에 놓이게 되자 그런 말을 하느냐는 비판에서 자유로울 수 없다고 보기 때문이다. 말과 글은 메시지 못지않게 그 시점과 상황이 중요한 법이다. 앞으로는 조경태가 자신의 경쟁력을 역설하는 포지티브 방식으로 전환하면 좋겠다. 문재인도 그렇게 하면 좋겠는데, 그는 이명박 정부에 대한 네거티브 공세에 여념이 없는 것 같다.

## 이명박 정부는 역사상 최악의 정부인가

2012년 6월 17일 문재인이 서울 독립문공원에서 18대 대선 후보 출마를 공식 선언했다. 이를 보도한 프레시안의 기사가 재미있다. '친노' 라는 굴레와 관련된 부분이다. 〈문재인 출마 선언문에 '노무현' 없는 이유는……〉라는 기사는 다음과 같이 말한다.

"이날 문 고문은 사전에 배포한 출마 선언문을 축약해 별도로 10분가량 연설했다. 이 연설문에선 '노무현' 이라는 단어가 단 한 번도 나오지 않았다. 참여정부 시민사회 수석, 민정 수석, 대통령 비서실장을 지낸 그가 '정치인 문재인' 으로서 홀로서기를 선언하는 상징적 장면이었다."

문재인은 실제 연설에선 '노무현' 을 한 번 언급했었나보다. 성한용 선임기자가 쓴 〈노무현과 함께한 운명 노무현 넘어야 할 운명〉이라는 《한겨

문재인은 누구

## 노무현과 함께한 운명 노무현 넘어야할 운명

문재인 민주통합당 상임고문은 17일 대선출마를 선언하면서 노무현 전 대통령을 거의 언급하지 않았다. 노무현이라는 단어는 딱 한 번 등장한다. 김대중·노무현 전 대통령의 남북정상회담 성과를 이어가겠다는 대목이다. 노무현 전 대통령과의 만남이 운명이었듯이, 이제는 노무현 전 대통령을 극복해야 하는 것이 대선주자 문재인의 운명일 수 있다.

문 고문은 1952년 경남 거제에서 출생했다. 그의 부모는 함경남도 흥남 사람들이다. 1950년 '흥남철수' 때 거제도로 피난와서 그를 낳았다. 경남중·고를 졸업한 그는 재수를 해서 72년 경희대 법대에 진학했다. 75년 학생시위로 구속·제적됐고, 이른바 '녹화사업'으로 끌려간 공수부대에서 군대생활을 했다.

### 법대 재학중 학생시위로 제적 '녹화사업' 끌려가 공수부대로 시국·노동사건 주로 변론 참여정부 5년 청와대서 보좌

그는 복학 뒤 80년 '서울의 봄' 때 계엄포고령 위반으로 다시 구속됐지만 사법시험에 합격하는 바람에 풀려났다. 1982년 8월 사법연수원을 차석으로 졸업해 수료식에서 법무부장관상을 받았으나 시위 전력으로 판사 임용이 안 됐다. 그는 사시 동기인 박정규 전 민정수석의 소개로 부산에서 노무현 변호사를 만났다. 그는 노무현 변호사와의 첫 만남에서 "나와 같은 세계에 속한 사람"이라는 느낌을 받았다. '변호사 노무현 문재인 합동법률사무소'를 차렸다. 87년 6월항쟁 때 민주헌법쟁취국민운동본부(국본)가 서울보다 부산에서 먼저 결성됐는데, 부산국본의 상임집행위원장은 노무현, 상임집행위원은 문재인이었다.

노무현 변호사는 88년 정계로 진출해 국회의원이 됐다. 문 고문은 계속 부산에 남아 변호사를 했다. 주로 시국사건, 노동사건 변론을 맡았다. 정치는 그의 길이 아니었다. 하지만 15년이 지난 2003년 1월 노무현 당선자는 그를 청와대로 불러들였다. 대통령 참모로 직업이 바뀐 것이다. 문 고문은 2004년 2월 민정수석에서 퇴임했다. 그러나 한 달 뒤 탄핵심판 대리인 자격으로 노 전 대통령 곁으로 돌아왔고, 5월부터 시민사회수석을 맡았다. 2005년 1월에는 또다시 민정수석을 맡아 2006년 5월까지 일했다. 그 뒤 정무특보로 한발짝 떨어져 있었지만, 2007년 3월 비서실장에 임명돼 노무현 전 대통령과 함께 퇴임했다. 결국 노무현 정권 5년 내내 청와대에서 일한 셈이다. 이 시절의 경험이 나중에 대통령 출마를 결심하는 데 큰 밑천이 되리라는 것을 그는 알지 못했다.

노무현 전 대통령이 퇴임한 뒤, 문 고문은 '법무법인 부산'의 변호사로 돌아갔다. 평온한 듯했다. 아니었다. 운명의 끈은 질겼다. 그는 2009년 5월23일 부산대병원에서 노무현 전 대통령의 서거 사실을 공식 발표해야 했다. 마땅한 대선주자가 없는 야권의 현실은 그에게 정치인의 길을 '강요'했다. 그는 '혁신과 통합'을 이끌며 민주당과의 통합에 앞장섰고, 4·11 총선에서 국회의원이 됐다. 성한용 선임기자 shy99@hani.co.kr

■ 대선 출마 선언을 한 날 문재인은 노무현을 딱 한 번 언급했다. 대선주자로서 노무현 전 대통령을 극복해야 하는 게 문재인의 운명일 듯하다.

레》 기사는 다음과 같이 말한다.

"문재인 민주통합당 상임고문은 17일 대선 출마를 선언하면서 노무현 전 대통령을 거의 언급하지 않았다. 노무현이라는 단어는 딱 한 번 등장한다. 김대중·노무현 전 대통령의 남북정상회담 성과를 이어가겠다는 대목이다. 노무현 전 대통령과의 만남이 운명이었듯이, 이제는 노무현 전 대통령을 극복해야 하는 것이 대선주자 문재인의 운명일 수 있다."

그런데 프레시안 기사는 대선 출마 선언식에서 "문 고문 측의 약점이 드러났다"고 말한다. "이른바 '친노' 외의 인사로는 이석현 의원 정도가 눈에 띄었을 정도다. 김두관 지사나 손학규 고문의 행사에서는 계파 색채가 옅은 인물들도 상당히 눈에 띄었다."

그 점을 의식한 걸까? 문재인은 기자 간담회에서 "지금 친노나 비노 그런 프레임들이 당 안팎으로 많이 지적되고 제가 그 가운데 친노의 핵심이면서 대표인 것처럼 그렇게 비치고 있다"면서 "저는 이것이 아주 잘못된 것이고 유감스러운 일이라고 생각한다. 친노라고 지칭되는 사람들에게 책임이 있고 빌미를 제공한 점이 있다면 깊이 반성하고 국민들이 볼 때도 민주당이 하나가 돼서 정권 교체를 위해서 함께 나간다는 신뢰를 줄 수 있도록 제가 앞장서서 그런 노력을 하겠다"라고 말했다.

또 문재인은 "현 정부를 평가할 때 파사현정식에 방점을 찍겠냐, 통합의 관점에 방점을 두겠냐?"라는 질문에 그는 "내 편과 네 편을 가리지 않는 함께하는 우리나라를 강조했는데, 그렇게 가야 한다고 생각한다. 그동안 우리 정치가 너무 서로 적대하고 상대를 인정하지 않는, 상대를 짓밟으려는 그런 정치로 쭉 흘러왔다"면서 "국민들도 제발 싸우지 말아달라는 당부들이 많다. 이제는 그렇게 편 가르지 않는 정치, 보복하지 않는 정치로 가야 한다"라고 답했다.

그러면서도 그는 "이명박 정부에 대한 평가는 대단히 나쁘다. 역사상 최악의 정부라고 생각한다. 그러나 그것은 국민과 함께 평가하는 것이고 그렇다고 해서 이명박 정부에게 우리가 당한 것처럼 그들에게 앙갚음하거나 되갚아주는 것은 아니라고 생각한다"면서 "평가는 평가대로 엄중하게 하되, 화합해가면서 상대를 인정하면서 경쟁도 하는 좋은 관계가 돼야 한다고 생각한다"라고 덧붙였다.[13]

"편 가르지 않는 정치, 보복하지 않는 정치로 가야 한다"는 말은 더할 나위 없이 아름답긴 한데, 그 원칙은 현실 인식에도 적용돼야 하는 건 아닐

13. 윤태곤, 〈문재인 출마 선언문에 '노무현' 없는 이유는…〉, 프레시안, 2012년 6월 17일.

까? 즉, 물리적 앙갚음은 하지 않겠지만 현실 인식은 앙갚음 심리에서 자유롭지 못한다면 그것도 문제가 있는 게 아니겠느냐는 것이다. 대한민국 건국 이래 모든 정부들 가운데 과연 이명박 정부가 최악인가? 혹 실수로 '1990년대 이후' 란 말을 빠뜨린 건 아닐까?

문재인의 '역사상 최악의 정부' 와 이해찬의 '패악무도한 정권' 은 친노 지지자들의 속은 후련하게 만들어주겠지만, 사실상 무당파의 표를 멀어지게 만드는 발상이자 화법이다. 4 · 11총선에서 민주통합당의 절대 약세 지역인 대구에 출마했다 떨어진 김부겸은 대구 민심을 돌리기 쉽지 않은 까닭을 이렇게 말했다고 한다. "이 사람들도 이명박 정권이 잘못했다는 걸 안다. 그런데 이 정권이 잘사는 나라를 하루아침에 망쳤다는 식으로 오버하는 걸 싫어한다. 그런 게 자꾸 쌓이니까 민주당에 대해 고개를 돌려버리더라."[14]

물론 나는 이 말을 그대로 믿진 않는다. 대구 유권자들이 야권이 오버하지 않는다고 해서 야권에 표를 줄 것 같진 않다. 어차피 표를 안 주려고 마음먹고 있다가 때마침 찾아낸 핑계일 가능성이 높다. 그러나 무당파의 경우엔 좀 다르다. "아, 이 사람들이 아직 앙갚음 욕망에 불타 있구나" 하고 생각하기 쉽다. 정말 앙갚음할 뜻이 없다면 '앙갚음 언어' 의 구사를 자제하는 게 어떨까?

한국갤럽이 6월 11일부터 15일까지 1,526명을 대상으로 실시한 정례 대통령 직무 수행 평가 결과도 참고하는 게 좋을 것 같다. 집권 5년차 지지율은

14. 민동용, 〈말의 인플레이션〉, 《동아일보》, 2012년 6월 18일.

1분기 평균 기준으로 이명박 대통령은 긍정 평가가 24퍼센트, 부정 평가가 62퍼센트로 나타났다. 이런 결과를 '역사상 최악의 정부'라는 평가의 근거로 삼기에 앞서 5년 전 평가 결과를 살펴보는 게 필요할 것이다. 같은 기간 노무현 전 대통령은 긍정 평가가 16퍼센트에 그쳤고 부정 평가가 78퍼센트였다.[15] 반노 세력이 이걸 근거로 노무현 정부를 '역사상 최악의 정부'라고 한다면 이에 대해 무엇이라고 반박할 것인가?

## 특전사와 병역면제

문재인의 대선 출마 선언과 관련된 사진 가운데 내가 가장 인상 깊게 본 것은 문재인이 달고 나온 특전사 배지였다.[16] 일반적인 육해공군 병장 출신에겐 배지가 없다. 남자들이 술자리에서 자주 하는 군대 이야기에서도 일행 중 특전사나 해병대 출신이 있으면 일반 병장 출신들은 기가 죽을 때가 많다. 반대로 방위 출신이나 병역면제자는 우습게 본다. 언젠가 34개월 동안 군대 생활을 한 내 앞에서 6개월짜리 방위 출신이 자신의 방위 시절 무용담을 늘어놓는 걸 지켜보면서 기가 막힌 적이 있다. 군대를 안 가면 모를까 다녀오려면 아무

15. 〈5년차 지지율 노무현-이명박 누가 잘했나〉, 《헤럴드경제》, 2012년 6월 24일.

16. 박민규, 〈[경향포토] 특전사 배지 단 문재인〉, 《경향신문》, 2012년 6월 18일. 2012년 6월 27일 오마이뉴스 시민기자 이희동이 〈문재인의 특전사 군복이 불편한 이유: 대중들이 열광했던 이유, 그게 아니었다〉라는 글에서 한 말을 덧붙여두는 게 좋을 것 같다. "그는 대선 출마를 선언하는 날 왼쪽 가슴에 특전사 동지회 배지를 달았다. 물론 그 배지는 그날 참석한 특전사 출신 실향민이 달아준 것이라고 하지만, 결국 그것은 '강한 대한민국을 만들어 대한민국을 지키겠다'는 군대 시절의 이미지를 차용한 그의 대선 전략으로 보인다."

래도 특전사나 해병대쯤은 나와야 어디 가서건 큰소리칠 수 있을 것 같다.

문재인이 누린 인기의 이유 가운데 하나가 특전사 출신이라는 것이었으니 그가 그 배지에 긍지를 느낄 만한다. 그는 SBS 〈힐링캠프〉에 출연해 특전사 시절에 경험한 수중 침투 훈련, 잠수 폭파 훈련 등을 설명하기도 했다. 고려대 교수 임혁백은《대선 2012 어떤 리더십이 선택될 것인가?》라는 책에서 이런 진단을 내린 바 있다. "그는 신언서판身言書判이 노무현보다 출중하고 특전사 사진이 유포되면서 많은 여성표가 몰리고 있을 정도로 좋은 의미의 '마초' 이미지를 갖고 있다."[17]

그런데 특전사 배지가 단지 그 용도뿐일까? 아니다. 그보다 훨씬 더 중요한 용도가 있다. 이를 몸소 보여주겠다는 듯 나선 이가 바로 새누리당 원내대표 이한구다. 그는 6월 19일 원내 대책회의에서 조갑제 전《월간조선》대표가 쓴《종북 백과사전》이라는 책을 들고 나와 홍보에 나섰다.

"제가 책을 한 권 봤다. 이 책은 조갑제 씨가 쓴 책인데, 42페이지를 보니 민주통합당 당선자 35퍼센트, 통합진보당 62퍼센트가 국가보안법 위반 등 전과자라는 내용이 있다. 국회 전체로 봐서는 당선자의 20퍼센트가 전과자라고 한다. 여기에 보면 종북주의자나 간첩 출신 정치인 분석도 돼 있다. 또 종북 퇴치법도 있고, 민주통합당과 통합진보당 공동 정책 합의문 분석도 잘돼 있다. 이런 자료들을 보면서 앞으로 참 국회 운영하기가 예삿일이 아니겠구나 걱정이 된다. 현실을 직시할 필요가 있다."

---

17. 임혁백, 《대선 2012 어떤 리더십이 선택될 것인가?》(인텔리겐찌야, 2012), 263, 282쪽.

이에 대해 민주통합당 원내 대변인 이언주는 "(조갑제 씨의) 《종북 백과사전》을 여당 원내대표가 마치 경전이라도 되는 양 여과 없이 받아들여 제1야당을 무례하게 매도하고 나아가 국회 내에서, 그것도 언론인들 앞에서 자신의 편협한 시각을 여과 없이 드러낼 수 있는지 21세기 대한민국 국민의 한 사람으로서 이런 현실을 보고 있자니 참으로 개탄스럽다"라고 비판했다.

그러나 그런 정성스러운 비판보다는 이 사건을 보도한 《미디어오늘》의 기사 제목이 더 강하게 다가온다. "'병역면제' 이한구에게 '특전사' 문재인은 종북?" 이 기사는 이렇게 말한다. "이한구 원내대표가 직접 들고 나온 《종북 백과사전》에는 조갑제 전 대표가 종북으로 분류한 민주통합당 의원들의 이름이 나온다. 거기에는 문재인 민주통합당 상임고문의 이름도 담겨 있다. 결국 이한구 새누리당 원내대표가 야권의 대선 후보 중 하나인 문재인 상임고문을 종북으로 몰아간 셈인데 두 사람의 병역 관계가 알려지면서 논란이 일고 있다."[18]

문재인이 특전사 배지를 달고 나온 게 꼭 해병대 출신 아저씨들이 심심하면 군복을 입고 나타나는 것처럼 보여 좀 거시기 했는데, 감히 '병역면제'가 '특전사'에게 종북 시비를 거는 이런 풍토에선 선거 기간 내내 특전사 배지를 달고 다니는 것도 괜찮겠다는 생각이 든다. 그걸로는 모자라다 생각한 걸까?

6월 24일 오전 문재인은 서울 상암동 월드컵경기장 평화광장에서 특전

---

18. 류정민, 〈'병역면제' 이한구에게 '특전사' 문재인은 종북?〉, 《미디어오늘》, 2012년 6월 19일.

■ 특전사에서 군 복무를 한 문재인. 특전사 출신이라는 점을 강조하는 것이 단지 색깔 시비를 차단하기 위한 것일까?

사 전우회가 주최한 '제1회 6 · 25상기 마라톤대회'에 특전사 복장을 입고 참석해 동기들 앞에서 거수경례를 붙인 후 "강한 특전사가 나를 강한 남자로 만들었다. 앞으로 강한 대한민국을 만들기 위해 노력하겠다"라고 밝혔다. 그는 자신의 트위터에 "특전사 전우회가 주관하는 안보 마라톤대회에 가서 옛 전우들 만나고 후배 군인들 특공 무술 시범도 보고 군복에 낙하산도 메어봤다"며 "낙하산이 무겁다는 기억은 없었는데, 생각보다 무거워서 깜짝 놀랐다. 34년 만이니 세월의 무게인가보다"라며 소감을 전했다.[19] '병역면제'는

19. 김성은, 〈특전사 문재인, 34년 만에 낙하산 메고 "깜짝"〉, 《머니투데이》, 2012년 6월 24일; 〈일반 특전사 문재인 '거수경례', 장세동 만나선…〉, 《경향신문》, 2012년 6월 25일.

참석할 행사가 없으니 그것 참 안됐다.

## 문재인의 딜레마

6월 27일에 오마이뉴스 시민기자 이희동은 〈문재인의 특전사 군복이 불편한 이유: 대중들이 열광했던 이유, 그게 아니었다〉라는 기사를 올렸다. 그는 "문 의원이 특전사 군복까지 입고 관련 행사에 참가한 것은 심정적으로 충분히 이해할 만한 일이다. 계속되는 새누리당의 지긋지긋한 색깔 공세에 맞서는 행보로 이해될 수 있기 때문이다"라고 전제하면서 다음과 같이 말한다.

"많은 정치인들이 어떤 이유에서인지 모르지만 군대를 면제받은 상황에서 군대를 특전사로 다녀왔다는 것은 물론 자랑할 만한 일이다. 그만큼 더 많은 고생을 했고 더 위험한 곳에서 공동체를 지켰기 때문이다. 나 같은 수색중대 출신도 특전사 출신 앞에서는 군 생활을 자랑할 생각이 없다. 그러나 딱 거기까지다. 현실 속에서 특전사에서 가졌음직한 자부심을 잘못 보여준다면 그것은 오히려 손해가 될 수 있다. 우리가 바라는 건 특전사 출신 문재인이 아니라 기득권 없이 특전사에서도 꿋꿋이 자신의 역할을 지킨 문재인이다. 부디 특전사 군복 세리머니가 이번이 마지막이길 바란다."

충분히 공감할 수 있는 이야기다. 공감할 수 없다 하더라도 얼마든지 차분하게 반론을 제기할 수 있는 수준의 말이다. 그런데 이 글에 달린 댓글들은 대부분 비난이었다.

"저질 기사는 원고료를 주지 말고 받는 제도를 도입해라. 그래야 최소한의 책임감은 가지고 기사를 쓰지. 이런 개 같은 낙서질을 하려고 언론 지면을 낭비하느냐?"

"《조선일보》보다 더 저질스럽다. 최소한의 논리적 정합성과 저널리즘의 기본은 지켜라. 기사가 무슨 개인 감정을 토로하는 낙서장이냐?"

"억지 논리를 구성하려니 기사가 장황하기 짝이 없다. 기사 대부분이 극히 개인적이고 감정적인 내용뿐이다. 최소한의 논리적 정합성이라고는 찾아볼 수가 없다. 아고라의 낙서질도 이것보다는 낫겠다는 생각이 든다. 퇴출이 답이다. 정말 기사가 심하게 억지스럽다."

"이 세상에는 그것 말고도 훨씬 더 불편한 일들이 많다. 쓸데없는 데 불편해하지 마라. 가증스럽다. 진보 매체라면 최소한 우리 편에 대한 의리는 좀 지켜가면서 해라."

드물게 다음과 같은 댓글도 있다는 게 작은 위로가 된다.

"좋은 기사입니다. 저도 살짝 그런 생각을 했습니다. 근데 생각보다 반대 의견이 많네요.우리 편은 모두 옳다 이런 마음은 상당히 위험한 생각인데. 이 글이 문재인에게 도움이 됐으면 됐지 실이 되진 않습니다. 무조건적인 맹목적인 추종은 그만했으면……."

그런데 순간 궁금한 의문 하나가 떠오른다. 이희동의 글을 비난한 네티즌들은 정말 문재인의 지지자들일까 하는 의문이다. 때마침 통합진보당 내 구당권파의 지시를 받은 학생 당원들이 모텔서 단체 숙식을 하면서 노회찬과 심정정을 비난하는 댓글 알바를 했다는 보도를 봤다.[20] 혹 이들이 문재인을 반대하는 쪽의 사주를 받고 댓글 알바를 하고 있는 건 아닌가 생각마저 든다.

그럴 리는 없을 거라고 믿는다. 그렇지만 문재인의 군복 세리머니가 득표에 도움이 되지 않을지 모른다며 문재인을 생각해주는 입장에서 쓴 글에 저토록 격한 반응을 보인다는 게 도무지 이해할 수 없기에 해본 생각이다. 득표에 도움이 된다는 반론은 전혀 없이 무작정 '저질', '낙서질' 이라고 비난하면서 "의리" 운운하는 건 문재인 지지자들의 천박한 수준을 드러내 보이게 함으로써 문재인에게 타격을 입히겠다는 속셈이 아니겠느냐는 말이다.

그럴 가능성은 낮다는 데에 진짜 비극이 있다. 사실 이게 바로 문재인의 딜레마다. 노사모, 국민의명령, 미권스 회원 등은 '전국 100인 대표자 회의(가칭)' 을 구성해 문재인을 위한 선거운동에 본격 돌입하려고 하지만, 프레시안은 문재인에게 도움이 될까 하는 의문을 다음과 같이 제기한다.

"(당 대표 경선) 당시 김한길 최고위원을 지지했다는 이유로 SNS상에서 강성 친노 네티즌들로부터 원색적 비난을 받은 의원들은 혀를 내둘렀다. (중략) 이해찬 대표에 대한 '유감' 은 고스란히 문 고문에 투영될 수밖에 없는 구조다. 문 고문의 높은 지지율이 친노 진영의 강력한 지지를 바탕으로 하는 것이라면 이에 대한 반작용 역시 문 고문이 감내할 수밖에 없다. 문 고문 측의 관계자 역시 '그런 상황을 잘 알고 있다. 어쩔 수 없는 것 아닌가' 라고 말했다. (중략) 하지만 친노 진영의 강성 지지층이 나설 경우 '될 일도 안 된다' 는 지적이 많다."[21]

친노 진영의 특유한 강성 지지층이 나서면 그건 속된 말로 앞으로 남고

---

20. 동성혜, 〈경기동부 학생 당원 "모텔서 단체 숙식하며 댓글 알바"〉, 데일리안, 2012년 6월 27일.
21. 윤태곤, 〈'두 번째 시험대' 오른 문재인, 활로는 어디?: [대선읽기]13 노무현 · 한명숙 · 이해찬의 후광, '큰 짐' 될 수도〉, 프레시안, 2012년 6월 29일.

뒤로 밑지는 장사가 될 것이다. 하나를 얻고 둘은 잃는다는 뜻이다. 문재인 쪽이 "그런 상황을 잘 알고 있다. 어쩔 수 없는 것 아닌가"라는 자세로 대응하겠다는 건 그걸 문재인의 운명으로 받아들이겠다는 뜻으로 읽힌다.

강성 지지자들은 정말 문재인을 지지하는 걸까? 나는 그렇게 보지 않는다. 앞서 내가 '멘토의 머리 꼭대기에 올라탄 멘티들'을 분석한 글을 상기해 주기 바란다. 그들은 자신의 의로운 분노와 그래서 타들어가는 속을 풀어줄 대표 주자로 문재인을 고른 것일 뿐, 그 이상도 그 이하도 아니다. 그들이 문재인의 머리 위에 있는 것이고, 그래서 "어쩔 수 없는 것 아닌가"라는 말이 나오는 것이다. 문재인으로서는 제발 그렇게 하지 말아달라고 읍소라도 해야 하는 것 아닌가? 그들의 전투성을 더욱 생산적인 방향으로 돌리는 일이야말로 만인이 동의하는 그의 훌륭한 인품이 진면목을 발휘할 수 있는 아주 좋은 기회가 아닐까?

## 제14장

# 증오의 종언으로 가야 한다

•

손학규 · 김두관을 위해

## 민생과 통합은 둘이 아니라 하나

"(2012년의 시대정신은) 민생과 통합이다. 지난 2007년에도 시대정신은 민생이었지만 그때는 크게는 경제였다. 경제와 민생이 다르지 않지만 그때 경제와 지금 경제는 다르다. 그때는 경제 전체가 무너질 것 같으니 사전적으로 경제를 좀 살려달라는 것이었다. 지금은 지난 4년 동안 서민들 생활이 완전히 망가졌다. 양극화와 차별이 갈 데까지 갔다. 특권 사회가 판치고 있고 그게 피부로 느껴진다. 서민들, 평범한 사람들이 좀 살게 해달라는 면이 크다. 거기에 더해 이 정부 들어 분열과 갈등이 엄청 심해졌다. 언론도 완전히 찰스 디킨스의 《두 도시 이야기A Tale of Two Cities》가 돼버렸다. 어떤 부류의 신문에 나는 것과 다른 부류의 신문에 나는 것이 완전히 따로 논다. 국회도 어떤 일이든 이념적 잣대로 들이밀고 있다. 국민적 분열과 갈등을 이대로 방치하다가는 지역적 분열보다 훨씬 더 심각한 일이 생긴다. 그래서 지금은 조화로운 화합의 세상을 만들 수 있는 통합이 필요하다. 민생과 통합은 둘이 아니라 하나다."

2012년 6월 4일 손학규 민주통합당 전 대표가 프레시안 인터뷰에서 한 말이다. 역시 영국 유학파답다. 영국 작가인 찰스 디킨스의 《두 도시 이야기》를 거론하는 걸 보니 말이다. 미국에선 극심한 정치적 분열로 '두 미국Two Americas' 이라는 말까지 나오고 있다.[1] 영국이나 미국 같은 나라들은 그렇게 둘로 쪼개진다 해도 한국처럼 그 타격이 치명적이진 않다. 지역 분권화가 잘 돼 있으니 말이다. 한국처럼 초일극 중앙 집중화가 이뤄진 나라에서 '두 한국' 은 전 국력을 분열적 투쟁에 탕진하는 결과를 초래할 수밖에 없다. 민생을 챙기는 데 돌아갈 힘이 없다는 뜻이기도 하다. 그런 의미에서 "민생과 통합은 둘이 아니라 하나"라는 손학규의 주장은 탁견이다.

통합이라는 말에 거부감을 느끼는 사람들이 있다면 화합이라고 해도 좋다. 그런데 화합이라는 말조차 꺼리는 사람들이 적지 않다. 분열과 갈등은 민주주의의 속성이라고 보는 민주파 지식인들 가운데 그런 분들이 적잖이 있다. 이런 분들 중엔 조선 시대 당파 싸움이 망국을 불러왔다는 '당파 싸움 망국론' 이 일제 식민 사관의 잔재라며 인정하지 않는 분들이 있다. 더 나아가 그 시대의 당파 싸움은 한국 민주주의의 역사가 그만큼 오래됐다는 사실을 말해주는 것이라고 주장하는 분들마저 있다.

민족주의에 심취한 나머지 일제 식민 사관을 우리의 허물마저 정당화하거나 미화하는 도구로 쓰려는 애국심엔 동의하기 어렵다. "일본 놈 나쁜 놈"만 외치는 게 어떻게 답이 될 수 있단 말인가? 분열과 갈등은 민주주의의 속성인 건 분명한 사실이지만, 그걸 근거로 '두 한국' 을 옹호하거나 별일 아

---

1. Stanley B. Greenberg, *The Two Americas: Our Current Political Deadlock and How to Break It*(New York: Thomas Dunne Books, 2005).

니라고 가볍게 여기는 생각에도 동의하기 어렵다. 과거 일사불란을 외치고 실행했던 독재 정권에 대한 반감이 트라우마로 남아서 그러는 게 아닌가 하는 생각이 든다. 그렇지만 진정 민생과 화합은 둘이 아니라 하나다.

## 손학규의 '저녁이 있는 삶'

"우리 모두 저녁이 있는 삶에 목말라 있었습니다. 이제 진보적 성장 속에 사람이 실종되지 않도록 정치 · 경제 · 사회 시스템을 바꾸겠습니다."

이 말은 2012년 6월 27일 국회 의원회관에서 열린 '저녁이 있는 삶' 정책 발표회에서 손학규가 한 말이다. 그는 6월 14일에 대선 출마를 선언하면서 '저녁이 있는 삶'을 대선 슬로건으로 내세웠다. 손학규는 "1970년 전태일 열사가 '노동자는 기계가 아니다'라며 분신한 지 40년이 넘었지만, 우리가 기계 신세를 벗어났다고 자신할 수 있는가?"라고 묻고는 "'저녁이 있는 삶'이 과연 가능한지 걱정들이 많지만, 가능성이 크다"라고 말했다.

손학규는 우리나라 노동자들의 평균 근로시간은 2,193시간으로 경제협력개발기구OECD 국가 가운데 최고 수준이라는 수치를 제시하고는 대통령 임기 동안 이를 2,000시간으로 줄이겠다고 공약했다. "연간 노동시간을 2,000시간으로 단축하면 줄어든 노동시간의 50퍼센트만 새로운 일자리로 전환해도 (일자리가) 73만 개가 창출된다"는 것이다. 여기에 비정규직을 정규직으로 전환한 일자리 수까지 포함하면 매년 일자리 100만 개 창출이 가능하다는 얘기다. 노동시간 단축을 위한 구체적인 정책으로는 정시퇴근제, 법정 연장 근무

■ 손학규는 대선 슬로건으로 '저녁이 있는 삶'을 발표해 유권자의 눈길을 사로잡았다. 사진은 6월 27일 국회 의원회관에서 열린 정책 발표회 장면이다.

에 휴일 근무시간 포함, 최소 휴식시간제와 노동시간 상한제, 연차 휴가 등을 연계한 여름휴가 2주 확대, 맞벌이 부부의 선택근무제 도입 등을 제시했다.[2]

이미 이명박이 최대의 공약 부도수표를 남발한 후유증이 큰 상황에서 누가 구체적인 공약 수치에 관심을 기울이겠는가? 사람들의 마음을 파고드는 건 '저녁이 있는 삶'이란 슬로건이다. 속된 말로 '대박'을 친 듯하다.

6월 27일 《한겨레》 논설위원 백기철이 〈저녁이 있는 삶〉이라는 칼럼에서, 성공회대 교수 조효제는 〈저녁이 있는 삶〉이라는 《한국일보》 칼럼에서, 28일 《경향신문》 논설실장 김철웅이 〈저녁이 있는 삶〉이란 칼럼에서, 29일

2. 장은교, 〈손학규 "우리는 저녁 있는 삶에 목말라"〉, 《경향신문》, 2012년 6월 28일; 〈손학규 "노동시간 줄여 저녁 있는 삶 만들 것"〉, 《헤럴드경제》, 2012년 6월 28일.

## 나에게 '저녁' 줄 사람 누구인가

**데스크 시각**

김태균
온라인뉴스부장

5년 전 남미 칠레에 갔을 때다. 서울로 치면 한강쯤 되는 수도 산티아고의 마포초강. 아직 해가 다 들어가지 않은 이른 저녁인데, 아이들과 함께 둔치 공원에 나온 아빠들이 적지 않았다. 현지에서 나를 안내했던 20대 후반의 교포는 "퇴근하면 부지런히 집에 가서 아이들과 2시간쯤 놀아주는 것이 여기 남자들에겐 생활화돼 있다."고 말했다. 그는 "한국기업들이 여길 잘 이해하지 못해 칠레에 처음 오면 특근, 잔업 등을 놓고 간혹 현지인과 마찰을 빚곤 한다."면서 자기도 그런 적이 있다고 했다.

박찬호가 처음 미국 메이저리그 무대에 섰던 1990년대 중반. 천문학적 연봉의 선수들이 펼치는 야구경기를 안방에서 TV로 만나는 것은 커다란 즐거움이었다. 하지만 경기 자체보다 더 큰 인상을 받았던 것은 저녁시간에 꽉꽉 들어찬 관중석이었다. 그곳에서 미국 가정의 저녁을 보았다. 부모와 아이가 하나가 돼 응원을 하는 미국. 비슷한 시간대 서울 도심의 불 켜진 오피스 빌딩, 사람들로 넘쳐나는 음식점·술집들이 오버랩됐다.

연말 선거를 앞두고 지금까지 공개된 몇몇 대권후보 진영의 슬로건 중 가장 돋보이는 것은 손학규 민주통합당 고문의 '저녁이 있는 삶'이다. 박근혜 새누리당 의원 등 다른 주자들이 앞으로 어떤 '작품'을 내놓을지 모르지만 이 생활밀착형 카피를 능가하기는 쉽지 않겠다는 생각이 들 정도다. 여론의 반응도 좋은 편이다. 이에 고무된 듯 손 고문은 정시퇴근제, 최소 휴식시간제, 노동시간 상한제, 여름휴가 2주일 확대 등 구체적인 방안을 제시했다.

'저녁이 있는 삶'에 주목하는 것은 독창적이거나 새로워서가 아니다. 해묵은 국가적 과제를 많은 사람들에게 꿈이 돼 버린 일상의 동경(憧憬)으로 엮어냈기 때문이다. 저녁은 자기 시간을 가꾸어 스스로 행복해질 가능성이 하루 중 가장 높은 때다. 많은 사람들이 집에 돌아와 가족들과 밥을 먹고 대화를 하고, 수박 한통 들고 동네공원에 나가 사람들과 정을 나누고 싶어 한다. 영화나 TV 드라마를 보며 행복을 느낄 수도 있고 별러 왔던 영어 공부를 할 수도 있다.

'저녁'은 삶의 질과 밀접하게 닿아 있다. 우리 사회의 미래 청사진을 품고 있는 단어다. 2010년에 한국사람들의 평균 노동시간은 2193시간이었다. 경제협력개발기구(OECD) 30개 회원국 중 가장 많았다. 일본(1733시간)에 비하면 한달에 38.3시간, 하루에 1시간 16분을 더 일한다. 가장 적게 일하는 네덜란드(1377시간)에 비해서는 하루에 2시간 14분이 더 많다. 똑같이 아침 9시에 출근한다면 네덜란드 사람들이 오후 5시 정각에 퇴근할 때 우리는 저녁 7시 14분에 퇴근한다. 집으로 직행하더라도 얼러야 8시가 된다.

최근에 '20-50 클럽'이란 개념이 반짝하고 등장했다. 우리나라가 1인당 국민소득 2만 달러에 인구 5000만명을 달성한 세계 몇 안 되는 나라가 됐다는 그런 얘기였다.

한 보수언론이 주도한 이 '대국민 자존감 확충 프로젝트'에 얼마나 많은 사람이 공감했는지는 모르겠지만 내용을 들여다보면 실소를 금할 수 없다. 소득 2만 달러는 이미 2007년에 달성했지만 세계경제 불안, 환율 상승 등으로 1만 달러대로 떨어졌다가 2010년에 겨우 회복한 수치다. 우리 인구가 2030년부터 감소할 것이라는 어두운 예측을 이미 알고서 바라보는 지금의 5000만명 달성은 또 어떤 의미가 있는 것인지.

'20-50클럽'의 급조한 간판 아래 양극화, 행복지수, 자살, 이혼, 출산, 사망, 노령화, 교육비 등 문제들이 국제통계에서 나쁜 쪽으로 수위를 다투고 있다. '행복한 저녁'의 출발점은 경제다. 그중에서도 핵심은 일자리와 소득이다. '저녁이 있는 삶'은 결코 손 고문 한 사람만의 슬로건이 될 수 없다. 나에게 '저녁'을 제공해 줄 비전과 해법을 누가 갖고 있는지만 잘 관찰하고 연말에 표를 행사해도 실패한 투표가 되지는 않을 것이다.

windsea@seoul.co.kr

## 저녁이 있는 삶

**아침 햇발**

백기철
논설위원

복동교 밑을 지날 때면 그 색소폰 소리가 들리곤 했다. 봄밤, 안양천 산책로를 거닐 때의 일이다. 누군가 이광조의 노래 '가까이하기엔 너무 먼 당신'을 멋들어지게 연주한다.

'아~ 당신은 당신은 누구시길래/ 내 맘 깊은 곳에/ 외로움 심으셨나요~'

처음 들을 땐 자주 끊기던 연주가 이젠 제법이다. 색소폰 소리에 맞춰 가사를 흥얼거리다 보면 어느새 촉촉한 감흥에 젖는다. 학창시절 첫사랑의 추억도 되살아나고, 연애시절 애틋했던 기억도 떠오른다. 바쁘게 살면서 안양천변 걷는 일이 그렇게 달콤쌉조롬한 줄 미처 몰랐다.

손학규 민주당 전 대표가 얼마 전 대선 출마 선언에서 '저녁이 있는 삶'이란 말을 했을 때 대번에 그 말뜻을 알아들었다. 아, 내가 저녁에 때때로 안양천변을 여유롭게 걸을 수 있는 삶을 말하는구나, 이렇게 말이다. 저녁이 있는 삶이 별건가? 단출한 저녁식사 뒤 부부가 손잡고 동네 공원을 거닐거나, 아이들과 함께 자전거 타거나 배드민턴 치는 것, 동네 호프에서 이웃과 가볍게 맥주 한잔 하는 것 등이 아니겠는가.

우리는 너무 저녁 없는 삶을 산다. 늦게까지 뼈 빠지게 일하거나, 아니면 일할래야 일할 자리가 없다. 각박한 세상사에 마음의 여유가 없을 때도 많다. 집에서 아이 뒷바라지라도 할라치면 또 힘들다. 아이는 아이대로 저녁까지 힘들고 바쁘다. 직장과 육아를 병행하는 맞벌이 부부가 저녁에 여유를 부릴 새는 별로 없다. 파트타임 노동에 시달리는 비정규직 역시 마찬가지다. 저녁도 모두 반납하고 분투하는 삶으로 이만큼 풍요를 이뤘지만 행복한 사람이 별로 없다. 〈돈의 맛〉이란 영화대로라면 재벌가 사람들도 불행하다.

저녁이 있는 삶을 위해서는 제도와 관행, 문화 등 총체적 접근이 필요하다. 저녁 있는 삶이란 게 놀고먹자는 건 아니다. 경제적 풍요가 어느 정도 뒷받침되는 선에서 그 부를 어떻게 하면 더 키우고, 좀더 많은 사람이 누리도록 하느냐의 문제다. 노동시간 단축, 비정규직 해결, 사교육 해소, 육아 환경 개선 등 모든 게 맞물려 있다. 질 좋은 일자리를 계속 제공할 수 있는 성장의 문제도 중요하다.

직장문화·가정문화·사교문화 등 사회문화 풍토도 변해야 한다. 매일 저녁 늦게까지 일하고, 일의 연장으로 술밥 먹어야 하는 직장문화는 이젠 걸림돌이다. 평일 중 하루이틀이라도 일찍 퇴근해 안양천변이라도 걷는 것이 결과적으로 창의성과 생산성을 높이는 일이다.

저녁이 있는 삶 하면, 손학규 전 대표는 동네에서 막걸리 한잔 하는 모습이 떠오른다. 문재인 고문은 부인 김정숙씨와 알콩달콩 손잡고 동네 마실 가는 모습이 어울린다. 김두관 경남지사는 동네 이장처럼 이웃 어른들하고 이야기꽃을 피우는 모습이 제격이다. 박근혜 전 비대위원장은 저녁 시간 집에서 편안하게 요가를 하며 하루를 정리하는 모습이 연상된다.

손 전 대표가 화두를 던진 만큼 다른 대선 주자들도 더 좋은 화두, 더 좋은 실현방안을 찾기 위해 경쟁했으면 싶다. 문재인 고문이 출마 선언 때 일자리 혁명을 이룩한 대통령, 복지가 있는 성장을 얘기한 것 역시 국민에게 여유로운 저녁을 찾아주자는 것일 게다. 출마 선언을 앞둔 박근혜 전 위원장이 총선 때처럼 복지 문제에 관심을 쏟을지도 지켜볼 일이다. 성장 일변도 방식에서 벗어나 업그레이드된 사회발전전략을 통해 국민에게 여유롭고 풍요로운 삶을 보장하는 것, 대선 주자를 평가하는 좋은 척도가 될 듯싶다.

저녁이 있는 삶이란 게 남에게 맡겨둘 일만도 아니다. 스스로 마음의 풍요로움을 찾는 일도 게을리할 수 없다. 오늘 밤 어디서든 자신만의 저녁을 한번 찾아보시라.

kcbaek@hani.co.kr

| 아 | 침 | 을 | 열 | 며 |

## 저녁이 있는 삶

조효제 성공회대 사회과학부 교수

## 여적(餘滴) 저녁이 있는 삶

손학규 민주통합당 상임고문이 대선 출마 키워드로 내놓은 '저녁이 있는 삶'이 상당한 반향을 얻고 있나 보다. 반응을 보면 "그저 그런 이미지의 정치인이었는데 '저녁이 있는 삶'은 예찬하다 못해 적어도 그가 어떤 정치인인지 구글링하게 만들었다" "백수에겐 감흥이 어떨지 몰라도 휴가도 못 가고 매일 야근하다 지친 어떤 사람들에겐 아련한 꿈처럼 유혹이 된다" 등이 있다. "진보정당을 '멘붕'시킨 저녁 있는 삶"처럼 독이한 것도 있다.

조효제 성공회대 교수는 "엄숙·도덕주의로 범벅이 되곤 했던 정치구호가 비로소 인간의 숨결을 찾은 듯하다"고 평가했다. 이에 공감하면서도 한편으론 이것이 우리가 몹시 일그러진 삶을 살고 있음의 방증이란 생각이 고개를 든다. '저녁이 있는 삶'이 단박에 와닿은 이유는 그만큼 고달프게 '저녁이 없는 삶'을 살고 있는 탓 아니던가. 내친김에 더 나가보자. 대한민국은 노동자에게 어떤 나라인가. 비정규직이 절반이고, 노동시간은 OECD 최대를 자랑한다. OECD 연평균이 1700시간인 데 한국은 500시간이나 많다. 가족과의 저녁시간이 여의치 않을 수밖에 없다.

기존의 우리네 '저녁이 없는 삶'은 성장·개발주의, 속도전에 길든 가치관의 소산이었다. 말하자면 '저녁이 있는 삶'은 이명박류의 가치체계와 철학에서는 죽었다 깨도 나올 수 없는 발상이었다. 그 점에서 획기적이긴 하다. '저녁이 있는 삶'을 키워드든 화두든 무엇으로 부르든 그것은 결국 공약이다. 그런데 공약을 내거는 것과 실천은 전혀 별개의 문제다. 이 점은 대선 유세 때부터 "경제를 살리겠다"고 목청을 높인 이명박 대통령이 본보기다. 경제도 못 살리면서 양극화만 심화시켰다.

'저녁이 있는 삶'의 풍경은 분명 목가적이라 할 수 있다. 그러나 그리는 세계가 목가적이라고 해서 그 실현방식도 목가적일 수 있다고 생각하면 큰 착각이다. 노동자들에게 저녁시간을 돌려준다는 것은 엄청난 성취라고 봐야 한다. 어느 편이냐 하면 그것은 좋은 말로 타협될 성질의 것이 아니라 치열한 투쟁을 통해 전취될 대상이다. 복지 확대, 행복권 추구, 비정규직 해결 등 온갖 문제가 연결돼 있다. 이런 비유가 적당할지 모르겠다. 물 위를 유영하는 백조의 우아한 자태는 물밑에서 부지런히 움직이는 물갈퀴 덕분이다. 목가적 삶의 해법은 결코 목가적일 수 없다.

김철웅 논설실장

■ 손학규의 '저녁이 있는 삶'은 대박을 냈다. 왼쪽 위부터 시계 방향으로 《한겨레》 〈저녁이 있는 삶〉, 《한국일보》 〈저녁이 있는 삶〉, 《경향신문》 〈저녁이 있는 삶〉, 《서울신문》 〈나에게 '저녁' 줄 사람 누구인가〉.

《서울신문》 온라인뉴스부장 김태균이 〈나에게 '저녁' 줄 사람 누구인가〉라는 칼럼에서 긍정 평가한 것만 보더라도, 그 울림이 만만치 않다는 걸 알 수 있다. 뒤이어 〈순식간에… 손학규 구호 하나에 '초대박'〉, 〈바보야, 문제는 슬로건이야!〉라는 기사들까지 등장했다.[3]

조효제는 "천편일률적이고 진부하고 엄숙주의에다 도덕주의로 범벅이 되곤 했던 정치 구호가 비로소 인간의 숨결을 찾은 듯하다"라고, 김태균은 "다른 주자들이 앞으로 어떤 '작품'을 내놓을지 모르지만 이 생활 밀착형 카피를 능가하기는 쉽지 않겠다는 생각이 들 정도다"라고 평가했다. 네티즌들의 반응도 뜨겁다.

"손학규에 대한 관심 거의 없었는데 '급관심' 생겨난 게 저 슬로건 때문이네요. 복수니, MB OUT이니, 철새니, 진보니, 뭐니 솔직히 관심 하나도 없고 능률과 실질을 숭상하는 사람이 대권 잡았으면 좋겠습니다.", "저도 손학규에 대해 특별한 관심이나 호감은 별로 없었는데 저 구호 하나에 손학규에 대한 생각이 좀 변했습니다.", "슬로건 하나는 대박이군요 와우."[4]

"'저녁이 있는 삶'은 지난 몇 년간의 선거를 통틀어 최고의 메시지로 평가받기에 충분하다. 이 표현에는 오늘날 우리 사회가 당면한 고용, 분배, 노동조건, 사회보장, 문화의 문제가 모두 함축돼 있다."[5]

"손학규! 나에겐 그다지 호감도 높은 정치인은 아니기에 그저 그런 이

---

3. 유병온, 〈순식간에… 손학규 구호 하나에 '초대박'〉, 《서울경제》, 2012년 7월 6일; 고나무, 〈바보야, 문제는 슬로건이야!〉, 《한겨레》, 2012년 7월 8일.
4. http://news.heraldm.com/view.php?ud=20120628000005&md=20120628140329_C.
5. http://blog.naver.com/wakefly17?Redirect=Log&logNo=40162092077.

미지의 후보였는데, 저 '저녁이 있는 삶!' 은 애잔하다 못해 적어도 그가 어떤 정치인인지 구글링 하게 만들었다."[6]

아, 슬로건의 놀라운 힘이여! "그까짓 슬로건" 하고 코웃음 칠 일이 아니다. 저녁을 잃은, 아니 빼앗긴 한국인들! 다음 댓글은 시를 연상케 한다.

> 대한민국 애달프다!
> 그것도 극도로
> 그들에게 저녁이라는 건 존재하지 않는다.
> 직장인이라면 일상화된 야근에
> 저녁 후 본격적인(?) 야근의 시작일 뿐이요
> 그들에게 저녁을 돌려준다 하니
> 왜 이리 가슴이 뭉클하던지
> 빼앗긴 들에도 봄은 오는가!
> 그렇게 잊혀져 버린 저녁이
> 우리에게 돌아오는가![7]

---

6.http://blog.naver.com/daenamuks?Redirect=Log&logNo=40161953351.
7. http://blog.naver.com/daenamuks?Redirect=Log&logNo=40161953351.

## 정치는 소통이다

손학규의 '저녁이 있는 삶' 에 대한 뜨거운 반응은 결국 정치가 소통의 문제라는 걸 재확인해준다. 손학규를 가리켜 '저평가 우량주' 라는 말을 하곤 하는데, 그가 과연 그 문제를 향후 어떤 소통 방식으로 극복해낼 것인지 두고 볼 일이다. 김어준은 "지금의 손학규는 왠지 산업스파이 같은 느낌이 난다" 라고 빈정대는데,[8] 아마도 이런 시각을 어떻게 극복하느냐가 손학규가 풀어야 할 최대 과제일 것이다.

때마침 6월 30일자 《서울신문》에 논설위원 김종면이 쓴 〈손학규의 '주홍글자' 넘어서기〉라는 칼럼이 눈에 들어온다. 손학규가 최근 자신의 블로그에 올린 "한나라당 전력이 지금에 와서는 '주홍글씨' 가 돼 내 발목을 잡을 때가 많았다. 그 주홍글씨가 자주 나를 아프게 만들었다" 라는 '피맺힌 자기고백' 에 대한 논평이다.

미국 작가 너새니얼 호손Nathaniel Hawthorne의 《주홍글씨The Scarlet Letter》를 보면 주인공 헤스터 프린은 간통을 저질렀다는 이유로 가슴에 'A' 라는 글자('A' 는 간통을 뜻하는 영어 단어 'Adultery' 를 상징한다)를 달고 다녀야 했다. 그런데 김종면은 "마을 사람들은 마침내 이 주홍글자의 여인을 '우리 헤스터' 라고 부른다" 며 "나는 지금 손 고문에게 필요한 것도 바로 그 같은 '관점의 혁명' 이라고 생각한다" 고 말한다. 김종면의 생각하는 '관점의 혁명' 은 진

---

8. 김어준 · 지승호, 《닥치고 정치: 김어준의 명랑시민 정치교본》(푸른숲, 2011), 233쪽.

## 손학규의 '주홍글자' 넘어서기

서울광장

김 종 면
논설위원

"장자풍도(長者風度)의 성숙한 정치로 국민에게 믿음을 줘야 한다. 요즘 손 고문의 말이 독해졌다는데, 남에게 상처를 주는 속좁은 정치는 하지 말기 바란다. 몇달 후면 대선, 바야흐로 야망의 계절이다."

손학규 민주통합당 상임고문이 2007년 3월 대통령후보 경선을 앞두고 한나라당을 탈당했을 때 나는 그의 자기중심적인 정치행태를 비판하는 조그만 칼럼을 쓴 적이 있다. 이기는 법만 배웠지 아름답게 지는 법은 배우지 못한 삼류 정치꾼의 저질 해프닝을 보는 국민의 마음은 착잡하다고 적었다. 현란한 둔사를 나열했지만 탈당은 누가 봐도 벌거벗은 욕망의 정치 그 이상도 그 이하도 아니었다. 그로부터 5년이 흘렀다. 손 고문은 다시 민주당 대통령후보 경선이라는 일생일대의 승부를 앞두고 있다. 걸림돌을 치우고 디딤돌을 놓아야 하는 상황이다.

최근 자신의 블로그에 올린 주홍글자 이야기도 그런 배경과 무관치 않아 보인다. "한나라당 전력이 지금에 와서는 '주홍글씨'가 되어 내 발목을 잡을 때가 많았다. 그 주홍글씨가 자주 나를 아프게 만들었다." 얼마나 절박한 심정이었으면 불편한 기억을 불러내며 피맺힌 자기고백을 했을까. 지금도 한나라당이라는 원죄에 갇혀 꼼짝 못하고 있다니 최고통치자가 되겠다는 이의 고백치고는 너무 초라하고 왜소하다. 왜 그렇게 용빼는 재주가 있어도 벗어날 도리가 없는 주홍글자에서 탈출할 궁리만 하고 있을까. 안타깝다. 한번 새겨진 주홍글자는 지워지지 않는다. 숨기거나 지우려 하면 할수록 더 선명히 드러난다.

소설 '주홍글자'를 떠올려 본다. 목사와 사랑에 빠진 헤스터 프린은 죄악의 상징으로 간통을 뜻하는 'A'자를 가슴에 달고 산다. 그러나 소설을 찬찬히 읽어 보면 헤스터에게 그것은 단순한 치욕의 징표가 아님을 알 수 있다. 남성중심 가부장사회에 도전하고 독선적인 청교도주의의 억압에 저항한다는 적극적인 의미가 담겼다. 헤스터는 죄로 말미암아 인간과 세상을 보다 깊이 이해하게 된다. 마을 사람들은 마침내 이 주홍글자의 여인을 "우리 헤스터"라고 부른다. 비평가들이 주홍글자를 종종 '펠릭스 쿨파'(felix culpa·행복한 죄)의 관점에서 읽는 것은 그런 맥락에서다. 나는 지금 손 고문에게 필요한 것도 바로 그 같은 '관점의 혁명'이라고 생각한다. 주홍글자관(觀)을 바꿔야 한다. 그리고 담대하게 고백해야 한다. 오 행복한 죄여, 복된 죄여!

이제 주홍글자를 넘어서는 역발상의 정치를 어떻게 구체화해 나갈까 고민할 때다. 주홍글자 사용설명서라도 만들어라. 주홍글자를 차별화 포인트로 삼을 정도가 돼야 미래를 기대할 수 있다. 손 고문은 이번 대통령선거에서는 중간층을 얼마나 많이 끌어오느냐가 승부의 관건이라고 강조한다. 더 구체적으로 새누리당을 지지한 중간층을 우군화해야 한다고 말한다. 이른바 '중도 후보론'이다. 손 고문이 야권내에서 상대적으로 중도 이미지가 강한 것은 사실이다. 하지만 얼마나 중도의 철학과 가치에 투철한지는 알 수 없다.

민주당 대표 시절 그는 '허공에 매달린 사나이'처럼 어정쩡한 자세를 보여 실망을 안겨줬다. 한·유럽연합(EU) 자유무역협정(FTA) 비준안 처리나 KBS 수신료 인상 문제 등에서 보여준 무기력한 '시계추 리더십'은 진보·보수 양쪽으로부터 외면을 받았다. 사유화한 공권력으로 시민을 유린하던 세력이 북한 민주화를 거론하는 것은 낡은 이념이라고 해 수구 논란을 낳기도 했다. 그건 중도가 아니다. 여도 야도 진보도 보수도 안정적으로 아우르는 진정한 중도 정치인으로 확실하게 자리매김하는 것만이 '출신 콤플렉스'를 벗는 길이다. 주홍글자 때문에라도 더욱더 '손학규 정치'의 정체성을 분명히 할 필요가 있다.

쇠붙이도 사람도 연단을 통해 강해진다. 스스로를 담금질하는 치열한 자성의 세월을 보냈다면 손 고문은 더 이상 흔들리는 모습을 보여선 안 된다. 장자풍도(長者風度)의 성숙한 정치로 국민에게 믿음을 줘야 한다. 요즘 손 고문의 말이 독해졌다는데, 남에게 상처를 주는 속좁은 정치는 하지 말기 바란다. 몇달 후면 대선, 바야흐로 야망의 계절이다. 약점을 강점으로, 시련을 축복으로 만드는 건 손 고문의 몫이다. 주홍글자는 꿈을 실은 배를 움직이는 바람이 될 수도 있다. jmkim@seoul.co.kr

■ "여도 야도 진보도 보수도 안정적으로 아우르는 진정한 중도 정치인으로 확실하게 자리매김하는 것만이 '출신 콤플렉스'를 벗는 길이다."

정한 중도의 길을 가라는 것이다.

"주홍글자를 차별화 포인트로 삼을 정도가 돼야 미래를 기대할 수 있다. 손 고문은 이번 대통령 선거에서는 중간층을 얼마나 많이 끌어오느냐가 승부의 관건이라고 강조한다. 더 구체적으로 새누리당을 지지한 중간층을 우군화해야 한다고 말한다. 이른바 '중도 후보론'이다. 손 고문이 야권 내에서 상대적으로 중도 이미지가 강한 것은 사실이다. 하지만 얼마나 중도의 철학과 가치에 투철한지는 알 수 없다. (중략) 여도 야도 진보도 보수도 안정적으로 아우르는 진정한 중도 정치인으로 확실하게 자리매김하는 것만이 '출신 콤플렉스'를 벗는 길이다."

대담한 주문이다. 정치적 양극화와 진영 논리를 공격해온 나로서는 중도에 호감이 가지만, 이런 문제가 있을 것 같다. 중도 노선이 안철수와 겹치는 건 둘째 문제다. 오히려 이건 종국엔 손학규에게 유리할 수도 있다. 진짜 문제는 확실한 중도 노선으론 당장 민주통합당에서 견뎌내기가 어렵다는 점이다. 사실 이건 안철수의 고민이기도 하다. 그래서 이 문제를 안철수의 메신저로 불리는 민주통합당 전 의원 김효석이 제기하고 나선 바 있다.

김효석은 5월 31일 CBS 라디오에 출연해 "민주당이 중도를 포용하고 가치와 노선을 다양하게 담을 수 있게 큰 그릇을 만들어놔야 안 교수든 어떤 사람이든 (민주당이) 담아낼 수 있다"며 "민주당이 안 원장의 정책이나 노선을 담을 수 있는 그릇이 되겠는가?"라고 주장했다. 새누리당이 중원을 치고 오는 상황에서 차별화하기 위해 더 왼쪽으로 가야 한다는 당내 일부 의견과 관련해서는 "대단히 위험한 논리"라며 "중도에서 치열하게 싸워야 된다. 싸울 생각을 하지 않고 중원을 내주면서 더 왼쪽으로, 왼쪽으로 몰리게 되면 낙동강 전선까지 밀려 이길 수도 없고 정권을 잡을 수도 없다"고 비판했다. 전선을 한강 이북까지 치고 올라가야지 낙동강 전선까지 물러날 이유가 없다는 주장이다. 이어 "이렇게 편협하고 이념적으로 스펙트럼을 좁혀놔서 어떻게 안 교수한테 같이 가자는 이야기를 할 수 있는가?"라고 되물었다.[9]

그런데 민주당을 큰 그릇으로 만드는 건 쉬운 일이 아니다. 민주당엔 큰 그릇 노선으로 가는 걸 변절이나 변질로 보는 사람들이 많으며, 이들이 막강한 영향력을 행사하고 있다. 게다가 민주당을 둘러싼 진보적 지식인들과 지지자들이 벌떼처럼 들고 일어날 가능성이 높다. 이들은 민주당이 오히려 확실하게 좌로 가야만 성공할 수 있다고 주장한다.

예선 게임에서 이길 수 있는 방법과 본선 게임에서 이길 수 있는 방법이 다르다. 이는 민주당의 문제인 동시에 소통의 문제다. '저녁이 있는 삶' 을 진지로 삼아 정치적 양극화 문제를 파고드는 정치 행태상의 중도가 그나마 해볼 만한 노선이다. 국력을 탕진하는 극렬한 당파 싸움을 그만하자는, 싸움의 법칙을 바꿔보자는 노선이라는 뜻이다. 앞서 말하지 않았던가? 민생과 통합은 둘이 아니라 하나라고 말이다.

## "나는 한국의 룰라가 되고 싶다"

2012년 5월 22일자 《주간경향》(976호)은 표지 기사로 〈김두관 "나는 한국의 룰라가 되고 싶다"〉를 실었다. 김대중은 만델라, 노무현은 링컨을 정치적 사표로 삼았는데, 김두관이 보기에는 두 전직 대통령이 만델라와 링컨을 꼽은 건 다분히 소극적이다. '나도 알고 보면 과격한 사람이 아니라 부드러운 남자', '정의로운 사람도 승리할 수 있다는 것을 보여주고 싶다' 는 다소 수세적인 메시지를 전달하기 위해 선택된 인물들이라는 것이다. 김두관은 이렇게

---

9. 동성혜, 〈김효석 "민주당, 안철수 담을 그릇 되겠나?"〉, 데일리안, 2012년 5월 31일.

말한다.

"내 생각은 이렇다. 이제 우리에게 필요한 패러다임은 '소극적 수비' 가 아니라 '적극적 공격' 이다. 선거에서 일단 '승리' 하는 것이 아니라 집권해서 반드시 '성공' 하는 것이다. '지지 세력' 도 배신하지 않으면서 동시에 '불필요한 적' 도 만들지 않는 것이다. 그러기 위해서는 '기본과 핵심' 을 분명히 지키고 세우면서 '단계와 외연' 을 높이고 넓혀가야 한다. '국민 다수의 절대적 지지' 를 기반으로 '이 시대의 가장 절박한 과제' 를 확실하고 빈틈없이 해결해야 한다. '절대적 지지' 와 '절박한 과제' 의 선순환 구조를 하루빨리 만들어야 한다. 나는 '성공한 개혁가' 룰라에게서 그 희망의 단서를 찾았다."

그 단서는 두 가지라고 한다. 지지 세력도 배신하지 않으면서 동시에 불필요한 적도 만들지 않는 것과 기본과 중심을 바탕으로 단계와 외연을 확장하는 것이다. 김두관은 이 잣대로 노무현 정부를 다음과 같이 평가했다.

"참여정부가 스스로 정치적 기반을 허물어뜨리는 오류를 범했다. 돌아보건대 민주당에서 열린우리당이 분당해 나온 것은 단견을 기반으로 한 결정이었다. '호남을 기반으로 한 정당의 영남 대선 후보론' 의 바탕에는 영호남 민주 세력의 정치적 연합이라는 약속과 신뢰가 깔려 있었던 셈이다. 그런 점에서 대연정 제안도 현실성이 없는 무리한 시도였을 뿐만 아니라 연대 세력과의 신뢰를 깨뜨리는 약속 파기였다. (중략) 참여정부의 당청 분리는 지지 그룹마저 차버리는 결과를 가져왔다. 준비와 전략 없이 당청 분리를 추진했다가 도리어 관료 집단에 휘둘리는 결과만 초래했다."

놀랍다. 범친노에 속하면서 "리틀 노무현" 으로 불린 사람에게서 이런 말을 들을 수 있다는 게 말이다. 자신이 직접 생각해낸 것인지 어떤 참모의 머리에서 나온 것인지는 알 수 없지만, 그 어느 쪽이건 내공이 보통이 아니다. 그런데 주변 사람들에게 "김두관의 룰라론이 대단하더라"라고 했더니 반응이 영 좋질 않다.

물론 주변 사람이라 함은 내가 살고 있는 곳인 전북에 사는 사람들을 말한다. 이들은 한국토지주택공사LH본사 이전 문제를 놓고 경남과 전북이 한바탕 전쟁을 벌이다 김두관에게 케이오KO 패당한 일에 여전히 분노하고있었다. 이걸 다 설명하자면 사연이 너무 길다. 2011년 4월 20일자 《동아일보》에 조수진 기자가 쓴 〈김두관, 민주에 등 돌리다: 김 "LH 본사 이전 전주 아닌 진주로" 민주 "어떻게 우리를 배신하나" 성토〉라는 기사를 소개하는 것으로 대신하기로 하자.

이 기사는 "민주당과 무소속인 김두관 경남도지사가 한국토지주택공사 본사 이전 문제를 놓고 균열 조짐을 보이고 있다. 19일 민주당에서는 '어떻게 김두관이 우리를 배신할 수 있느냐'는 성토가 쏟아졌다. 4대강 사업 반대에서 '찰떡궁합'을 과시하던 '야권 연대'의 모습은 온데간데없이 사라졌다는 얘기였다. 김 지사가 전날 국회에서 한나라당 최구식 의원(경남 진주) 등과 함께 합동 기자회견을 열어 LH 본사의 경남 진주 일괄 이전을 주장한 것이 발단이 됐다"며 다음과 같이 말했다.

"노무현 정부 때 토지공사는 전북 전주로, 주택공사는 진주로 이전할 계획이었다. 이명박 정부 들어 토공과 주공이 LH로 통폐합되면서 두 도시 중 어디로 옮기느냐가 논란이 되자 김 지사는 한나라당과 똑같이 진주로의 일괄 이전을 주장하고 나섰다. 이는 LH로 통합되기 전 계획대로 일부가 전주로 와야 한다는 민주당의 분산 배치론과는 정면 배치되는 것이다. 분산 배치를 요구하며 삭발을 단행한 민주당 장세환 의원(전주 완산을)은 '아무리 경남도 지사란 점을 감안해도 리틀 노무현을 표방해온 김 지사가 노무현 전 대통령의 국가균형발전 정책을 정면으로 위배할 수 있느냐' 고 비판했다. 민주당 박지원 원내대표는 이날 원내 대책회의에서 '진주가 영부인(김윤옥 여사)의 고향이어서 LH가 그쪽으로 한꺼번에 간다는 설이 파다하다' 고 주장했다."

이 싸움은 정말 처절한 혈투였다. 그래서 한국토지주택공사 본사가 경남으로 일괄 이전한다는 결정이 나오자 전북은 거의 공황 상태에 빠져들었고 그 후유증이 아직까지도 남아 있다. 전북에서는 이명박은 말할 것도 없고 김두관에 대한 반감이 매우 강하다. 대선 출마를 선언한 민주통합당 의원 조경태도 "최근에 전북을 다녀왔는데 LH 본사가 경남으로 이전하는 문제로 지역 민심이 아주 안 좋았다"라고 했다.[10]

내가 "경남도지사로서 불가피했던 것 아니겠냐"라고 김두관을 옹호했더니 즉각 "그게 아니다"는 반론이 날아온다. 김두관이 이해할 수 있는 선을 넘는 공격적 언행을 많이 보였으며 그래서 대통령이 될 꿈은 꾸지도 않는 사람이라고 생각했다는 것이다.

밖에서 보기엔 호남은 하나인 것 같지만, 전북과 전남 · 광주의 거리는 멀다. 전북이 상처를 받았다고 해서 전남 · 광주가 호응해주진 않는다는 것이다. 전북의 인구가 워낙 적으니, 김두관이 전남 · 광주를 중심으로 공략하면 그의 대권 가도에 큰 타격을 입히진 않을 수도 있다. 게다가 그는 최근 호

10. 백만호, 〈"노 대통령 친인척 비리 · 서거, 문재인 책임" 비서실장 · 민정 수석으로 관리 책임론 제기: 민주당 대선 출마 1호 조경태, 빅3에 독설〉, 《내일신문》, 2012년 6월 27일.

# “특권 대한민국 개조하겠다”…‘불환빈 환불균’ 좌우명 설파

(가난한 것에 분노하는 게 아니라 공평하지 않은 것에 화를 낸다)

8일 대선 출마를 선언한 김두관 전 경남지사가 제시한 핵심 가치는 ‘평등국가’라는 단어로 요약된다. 단순한 용어 속에 경제민주화와 재벌개혁, 보편적 복지와 양극화 해소 등 우리 사회의 주요 과제가 다 담겨 있다.

그는 출마선언문에서 “우리는 그동안 ‘평등’을 너무 소홀하게 다뤘고, 그 결과 지금 대한민국은 양극화가 심화한 특권공화국이 됐고 재벌의 힘이 국가권력을 넘어서고 있다”고 진단했다. “국가가 서민의 삶을 보듬어주는 ‘모두의 집’이 아니라 극소수 기득권자를 위한 ‘요새’로 전락했다”는 게 대선에 나서는 그의 현실 인식이었다.

김 전 지사는 “지금껏 대한민국은 성장과 효율을 위해 불균형을 감수해왔지만, 이제 국민들은 ‘모로 가도 성장만 하면 된다’는 거짓 신화를 믿지 않는다”며 “산업화 20년, 민주화 20년에 이어, 이번 대선은 평등화로 가는 20년 여행의 첫 출발지”라고 강조했다.

**“국가가 기득권 요새로 전락”**
**‘양극화 심화’ 한국사회 진단**
**“약자배려와 재벌횡포 돌파”**
**‘평등국가 향하여’ 비전 제시**
**‘서민 삶 모르는’ 박근혜 비판**
**야권연대 의식 과거 경험 강조**

그가 제시한 ‘평등국가’라는 비전에는 우리 사회의 시스템을 좀더 근본적으로 변화시켜야 한다는 내용이 담겨 있다. 김 전 지사는 이날 출마 선언을 하며 “근본적인 국가개조가 필요하다”며 ‘좀더 나은’이 아닌 ‘다른’ 대한민국이 돼야 한다고 했다. 예를 들자면 지금껏 강조됐던 ‘패자에게 다시 기회를 주는 사회’가 아닌, ‘졸업 성공한 사람은 있어도 영원한 패자는 없는 사회’를 만들어야 한다는 것이다.

김 전 지사는 “출발선상에서 약자가 먼저 출발할 수 있게 해주고, 과정에서는 사회적 강자와 약자가 공정한 경쟁을 벌일 수 있게 해주고, 결과에서 차이가 나면 국가의 합리적 조정으로 그 격차를 줄여줘야 한다”며 “이를 통해 ‘계층이동이 가능한 사회’, ‘평등이 새로운 발전의 동력이 되는 사회’를 만들겠다”고 설명했다. 정치인 김두관의 좌우명이 ‘불환빈 환불균’(不患貧 患不均), 백성들은 가난한 것에 분노하는 게 아니라 공평하지 않은 것에 화를 낸다)인 것도 ‘평등국가론’과 맥이 닿아 있다.

**해남 땅끝서 ‘청와대 출사표’** 김두관 전 경남지사 부부(평상복 ‘청’자 뒤)가 8일 오후 전남 해남군 송지면 땅끝마을에서 열린 대통령선거 출정식에서 민주통합당 원혜영 의원, 천정배 전 의원 등 지지 인사들과 함께 두 팔을 들어 인사하고 있다. 해남/뉴시스

| [illegible] | 5대 생활물가 인하 | 7대 체제 혁신 |
|---|---|---|
| • 지역균형발전<br>• 사회균형발전<br>• 남북균형발전 | • 유류비 정유사 원가검증제 도입<br>• 통신비 전국 무료 와이파이망 구축으로 무료 음성·문자 활성화<br>• 주거비 주택수당 도입, 하우스푸어 임대조건부 매입<br>• 교육비 논술고사 폐지, 외국어고·자율형사립고의 일반고 전환<br>• 의료비 중증환 급여 확대, 간병비 건강보험 적용 | • 일자리 • 복지<br>• 산업 • 교육<br>• 남북관계 • 공정시장<br>• 정치 |

그는 이날 대선 출마를 선언하며, 이런 ‘평등국가’를 이끌 지도자로서 왜 자신이 적임자인지를 설명하는 데도 각별한 공을 들였다. 그 자신이 ‘유신세력, 보수세력’과 가장 차별화된 인물이자, ‘경제민주화와 재벌개혁’에 나설 수 있는 능력과 배경이 있다는 설명이다.

김 전 지사는 “저 자신이 전재산 2000만원의 서민이자, 마을 이장으로 삶의 현장에서 서러운 이웃들의 기침 소리를 들어가며 한길을 걸어왔다”며 “서민이 키워서 이 자리에 온 김두관만이 국민 다수가 원하는 개혁을 망설임 없이 추진할 수 있는 야권의 유일한 필승카드”라고 강조했다.

김 지사는 과거 자신의 경험과 그동안 걸어왔던 길 역시 자신이 제시한 비전과 가치를 실현하는 데 도움이 된다고 설명했다. 그는 “대한민국의 근본적 개조를 위해서는 관료들에게 휘둘리지 않고 재벌의 횡포를 돌파해야 한다”며 “저는 군수, 도지사 시절 소수파 위치에서 지방정부를 이끌며 공무원과 관료는 물론 정치적 반대파까지 설득해 개혁을 성공적으로 이끌어 온 경험이 있다”고 말했다.

김 전 지사는 여권의 유력 후보인 박근혜 새누리당 의원을 겨냥해서도 “서민들의 삶의 현장을 모르는 사람은 지도자가 될 자격이 없다”며 “경청, 현장, 소통, 서민을 상징하는 김두관과 오만, 독선, 불통, 특상류층을 상징하는 박근혜 의원 가운데 누가 대통령이 돼야 할지는 자명하다”고 목소리를 높였다.

‘이장, 군수 시절의 경험과 중앙 정치는 다르지 않으냐’는 일부의 의구심에 대해서는 ‘작은 이슬방울에도 우주의 원리가 담겨 있다’는 말을 인용해 “작은 마을이 이슬이라고 한다면 대한민국은 우주인데, 앞으로는 그 우주에서 나눔과 배려와 연대를 실현하겠다”고 포부를 밝혔다. 그는 마지막으로 “평등국가로 가는 일전에서 승리하려면 민주·개혁·진보 진영이 총단결해야 한다”며 “저는 아래에서부터 공동정권, 연합정치의 탄탄한 경험을 쌓은 바 있다”며 그 자신이 야권연대의 적임자라는 점을 강조하기도 했다. 해남/석진환 기자 soulfat@hani.co.kr

■ 2012년 7월 8일 김두관 전 경남지사가 전남 땅끝마을에서
민주통합당 당원들과 지역 시민들과 함께 대통령 선거 출정식을 열었다.(《한겨레》 2012년 7월 9일)

남 민심을 얻기 위한 발언을 많이 하고 다니지 않는가?

2012년 5월 31일 김두관은 서울 한 호텔에서 산학연종합센터가 개설한 산학정 정책 과정 주최 특강을 마친 뒤 한 참석자에게 지역주의 정치 해소 방안에 대한 질문을 받고 “호남의 지역주의는 차별에 대한 항거이자 저항적 지역주의로 명분이 있다”며 “영남의 오랜 패권에 대항해 생긴 지역주의라 약간 정당성이 있다고 생각한다”고 말했다. 김두관은 이어 “반면 영남의 지역주의는 패권적 지역주의라 문제가 있다”고 덧붙였다.[11] 또 김두관은 대선 출마

공식 선언을 7월 8일 전남 해남 땅끝마을에서 하기로 하는 파격을 선보였다.

전남 · 광주에선 김두관의 이런 언행에 감동 먹을 사람들이 많을지 모르겠지만, 전북에선 김두관의 진정성을 의심하는 사람들이 많을 것이다. 결자해지結者解之다. 김두관은 이제라도 전북도민들에게 사과하는 게 좋을 것 같다. 무작정 사과하라는 게 아니다. 공공 기관 유치는 말할 것도 없고 예산 배정을 놓고서도 지역끼리는 늘 경쟁하기 마련이다. 이런 경쟁에서 영남과 호남이 붙으면 호남이 늘 백전백패다. 적어도 호남인들은 그렇게 믿고 있다.

앞으로 이런 문제를 어떻게 해결할 것인가? 이에 대한 대안을 제시하는 것이 지역주의를 해소하는 길이기도 하다. 김두관은 당시 아무런 대안도 제시하지 않은 채 그저 힘으로만 밀어붙여 승리를 쟁취했다. 전북도민들이 받은 충격과 상처에 대해 이렇다 할 위로도 없었다. 대통령을 꿈꾸는 사람이 취할 수 있는 태도는 결코 아니었다. 이런 점에 대한 사과와 더불어 제대로 된 정책적 대안을 제시한다면 그는 이 사건을 전화위복하는 계기로 만들 수도 있다. 이게 김두관의 룰라론에 대한 첫 시험대가 아닐까?

---

11. 박석원, 〈"호남 지역주의는 정당… 영남은 패권적이라 문제": 김두관 지역주의 발언 논란〉, 《한국일보》, 2012년 6월 2일.

# 제15장

# 박근혜 비판, 겨우 '독재자의 딸' 인가

•

## 상흔에 갇힌 민주통합당

## 진보하는 보수, 보수하는 진보

2012년 7월 2일 프레시안 정치팀장 전홍기혜가 쓴 기사 〈박근혜는 박근혜가 아니다: 이명박과 박근혜, '진보하는 보수'〉는 최근 나온 '박근혜론' 가운데 가장 좋은 글이 아닌가 싶다. 야권의 박근혜 비판은 시종일관 '독재자의 딸'이라거나 그와 유사한 비판 일색이기 때문이다.

전홍기혜는 "야권의 폭로로 자신이 갖고 있던 박정희에 대한 평가를 바꿀 유권자는 많지 않다. 박근혜 지지자들 중에선 더 그렇다. 이런 점에서 가장 치명적인 약점으로 보이는 '독재자의 딸'은 정치적인 효용성은 떨어지는 대목이다. 유권자들 입장에선 이는 가장 손쉬운 공격일 뿐이다. 그럼에도 이를 무한 반복하는 야권의 전략은 자신의 '무능'을 스스로 고백하는 것으로 읽힐 수도 있다"며 다음과 같이 말한다.

"박근혜는 개인 박근혜가 아니다. 변화하는 생물인 정치 매커니즘 안에서 박근혜는 '독재자의 딸'이라는 박제화된 모습이 아니라 이명박 정권을 딛고 일어서려는 보수정당의 새 지도자다. 이 간단명료한 사실이, 그 의미가, 소위 총성 없는 전쟁이라 표현되는 선거전에선 잊히기 쉽다. 야권이 'MB 심판' 의 주체로서 정당성을 인정받고 싶다면 이에 천착해야 한다. 박근혜를 이길 수 있는 비전 제시와 구도 짜기가 핵심이다. 2012년 대선은 이제 막 시작됐다."

전홍기혜의 표현을 원용하자면, 야권은 '보수하는 진보' 인 셈이다. '진보하는 보수' 대 '보수하는 진보' 의 싸움이라고나 할까? 왜 야권은 '독재자의 딸' 이란 비판에만 몰두하는 걸까? 비판의 콘텐츠 부족 때문인가? 그 점도 있겠지만, 상흔 때문이다. 정치권의 세대교체가 꽤 이루어졌다. 그러나 야권의 핵심은 여전히 박정희 시대의 상흔에서 자유롭지 못한 사람들이다. 자기 이야기를 하고 있는 셈이다.

소수나마 이런 문제를 정확히 인식하는 언론인들이 제법 있다는 게 반갑다. 2012년 7월 5일자 《한겨레》에 오피니언넷부장 강희철이 쓴 칼럼 〈'박근혜 대통령' 과 5년 더?〉를 보자. 이 칼럼에서 강희철은 장례식장에서 오랜만에 만난 친구들과 주고받은 대선 관련 이야기를 들려준다. 한심하기 짝이 없는 민주통합당에 대한 개탄이 주류 의견이었던가보다.

강희철은 "지지율 때문만은 아니다. 대선이 160여 일 앞으로 다가왔지만, 민주당은 '안티 이명박' 이나 '안티 박근혜' 류의 단선적인 주장을 넘어 자신들이 왜 이번에 집권해야 하는지를 제대로 설명한 적이 없다. 5년 전 '무능한 진보' 라는 오명을 뒤집어쓰고 정권을 반납했으면 이젠 얼마나 유능해졌는지를 애써 보여줄 만도 한데, 그런 와신상담의 결기는 지난 4월 총선 때도, 지금도 보이지 않는다" 며 다음과 같이 말한다.

"그 대신 그들이 심혈을 기울이는 것은 '컨벤션(경선) 효과' 와 같은 이벤트 쪽이다. 며칠 전 한 토론회에서 당 대표 이해찬은 '당내 경선은 2002년

## '박근혜 대통령'과 5년 더?

**편집국에서**

강희철
오피니언넷부장

바쁘다는 핑계로 내왕이 뜸하던 친구들이 언제부턴가 부쩍 자주 모이고 있다. 부모님을 떠나보낼 나이들이 된 것이다. 며칠 전 저녁에도 어느 병원 장례식장 한켠에 몇몇이 자리를 잡고 앉아 이런저런 화제로 몇 순배를 돌렸다. 그러다 누군가가 연말 대통령 선거를 입에 올렸다.

그때부터 꽤 긴 시간 안철수, 문재인, 김두관을 거쳐 박근혜에 이르기까지 두루 이어진 '품평'에선 머릿수만큼이나 의견이 분분했다. 하지만 딱 한 대목, 민주당과 그 당에 속한 '주자'들이 대체로 무능해 보인다—누군가는 지질하다고 했다—는 데는 별 이견이 없었다.

지지율 때문만은 아니다. 대선이 160여일 앞으로 다가왔지만, 민주당은 '안티 이명박'이나 '안티 박근혜'류의 단선적인 주장을 넘어 자신들이 왜 이번에 집권해야 하는지를 제대로 설명한 적이 없다. 5년 전 '무능한 진보'라는 오명을 뒤집어쓰고 정권을 반납했으면 이젠 얼마나 유능해졌는지를 애써 보여줄 만도 한데, 그런 와신상담의 결기는 지난 4월 총선 때도, 지금도 보이지 않는다.

그 대신 그들이 심혈을 기울이는 것은 '컨벤션(경선) 효과'와 같은 이벤트 쪽이다. 며칠 전 한 토론회에서 당 대표 이해찬은 "당내 경선은 2002년 노무현 대통령 선출과 같이 주말드라마와 같은 감동으로 전개된다. 그렇게 되면 국민의 관심이 모아지고 요구가 표출될 것"이라고 했다. '나는 후보다'가 흥행에 성공하면 역사는 반복될 수 있다고, 정말로 믿는 걸까? '상품'의 실속보다 '호객'에 골몰한다는 인상을 지우기가 어렵다.

당이 저러면 주자들의 '개인기'라도 뛰어나야 할 텐데, 기껏 들고나오는 것이 '박근혜=독재자의 딸'이라는 회고적 심판 프레임이다. 김두관은 박근혜를 "독재자의 자녀" "왕의 딸"이라고 지칭했고, 문재인도 "(박근혜가) 청와대에서 공주처럼 살았고… 독재의 핵심에 있었다"고 했다. 머잖아 박근혜가 대선 출마를 선언하고 나면 야권에선 비슷한 공격이 더욱 빈번해질 것이다.

박근혜의 디엔에이(DNA)를 문제 삼는 이 프레임은, 그러나 세상에 부모를 골라서 태어나는 사람 없고, 자식이 부모와 똑같이 되지도 않는다는 상식에 비춰 보면 효과가 자못 의심스럽다. 안철수는 독재자의 'ㄷ'자도 말한 적이 없지만, 민주당의 어떤 주자보다도 지지율에서 앞서 있다.

게다가 박정희는 여전히 우리 현대사에서 가장 논쟁적인 인물이다. 친노 싱크탱크인 (사)한국미래발전연구원이 지난 5월 외부에 맡겨 조사한 결과를 보면, 역대 대통령 호감도에서 박정희(31.4%)는 노무현(35.3%)과 호각지세를 보였다. 그를 독재자로 보지 않는 사람들이 우리 사회에 제법 폭넓게 존재한다는 뜻이다. 그러니 이 프레임엔 전통적인 야권 지지자들을 정서적으로 '동원'하는 것 이상의 효용을 기대하지 않는 편이 합리적이다.

그럼에도 못내 미련이 남는다면, 2000년 미국 민주당 경선을 참고할 필요가 있다. 1999년 10월께만 해도 앨 고어와 백중세를 보이던 빌 브래들리는 이듬해 3월 '슈퍼 화요일' 예비선거에서 결국 고배를 들었는데, 당시 <워싱턴 포스트>가 진단한 그의 패인은 이러했다. "자신들의 생각을 앞세워 그것을 받아들이는 사람들만 끌어안으면 된다는 선거팀의 전략이 들어맞지 않았다."

그날, 제법 진지하게 진행되던 '상갓집 100분 토론'은 뒤늦게 나타난 지각생의 '독설 폭탄' 한방에 그만 싱겁게 끝이 나고 말았다. "아직도 기대가 남았어? 해보나 마나 콜드게임이야. 이명박 5년도 살았는데 뭐, 박근혜 치하에서 5년 더 살 마음의 준비들이나 하라고." 에이, 고약한 녀석 같으니라고.

hckang@hani.co.kr

■ "안철수는 독재자의 'ㄷ' 자도 말한 적이 없지만,
민주당의 어떤 주자보다도 지지율에서 앞서 있다."(《한겨레》 2012년 7월 5일)

노무현 대통령 선출과 같이 주말 드라마와 같은 감동으로 전개된다. 그렇게 되면 국민의 관심이 모이고 요구가 표출될 것' 이라고 했다. '나는 후보다' 가 흥행에 성공하면 역사는 반복될 수 있다고, 정말로 믿는 걸까? '상품' 의 실속보다 '호객' 에 골몰한다는 인상을 지우기가 어렵다."

이어 강희철은 "당이 저러면 주자들의 '개인기' 라도 뛰어나야 할 텐데,

기껏 들고나오는 것이 '박근혜는 독재자의 딸' 이라는 회고적 심판 프레임이다"라고 개탄한다. 칼럼을 마저 읽어보자. "김두관은 박근혜를 '독재자의 자녀', '왕의 딸' 이라고 지칭했고, 문재인도 '(박근혜가) 청와대에서 공주처럼 살았고 (중략) 독재의 핵심에 있었다' 라고 했다. 머잖아 박근혜가 대선 출마를 선언하고 나면 야권에선 비슷한 공격이 더욱 빈번해질 것이다. 박근혜의 디엔에이DNA를 문제 삼는 이 프레임은, 그러나 세상에 부모를 골라서 태어나는 사람 없고 자식이 부모와 똑같이 되지도 않는다는 상식에 비춰 보면 효과가 자못 의심스럽다. 안철수는 독재자의 'ㄷ' 자도 말한 적이 없지만, 민주당의 어떤 주자보다도 지지율에서 앞서 있다."

## 정치부 기자들의 편견

박근혜가 높은 지지를 누리는 이유는 그이가 독재자의 딸이라서가 아니다. 역설 같지만, 안철수가 인기를 누리는 이유와 상당 부분 비슷하다. 기존 정치인답지 않기 때문이다. '독재자의 딸' 을 제외하곤, 여야를 막론하고 박근혜에게 쏟아지는 비판은 대부분 그이의 꽉 막힌 '불통' 이미지와 실천과 관련된 것인데, 정치 혐오주의가 강한 대중에게 그런 특성은 아무런 흠이 되지 않는다. 오히려 그런 점이 원칙과 신뢰 브랜드라고 하는 박근혜다운 것으로 여겨질 수도 있다.

이와 관련해 프레시안이 윈지코리아컨설팅에 의뢰해 6월 27일, 28일 청와대, 국회, 정당에 출입하는 언론사 정치부 기자 222명을 대상으로 조사한 결과가 홍미롭다. 대선 적합도 순위에서 문재인 25.7퍼센트, 김두관 18.5퍼센트, 박근혜 18.0퍼센트, 손학규 11.7퍼센트, 안철수 10.8퍼센트, 김문수 1.8퍼센트, 유시민 1.4퍼센트, 정동영 0.9퍼센트, 정몽준 0.9퍼센트 등으로 조사됐다. 문재인, 김두관, 박근혜, 손학규, 안철수 순으로 나타난 셈이니, 이 어찌 흥미롭지 않은가? 참고로 2012년 1월 《미디어오늘》이 국회 출입 기자 197명을 대상으로 한 여론조사에서도 문재인은 대선 후보 적합도 부문에서 25퍼센트로 1위를 차지했고 박근혜는 18퍼센트, 손학규는 16퍼센트, 안철수는 10퍼센트, 김두관는 4퍼센트 등으로 나타났다.

대통령이 돼서는 안 되는 후보를 물어본 결과 박근혜 35.6퍼센트, 안철수 11.7퍼센트, 정동영 8.6퍼센트, 이재오 7.2퍼센트, 정몽준 6.3퍼센트, 김문수 5.9퍼센트, 유시민 2.7퍼센트, 문재인 2.3퍼센트, 김두관 0.9퍼센트, 손학규 0.5퍼센트 순으로 나왔는데, 박근혜가 압도적 1위라는 불명예를 안았다.[1]

민주통합당 대선 후보와 안철수가 후보 단일화를 했을 때 승리 가능성을 묻는 질문에는 민주당 대선 후보 56.3퍼센트, 안철수 35.6퍼센트로 민주당 쪽의 우위를 점쳤으며, 야권 단일 후보와 새누리당 박근혜 후보의 맞대결에서 대선 승리 가능성을 물어본 질문에는 야권 단일 후보 70.3퍼센트, 박근혜 후보 22.1퍼센트로 조사됐다.[2]

이에 대해 《미디어오늘》은 "박근혜 전 대표 입장에서 이번 여론조사는

---

1. 곽재훈, 〈정치부 기자들이 꼽은 '차기 대통령감' 1위는?: [프레시안-원지코리아 여론조사] 부적합도에선 박근혜 1위, 안철수 2위〉, 프레시안, 2012년 7월 1일.
2. 같은 기사.

'재앙' 과 같은 결과다. 일반 여론조사에서는 선두를 질주하고 있지만, 정치를 담당하는 기자들에게는 사실상 '낙제점' 을 받았기 때문이다. (중략) 박근혜 전 대표는 대통령 자질 측면에서 대통령이 돼서는 안 되는 인물이라고 평가하는 정치부 기자들이 압도적으로 많다는 점은 그의 대선 행보에 '먹구름' 이 드리웠음을 의미한다" 라고 말했다.

문재인에 대해선 이런 평가를 내놓았다. "결과적으로 이번 여론조사에서 문재인 상임고문은 2관왕을 했고 김두관 경남도지사는 약진했으며 박근혜 전 한나라당 대표는 '대세론' 이 무색하게 처참한 결과를 맞이했다. (중략) 정치부 기자들은 단지 이미지만을 놓고 평가하지 않는다는 점에서 문재인 상임고문 입장에서는 고무적인 결과다. (중략) 문재인 상임고문에게는 '2관왕' 의 영광을, 김두관 경남지사에게는 '약진' 의 가능성을, 박근혜 전 대표에게는 '침몰' 의 불길한 예측을 안겨준 셈이다."[3]

반면 박근혜 캠프에 참여한 전 새누리당 비상대책위원 김종인은 손석희와의 인터뷰에서 이 조사 결과에 대한 질문에 이렇게 답했다. "제가 보기엔 역대 대통령 후보를 놓고서 정치부 기자들이 선호하는 분이 대통령이 된 적이 없다. 그 자체에 대해서 그렇게 의미를 부여하지 않는다" 라고 말했다.[4]

그런데 왜 이런 결과가 나타난 걸까? 이철희 두문정치전략연구소장은 조사 결과에 대해 "20대에서 40대 초반 연령층이 정치부 주력 기자들이라고

3. 류정민, 〈정치부 기자들은 왜 박근혜에 부정적일까: [뉴스분석] 정치부 기자 70퍼센트는 정권 교체 예상했다… 대통령 부적합 인물, 박근혜 압도적 1위〉, 《미디어오늘》, 2012년 7월 2일.
4. 박세열, 〈박근혜의 진로, '내부 투쟁' 시작됐다: 김종인, 이한구 맹비난… '캠프 그룹' vs '원내 그룹' 신경전〉, 프레시안, 2012년 7월 2일.

보면 세대에 따른 성향이 반영된 것 같다"며 "또 정치 메커니즘 작동 방식에 지식이 없는 사람은 다른 세력과의 소통 등 부분에서 '정치력이 있느냐 없느냐' 등을 중요하게 여기지 않지만, 정치 현장에서 보는 사람들은 이를 중요하게 판단한 것으로 보인다"고 풀이했다.[5]

이철희의 분석이 정확하다. 손학규의 경우 전체 결과에서는 4위를 했지만, 50대 이상 기자 열두 명 중 다섯 명이 가장 적합한 후보로 꼽았다는 사실도 이 점을 말해준다. 몇 년 전까지만 해도 이런 조사들에선 손학규가 단연 1위였는데, 그만큼 세월이 흐른 셈이다.

그런데 여기서 내가 말하고자 하는 것은 기자들이 이해하는 '정치력'이다. 그것은 다분히 '직업적 편견'의 산물일 수 있다. 접근 자체가 어려운 박근혜와 안철수가 이 조사에서 매우 좋지 않은 결과가 나온 것은 바로 그 점을 말해준다. 문재인은 정치인답지 않다는 말은 들어왔지만, 그 정도에 있어서 박근혜·안철수와는 차원을 달리한다. 기자들에게 신선한 호감을 줄 수 있는 수준에 지나지 않는다. 그가 예능 프로그램 등에 출연해 보여준 '쇼맨십'이나 자신을 적극 지지한 나꼼수에 보인 지극한 애정 등을 보더라도 그는 언론 플레이라 부르건 그 무엇이라 부르건 기자들과의 소통이 아주 좋은 편에 속한다. 반면 박근혜·안철수는 통명스러운 건 둘째치고 아예 기자 알기를 우습게 아는 경향이 있다(물론 안철수가 안철수연구소 최고경영자일 때 보여준 언론 플레이와는 구분해서 볼 필요가 있겠다).

---

5. 곽재훈, 〈정치부 기자들이 꼽은 '차기 대통령감' 1위는?: [프레시안-윈지코리아 여론조사] 부적합도에선 박근혜 1위, 안철수 2위〉, 프레시안, 2012년 7월 1일.

과연 이 여론조사 결과는 《미디어오늘》의 평가처럼 박근혜에게 재앙이요, 문재인에겐 영광일까? 실은 그렇게 생각하는 것이 바로 함정이다. 박근혜가 독재자의 딸이라고 그렇게 두들겨 맞고도 건재한 것처럼, 기자들의 박근혜에 대한 부정적 시각이 그이의 지지도에 별 영향을 끼치진 못한다. 안철수의 경우도 마찬가지다. 대선 승리 가능성을 야권 단일 후보 70.3퍼센트, 박근혜 후보 22.1퍼센트로 본 것도 지나치게 낙관적이다. 누가 이기건 지건, 한 가지 분명한 사실은 박근혜 · 안철수는 한국 정치를 바라보는 대중의 시각을 반영하는 거울이라는 점이다.

정치부 기자들이 대체적으로 진보적 성향을 보인 건 반갑긴 하지만, 222명 소속 언론사의 권력이 천차만별이라는 게 아쉽다. 222명은 방송사 · 중앙 일간지 · 지방지 · 인터넷 신문 · 주간지 기자들을 다 포함한 것인데, 유력 언론사 중심으로 조사해보는 것도 좋을 듯하다. 기자를 차별하느냐고 서운하게 생각할 기자들이 많겠지만, 그게 어디 사람 차별이겠는가? 대선의 풍향에 대해 좀 더 충실한 정보를 얻고자 하는 시도로 보는 게 옳지 않겠는가? 가만 있자. 유력 언론사를 중심으로 한 조사는 보수파가 선호하는 것인가?

## '아스트랄' 한 박근혜

2012년 6월 1일 박근혜가 "국가관을 의심받는 사람이 국회의원이 돼선 안 된다"라고 주장해 논란을 빚었다. 이석기 · 김재연 통합진보당 비례대표 의원의 거취 문제와 관련해 나온 발언이었다. 박근혜는 "국회라는 곳이 국가의 안위를 다루는 곳인데, 기본적인 국가관을 의심받고 있고 국민들도 불안하게 느끼는 이런 사람들이 국회의원이 돼서는 안 된다고 생각한다"라고 말했다. 또 "두 의원이 자진 사퇴하지 않으면 국회에서 제명해야 한다고 보느냐" 라는 기자들의 질문에 "그렇게 가야 한다고 본다"라고 밝혔다.[6]

박근혜의 이 발언에 대해 적잖은 비판이 쏟아져 나왔는데, 내가 가장 재미있게 읽은 비판은 조광희 변호사가 쓴 〈'아스트랄' 한 박근혜〉라는 칼럼이다. '아스트랄' 이라니, 도대체 그게 무슨 말인가?

"'아스트랄하다' 라는 표현을 처음 듣고서는 도무지 무슨 뜻인지 짐작하지 못했다. 친애하는 네이버 지식인에게 물어보니, 별이나 영적 세계와 관련된 'astral' 이라는 외국어에서 유래했고, '현실과 동떨어져 있다, 이해하기 힘들다, 너무 황당하다' 라는 뜻을 가졌다고 한다. 그보다 익숙한 표현으로는 '개념이 안드로메다' 라는 말이 있다. 안드로메다는 그리스신화에 등장하는 왕비 카시오페이아의 딸이자 영웅 페르세우스의 아내다. 태양계가 속한 우리 은하에서 250만 광년가량 떨어져 있는 나선형 은하의 이름이기도 하다. 이 말은 '개념이 없거나, 너무 멀리 가 있다' 라는 뜻으로 풀이되는데, 어떤 언행에 대한 '우회적이면서도 신랄한 야유' 라고 보면 되겠다."

이렇게 자상한 설명을 한 뒤 조광희는 "국가관이라는 눈에 보이지 않는 사상을 이유로 어쨌거나 국민이 선출한 국회의원을 제명하겠다는 태도는 헌법의 한 축인 자유주의 원리에 정면으로 어긋나며, 자유주의의 보장 없이 민

---

6. 김종철 · 김외현, 〈국가관 잣대로 제명? 박근혜 민주 의식에 '부메랑'〉, 《한겨레》, 2012년 6월 4일.

주주의는 꽃필 수 없다. 우리 헌법의 사상과 상극인 것으로만 보자면 국가관을 이유로 정치인을 강제로 퇴출시키겠다는 파시스트적 발상은 당권파 의원들 못지않게 심각한 문제다. 헌법 원리를 심도 있게 고민할 여유가 없는 일반인이라면 모를까 차기 대통령이 될 가능성이 높은 정치인이 할 이야기는 전혀 아닌 것이다"며 다음과 같이 말한다.

"박근혜 의원이 수구파에 의해 어처구니없이 미화된 독재자의 딸이라는 유전적 사실은 중요하지 않다. 중요한 것은 그 독재자의 반헌법적 정신세계를 계승하고 있다는 점이다. 그 정신세계는 40년 전인 1972년 유신시대의 그것이거나, 40억 년 뒤에나 만날 안드로메다의 그것이다. 새로운 밀레니엄이 도래한 지 10년이 넘었건만 아직도 '국가관' 운운하는 황당한 이야기를 들어야 하는 그 기분, 참으로 '아스트랄' 하다."[7]

전적으로 동의할 수 있는 말이다. 그러나 누구의 관점이냐가 중요할 것 같다. 박근혜의 국가관 발언은 조광희와 같은 진보적 지식인 입장에선 '아스트랄' 하겠지만, '헌법 원리를 심도 있게 고민할 여유가 없는 일반인' 입장에선 너무도 현실적으로 피부에 와 닿는 말처럼 들릴 가능성이 높다. 대중은 오히려 이석기 · 김재연을 '아스트랄' 하게 볼 것이다. 즉, 그 발언은 지식인들에게는 비난을 받았지만, 일반 대중의 생각은 좀 다른 평가를 받을 가능성이 높다는 말이다.

이 문제와는 별개로, 박근혜가 '아스트랄' 하다는 건 참으로 적절한 표

7. 조광희, 〈'아스트랄' 한 박근혜〉, 《한겨레21》, 제915호(2012년 6월 12일).

# '아스트랄'한 박근혜

조광희 변호사

'아스트랄하다'라는 표현을 처음 듣고서는 도무지 무슨 뜻인지 짐작하지 못했다. 친애하는 네이버 지식인에게 물어보니, 별이나 영적 세계와 관련된 'astral'이라는 외국어에서 유래했고, '현실과 동떨어져 있다, 이해하기 힘들다, 너무 황당하다'라는 뜻을 가졌다고 한다. 그보다 익숙한 표현으로는 '개념이 안드로메다'라는 말이 있다. 안드로메다는 그리스 신화에 등장하는 왕비 카시오페이아의 딸이자, 영웅 페르세우스의 아내다. 태양계가 속한 우리 은하에서 250만 광년가량 떨어져 있는 나선형 은하의 이름이기도 하다. 이 말은 '개념이 없거나, 너무 멀리 가 있다'라는 뜻으로 풀이되는데, 어떤 언행에 대한 '우회적이면서도 신랄한 야유'라고 보면 되겠다. 어느 트위터 사용자는 의정 활동을 하며 주유비를 지나치게 많이 써서 논란이 된 전직 국회의원에 대해 이렇게 말한 적이 있다. "그 정도면 주유비를 적게 쓴 거라고 봅니다. 그분은 지역구가 '안드로메다'라서."

**'국가관' 운운하는 파시스트적 발상**

그런데 '개념이 안드로메다'인 분들께 희소식이 있다. 미국 과학자들이 지구 상공에 설치된 허블망원경의 관측 결과를 토대로 우리 은하가 안드로메다 은하와 약 40억 년 뒤 하나의 은하로 합쳐진다고 전망한 것이다. 일종의 은하 간 인수·합병이 이뤄진다는 것인데, '개념이 안드로메다'인 분들로서는 자신이 그곳에 먼저 간 선발대일 뿐이라고 주장할 여지가 생긴 것이다. 물론 선발대치고는 너무 일찍 갔다.

새누리당 박근혜 의원이 통합진보당의 이석기·김재연 의원에 대해 "기본적인 국가관을 의심받는 사람들이 국회의원이 돼서는 안 된다. 사퇴가 안 되면 제명해야 한다"고 말한 것으로 전해졌다. 나도 이른바 '당권파'라는 분들에게 심각한 문제가 있다고 생각한다. 그러나 그들을 제어하기 위해 들고 나올 무기가 '국가관'은 아니다. 일부 사람들이 전가의 보도로 사용하는 '애국' '국가'라는 용어는 잘못 사용하면 그들이 애지중지하는 '자유민주주의'에 정면으로 배치되는 말이 된다. 이분들이 자신들 편리한 대로 사용하는 바람에 그 의미가 혼란스럽게 되었지만, 용어만으로 본다면 자유민주주의는 '자유주의'와 '민주주의'의 합성어다. 그런데 국가관이라는 눈에 보이지 않는 사상을 이유로 어쨌거나 국민이 선출한 국회의원을 제명하겠다는 태도는 헌법의 한 축인 자유주의 원리에 정면으로 어긋나며, 자유주의의 보장 없이 민주주의는 꽃필 수 없다. 우리 헌법의 사상과 상극인 것으로만 보자면 국가관을 이유로 정치인을 강제로 퇴출시키겠다는 파시스트적 발상은 당권파 의원들 못지않게 심각한 문제다. 헌법 원리를 심도 있게 고민할 여유가 없는 일반인이라면 모를까 차기 대통령이 될 가능성이 높은 정치인이 할 이야기는 전혀 아닌 것이다.

**반헌법적 정신세계 계승한 박근혜**

박근혜 의원이 수구파에 의해 어처구니없이 미화된 독재자의 딸이라는 유전적 사실은 중요하지 않다. 중요한 것은 그 독재자의 반헌법적 정신세계를 계승하고 있다는 점이다. 그 정신세계는 40년 전인 1972년 유신시대의 그것이거나, 40억 년 뒤에나 만날 안드로메다의 그것이다. 새로운 밀레니엄이 도래한 지 10년이 넘었건만 아직도 '국가관' 운운하는 황당한 이야기를 들어야 하는 그 기분, 참으로 '아스트랄'하다. 한21

■ "박근혜의 국가관 발언은 진보적 지식인 입장에선 '아스트랄' 하겠지만, 일반인 입장에선 너무도 현실적으로 피부에 와 닿는 말로 들릴 가능성이 높다."

현인 것 같다. 박근혜는 무엇이 '아스트랄' 한가? 내가 보기에 가장 '아스트랄' 한 것은 인간관계다. 즉, 공적으론 용인술이다. 그간 새누리당 쪽 인사들에게서 나온 박근혜의 용인술에 관한 부정적 평가는 대략 이런 것이다.

박근혜는 보이지 않는 측근들, 즉 '인의 장막' 에 둘러싸여 있다. 비밀주의가 매우 심해 '철의 장막' 이라는 말까지 나온다. 베일 속에 있어 눈을 맞추기가 어렵다. 자신에게 절대 충성을 요구하는데, 그 절대 충성은 자신이 없는 자리에서라도 자신에 대해 깍듯하게 말하는 것까지 포함한다. 그렇게 하지 않으면 관계가 끝난다. 그래서 직언하는 사람이 없다. 모두가 박근혜에게 잘

못 보일까봐 두려워하고 있다.[8]

《한겨레》 선임기자 성한용은 〈'박근혜 시대'를 바라보는 두려움〉이라는 칼럼에서 '두려움'마저 호소한다. 그는 "박근혜 전 대표가 대통령이 된다고 생각하면 불안하고 좀 무섭다. '박정희의 딸' 얘기는 그만하기로 하자. 뭐가 문제일까?"라며 다음과 같이 말한다.

"주변에 이상한 사람들이 너무 많다. 박정희 정권에서 일했던 나이 많은 관료 출신들, 공천 헌금을 받고 감옥살이를 한 정치인들이 박근혜를 팔고 다닌다. 함량 미달의 일부 친박 의원들도 그의 치맛자락을 단단히 붙들고 있다. 사이비 종교의 광신도를 연상케 하는 사람들도 있다. 이들이 차기 정권의 실세가 된다면? 악몽이다. (중략) 이명박 정권보다 더 나쁜 정권이 들어선다는 것은 생각만 해도 끔찍하다. 박근혜 전 대표가 이젠 뭔가 대답을 해야 한다."[9]

## 이석기 의원직 제명 논란

나는 박근혜가 이석기·김재연 의원직 제명 논란과 관련해 아버지인 박정희를 존경하는 《중앙일보》 논설위원 김진의 칼럼들을 읽거나 어떤 방식으로건

8. 최재혁, 〈"박근혜, 보이지 않는 측근 말에 너무 귀 기울여": 3개월간 새누리 비대위원 활동 김종인 전 의원 인터뷰〉, 《조선일보》, 2012년 4월 24일; 윤경원, 〈김문수, 박근혜에 "아주 베일 속에 계신다"〉, 데일리안, 2012년 6월 22일; 성연철, 〈캠프 구성 소문만… '철의 장막' 박근혜〉, 《한겨레》, 2012년 6월 28일.
9. 성한용, 〈'박근혜 시대'를 바라보는 두려움〉, 《한겨레》, 2011년 5월 17일.

그의 고견을 청하길 권하고 싶다. 대한민국을 위해서다.

2012년 7월 2일 김진은 〈이석기 의원직 제명, 안 된다〉라는 칼럼에서 새누리당과 민주당이 이석기·김재연 통합진보당 의원에 대해 의원직 제명을 추진하기로 한 것을 강하게 비판했다. 그는 "확실한 법적 증거 없이 동료 의원의 자격을 박탈하겠다는 건 정치적 행패다. 유권자의 선택을 무시하는 것이다"며 다음과 같이 말한다.

"이념과 국가 안보로 보면 이석기는 '불량 의원'이다. 그는 반국가 단체 민혁당 활동으로 징역을 살았다. 사면·복권돼 의원이 됐지만 그는 여전히 종북주의에 빠져 있는 것 같다. 그는 북한 3대 세습은 내재적內在的으로 이해하는 게 필요하다고 말한다. 종북보다 종미가 더 문제라고 하며 애국가는 국가가 아니라는 주장까지 한다. 그런 이가 국회를 활보하고 국민 세금으로 세비를 받는다는 현실에 분노하는 이가 많을 것이다. 하지만 아무리 불량이어도 법적으로 그는 국회의원이다. 법이 그를 보호하는 한 한국 사회는 그를 인정해야 한다. 설사 그가 악마라고 해도 그를 다루는 방법은 비非악마적이어야 한다. 그것이 이석기 같은 비뚤어진 이념 운동가가 넘볼 수 없는 자유·민주 사회의 강점이다."

김진의 이석기 제명 반대는 이게 처음이 아니다. 그는 6월 4일자에 쓴 〈이석기 제명, 신중해야 한다〉라는 칼럼에서도 "주사파가 대한민국 국회에 들어간다는 건 충격적인 일이다. 하지만 한국 사회는 이를 악물고 받아들여야 한다. 한국인 스스로의 업보이기 때문이다. 노무현 정권이 사면·복권해주지 않았다면 종북파 상당수는 의원이 되지 못했을 것이다. 국민이 정권을 선택했고 정권이 종북 의원의 길을 열어주었다"며 다음과 같이 말했다.

"언론과 야당의 책임도 크다. 지난 4·11총선에서 언론이 종북파 후보를 상세히 파헤쳤더라면 유권자는 좀 더 신중했을 것이다. 민주당은 표에 눈이 어두워 야권 연대라는 방패로 진보당을 보호했다. 이제 와서 그들이 이석기·김재연을 제명하겠다는 건 일종의 면피 전략이다. (중략) 한국 사회가 종북에 분노하는 건 공산주의가 지닌 비非이성 때문이다. 사회가 그들과 싸우는 건 자유·민주 체제의 이성을 지키기 위한 것이다. 그런 자유·민주 사회가 종북을 단죄한다는 명분으로 비이성에 의존해선 안 된다. 그것은 스스로를 또 다른 우상에 묶는 것이다. 이석기 제명에 신중해야 하는 이유가 여기에 있다. 이석기보다 이성이 중요하다."

놀랍다. 이 놀라움은 과거 발언들과의 대비 효과에서 비롯된다. 그의 과거 발언 세 개만 감상해보자.

"진보·좌파의 가장 큰 무기는 도덕성이어야 한다. 서민 정권이라면 말 그대로 서민적이어야 한다. 노무현 대통령이 퇴임한 지 채 1년이 안 된 2008년 9월, 충북의 한 골프장 7번 홀에서는 결혼식이 열렸다. 신랑 아버지는 골프장 주인이자 노무현의 최대 재정적 후원자였다. 신부 아버지는 노무현의 비서실장을 지냈다. 주례는 노 전 대통령이었고 노 정권의 주요 인사 100여 명이 하객으로 참석했다. 한명숙·이해찬 전 총리, 김원기 전 국회의장이 앞줄에 앉았다. 초가을의 잔디는 푸르렀고 하늘엔 빨간 경비행기가 빙빙 돌았다. 그저 평범한 재력가의 결혼식이라면 세인이 관심을 가질 이유가 없다. 그러나 이 결혼식은 두 집안만의 사사로운 행사가 아니었다. 사돈의 면면이나 주례·하객의 위상이나, 이는 노무현 정권의 잔치였다. 이 무렵 한국 사회에는 노무현 정권의 우울한 잔영이 진하게 남아 있었다. 그들이 부실과 폐해로 참혹하게 정권을 잃은 지 겨우 반년이었다. 가뜩이나 어려운 경제에 미국 금융 위기 소문으로 민심은 어수선했다. 그런 판에 서민 정권이라는 사람들이 그런 '초원 잔치'를 벌였던 것이다."[10]

"김용민은 정치적으로는 진보·좌파의 의회 집권을 막았다. 사회적으론 나꼼수라는 각설이패가 대청마루에 오르는 걸 막았다. 정신적으론 한국 사회가 아직은 동방예의지국이라는 걸 증명했다. 나꼼수가 애용하는 표현대로, 생물학적으론 침묵하는 양들이 시끄러운 돼지보다 무섭다는 걸 보여주었다. 김용민은 스스로 자신을 시사돼지, 막말돼지라고 칭한다. 돼지는 그에게 애칭인 셈이다. 한국 역사에서 돼지라는 단어가 이렇게 엄청난 일을 저지른 적이 없다. 돼지 김용민은 국회의원이라는 립스틱을 바르려 했다. 역사에 남을 만한 '돼지의 꿈'이었다. 그와 나꼼수는 기형적인 인기에 취해 이길 수 있다고 생각했다. 그런 김용민에게 민주당은 끌려갔다. 한술 더 떠 문재인은 그런 나꼼수를 부산 지역구로 불렀다. 모두 허망한 결과가 됐다. 한 줌 거품 인기 속에서 세상을 보지 못한 것이다."[11]

"4·11총선 전까지만 해도 한국 사회에선 저질·거짓·막말이 기승을 부리고 있었다. 대표적인 게 나꼼수다. 다운로드download가 많고 집회마다 수천 명이 모이자 신이 나서 욕설의 춤을 췄다. 손으로 청와대를 가리키며 '저 XX들'이라고 했다. '조중동 씹XX'는 아예 입에 붙었다. 나꼼수가 춤추자 일부 정치 세력도 덩달아 춤을 췄다. 대통령이 되겠다는 어떤 이는 나꼼수를 지

10. 김진, 〈노무현 시대에 대한 망각〉, 《중앙일보》, 2012년 2월 20일.
11. 김진, 〈역사를 바꾼 돼지〉, 《중앙일보》, 2012년 4월 16일.

역구로 불러 선거에 이용했다. (중략) 저질 · 막말이라는 독과毒果는 그냥 열리지 않는다. 뿌리와 토양이 있다. 아무리 저질이어도 주류 · 기득권을 공격하기만 하면 일부 세력은 이를 덮거나 미화한다. 나꼼수가 대표적인 경우다. 저질과 편향, 허위를 질타하기는커녕 일부 지식인과 정치인은 박수를 쳤다. '풍자의 미학' 이라고 치켜세웠다. 현혹되는 우중愚衆을 계몽하지 않고 오히려 정치에 이용했다. 그것이 김용민 파동이요, 문재인의 '부산 지역구 나꼼수' 사건이다."[12]

재미있지 않은가? 이석기 의원직 제명 반대는 야권에서도 진보파들이 하는 주장이다. 피상적인 편 가르기 논리로만 보자면 김진은 진보파다. 노무현 정권의 위선과 나꼼수의 막말에 대한 비판은 주로 보수파가 하는 주장이다. 이 또한 피상적인 편 가르기 논리로만 보자면 김진은 보수파다. 그런데 이런 피상적인 편 가르기 논리가 타당한가? 전혀 타당하지 않다.

정작 이념적 원칙에 충실하고자 한다면 이석기 의원직 제명 반대는 보수파가 더 나서야 하는 일이고 노무현 정권의 위선과 나꼼수의 막말에 대한 비판은 진보파가 더 나서야 하는 일이다. 물론 우리 현실은 전혀 그렇지 못하다. 그래서 김진의 이석기 의원직 제명 반대가 돋보인다. 평소 그의 박정희 존경이 거슬리긴 하지만, 그는 진정한 보수 논객이다. 그의 칼럼에 동의하기 어려울 때가 많아도 그의 칼럼들을 존중하지 않을 수 없는 이유다.

---

12. 김진, 〈저질을 내려치는 철퇴〉, 《중앙일보》, 2012년 4월 23일.

## 이념과 명분을 압도하는 떡과 떡고물

2012년 6월 15일자 《조선일보》에 실린 선임기자 최보식의 칼럼 〈손잡고 '박근혜 때리기' 〉가 재미있다. 새누리당 대선 후보 경쟁에서 다른 후보들이 합동으로 박근혜를 때리는 풍경을 묘사한 칼럼이다.

"박정희 전 대통령은 독재자 아닌가? 군사독재와 유신이란 체제를 만들어 비극을 줬다. 만주군관학교를 다녔고 여순반란사건 이전에 남로당 비밀당원이었다."

"유신 독재가 부활했다."

"박근혜가 대통령이 되면 '유신 망령' 이 되살아났다고 할 것이다."

새누리당 후보들의 입에서 쏟아져 나온 비판이다. 이에 대해 최보식은 "비박 주자들의 정체성과 가치관이 갑자기 좌파 성향으로 돌아선 것처럼 됐다. 박정희 시절의 '유신' 과 '독재' 만을 부각하고 있는 것이다. 재벌 2세 출신인 대선 주자까지 이런 발언을 하는 것은 뭔가에 홀리지 않고는 그럴 수 없다" 며 다음과 같이 말한다.

"여당에서 박 의원을 '독재자의 딸' 로 규정하면 야당에서는 '유신의 후예인 유신 공주' , '박근혜의 악질적 색깔론은 히틀러식 발상' , '원조 종북은 남로당 핵심 당원이었던 박정희' 라며 서로 주고받는다. 어느 쪽이 우군이고 적군인지 구별이 안 될 것이다. (중략) 비박 주자들은 어느 순간부터 자신만의 매력으로 국민을 사로잡지 못하고 있다. 절제나 품위, 상대방에 대한 배려도 찾을 데가 없다. 자기 이익 쟁취 말고는 눈에 보이는 게 없어진 것 같다. 경선이 시작되기 전에도 이 지경이니 장차 어느 선에서 그칠지, 혹 세불리면

보따리를 싸고 떠날지 짐작이 안 된다. 이들이 처한 상황을 백번 이해해도, '어쩌다 이렇게까지 됐나' 하는 안쓰러움을 떨칠 수가 없다."

그러나 최보식이 그렇게까지 상심하거나 개탄할 필요는 없을 것 같다. 정치의 속성이 원래 그런 것이니 말이다. 정도가 다를망정 민주통합당도 마찬가지고 시간이 흐르면서 더욱 거칠어질 것이니 거기서 위안을 찾는 게 좋을 것 같다. 우리는 여기서 이념과 이익의 상충에 관한 해묵은 논란을 떠올리게 되는데, 이념보다는 이익에 더 무게를 두는 게 한국 정치를 이해하는 데 더 도움이 된다는 건 두말할 나위가 없겠다.

정치에서 이념이나 명분이라고 하는 떡의 포장지가 아무리 화려해도 문제의 핵심은 늘 떡과 떡고물이다. 이런 '떡 이론' 은 천박하거니와 순수한 마음으로 자신의 명분 · 이념을 위해 헌신하는 사람에게 모욕적일 수 있다. 그럼에도 우리 모두의 투철한 자기 성찰을 위해 배제해선 안 될 시각이기에 너그러운 이해가 필요하다. 소통을 어렵게 만드는 독선과 오만은 자신의 순수성에 대한 과도한 확신(착각)에서 비롯되는 경우가 많기에 더욱 그렇다.

자신이 내세우는 명분과 이념에 대해 조금만 신축성을 보이면 전체에 도움이 될 때가 많다. 명분과 이념이 반대인 사람과 소통은 물론 타협이 가능해지기 때문이다. 그런데 그렇게 하지 않는다. 왜 그럴까? 명분 · 이념에 자신의 사적 이익을 다 걸었기 때문이다.

그렇다고 해서 명분 · 이념이 순전히 빈껍데기라는 뜻은 아니다. 물론 그런 경우도 많지만, 명분 · 이념이 진실한 신념이라는 걸 의심할 필요는 없다. 문제는 자신의 명분 · 이념이 승리할 때에 자신의 이익이 극대화된다는 데 있다. 그 관계를 의식하지 못할 수도 있지만, 결과는 마찬가지다.

명분 · 이념이 진실로 국리민복國利民福을 위한 것이라면 소통과 타협을 배척하거나 두려워할 이유가 없다. 그러나 명분 · 이념은 사적 이익과 직결돼 있기 때문에 명분 · 이념이 곧 절대적인 목표가 된다. '명분 중독' 과 '이념 과잉' 이 나타나는 이유다. 물론 모두 다 그런 건 아니며, 정도가 다를 뿐 한국만 그런 것도 아니다. 그렇다고 이 문제를 외면할 게 아니라, 그 사회적 중요성에 주목해 우리 문제로 삼아보자는 것이다.

여기서 말하는 사적 이익은 넓은 개념이다. 자신이 주도해서 세상을 바꾸고 싶어 하는 인정 욕망까지 포함하는 개념이다. 그런 인정 욕망은 자신이 소속된 집단이나 패거리의 승리를 바라는 마음으로도 나타나는데, 실제로 이게 편 가르기의 주요 토대가 된다. 이게 바로 이념과 이익이 유착하는 전형적 방식이다.

그런 유착을 완전히 피해갈 수 있을까? 없다! 정도가 문제일 뿐 바로 그게 사람 사는 세상이다. 바로 여기에 박근혜의 최대 강점이자 약점이 있다. 박근혜는 순수한 정치를 원한다. 박근혜는 정말 국가와 민족을 생각한다. 이건 반대자들이 자주 놓치는 그이의 최대 강점이다. 그러나 세상은 그렇게 움직이거나 돌아가지 않는다. 이익을 전면 배제하거나 무시해선 안 된다. 박근혜는 정적들에게 어느 정도 이익을 베풀어야 함에도, 순수한 원칙을 앞세워 그걸 한사코 거부한다. 이게 그이의 최대 약점이다.

상흔에 갇힌 민주통합당 인사들이 박근혜 비판의 주요 메뉴를 '독재자의 딸' 로 삼은 것은 박근혜에겐 행운이다. 그런 비판은 유권자들에게 아무런 영향을 끼치지 못할 뿐만 아니라 민주통합당의 콘텐츠 빈곤을 폭로해줄 뿐이기 때문이다. 그러나 "한쪽은 10년째 (박근혜를) 어떤 분의 자녀라고 공격하고, 한쪽은 지난 5~10년 내내 좌파 세력이라고 싸잡아서 공격하는 '구태'가 이어지고 있다"고 개탄하면서 "이런 것들이 낡은 프레임이고 낡은 체제로 아무런 사회문제도 해결하지 못한다"라고 말하는 경쟁자가 생겼다는 건 박근혜의 불운이다. 물론 그 경쟁자는 바로 안철수다. 두 사람 사이에 포지티브한 선의의 경쟁이 이루어지길 바란다.

## 맺는말:
# 홍수 민주주의의 축복인가

## 한국 사회를 지배하는 공포와 증오

"저 패악무도한 정권을 이제 끝장내야 한다."

앞서 보았듯이, 이해찬이 민주통합당 대표에 당선된 다음 날 6·10 민주항쟁 25주년 기념식에서 한 말이다. 이 말에 충격을 받은 걸까? 《문화일보》 전 논설실장 윤창중은 〈냉혈 킬러 이해찬의 패악무도: 수단 방법 안 가리는 계략의 달인! 소름 끼친다〉라는 반론을 썼다. 아니, 반론이라기보다는 사실상 욕지거리다. "오들오들 소름이 다 끼친다. 이 더위 속에서. (중략) '조선민주주의인민공화국' 대변인의 악담인 줄 알았다"라는 말로 시작한 그의 반론은 다음과 같이 주장한다.

"이게 대한민국 제1야당 당 대표가, 아무리 MB정권이 정적이긴 해도 입에 담을 말? 이렇게 점잖게 상식 타령이나 하면서 한탄만 하게 된다면 이해찬의 정체가 얼마나 패악무도한지 그리고 그가 대선을 앞두고 얼마나 패악무도한 선거 전략을 구사할 것인지를 놓치게 된다. (중략) 이해찬, 냉혈 킬러다. 표 앞에선 흔들리지 않는 냉혈한의 눈초리! 종북 세력까지 표 장사 속으로 팔아먹는. 패악무도라는 말을 되돌려준다! (중략) 이승만, 박정희와 대한민국에 대해 골수의 한이 맺힌 대표적인 인물이 이해찬! 이래서 새누리당에 그토록 넌더리를 내는 국민들이 민주당을 찍지 못하는 것이다."[1]

아, 꼭 이렇게까지 싸워야 하는 걸까? 한국 사회를 움직이는 기본 동력은 공포와 증오인가? 공포 때문에 증오하고 증오하기 때문에 공포를 느끼는 건가? 이런 공포 스릴러는 하루 전인 6월 9일부터 시작됐다.

그날 이해찬은 민주당 전당대회 연설에서 "왜 이 시점에서 새누리당이 이해찬을 공격하느냐. 수구 언론이 벌떼처럼 나한테 덤벼드는 이유가 뭐냐"라면서 "이해찬이 두렵기 때문이다. 이해찬이 당 대표가 되면 자기들 마음대로 공략하기 어렵기 때문"이라고 말했다. 이어서 그는 "'유신의 딸' 박근혜와 싸울 힘을 달라. (12월 대선에서) 반드시 승리하겠다"며 "어떤 파고에도 이겨낼 수 있는 안정된 리더십이 필요하다. 민주당 대표를 이해찬에게 맡겨달라. 새누리당이 가장 두려워하는 이해찬을 당 대표로 만들어달라"라는 말로 지지를 호소했다.

이 발언에 대해선 《동아일보》 논설위원 김순덕이 〈이해찬의 공포정치〉라는 칼럼으로 화답했다. 김순덕은 "새누리당이 가장 두려워하는 대표를 뽑아달라"는 이해찬의 말을 거론하면서 "나도 이해찬이 두렵다. 첫째는 모진

1. 윤창중, 〈냉혈 킬러 이해찬의 패악무도: 수단 방법 안 가리는 계략의 달인! 소름 끼친다〉, 뉴데일리, 2012년 6월 11일.

태도까지 자랑스럽게 여기는 그 비상한 두뇌가 되레 대한민국의 발전에 장애가 될까봐서이고, 둘째는 자신은 언제나 옳다는 확신이 남길 파장 때문이다"라고 말한다.

김순덕은 "지난 정부의 문제를 포함해 민주당 총선 실패나 이번 경선에서의 아슬아슬한 승리까지도 자기는 잘못이 하나도 없다는 그의 무오류성에 대한 오만이 더 큰 위험을 부를까 겁난다"라며 다음과 같이 주장한다.

"북의 김정은 집단에는 산타클로스 같으면서, 자기편 아닌 모든 국민을 적으로 모는 적의의 리더십(여기 리더십이라는 단어는 쓰고 싶지 않지만 송호근 서울대 교수가 2004년에 한 말이다)도 두렵기 짝이 없다. (중략) 민주화운동에 앞장섰던 야당 대표가 제 입으로 타도를 외쳤던 정치인들의 행태와 다를 바 없다는 건 무서운 일이다. 무엇보다 입으로는 소통과 통합을 강조하면서 '강한 리더십' 만 휘두르는 그 변함없음이 나를 두렵게 한다. 이해찬 스트레스가 끔찍한 국민은 어떻게 해야 하나?"[2]

---

2. 김순덕, 〈이해찬의 공포정치〉, 《동아일보》, 2012년 6월 11일.

## “증오의 분노는 세상을 바꿀 수 없다”

그런데 김순덕의 칼럼에 달린 댓글들은 ‘오만하고 독사 같은 얼굴’에서부터 ‘비겁한 쥐XX’에 이르기까지 거의 모든 글이 이해찬을 저주하는 글뿐이었다. 아, 꼭 이래야 하나? 이렇게까지 해야만 하는가? 나도 몇몇 네티즌들에게 그 이상 가는 저주와 욕을 자주 먹고 있어 평소에 느껴온 거지만, 이런 악다구니 배설을 해대는 사람들이 정치를 공포와 증오라는 소용돌이 속으로 몰아가는 건 아닌가?

이런 공포 스릴러가 어제오늘 시작된 건 아니다. 여야는 그동안 서로 상대편의 집권이 두렵다고 아우성쳐왔다. 양쪽이 서로 무섭다, 두렵다, 공포스럽다고 절규하면 대선이 끝난 후엔 어찌 되는 것인가? 어느 쪽이 정권을 잡건 공포로 고통받는 인구가 적잖을 텐데, 이거 참 큰일 났다.

새누리당 국회의원 안홍준은 창원의 상공인들에게 “(야당이 집권하면) 서울에서 아는 기업 하시는 분들 이민 가겠다고 하더라”며 “대선 때 야당을 지지하려면 이민 가라”고 야당 집권에 대한 공포감을 조성해 물의를 빚었다.[3] “분통 터져 못 간다. 안홍준, 니가 가라, 이민!”이라고 외치는 1인 시위까지

3. 〈새누리당 안홍준 의원 “야당 지지하면 이민 갈 각오하라”〉, 《경향신문》, 2012년 6월 25일.

벌어졌지만,[4] 안홍준이건 그 누구건 이민이 대안일 순 없지 않은가 말이다.

공포와 증오의 악순환은 시민들의 일상적 삶까지 집어삼켰다. 문화 평론가 박인하는 〈증오의 분노는 세상을 바꿀 수 없다〉라는 칼럼에서 이렇게 말한다. "2012년 우리의 증오와 분노는 '손대면 톡 하고 터질 것' 같은 상태다. 비등점에 거의 도달한 증오와 분노에 떡밥이 떨어지면 모두가 '우' 몰려간다. 그다음은 마치 피 냄새를 맡은 피라니아같이 살벌하다. 이건 정당한 분노가 아니다."[5]

'멘붕' 이라는 말이 유행하는 것도 심상치 않다. 서강대 심리학과 교수 안명희는 이렇게 말한다. "요즘 여기저기서 '멘붕' 이란 단어를 자주 접한다. 멘붕, 멘탈 붕괴, 'mental breakdown', 정신이 완전 조각조각 난 상태란 표현이다. '정신 줄 놓고', '완전 짜증 나고', '뚜껑 확 열리고' 하는 상태를 뛰어넘어 정신이 산산조각 나버리는 경험이라니! 아무리 우리나라 국민의 정신건강 지수가 세계 최하위 수준이라고는 하지만, 정신이 붕괴될 것에 대한 두려움을 이렇게 일상적으로 내뱉으니, 이거 진짜 큰일 난 것 같다."[6]

사실 따지고 보면 나꼼수가 누려온 폭발적인 인기의 비결도 "쫄지 말

4. 윤성효, 〈"안홍준 '여당 지지 않으면 이민' 발언이 웃자고 한 말?"〉, 오마이뉴스, 2012년 6월 27일.
5. 박인하, 〈증오의 분노는 세상을 바꿀 수 없다〉, 《경향신문》, 2012년 6월 26일.
6. 안명희, 〈'멘붕' 탈출〉, 《매일경제》, 2012년 6월 30일.

자"라는, '멘붕'과 공포에서 해방되고픈 욕구에서 비롯된 것이 아닌가? 그런데 어느 쪽이건 정말 공포를 느끼긴 하는 건가? 그런 반문으로 자위나마 하지 않으면 정말이지 공포 때문에 못살 것 같다.

"웃음은 하느님의 적!" 움베르코 에코의 소설 《장미의 이름Il Nome della Rosa》에서 호르헤 수도사는 웃음이 두려움을 없앤다는 이유 때문에 웃음을 기독교의 적으로 간주한다.[7] 오늘날 웃음은 정치의 적이기도 하다. 두려움이 없으면 열성적인 정치 참여가 사라지기 때문이다. 웃음을 주던 나꼼수는 아름다웠지만, 그 주인공들이 어느 순간 진지하고 심각한 표정으로 열성 전사들을 이끌고 그라운드에 뛰어든 순간 아름다움은 사라지고 다른 집단에 대한 공감만 약화시킨 건 아닐까?

공포는 마케팅 수단으로서 오랜 역사를 자랑한다.[8] 《공포의 문화The Culture of Fear》를 쓴 미국 사회학자 배리 글래스너Barry Glassner는 대중이 쉽게, 커다란 공포심을 느끼는 이유로 '공포의 상인'들을 지목했다. 판매 부수와 시청률을 높이기 위해 새로운 공포를 선전하는 언론 매체, 공포 분위기를 조장해 표를 얻고 정작 중요한 사회 이슈에서 다른 곳으로 국민의 이목을 돌려

7. 고진석, 《우리는 어떻게 프로그래밍 됐는가: 한국인으로 태어난 우리를 지배하고 명령 내리는 것들》(갤리온, 2012), 193쪽.
8. Vance Packard, *The People Shapers*(New York: Bantam, 1979), p.165; Daniel Gardner, *The Science of Fear: How the Culture of Fear Manipulates Your Brain*(New York: A Plume Book, 2009).

놓는 정치인, 사회의 공포를 자신의 마케팅에 동원하는 각종 단체들에 주된 책임이 있다는 것이다.[9]

얼른 생각하면 공포의 상인들이 나쁜 사람들일 것 같지만, 꼭 그렇진 않다. 이념의 좌우를 막론하고 선의를 가진 사람들도 자신의 선의를 널리 알리기 위한 극대화 효과에 집착한 나머지 공포의 상인 노릇을 하기 마련이다. 공포의 쌍둥이라 할 증오를 느끼는 사람들도 꼭 무슨 악의가 있어서 그런 건 아니다. 증오는 자신의 고통, 분노, 좌절에 대한 해결책이자 수치를 긍지로 바꾸기 위한 시도의 산물이다.[10]

체 게바라는 증오를 적에겐 공포를 주는 동시에 자신의 병사들을 통제하고 지휘하기 위한 전략적 도구로 이해하고 이용했다.[11] 하기야 그렇게 하지 않고서 그 험난한 게릴라 투쟁을 어떻게 이끌고 갈 수 있었으랴. 문제는 평화로운 민주주의 체제하에서도 그런 증오의 전략적 도구화가 너무도 광범위하게 저질러지고 있다는 점일 게다.

공포 영화의 대가인 앨프리드 히치콕Alfred Hitchcock은 "폭탄이 터지는 것

---

9. 배리 글래스너(Barry Glassner), 연진희 옮김, 《공포의 문화》(부광, 2005); 조현욱, 〈[분수대] 공포의 문화〉, 《중앙일보》, 2008년 6월 4일.
10. Willard Gaylin, *Hatred: The Psychological Descent into Violence*(New York: PublicAffairs, 2003), p.221.
11. Tammy Bruce, *The American Revolution: Using the Power of the Individual to Save Our Nation from Extremists*(New York: William Morrow, 2005), p.204.

에는 공포가 없다. 공포는 오직 폭발이 일어나리라는 예감에 존재한다"라고 말했다.[12] 바로 이게 문제다. 극렬한 정쟁이라는 것도 바로 그런 '예감 전쟁'이 아닌가? 폭탄이 터지건 터지지 않건 예감이 끝나는 그날이 오면 그리고 지나가면 사람들은 언제 그랬느냐는 듯 또 새로운 공포와 증오에 몰두하게 되는 건 아닐까? 이 악순환을 멈추게 할 수 있는 건 많은 한국인들이 사랑해 마지않는 '한 방' 일까?

## 홍수 민주주의와 티핑 포인트

C. 오스굿C. Osgood은 한국인의 성격을 내향적이고 감정적이라 했다. 마치 동면하는 곰과도 같이 침묵을 지키고 있지만, 때로는 돌진하는 범과도 같은 노여움을 지니고 있어 언제 이것이 폭발할지도 모르는 불안성을 내포하고 있다고 했다.[13] 박상훈은 "보수 운동이든 진보 운동이든 대체로 공유하는 것은 정치에 대한 강한 거부감" 이고 "광범위한 운동적인 동원을 통해 일거에 문제를 해결하려는 경향" 도 비슷하다고 말한다.[14]

12. 배리 글래스너, 연진희 옮김, 《공포의 문화》(부광, 2005), 35쪽.
13. 윤태림, 《한국인》(현암사, 1993), 245~246쪽.

한국인은 욱하는 기질이 있다. 참고 모아뒀다 한꺼번에 처리하거나 폭발시키는 성향이 강하다. 학생들이 벼락공부하는 것과 비슷하다. 불법 폐기물을 쌓아두었다가 홍수가 날 때 슬쩍 휩쓸려가게 만드는 폐기물 처리법이 있다. 욕먹어 마땅한 수법이다. 그러나 일반적인 홍수 처리법은 우리에게 익숙한 관행이다. 특히 그 어떤 사회적 홍수가 났을 때에 좋지 않은 것들을 일거에 해치우려는 습성은 한국 사회의 오랜 전통이다. 그런 특성에 '홍수 민주주의' 라는 딱지를 붙일 수 있겠다. 홍수 민주주의는 좋은 것도, 나쁜 것도 아니다. 일장일단이 있는 한국적 특성일 뿐이다.

화끈하고 역동성이 있는 건 좋은데, 국민적 면책 심리를 부추겨 잘못된 일을 똑같이 반복하게 하는 게 문제다. 어떤 사회적 문제가 터졌을 때 공동 책임을 져야 마땅한데도 주범을 하나 지목해 모든 책임을 떠넘기고 다른 모든 사람은 면책될 뿐만 아니라 피해자인 양 오히려 큰소리치는 풍토는 한국 사회의 익숙한 풍경이다. 그걸 가리켜 '개혁' 이라고 하니, 개혁이 '개가죽' 을 뜻하는 건지 의심스러울 지경이다.

사회적 갈등 구조엔 쌓여온 역사라는 게 있다. 하나씩 차근차근 풀어나가면 되고 또 그렇게 해야 한다. 홍수 한 방으로 풀 수는 없다. 설사 그게 가

---

14. 조태성, 〈진보 진영의 호된 '자기 성찰'〉, 《서울신문》, 2006년 3월 23일.

능하다 해도 엄청난 부작용이 뒤따르기 마련인 만큼, 차근차근 풀어나가는 것보다 더 나을 게 없다. 우리는 평소 실력이 아니라 벼락공부로 성적을 올리는 학생을 칭찬하지 않는다. 벼락공부의 한계를 잘 알기 때문이다. 대통령 권력의 '소용돌이 효과'가 일으키는 변화는 벼락공부와 비슷한 것이다.

평소에 관심을 두고 꾸준히 차근차근 사회적 문제를 해결해나가면 안 될까? 한국인들은 "먹고사느라 바빠 그럴 시간이 없다"라는 답을 미리 준비해둔 것 같다. 그렇지만 속으론 평점을 매겨둔다. 그랬다가 그 어떤 계기를 만나면 그동안 침묵했지만 속으로 쌓아온 불만을 일시에 터뜨리곤 한다. 욱하는 기질을 한껏 발휘하는 양상이 홍수와 비슷하다.

이런 홍수 민주주의는 화끈한 맛은 있지만 사회적 문제의 근본적 치유를 어렵게 만든다. 사람을 일시에 물갈이하는 응징만 있을 뿐 진정한 변화는 기대하기 어렵다. 정확한 책임 소재를 가리는 일도 건너뛴 채 잘못된 과거에 대한 원인 규명도 이루어지지 않는다. 또 홍수를 이용하는 기회주의자들을 창궐하게 만든다.

그러나 어이하랴. 그게 한국인이 사랑하는 문제 해결 방식인 것을. 오히려 그런 기질을 슬기롭게 이용하는 역발상이 필요할 법하다. 홍수 민주주의는 도무지 그 어떤 변화도 일어날 것 같지 않은 상황에 대한 좌절과 패배주의에 빠져 있는 사람들에게 변화의 '티핑 포인트tipping point'가 있다는 깨달음을 줄 수 있다.

티핑 포인트는 변화가 어느 순간에 갑자기 올 수 있다는 걸 말해주는 개념이다. 변화의 기운은 잠재된 채로 수면 아래에 머무르지만 그 기운이 쌓이고 쌓여 어느 수준에 도달하면 일시에 폭발해 겉으로 분출하게 된다. 그 폭발 지점이 바로 티핑 포인트다. 물론 이는 과학적 근거가 충분한 개념이다.[15]

예컨대, 지방을 보자. 각종 연고가 지배하는 지역사회에서 변화는 영원히 일어나지 않을 것처럼 보인다. 엘리트 세력은 자기 기득권 강화를 지역 발전과 동일시하는 습속의 지배를 받고 있고, 지역민들은 체념의 지혜를 터득한 채 자기가 살고 있는 지역보다는 서울에 더 큰 관심을 기울이며 살아간다.

지방에서 스스로 그 어떤 혁신의 기운을 일으켜 서울로 전파하는 법은 거의 없다. 변화의 소용돌이와 홍수는 늘 서울에서 시작돼 지방을 휩쓸어버린다. 지방은 그런 휩쓸림을 당할 때에야 비로소 들고 일어난다. 그 이치를 귀신같이 꿰뚫고 있는 지방민들은 득도한 도인들 같다. 자발적으로 무슨 일을 시작해볼 생각은 없고 늘 "세상이 그렇게 만만한 게 아니야" 라는 주문을 외우고 산다.

지방의 그런 풍토에 비추어 보자면 홍수 민주주의는 마지막 남은 카드인 셈이다. 그 부작용을 염려하기엔 그동안 숨죽이고 지내온 세월이 너무 길

15. 말콤 글래드웰(Malcolm Gladwell), 임옥희 옮김, 《티핑 포인트》(이끌리오, 2000).

다. 아니, 너무 길어 부작용이 있을 것 같지도 않다. 과연 어디서부터 홍수가 터질 것인가? 아무도 모른다. 그러나 때가 무르익은 건 분명하다. 두고 보라. 반드시 홍수는 어디에선가 터지고야 말 것이다. 지금 시간은 티핑 포인트를 향해 질주하고 있다. 그 홍수가 과연 안철수 대통령의 탄생으로 이어질지는 두고 볼 일이다.

## 안철수는 구세주도 신기루도 아니다

내가 이미 여러 차례 우려먹은 '홍수 민주주의론'이지만, 아직도 이 이치를 깨닫지 못하는 사람들이 많은 것 같아 계속 반복해 말할 수밖에 없다. 그걸 깨달으면 어떤 변화가 생기는가? 안철수 현상은 그간의 과오와 모순이 누적된 한국 정치의 숙명이라는 사실을 이해하게 되고 따라서 안철수 현상에 좀 더 슬기롭게 대응할 수 있게 된다. 안철수와 안철수 현상을 비판한다고 해서 해결될 수 있는 문제가 아니란 뜻이다.

2012년 6월 30일자 《한겨레》 토요판 커버스토리 제목이 재미있다. "안철수, 진보의 구세주냐 정의의 신기루냐"[16] 답은 무엇일까? 물론 이 제목을 단 기자는 물론 우리 모두 이미 잘 알고 있는 답이다. 안철수는 '진보의 구세주'도 아니고 '정의의 신기루'도 아니라는 사실을 말이다. 그 어느 중간쯤에

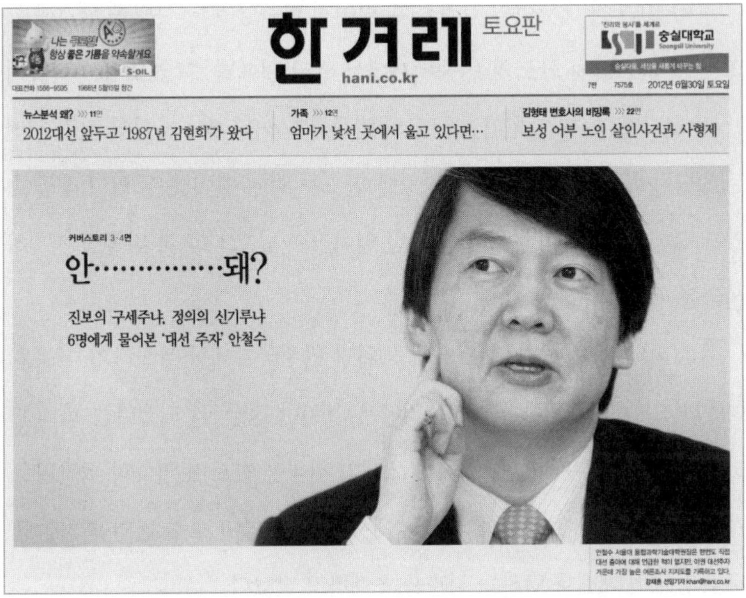

한겨레 토요판

hani.co.kr

7판 7575호 2012년 6월30일 토요일

뉴스분석 왜? 》 11면

2012대선 앞두고 '1987년 김현희'가 왔다

가족 》 12면

엄마가 낯선 곳에서 울고 있다면…

김형태 변호사의 비망록 》 22면

보성 어부 노인 살인사건과 사형제

커버스토리 3·4면

# 안……………돼?

진보의 구세주냐, 정의의 신기루냐

6명에게 물어본 '대선 주자' 안철수

■ 안철수는 '진보의 구세주'도 아니고 '정의의 신기루'도 아니다.
그 어느 중간쯤에 안철수가 있다는 사실을 모르는 사람이 과연 있을까?

안철수가 있다는 사실을 모르는 사람이 과연 있을까? 나는 일관되게 안철수 현상이 역사의 산물이라는 점을 강조해왔다. 좀 더 미시적이고 구체적으로 말하자면 노무현 정권이 만든 산물이라고도 볼 수 있다.

---

16. 최성진, 〈안철수, 진보의 구세주냐 정의의 신기루냐: [토요판/커버스토리] 안……………돼? 6명에게 물어본 '대선 주자' 안철수〉, 《한겨레》, 2012년 6월 30일.

약 10년 전 노무현의 집권 직후 벌어진 민주당 분당 사태를 상기해보자. 그건 세계 10위권 규모의 민주국가에선 결코 일어날 수 없으며 일어나서도 안 될 일이었다. 세계 10위권 규모의 민주국가 어디에서 자신의 집권 터전이 된 정당을 죽이고 새로운 대통령당을 만드는 일이 일어날 수 있고 성공할 수 있단 말인가? 그러나 한국에선 그런 일이 일어났고 대중의 전폭적 지지하에 성공을 거두었다.

그 이후에 벌어진 일도 세계 10위권 민주국가에선 상상하기 어려운 일이었다. 그 대통령당, 즉 열린우리당은 '100년 정당'이 되겠다는 화려한 선언에도 창당 3년 9개월 만에 거의 쓰레기 취급을 받으며 역사의 뒤안길로 사라졌고 제17대 대선과 제18대 총선에서 개혁 진영이 보수 진영에 처참할 정도로 압도적 패배를 당하는 결과를 초래하고 말았다.

더욱 중요한 건 패배 이후다. 그렇게 분열하고 또 분열하는 과정에서 개혁 진영의 쓸 만한 인재들이 다 망가져버렸다. 이게 가장 중요하다. 오늘날에도 널리 쓰이는 '친노-비노-반노'라는 말 자체가 모든 정치적 논란의 한복판에 노무현이 있었다는 사실을 뜻한다. 대통령 한 사람을 중심에 놓고 모든 정치가 이루어지는 과정에서 대통령이 아닌 정치인들의 지속 가능한 정치적 원칙과 노선이 붕괴되고 말았다. 대통령 중심으로, 하지 않아도 될 선택을 수없이 강요당해왔기 때문이다.

"민주당 분당에 찬성할 것인가, 반대할 것인가?" 이 양자택일 구도에서 어느 한편은 망가지게 돼 있는데, 이런 양자택일 구도가 많은 정치는 마지막 한 사람을 뽑는 서바이벌 게임으로 전락할 수밖에 없으며, 그 과정에서 모두 망가지게 돼 있다는 것이다. 노무현 서거 이후 친노가 서바이벌 게임의 승자로 부각됐지만, 그들은 '폐족'으로서 망가질 대로 망가진 뒤에 부활한 것이기에 그들 역시 망가진 상처를 온전히 치유할 수는 없게 돼 있다.

민주당 분당은 그 어떤 장점에도 불구하고 '지속 가능한 정치'에 대한 치명타였다. 가장 흥미로운 현상은 개혁을 앞세워 스스로 지속 가능한 정치를 죽이는 데 앞장섰던 지식인들과 유권자들의 행태다. 이들은 자기들의 선택과 열정으로 나타난 결과에 대해 희망이 없다고 다시 침을 뱉는 짓을 천연덕스럽게 저지르고 있으며, 그게 아무런 흉이 되지 않는다는 사실이다.

그렇게 어이없는 코미디 같은 일이 벌어졌으면 누구 한 사람 책임질 법도 하건만, 책임지는 사람은 아무도 없었다. 없을 뿐만 아니라 그런 코미디를 연달아 연출한 장본인들은 현재 한국 정치판의 실세로 군림하며 지지자들의 존경까지 누리고 있다. 국민 역시 그런 코미디의 공범이었기 때문에 가능한 일이다. 안철수 현상은 그런 '개판'을 터전으로 등장할 수 있었던 것이다.

머리말에서 지적했듯이, 죽은 자식 불알 만지듯 개판이 된 현실을 성토하거나 그렇게 개판을 만든 사람들에게 책임을 묻는 건 옳을지는 몰라도 현명한 일은 아니다. 과거에 집착하지 않는, 미래지향적인 대안이 필요하다. 4·19혁명에서 6월 민주항쟁에 이르기까지 우리는 홍수 민주주의의 축복 속에서 오늘의 대한민국을 가꿔온 것이 아닌가? 자신에겐 엄청난 시련과 고통을 안겨줄 안철수의 선택과 결단은 시대적 우연에 의해 요구된 것일망정, 그것은 우리에게 새로운 축복일 수 있다.

안철수는 평소 자신을 절벽을 오르고 있는 사람 같다고 말하곤 했다. "아래를 내려다보면 까마득하고 위를 쳐다보면 봉우리가 구름에 가려 보이질 않습니다. 멈추지 않고 계속 정상을 향해 가야죠."[17] 설사 그가 온갖 폼은 다 잡아놓고 막판에 대통령 선거에 출마하지 않거나 출마한 뒤 중도에 포기한다 하더라도, 정상을 향한 그의 여정이 끝난 것이라고 보기는 어렵다. 안철수 현상은 이미 탄생할 때부터 그의 것이 아니었기 때문이다. 우리 모두의 것이었다.

---

17. 이영완, 〈"돈-명예 위해 벤처 꿈꿔선 안 돼": 안철수 안철수연구소 사장〉, 《동아일보》, 2002년 10월 16일.

**안철수의 힘**



초판 1쇄 2012년 7월 22일 펴냄
초판 5쇄 2012년 7월 26일 펴냄

지은이 | 강준만
펴낸이 | 강준우
기획 · 편집 | 김진원, 문형숙, 심장원, 이동국
디자인 | 이은혜, 최진영
마케팅 | 박상철, 이태준
인쇄 · 제본 | 대정인쇄공사

펴낸곳 | 인물과사상사
출판등록 | 제17-204호 1998년 3월 11일

주소 | (121-839) 서울시 마포구 서교동 392-4 삼양E&R빌딩 2층
전화 | 02-325-6364
팩스 | 02-474-1413
www.inmul.co.kr | insa1998@gmail.com

ISBN 978-89-5906-217-1 03300
값 15,000원